富媒体 智能化

高等教育财经类核心课程系列教材
高等院校应用技能型精品规划教材

人力资源管理

Human Resource Management

（第二版）

应用 · 技能 · 案例 · 实训

王 岩 王俊峰 牛芸芸 李 贺 ◎ 主 编
李 超 张艳丽 隋维林 ◎ 副主编

上海财经大学出版社

图书在版编目(CIP)数据

人力资源管理:应用·技能·案例·实训/王岩等主编.—2版.—上海:上海财经大学出版社,2019.5

高等教育财经类核心课程系列教材

高等院校应用技能型精品规划教材

ISBN 978-7-5642-3238-2/F·3238

Ⅰ.①人… Ⅱ.①王… Ⅲ.①人力资源管理-高等学校-教材 Ⅳ.①F243

中国版本图书馆CIP数据核字(2019)第055674号

□ 责任编辑 汝 涛

□ 书籍设计 贺加贝

人力资源管理

——应用·技能·案例·实训

(第二版)

王 岩 王俊峰 牛芸芸 李 贺◎主 编

李 超 张艳丽 隋维林◎副主编

上海财经大学出版社出版发行

(上海市中山北一路369号 邮编200083)

网 址:http://www.sufep.com

电子邮箱:webmaster @ sufep.com

全国新华书店经销

江苏句容市排印厂印刷装订

2019年5月第2版 2019年5月第1次印刷

787mm×1092mm 1/16 17印张 435千字

印数:0 001—3 000 定价:49.00元

第二版前言

人力资源管理是一门有关如何对人力资源进行开发、挖掘，并为企业和社会创造更多财富的科学，是人力资源与企业绩效的中间变量。人力资源管理者通过人力资源规划、工作分析、招聘与录用、员工培训、绩效管理、薪酬管理等途径，吸引、确认和保留高质量的人力资源。人力资源管理部门肩负参与企业战略实施、支持员工发展、推动组织变革等重任。人力资源管理是企业管理理论与实践的一个重要组成部分，是管理人员必须掌握的一种技能。因此，人力资源管理也是世界各国高等院校管理类专业课程体系中的一门专业核心课程。

本书依据《国务院关于印发国家教育事业发展“十三五”规划的通知》以及高等院校应用技能型人才培养目标和培养模式的要求，依照“原理先行、实务跟进、案例同步、实训到位”的原则，结合“以能力为本位，以就业为导向”的思想和理念，在注重培养学生人力资源管理业务实践应用能力的同时，结合最新政策，做到与时俱进，使教材更接近实际应用操作。

教材涵盖 10 个项目，44 个任务。在结构安排上，以基于人力资源管理具体工作过程为导向构建教材体系，采用“项目引领、任务驱动、实操技能”的编写方式，力求结构严谨、层次分明。在表述安排上，力求语言平实凝练、通俗易懂。在内容安排上，尽可能考虑到财经类专业不同层次的需求，每个项目都设有“知识目标”“技能目标”“素质目标”“管理故事”“故事感悟”“同步案例”“做中学”。课后编排了“应知考核”，包括单项选择题、多项选择题、判断题、简述题；“应会考核”，包括观念应用、技能应用、案例分析；“管理实训”，包括实训项目、实训目的、实训情境、实训要求；最后附“实训报告”。

本书具有以下特色：

1. 内容全面，体系规范。本书对人力资源管理业务的基本内容进行了深入细致的讲解，通过图文及利用现代二维码技术呈现相关解析，活泼了本书的形式、拓展了本书载体。本书以基于工作过程为导向，对实践应用的具体方法做了系统而全面的介绍，以便读者进行比较、分析，增强其分析问题、解决问题的能力。

2. 结构新颖，栏目丰富。为便于读者学习，本书力求在结构上有所突破，激发读者的学习兴趣和学习热情，设置了“知识目标”“技能目标”“素质目标”“管理故事”“同步案例”“做中学”；课后编排了单项选择题、多项选择题、判断题、观念应用、技能应用、案例分析、管理实训，以呼应本书的实践性、应用性的特色。为更好满足信息化条件下课堂教改创新需要，本书在提供教学所需的课件等资源的基础上，还对相关内容制作了二维码。

3. 与时俱进，紧跟政策。为了让广大读者了解到该学科最新的研究成果和实践中的热点问题，编者经过较长时间准备，对本书进行了调整和修改。本次修订，立足于内容新颖、理论前沿和创新，引入了人力资源管理的最新研究成果和方法，突出学术性、实用性和可操作性，相关内容更新政策调整截至 2019 年 5 月。

4. 学练结合，学以致用。鉴于本课程实践应用性较强的特点，为了便于及时复习所学的知识内容，提高学习效率，本书在课后设置了应知考核、应会考核、管理实训，主要引导学生"学中做"和"做中学"，一边学理论，一边将理论知识加以应用，充分体现应用型人才培养目标，遵循"以应用为目的，以够用为原则"，实现理论和实训一体化。

5. 课证融合，双证融通。本书以人力资源师资格考试认证为目标，在注重实践操作的同时，为与人力资源师考证内容相配套，在每个项目后设计了与考证对接的相关习题及实训题目，从而为资格认证考试打下基础。

6. 教辅资源，配备齐全。为方便教师教学，本书配有免费的教学大纲、教学课件、习题参考答案、模拟试卷、最新相关政策更新等，可以免费索取。

本教材由王岩、王俊峰、李贺、牛芸芸担任主编，李超、张艳丽、隋维林担任副主编。其中，王岩撰写项目一和项目三、王俊峰撰写项目二、牛芸芸撰写项目四和项目九、李贺撰写项目六、李超撰写项目七和项目八、张艳丽撰写项目十、隋维林撰写项目五。本教材最后由李贺总纂并定稿。赵昂、李明明、李虹、美荣、李林海、王玉春、李洪福 7 人负责全书教学资源包的制作以及写作过程中的资料收集整理。本教材适用于高等职业和应用技能型能院校的国际经济与贸易、人力资源管理、旅游管理、物流管理、国际商务、劳动与社会保障、工商管理、财务管理、会计学、金融学、市场营销和电子商务等专业方向的学生使用，同时也可作为自学考试、人力资源师考试、企业管理人员培训的辅助教材。

本书得到了出版单位的大力支持，在编写过程中参阅了参考文献中的教材、著作、法律、法规以及网站资料，谨此一并表示衷心的感谢！由于编写时间仓促，加之编者水平有限，本书难免存在一些不足之处，恳请专家、学者批评指正，以便我们不断更新、改进与完善。为了做到与时俱进，本书将不断地更新最新的政策调整，也将不断地进行改版。

编　者

2019 年 5 月

内容更新与修订

目　录

项目一

人力资源管理总论

○ **知识目标：**

理解：人力资源的概念及相关概念、人力资源管理的概念、人力资源管理面临的挑战及发展趋势。

熟知：人力资源的构成、人力资源的特征、人力资源管理的目标和任务、人力资源管理的意义。

掌握：人力资源与人力资本的区别、人力资源管理的基本内容、人力资源管理的发展阶段、战略性人力资源管理、人力资源管理者的角色和素质。

○ **技能目标：**

能够利用所学“人力资源管理总论”知识分析未来人力资源管理的发展趋势。

○ **素质目标：**

能够初步了解人力资源管理；辨别人力资源管理与人事管理的区别；注重提高沟通能力和团队协作能力，养成良好的责任感和工作态度。

○ **管理故事：**

七个人分粥的故事

从前，有七个人住在一起，每天共喝一桶粥，每天都不够喝。一开始，他们抓阄决定谁来分粥，每天抓一次阄。于是每周下来，他们只有一天是饱的，就是自己分粥的那天。后来他们推选出一个道德高尚的人来分粥。“强权”就会产生“腐败”，大家开始挖空心思去讨好他、贿赂他，搞得整个小团体乌烟瘴气。然后，大家开始组成三人的分粥委员会及四人的评选委员会，互相攻击扯皮下来，粥吃到嘴里全是凉的。最后他们想出一个办法：轮流分粥，但分粥的人要等其他人都挑完后拿剩下的最后一碗。为了不让自己吃到最少的，每人都尽量分得平均，就算不平均，也只能认了。这样一来，大家快快乐乐、和和气气。

故事感悟：

人力资源管理者的主要职责就是建立一个像“轮流分粥，分者后取”那样合理的游戏规则，让每名员工按照游戏规则自我管理。游戏规则要兼顾企业利益和个人利益，并且要让个人利益与企业整体利益统一起来，实现责、权和利三者的完美结合。缺乏责任，企业就会产生腐败，进而衰退；缺乏权利，管理者的执行就变成废纸；缺乏利益，员工的积极性就会下降，消极怠工。因此，企业应该首先建立起一个“责、权、利”完美结合的平台，形成一个相对公平合理的人力资源管理机制，只有这样，才能充分调动员工的积极性，使其各显其能。

○ **知识精讲：**

任务一 人力资源概述

一、人力资源的概念

“人力资源”(Human Resource,HR)这一概念最早是由管理大师彼得·德鲁克(Peter Drucker)在其1954年出版的《管理的实践》一书中提出的。他指出,人力资源与其他资源相比,唯一区别就在于人。他认为,人力资源是一种特殊的资源,需要有效的激励机制加以开发,才能为企业创造价值。

与自然资源相比,人力资源的特点表现为能动的、感性的和软性的,或者可以说是“活”的。由此我们认为,人力资源是指能够推动整个经济和社会发展的、具有智力劳动能力的劳动者的总和,也即处在劳动年龄的可以直接投入生产建设和尚未投入生产建设的人口能力的总和。

二、人力资源的构成

宏观意义上的人力资源是以国家或地区进行划分和计算的;微观意义上的人力资源是以企业、事业等用人单位进行划分和计量的。衡量人力资源通常有两个指标:数量和质量。数量和质量的构成分别如下:

(一)数量的构成

(1)劳动年龄之内,正在从事劳动的人口(我国劳动年龄为男性18～60岁、女性18～50岁)。它占人口资源的大部分,也称作适龄就业人口。

(2)未达到劳动年龄,已经从事社会劳动的人口,即未成年就业人口。

(3)已超过劳动年龄,继续从事社会劳动的人口,即老年就业人口。

(4)处于劳动年龄之内,具有劳动能力而未被社会吸纳的劳动人口,即失业人口。

(5)处于劳动年龄之内,正在从事学习的人口,即求学人口。

(6)处于劳动年龄之内,正在从事家务劳动的人口。

(7)处于劳动年龄之内,正在军队服役的人口。

(8)处于劳动年龄之内,放弃寻找工作的人口。

(9)处于劳动年龄之内的其他人口(包括在押、服刑人口等)。

(10)处于劳动年龄之内,丧失劳动能力的人口。

具体如图1—1所示。

(二)质量的构成

人力资源的质量是指其所具有的体力、智力、知识和技能水平以及劳动者的劳动态度。它受先天遗传、营养、环境教育和训练等因素的影响,通常可以用健康卫生指标、教育和训练状况、劳动者的技能等级指标和劳动态度指标来衡量。人力资源的质量是由劳动者的素质决定的。劳动者的素质包括体能素质和智能素质,如图1—2所示。

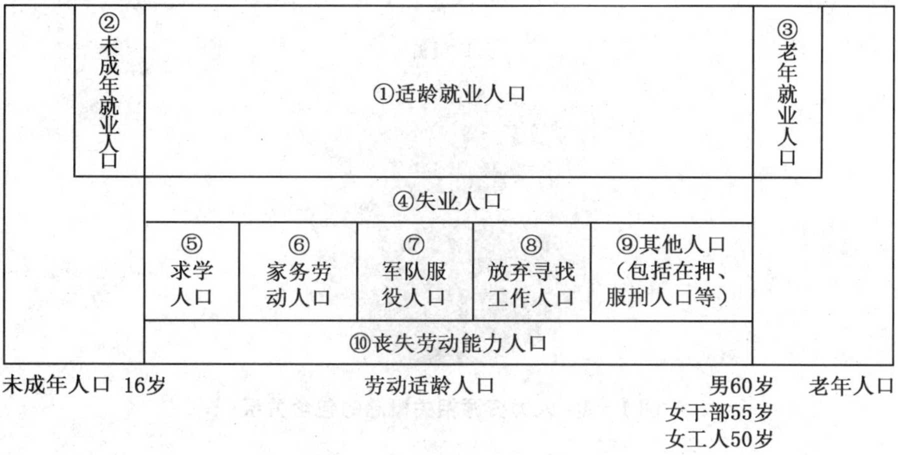

图1—1　人力资源的数量构成

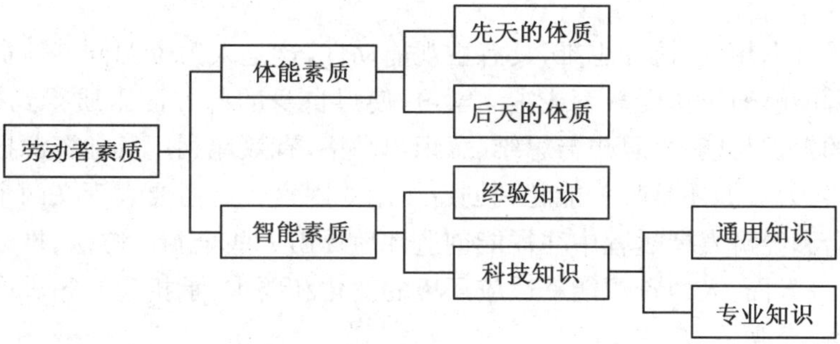

图1—2　劳动者的素质构成

三、人力资源的相关概念

(1)人口资源:一个国家或地区具有的人口数量。

(2)人力资源:人口资源中具备智力和体力的人。

(3)劳动力资源:一个国家或地区具有的劳动力人口的总称。

(4)人才资源:具有一定的知识或技能,能够进行创造性劳动,做出积极贡献的人。

(5)天才资源:在某一领域具有特殊才华,有十分独特的创造发明能力的人。

人口资源是人力资源形成的数量基础,人口资源中具备一定脑力和体力的那部分才是人力资源;人力资源包括劳动力资源和未成为劳动力的人口,因此,劳动力资源是人力资源的一部分。而人才资源又是劳动力资源的一部分,是劳动力资源中质量较高的那部分,也是数量较少的。天才资源属于人才资源中最优秀的少数。综上所述,人力资源相关概念之间的包含关系如图1—3所示。

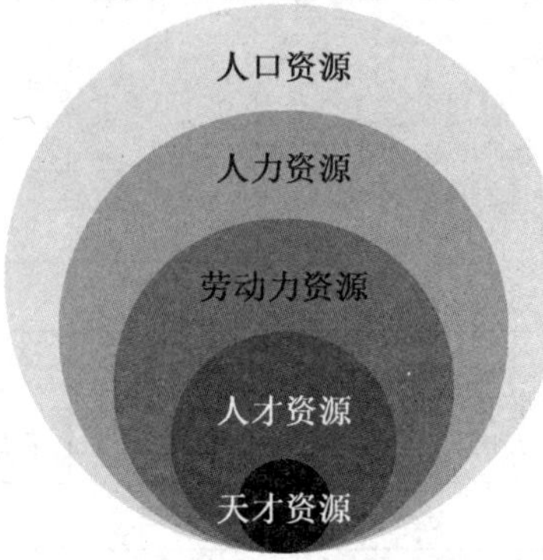

图 1—3 人力资源相关概念的包含关系

四、人力资源的特征

(一)能动性

人力资源具有思想、感情和思维,具有主观能动性,这是人力资源同其他资源的最根本的区别。人力资源能够通过接受教育或主动学习,使得自身的各方面素质得到提高,并能够主动地运用自己的知识与能力、思想与思维、意识与品格,有效地利用其他资源推动社会和经济的发展。另外,人力资源还是唯一能起到创造作用的因素。这主要表现在两个方面:一方面,人力资源在社会和经济发展过程中往往能创造性地提出一些全新的方法,推动社会的进步和经济的发展;另一方面,人力资源能够适应环境的变化和要求,承担起开拓进取和创新发展的任务,从而使企业充满活力。

(二)两重性

人力资源既是投资的结果,同时又能创造财富,或者说,它既是生产者,又是消费者。根据西奥多·舒尔茨(Theodore Schultz)的人力资本理论,人力资本投资的程度决定了人力资源质量的高低。从生产和消费的角度来看,人力资本投资是一种消费行为,而且这种消费行为是必需的,是先于人力资本收益的,没有这种先前的投资,就不可能有后期的收益。人力资源作为一种经济性资源,它与物质资本一样具有投入产出规律,并具有高增值性。研究表明,对人力资源的投资无论是对社会还是对个人所带来的收益都要远远大于对其他资源投资所产生的收益。舒尔茨用投资收益率法研究了美国 1929～1957 年的经济增长贡献指标,结果表明,教育投资对经济增长率的贡献为 33%。

(三)时效性

人力资源是一种具有生命的资源,其形成、开发和使用都要受到时间的限制。作为生物有机体的人有其生命的周期,一般要经过幼年期、青少年期、中年期和老年期。由于在每个时期人的体能和智能不同,因而在各个时期的学习能力和劳动能力也不同,这就要求对人力资源的培养要遵循人的成长规律,在不同阶段提供不同的学习与培训项目,对人力资源必须适时开发,及时利用,讲究时效。

(四)连续性

物质资源一般经过一次加工、二次加工乃至某些深加工之后,就形成了最终产品,不存在继续开发的问题。而人力资源则不同,开发使用之后可以继续开发。这就要求人力资源的开发与管理要注重终身教育，加强后期的培训与开发，不断提高其知识、技能水平。

(五)再生性

经济资源分为可再生性资源和不可再生性资源两大类。人力资源是一种可再生性资源，这是基于人口的再生产和劳动力的再生产，通过人口总体内的各个个体不断地替换更新和劳动力消耗—生产—再消耗—再生产的过程实现的。这种再生产不同于一般生物资源的再生产，除了受生物规律支配外，还要受人的意识支配，受人类活动的影响和新技术革命的制约。

(六)社会性

人类劳动是群体性劳动，每一个人都在一定的社会和组织中工作和生活，其思想和行为都要受到社会和所在群体的政治、经济、历史和文化氛围的影响，每个人的价值观念也各不相同。人们在社会交往中，其行为可能与特定的组织文化所倡导的行为准则相矛盾，可能与他人的行为准则相矛盾，这就要求人力资源管理要注重团队建设，注重人与人、人与群体、人与社会的关系及利益的协调与整合。

五、人力资源与人力资本的区别

(一)人力资本的概念

20世纪60年代，美国经济学家西奥多·舒尔茨和加里·贝克尔(Gary Becker)提出了人力资本理论。舒尔茨指出，人力资本是相对于物质资本或非人力资本而言的，是体现在人身上可以被用来提供未来收入的一种资本，是个人所具备的才干、知识、技能和经验。

(二)人力资源和人力资本的区别

人力资源与人力资本就内容和形式而言，具有一定的相似之处，但就其内涵和本质而言，二者具有明显的区别。人力资源是针对经济管理和经济运营来说的，而人力资本是针对经济增值和经济贡献来说的。人力资源是劳动者将自己拥有的能力投入劳动生产过程，并以此产生出一定的工作能力，创造出一定的工作成果，而人力资本是劳动者将自己拥有的无形资产投入企业经营活动，并以此索取一定的劳动报酬与经济利益。虽然同是劳动者身上具备的能力，作为人力资源，它是一种经济运营中的力量基础，是一种工具或资料，能够带来或创造经济效益，是创造经济价值的源泉；但作为人力资本，它是一种经济效益分配的依据，是一种经济投资的“股份”，是一种由其他资本投资转化而得到的结果。具体来讲，人力资源与人力资本有以下四点区别：

(1)概念的范围不同。人力资源包括自然性人力资源和资本性人力资源。自然性人力资源是指未经任何开发的遗传素质与个体；资本性人力资源是指经过教育、培训、健康与迁移等投资而形成的人力资源。人力资本是指所投入的物质资本在人身上所凝结的人力资源，是可以投入经济活动并带来新价值的资本性人力资源。人力资本存在于人力资源之中。

(2)关注的焦点不同。人力资源关注的是价值问题，而人力资本关注的是收益问题。

(3)性质不同。人力资源所反映的是存量问题，而人力资本反映的是流量和存量问题。

(4)研究角度不同。人力资源是将人力作为财富的源泉，是从人的潜能与财富的关系来研究人的问题。而人力资本则是将人力作为投资对象，作为财富的一部分，是从投入与收益的关系来研究人的问题。

任务二　人力资源管理概述

一、人力资源管理的概念

我们认为，现代人力资源管理是超越传统人事管理的全新的管理模式。人力资源管理是指在人本思想指导下，通过招聘、选择、培训、考评和薪酬等管理形式对组织内外相关人力资源进行有效运用，满足组织当前及未来发展的需要，保证组织目标的实现和组织成员发展的最大化。

现代人力资源管理与传统人事管理的差别，不仅仅是名词的转变，二者在性质上已有了本质的差异。现代人力资源管理更具有战略性、整体性和未来性，它从被看作为一种单纯的行政事务性管理活动的框架中脱离出来，根据组织的战略目标制定人力资源规划与战略，人力资源管理部门直接参与企业战略决策，并成为组织生产效益的部门。现代人力资源管理与传统人事管理的区别可用表1－1加以说明。

表1－1　　现代人力资源管理与传统人事管理的区别

项　目	现代人力资源管理	传统人事管理
观念	视员工为有价值的重要资源	视员工为成本负担
目的	满足员工自我发展的需要，保障企业长远利益的实现	保障企业短期目标的实现
模式	以人为中心	以事为中心
性质	战略性	战术、业务性
深度	主动、注重开发	被动、注重管好
地位	决策层	执行层
工作方式	参与、透明	控制
与其他部门的关系	和谐、合作	对立、抵触
对待员工的态度	尊重、民主	命令、独裁
角色	挑战、变化	例行、记载
部门属性	生产与效益部门	非生产、非效益部门

二、人力资源管理的目标和任务

（一）人力资源管理的目标

美国学者经过多年研究，认为人力资源管理包括四大目标：

（1）建立员工招聘和选择系统，以便能够雇用到最符合组织需要的员工。

（2）最大限度地挖掘每个员工的潜质，既服务于组织目标，又确保员工的事业发展和个人尊严。

（3）留住那些通过自己的工作绩效帮助组织实现目标的员工，同时排除那些无法对组织提供帮助的员工。

(4)确保组织遵守政府有关人力资源管理方面的法令和政策。

根据美国学者的观点,我们认为组织人力资源管理的目标应包括以下三个方面:

(1)保证组织人力资源管理的需求得到最大限度的满足。

(2)最大限度地开发和管理组织内外的人力资源,促进组织的持续发展。

(3)维护与激励组织内部的人力资源,使其潜能得到最大限度的发挥,不断提升其人力资本的价值。

(二)人力资源管理的任务

1. 规划

它是以组织总体目标为依据,在分析现有人力资源的基础上,对组织未来的人力资源供给与需求进行预测和决策,进而确定组织人力资源发展目标以及达到目标的措施的过程。

2. 吸收

它是指根据组织的工作需要来招聘、选拔和录用员工的过程,是组织整个人力资源管理活动的基础。

3. 保持

它主要是通过薪酬、福利和职业计划等措施激励及维持员工的工作积极性与责任心,提高员工的工作满意度,保证员工的工作生活质量。

4. 开发

通过人力资源开发与培训,提高员工的知识和技能水平,挖掘员工的潜在能力,不断提升员工的人力资本价值。

5. 考评

通过价值评价体系及评价机制的确定,对员工的工作绩效、工作表现和思想品德等方面进行评价,使员工的贡献得到认可。

6. 调整

为了让员工保持所要求达到的技能水平和良好的工作态度,以考评结果为依据,对员工实行动态管理,如晋升、调动、奖惩、离退和解雇等。

在以上六项任务中,规划是整个人力资源管理活动的核心。在制定人力资源规划时,要坚持人力资源规划服从于组织战略规划的原则。同时,要注意分析各项任务之间的相互关系和相互作用,从人力资源管理的整体和全局看问题,处理好各项任务之间的关系。

三、人力资源管理的基本内容

(一)人力资源规划

人力资源规划(Human Resource Planning,HRP)是一项系统的战略工程,它以企业发展战略为指导,以全面核查现有人力资源、分析企业内外部条件为基础,以预测组织对人员的未来供需为切入点,内容包括晋升规划、补充规划、培训开发规划、人员调配规划、工资规划等,基本涵盖人力资源的各项管理工作。另外,人力资源规划还通过人事政策的制定对人力资源管理活动产生持续和重要的影响。

(二)工作分析

工作分析(Job Analysis)又称职位分析、岗位分析或职务分析,是通过系统全面的情报收集手段,提供相关工作的全面信息,以便组织改善管理效率。工作分析是人力资源管理工作的基础，其分析质量对其他人力资源管理职能具有举足轻重的影响。通过对工作输入、工作转换过程、工作输出、工作的关联特征、工作资源、工作环境背景等的分析，形成工作分析的结果——职务规范（也称工作说明书）。职务规范包括工作识别信息、工作概要、工作职责和责任以及任职资格的信息，为其他人力资源管理职能的使用提供方便。

工作评价是指评定各项工作在实现企业目标中的价值，并据此确定各项工作的等级，进而制定各项工作的报酬，为最后构建薪酬结构提供依据。因此，工作评价是工作分析的逻辑结果，其目的是提供工资结构调整的标准程序。职务评价是执行职务工资制最关键的一环，因为对职务评价的等级高低与职务工资额是直接对应的。工作评价的基本目的在于：确认组织的工作结构；使工作间的联系公平、有序；开发一个工作价值的等级制度，据此可用来建立工资支付结构；关于企业内部的工作和工资方面，取得管理人员与员工间的一致。

（三）招聘录用

人力资源管理的一项重要功能是为企业获取合格的人力资源。组织的人事配置工作由招聘和录用两个相互独立但又彼此紧密联系的活动组成。招聘是录用的基础和前提，录用是招聘的目的和结果。招聘主要是通过宣传来扩大影响，树立组织影响，达到吸引人应征的目的；而录用则是为组织岗位挑选合格人选的过程，是技术性最强的一步，需要采用多种测评方法，帮助组织公平、客观地作出正确决策。

（四）绩效管理

所谓绩效管理，是指各级管理者和员工为了达到组织目标共同参与绩效计划制订、绩效辅导沟通、绩效考核评价、绩效结果应用的持续循环过程。绩效管理的目的是持续提升个人、部门和组织的绩效。

绩效计划制订是绩效管理的基础环节，不能制订合理的绩效计划就谈不上绩效管理；绩效辅导沟通是绩效管理的重要环节，如果这个环节工作不到位，绩效管理难以落到实处；绩效考核评价是绩效管理的核心环节，如果这个环节工作出现问题，会带来严重的负面影响；绩效结果应用是绩效管理取得成效的关键，如果对员工的激励与约束机制存在问题，绩效管理不可能取得成效。

（五）薪酬管理

薪酬管理是在组织发展战略的指导下，对员工薪酬支付原则、薪酬策略、薪酬水平、薪酬结构、薪酬构成进行确定、分配和调整的动态管理过程。薪酬管理要为实现薪酬管理目标服务。薪酬管理目标是基于人力资源战略设立的，而人力资源战略服从于组织发展战略。

薪酬管理包括薪酬体系设计、薪酬日常管理等工作。薪酬体系设计是薪酬管理最基础的工作，主要包括薪酬水平设计、薪酬结构设计和薪酬构成设计；薪酬日常管理是由薪酬预算、薪酬支付、薪酬调整组成的循环，这个循环可以称为薪酬成本管理循环。

薪酬体系建立起来后，应密切关注薪酬日常管理中存在的问题，及时调整公司薪酬策略，调整薪酬水平、薪酬结构和薪酬构成，以实现效率、公平、合法的薪酬目标，从而保证组织发展战略的实现。

（六）培训开发

培训开发是人力资源管理的一个重要职能，主要目的是为长期战略绩效和近期绩效提升作贡献，确保组织成员在组织战略需要和工作要求环境下，有机会、有条件地进行个人绩效提升和经验阐释。员工培训是指组织有计划地实施有助于提升员工学习与工作相关能力的活动。这些能力包括知识、技能和对工作绩效起关键作用的行为。员工开发是指为员工未来发展而展开的正规教育、在职实践、人际互动以及个性和能力的测评等活动。

(七)员工关系管理

从广义上讲,员工关系管理是在企业人力资源体系中,各级管理人员和人力资源职能管理人员,通过拟订和实施各项人力资源政策和管理行为,以及其他的管理沟通手段调节企业与员工、员工与员工之间的相互联系和影响,从而实现组织的目标。从狭义上讲,员工关系管理就是组织和员工的沟通管理,这种沟通更多采用柔性的、激励性的、非强制的手段,从而提高员工满意度,支持组织其他管理目标的实现。其主要职责是协调员工与管理者、员工与员工之间的关系,引导建立积极向上的工作环境。

(八)职业生涯管理

职业生涯管理是现代企业人力资源管理的重要内容之一,是企业鼓励和关心员工的个人发展,帮助员工制定职业生涯规划和帮助其职业生涯发展的一系列活动,以进一步激发员工的积极性和创造性。员工工作岗位的调配应当是具有职业生涯导向的,它强调根据员工的职业生涯发展需要进行调配;在组织从事职业生涯规划与管理的情况下,培训工作不仅目标明确、具体,而且很容易与员工的需要相结合,从而取得较好的培训效果;而绩效考评可以帮助员工提高绩效,起到修正职业生涯发展偏差的作用,也是修改或调整职业生涯规划的重要依据。

(十)劳动关系管理

劳动关系管理是指协调和改善组织与员工之间的劳动关系,进行组织文化建设,营造和谐的劳动关系和良好的工作氛围,保障企业经营活动的正常开展。劳动关系管理的目的在于明确双方的权利和义务,为组织业务开展提供一个稳定和谐的环境,并通过组织战略目标的达成最终实现组织和员工的共赢。

四、人力资源管理的意义

(一)有利于组织生产经营活动的顺利进行

组织中人与人、人与事、人与组织的配合与效率,直接影响组织生产经营活动的顺利进行。只有通过科学的人力资源管理,合理组织人力资源,不断协调人力资源同其他资源之间的关系,并在时间和空间上使人力资源同其他资源形成最优配置,才能保证组织生产经营活动有条不紊地进行。

(二)有利于调动组织员工的积极性,提高劳动生产率

美国学者通过调查发现,按时计酬的职工每天只需发挥自己 20%～30%的能力,就可以保住自己的饭碗,但若充分调动其积极性和创造性,其潜力可以发挥 80%～90%。组织人力资源管理的重要任务就是要设法为员工创造一个适合他们的劳动环境,使员工和工作岗位相匹配,充分发挥每个人的专长。同时,正确地评价每个员工的贡献,根据员工的贡献和需要进行有效的激励,使员工安于工作、乐于工作、忠于工作,积极主动地奉献自己的全部能力和智慧,从而达到提高劳动生产率的目的。

(三)有利于开发人力资源,树立组织长期的竞争优势

组织人力资源管理的一个主要任务就是对员工的培训与开发。通过对员工的培训,不断提高员工的素质,使一线员工能够有效地掌握和运用现代化技术和手段,生产出一流的产品;

使管理人员能够掌握现代化的管理理论与方法，提高管理能力与水平，从而树立组织长期竞争的优势，促进组织的发展。

(四)有利于减少劳动消耗，提高组织经济效益

组织经济效益是指组织在生产经营活动中的支出和所得之间的比较。减少劳动消耗的过程，就是提高经济效益的过程。因此，通过科学的人力资源管理，合理配置人力资源，可以促使组织以最小的劳动消耗，取得最大的经济效益。

五、人力资源管理的发展阶段

(一)经验管理阶段

1. 人力资源管理的发展背景

人力资源管理的发展始于工业革命。工业革命在18世纪末始于英国，19世纪席卷美国，主要特点是机器取代了工匠、能源取代了人力、工厂取代了手工业作坊。工厂体系的出现是人力资源管理活动的基础，它将一无所有的工薪雇佣劳动力与工厂主和生产资料结合起来，使生产力迅速扩张。随着工厂规模的扩大和生产的程序化，管理和监督众多的工人变得十分有必要。

2. 经验管理阶段的定义

经验管理阶段是指从18世纪末到19世纪末，这一时期的生产形式主要以手工作坊为主，并开始向机器化大工业转变。为了保证具有合格技能的工人能充足供给，对工人技能的培训是以有组织的方式进行的。师傅与徒弟的生活和工作关系，非常适合家庭工业生产的要求。由于管理主要是经验式的管理，各种管理理论只是处于初步摸索之中，还未形成体系。

3. 经验管理阶段的特点

(1)组织的所有权与经营权合一，企业主既是所有者又是经营者。

(2)并未建立健全统一的有理论依据的规章制度，而且存在的所谓制度也极不稳定，经常出现一换领导就换制度的现象。

(3)组织内部的人际关系处理是典型的“人治”，所以对于规律性的事情常会出现随管理者主观而变化的处理结果，很难使被管理者形成稳定的预期。

(4)在决策上缺乏科学的决策程序，一般依靠主观判断来进行决策，决策风险很大。

(5)没有形成科学而合理的分工，执行的是面对面的管理，主观随意性很强。

(6)从管理效果上看存在两个特点：一是管理的效率低下，二是组织的团队士气不高。

(二)科学管理阶段

1. 科学管理阶段的发展内容

科学管理阶段是指从20世纪初到20世纪30年代左右，这一时期的生产形式是机器化大工业。随着农业人口涌入城市，雇佣劳动大规模开展，雇佣劳动部门也随之产生，工业革命促使劳动专业化水平提高和生产效率提高，与之相应的技术进步也促使人事管理方式发生变化。

最著名的代表人物是被称为科学管理之父的弗雷德里克·温斯洛·泰勒(Frederick Winslow Taylor)，另外还有提出行政管理理论的马克斯·韦伯(Max Weber)和提出管理要素与管理职能的亨利·法约尔(Henri Fayol)，他们的理论也统一被称为古典管理理论。其中，最有代表性的是泰勒于1911年出版的《科学管理原理》一书中提出的思想，具体可以概括为以下几方面：

(1)工作定额

泰勒认为,科学管理的中心问题是提高劳动生产率,企业要设立一个专门制定定额的部门或机构,通过对技术熟练的工人进行测量,制定出有科学依据的工人的劳动定额,即“合理日工作量”,并根据定额完成情况,实行差别计件工资制。具体方法是选择合适而熟练的工人,把他们的每一个动作、每一道工序的时间记录下来,并把这些时间加起来,再加上必要的休息时间和其他延误时间,就得出完成该项工作需要的总时间,据此来制定出一个工人的“合理日工作量”。用这一“合理日工作量”来要求不同岗位上的工人,制定其工作定额。

(2)挑选一流的工人

泰勒认为,要根据工作的需要,挑选最合适该项工作的人员,实现人员的能力与所从事工作的最佳适配的原则。泰勒主张在劳动方法标准化的基础上对工人进行培训,教会他们科学的工作方法,使他们成为第一流的工人,并激发他们的劳动热情,使其达到最高劳动效率。

(3)标准化

泰勒认为,必须用科学的方法对工作的操作方法、使用的工具、劳动和休息时间的搭配,以及机器的安排和作业环境的布置等进行分析,消除各种不合理因素,把各种最好的因素结合起来形成一种最好的标准化方法。

(4)差别计件工资制

为了鼓励工人努力工作,泰勒提出了差别计件工资制,即根据工人完成定额的不同,采取不同的工资率,对完成和超额完成定额的人,以较高的工资率支付工资;对完不成定额的人,则按较低的工资率支付工资。

(5)计划职能与执行职能相分离

泰勒所说的计划职能实际上是指管理职能,执行职能是指劳动职能。泰勒主张由专门的计划部门来从事调查研究,为定额和操作方法提供科学依据,拟订计划并发布指示和命令,由所有的工人和部分工长承担执行职能。这实质上是实现了管理职能的专门化。

(6)职能工长制

泰勒提出必须废除当时企业中军队式的组织体系,而实行“职能工长制”,即按照不同的职能,把管理细分为若干方面,每个方面的职能设立一个职能工长负责管理。

(7)劳资双方为提高工作效率共同合作

在劳动过程中,雇主关心的是成本的降低,而工人关心的是提高工资,因此,只有双方的合作和协作,才能共同提高劳动效率,从而使双方都得益。

(8)例外原则

泰勒认为规模较大的企业,还必须应用例外原则,即企业的高级管理人员把例行的、一般性的日常事务授权给下级管理人员去处理,自己只保留对例外事项(或重要事项)的决定权。泰勒提出的这种以例外原则为依据的管理控制方式,后来发展为管理上的授权原则。

2. 科学管理阶段的特点

科学管理阶段的特点主要表现在以下几个方面。

(1)组织所有权与经营权开始分离,组织出现了专门从事职能管理的人员,这是对管理作为重要生产要素的一种肯定。

(2)采用“经济人”的人性假设,管理工作的重点在于提高生产率、完成生产任务,不去考虑人的感情。

(3)组织中制定了严格的规章制度，照章办事，不留情面。

(4)在对人的控制上选择外部控制的手段，依靠外部监督，实行重奖重罚的措施。

(5)管理手段上讲究科学化，决策程序与机制的建立使得决策科学性大大提高。例如，定量分析工作的方法大大提高了生产率。

(6)从管理效率上看，生产效率大为提高，这也是资本主义发展史上的黄金时期，但由于漠视人的主观感受，不讲感情，使得组织的士气大受影响，员工的对抗情绪较为强烈，有时甚至可以影响生产效率。

3. 科学管理理论的贡献

科学管理理论的贡献主要体现在以下两个方面。

(1)第一次使管理从经验上升为科学。泰勒的科学管理理论的最大贡献在于他所提倡的在管理中运用科学方法和他本人的科学实践精神。科学管理的精髓在于用精确的调查研究和科学知识来代替个人的判断、意见和经验，强调的是一种与传统的经验方法相区别的科学方法。

(2)追求效率的优化思想和调查研究的科学方法。泰勒的科学管理理论的核心是寻求最佳工作方法，追求最高生产效率。这些技术和方法不仅是过去，而且是近代合理组织生产的基础。

4. 科学管理理论的局限性

科学管理理论的局限性主要表现在以下两个方面。

(1)研究的范围比较小，内容比较窄，侧重于生产作业管理，对现代企业的经营管理、市场、营销、财务等都没有涉及。

(2)对人性假设的局限性，即认为人仅仅是一种“经济人”，这无疑限制了泰勒的视野和高度。

(三)人际关系阶段

1. 人际关系阶段的发展

人际关系阶段是指从20世纪30年代至第二次世界大战结束。泰勒等人创立的科学管理理论，仅把人看作是一种“经济人”，即工人追求高工资，企业家追求高利润，并且过分强调严格用科学方法和规章制度实施管理。不论是前期泰勒等人提出的科学管理方法，还是后期韦伯等人提出的行政组织理论，其共同点都是强调科学性、精密性和纪律性，把人的情感因素放到次要地位，把工人看作是机器的延长——机器的附属品，因而在很多企业中激起了工人的强烈不满和反抗。在这种情况下，一些管理学家也开始意识到，社会化大生产的发展需要有一种能与之相适应的新管理理论，于是人际关系学派便应运而生。推动人际关系学派产生的一个重要事件是美国西方电气公司进行的“霍桑实验”，其中最著名的代表人物是乔治·梅奥(George Mayo)。

2. 梅奥等人提出的假说

梅奥于1926年进入哈佛大学从事工业研究，不久参加了著名的霍桑工厂实验。当时，一些管理人员和管理学家认为，工作环境的物质条件与工人的健康、劳动生产率之间存在着明显的因果关系，在理想的工作条件下，工人能发挥出最大的工作效率。但是，在对两组女工——控制组和对照组的比较试验中发现，这一理论是不能成立的。参加试验的两组女工在工作环境、工作时间和报酬等因素发生各种变化时，产量始终保持上升趋势，其生产率并不与工作环境好坏、工资报酬多少成正比。而梅奥则从另外的角度来考察前一阶段试验的结果，他认为，参加试验的工人产量增长的原因主要是工人的精神方面发生了巨大变化，由于参加试验的工人成为一个社会单位，受到人们越来越多的注意，并形成一种参与试验计划的感觉，因此情绪高昂、精神振奋。梅奥因为发现了工业生产过程中的社会环境问题，因此率先提出了“社会人”这一概念。梅奥指出，工人是从社会的角度被激励和控制的，效率的增进和士气的提高主要是由于工人的社会条件和人与人之间关系的改善，而不是由于物质条件或物质环境的改善。因此，企业管理者必须既要考虑到工人的物质及技术方面，又要考虑到其他社会心理因素等方面。梅奥等人以霍桑实验中的材料和结果，提出以下假说：

(1)企业职工是“社会人”，而不仅仅是“经济人”。企业中的工人不是单纯追求金钱收入的，他们还有社会方面、心理方面的需求，这就是追求人与人之间的友情、安全感、归属感和受人尊重等。因此，不能单纯从技术和物质条件着眼，还必须首先从社会心理方面来鼓励工人提高生产率。

(2)企业中存在着“非正式组织”。企业中除了“正式组织”之外，还存在着“非正式组织”。这种“非正式组织”是指在厂部、车间、班组以及各职能部门之外的一种关系，从而形成各种非正式的集团、团体。这种非正式组织有自己的价值观、行为规范、信念和办事规则。它与正式组织互为补充，对鼓舞工人士气，提高劳动生产率、企业凝聚力都可起到很大作用。

(3)作为一种新型的企业领导，其能力体现在提高职工的满足程度，提高职工的士气，从而提高劳动生产率。金钱式经济刺激对促进工人劳动生产率的提高只起第二位的作用，起第一位作用的是职工的满足程度，而这个满足程度在很大程度上是由职工的社会地位决定的。职工的安全感和归属感依存于两个因素：一是工人的个人情况，即工人由于个人历史、家庭生活和社会生活所形成的个人态度和情绪；二是工作场所的情况，即工人相互之间或上下级之间的人际关系。

3. 人际关系阶段的特点

(1)组织所有权与经营权分离成为不可逆转的趋势。

(2)采用“社会人”的人性假设，由理性管理变为感性管理。

(3)管理手段上，由制度管理变为思想管理，强调尊重人的个性。

(4)在控制方法上，由外部控制变为自我控制，弱化制度的作用。

(5)管理重点由直接管理人的行为变为管理人的思想，强调人际关系的协调与正向的激励。

(6)从管理效果上来看，人际关系学派在实践上鼓舞了组织的士气，因而也取得了不错的生产效率，但由于在某种程度上忽略了制度在防范不良绩效上的作用，易导致生产效率的不稳定。

【同步案例 1－1】　　是谁的责任

国庆节刚过，南方某宾馆的迎宾楼，失去了往日的喧哗烦躁，寂静的大厅半天也看不到一位来宾的身影。客房部管理员 A 紧锁眉头，考虑节后的工作安排。突然她喜上眉头，拿着电话与管理员 B 通话：目前客源少，何不趁此机会安排员工休息。管理员 B 说：“刚刚休息了 7 天，再连着休息，会不会太近，而以后的 20 天没有休息，员工会不会太辛苦。”管理员 A 说：“没关系，反正现在客源少，闲着也是闲着。”两人商定后，就着手安排各楼层的员工轮休。

案例精析 1－1

不到中旬，轮休的员工陆续到岗，紧接着客源渐渐多起来，会议一个接着一个，整个迎客楼又恢复了昔日的热闹，员工为南来北往的宾客提供着优质的服务。

紧张的工作夜以继日地度过了十几天，管理员A正为自己的英明决策感到沾沾自喜的时候，下午四点服务的小陈突然胃痛，晚上交接班时小李的母亲心绞痛住院，小黄的腿在倒开水时不慎烫伤。面对接二连三突然出现的问题，管理员A似乎有点乱了方寸，怎么办？姜到底是老的辣，管理员A以这个月的休息日已全部休息完毕为由，家中有事、生病的员工，要休息就请假，而请一天的病假和事假，所扣的工资是一笔不小的数目。面对这样的决定，小黄请了病假，小陈、小李只好克服各自的困难，仍然坚持上班。

第二天中午，管理员B接到客人的口头投诉：被投诉的是三楼的小李和四楼的小陈。原因是：面无表情，对客人不热情。管理员B在和管理员A交接的时候，转达了客人对小李、小陈的不满，管理员A听后，陷入沉思。

(四)行为管理阶段

行为管理阶段是指从20世纪50年代后期至20世纪70年代，针对人际关系学派的不足，许多管理学者加以总结和补充，发展出了行为管理学派。行为科学是在人际关系学说的基础上形成的，它重视对个体心理和行为、群体心理和行为的研究与应用，侧重于对人的需要和动机的研究，探讨了对人的激励研究，分析了与企业有关的"人性"问题，其代表人物是亚伯拉罕·马斯洛(Abraham Maslow)和道格拉斯·麦格雷戈(Douglas McGregor)。这一阶段在理论上，已经从过去只重视对具体工作和组织的研究，转向重视人的因素的研究，这是从重视"物"转向重视"人"的一种观念和理论上的飞跃。这一阶段的理论创新，都与人力资源管理有直接关系，从而也为人力资源管理奠定了理论基础。在20世纪60年代中期，又发展为组织行为学，奠定了人力资源管理的理论依据和学科基础。

1. 麦格雷戈的X－Y理论

美国管理学家麦格雷戈于1957年提出了X－Y理论。麦格雷戈把传统管理学说称为X理论，把他自己的管理学说称为Y理论。X理论认为：多数人天生懒惰，尽一切可能逃避工作；多数人没有抱负，宁愿被领导，怕负责任，视个人安全高于一切；对多数人必须采取强迫命令，实行软(金钱刺激)硬(惩罚和解雇)兼施的管理措施。Y理论的看法则相反，它认为：一般人并不天生厌恶工作；多数人愿意对工作负责，并有相当程度的想象力和创造才能；控制和惩罚职工不是实现企业目标的唯一办法，还可以通过满足职工感情的需要、尊重的需要和自我实现的需要，使个人和组织目标融合一致，达到提高生产率的目的。

麦格雷戈认为，人的行为表现并非是其固有的天性决定的，而是企业中的管理实践造成的。剥夺人的生理需要，会使人生病。同样，剥夺人的较高级的需要，如感情的需要、地位的需要、自我实现的需要，也会使人产生病态的行为。人们之所以会产生那种消极、敌对和拒绝承担责任的态度，正是由于他们被剥夺了社会需要和自我实现的需要而产生的"疾病"的症状，因而迫切需要一种新的、建立在对人的特性和人的行为动机更为恰当的认识基础上的新理论。麦格雷戈强调指出，必须充分肯定作为企业生产主体的人，即企业职工的积极性是处于主导地位的，他们乐于工作、勇于承担责任，并且多数人具有解决问题的想象力、独创性和创造力，关键在于管理方面如何将职工的这种潜能和积极性充分发挥出来。

2. 马斯洛需要层次理论

美国最具盛名的心理学家马斯洛创立了人本主义心理学，在以西格蒙德·弗洛伊德

(Sigmund Freud)为代表的精神分析学派和以约翰·华生(John Watson)为代表的行为主义之后，形成了心理学上的“第三思潮”。他在《人类动机的理论》等著作中，提出了著名的“人类需要层次论”，他把人的需要按其重要性和发生的先后分为五个层次，人们一般按照先后次序来追求相应的需要与满足。等级越低者越容易获得满足，等级越高者则获得满足的比例越小。需要层次理论如图 1—4 所示。

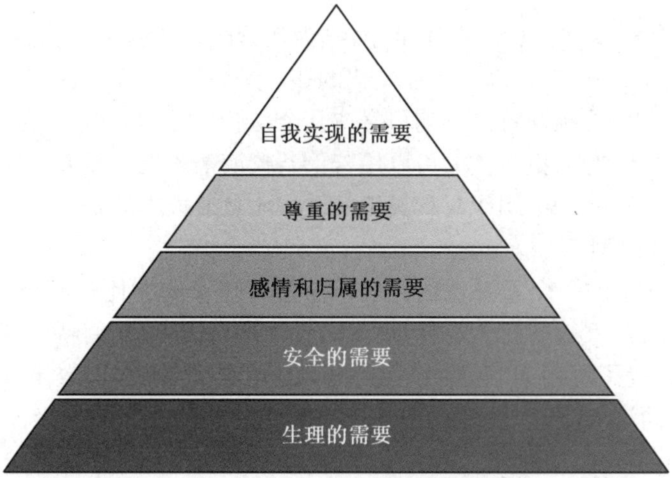

图 1—4　需要层次理论

(1)生理的需要。生理的需要，包括维持生活和繁衍后代所必需的各种物质上的需要，如衣、食、住、行、医等。这些是人们最基本、最强烈、最明显的一种需要。在这一层需要没有得到满足之前，其他需要不会发挥作用。

(2)安全的需要。安全的需要，如生活保障、生老病死有依靠等。一旦生理需要得到了充分满足，就会出现安全上的需要——想获得一种安全感。

(3)感情和归属的需要。感情和归属的需要，包括与家属、朋友、同事等保持良好的关系，给予别人并从别人那里得到友爱和帮助，谋求使自己成为某一团体公认的成员以得到一种归属感等。

(4)尊重的需要。人们对尊重的需要可分为自尊和来自他人的尊重两类。自尊包括对获得信心、能力、本领、成熟、独立和自由等的愿望；而来自他人的尊重包括威望、承认、接受、关心、地位、名誉和赏识。

(5)自我实现的需要。自我实现的需要是最高一级的需要。它是指一个人需要做对他适合的工作，发挥自己最大的潜在能力，表现个人的情感、思想、愿望、兴趣、能力，实现自己的理想，并能不断地创造和发展。

3. 行为管理阶段的特点

(1)行为管理学者的主要思想是建立在人际关系学派的基础上的，因此有相当一部分观点是相同的。

(2)行为管理学派在一定程度上超越了前人对于具体组织和工作的研究，更加注意对人的因素的研究。

(3)行为管理学派已经不拘泥于某一固定的人性假设，开始具备了权变的思想。

(4)需要层次理论指出了从物质到精神、从生理到心理这样一个先后不同的层次，因而促使人们在企业管理理论上进一步深化，去思考在企业的生产过程中，如何更好地从文化心理上去满足企业职工的高层次需要，从文化上对职工加以调控和引导，帮助他们实现各自的愿望，使他们能够生活在这样一个氛围中，即不仅感到自己是一个被管理者，同时也能够在感情和归属、获得尊重、自我实现方面，都有很大的发展余地。

(五)企业文化阶段

企业文化阶段是从 20 世纪 80 年代至今，作为在管理理论基础上发展起来的企业文化理论，是对原有管理理论的总结、创新。企业文化的核心是组织成员的共同信念与价值观，也可称为企业精神，它可以归纳为很简练的一句口号或几个易懂好记的词组，但在西方，它常以使命说明书的形式逐条表述出要点，更具体的可以用若干条政策来体现。而人力资源管理理念恰恰是企业文化理念的核心部分，一个组织对其员工的看法才是最根本的企业文化价值观。

1. 麦肯锡的 7S 模型

企业文化理论诞生的一个重要诱因是美日企业管理经验的比较研究，其中最有代表性的人物是麦肯锡公司的专家托马斯·皮持斯(Thomas Peters)和罗伯特·沃特曼(Robert Waterman)。他们先设置了可列为“管理最佳公司”的标准，再精选出数十家这类最佳公司，对它们进行较长时间的深入研究，发现它们管理有效性的共同之处在于全面关注和抓好七个管理因素，即结构(Structure)、战略(Strategy)、技能(Skill)、人员(Staff)、风格(Style)、制度(System)和共同价值观(Shared Values)。这些因素相互关联，构成一个完整的系统。它们中有的较“硬”、较理性、较直观、较易测控，如战略、结构等因素；有的则较“软”，不够理性，较难捉摸，要靠直觉来感知，这类因素往往是人们忽略的，却又是最重要的。其中，共同价值观这一因素是整个系统的核心、基础和关键，它就是企业的精华或称作企业精神。它表明，管理软硬兼备、虚实并蓄，是一个复杂完整的系统，而其核心则是软而虚的“企业文化”或精神。麦肯锡的 7S 模型如图 1—5 所示。

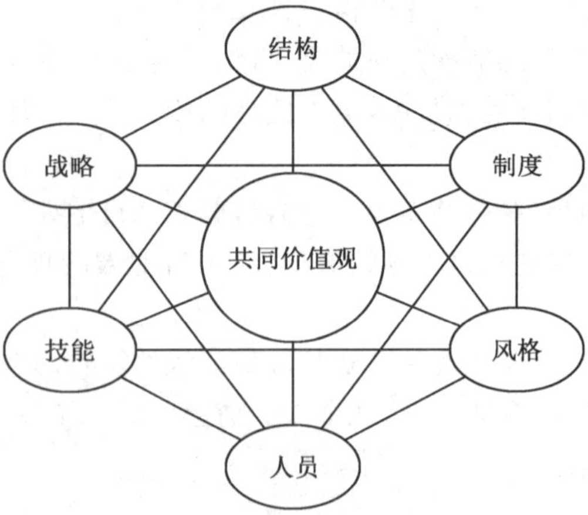

图 1—5　麦肯锡的 7S 模型

2. 学习型组织的出现

人力资源管理发展到企业文化阶段的一个重要表现是学习型组织概念的提出和在实践中的运用。1990 年，彼得·圣吉(Peter Senge)的《第五项修炼》的出版，在全世界范围内引发了一场创建学习型组织的管理浪潮。其主要内容有“自我超越”“改善心智模式”“建立共同愿景”“团队学习”“系统思考”五项管理技巧，通过这些具体的修炼办法来提升人类组织整体运作的“群体智力”。学习型组织则是指在发展中形成的具有持续的适应和变革能力的组织。在一个学习型组织中，“以人为本”的管理理念得到了进一步发展，具体表现为：组织领导者既要掌握管理的理论和理念，更要注重管理的方法、操作和技能等实践；重视企业文化和团队精神的作用，培育和发掘人力资源的创造力和企业的凝聚力；注重多文化时代多元化的管理模式；企业投资、经营和竞争的多元化，要求人力资源管理活动要不断创新。

3. 企业文化阶段的特点

(1)处理“人事关系”成为总经理最重要的事宜之一。

(2)重视员工作为有尊严个体的存在。

(3)重视用工作目标激发员工的积极性。

(4)重视工作表现和挑战性工作，注重在工作中培养员工的成就感。

(5)注重团队精神的培养和沟通技巧的培训使用。

(6)注意团体气氛的融洽，营造“学习型”组织。

五、战略性人力资源管理

(一)战略性人力资源管理的概念与特点

战略性人力资源管理是指围绕企业的战略目标而进行的人力资源管理。人力资源管理开始进入企业决策层，人力资源管理的规划和策略与企业经营战略相契合，不仅使人力资源管理的优势得以充分的发挥，更给整个企业的管理注入了新的生机和活力。

战略性人力资源管理的特点主要体现在以下六个方面。

(1)在管理理念上，认为人力资源是一切资源中最宝贵的资源，经过开发的人力资源可以升值，能够给企业带来巨大的利润。

(2)在管理内容上，重点是开发人的潜能，激发人的活力，使员工能够积极、主动、有创造性地开展工作。

(3)在管理形式上，强调整体开发，要根据企业目标和个人状况，为其做好职业生涯设计，不断培训和调整职位，充分发挥个人才能。

(4)在管理方式上，采取人性化管理，考虑人的尊严、情感与价值。

(5)在管理手段上，实现智能和精准管理。

(6)在管理层次上，人力资源管理部门处于决策层，直接参与企业的计划与决策。人力资源管理人员作为业务合作伙伴，辅助或直接参与业务部门的价值创造。

(二)战略性人力资源管理与人力资源管理的区别

1. 战略性人力资源管理具有战略性、整体性和未来性

人力资源部门根据企业的发展战略，有计划、有步骤地对人才进行招聘和培养，根据战略实施时间安排储备人才，在适当的环境和时间使合适的人才充分发挥其才能；与员工共同设计职业生涯规划，设计与系统战略匹配的薪酬战略，发动或处理组织变革活动，成为员工和企业的合作伙伴。

2. 战略性人力资源管理重视对人力资源的主动开发

战略性人力资源管理不仅将人力资源视为组织的第一资源，而且更为注重对其开发，因

而更加具有主动性。战略性人力资源管理对人力资源的培训与持续教育越来越重视，许多世界著名企业投资成立了自己的培训教育学院或企业大学；培训和教育的内容更加广泛，从一般管理的基本理论与方法到人力资源开发与管理的基本理论与方法，从一般文化知识到新知识、新技术，从企业文化到个人发展规划，无所不有，通过对员工的培训，达到对员工的有效使用。表 1—2 对战略性人力资源管理与人力资源管理进行了比较。

表 1—2　　战略性人力资源管理与人力资源管理的比较

比较维度	人力资源管理	战略性人力资源管理
与组织战略的关系	被动反应者	积极推动者
焦点	员工关系	与内部及外部客户的合作关系
人力资源管理的角色	事务员、变革的追随者和响应者	事务员、变革的领导者和发起者
创新	缓慢、变动、零碎	迅速、主动、整体
时间视野	短期	短期、中期、长期(根据需要)
控制	官僚的角色、政策、程序	有机的、灵活的，根据成功的需要
工作设计	紧密的劳动部门、独立、专门化	广泛的、灵活的，交叉培训，团队
关键投资	资本、产品	人、知识
经济责任	降低人力成本	提升组织绩效

人力资源管理在不同的阶段解决不同的问题：人事管理解决事务性问题；人力资源管理解决技术性问题；战略性人力资源管理解决员工职业发展、组织变革问题，支撑组织战略目标的实现。人力资源管理的发展趋势是战略地位上升，管理职能下降，执行职能由直线经理实现。人事管理和人力资源管理更多是从微观层面进行研究；战略性人力资源管理更多是从管理理念和企业战略的宏观层面进行研究。

【同步案例 1—2】　　高能的教训

高能实业有限公司成立于 1986 年，由最初的夫妻店发展成为现在涉及化工、化纤、食品、工程设备、医药等业务的综合性企业。公司致力于各类高科技产品的进出口贸易和国内代理，并通过贸易与投资等商业活动来配合企业的多元化、国际化经营。公司除了贸易之外，还逐步开拓新的领域，如食品和食品设备制造业。

案例精析 1—2

高能实业有限公司现有员工 400 多人，从公司的员工结构看，平均学历相当高，目前有博士和硕士 20 多人，本科以上学历者占整个公司人数的 60%以上。此外，从公司员工的专业背景看，绝大多数员工是理工科背景，如销售食品的员工以前是学食品的，销售化工产品的以前是学化工的，还有少部分勤杂工，其学历为高中或高中学历以下。但令人难以相信的是，公司所有员工中没有市场营销专业毕业的。公司的人力资源经理说，不懂产品专业知识的销售员是卖不好产品的，况且公司代理的产品本身有一定的技术含量，一般在销售产品的同时需要提供售后服务。

高能实业有限公司曾在一段时间创造过辉煌，营业额曾达到 10 多亿元，但这两年来境况越来越差，去年的营业额只有 3 亿多元，大部分销售额集中于少数几个懂销售知识和销售理念的员工身上，然而这些业绩突出的员工并不是那些高学历的。现在，公司不但不能开发新的市场，原有的市场也被竞争对手一步步蚕食。

任务三　人力资源管理者的角色和素质

一、人力资源管理者的角色

(一)戴维·尤里奇提出的人力资源管理者的角色

密歇根大学的戴维·尤里奇(Dave Ulrich)在1996年提出人力资源管理者扮演四种角色，分别为战略伙伴、变革推动者、员工支持者、职能专家，如图1—6所示。人力资源管理者的角色、职能活动和有效产出也不同，具体如表1—3所示。

图1—6　人力资源管理者的角色

表1—3　人力资源管理者的角色、职能活动和有效产出

角　色	职能活动	有效产出
战略伙伴	1. 应该具有精通经营、精通人力、诚实守信等核心能力 2. 通过使用不同的技术为经营团队促进战略发展服务 3. 为整个组织制定并促进战略发展 4. 使组织战略和经营战略相结合并确保实施 5. 为支持战略重新设计组织	实施战略，将人力资源纳入企业的战略与经营管理活动中，使人力资源与企业战略相结合
变革推动者	1. 变革推动者是人力资源第二个战略角色 2. 变革管理团队的参与者，负责变革的内部沟通并获得员工的信赖，主动引导员工为适应新组织做准备 3. 制订内部沟通和干预计划，并且计划能被员工有效地完成和理解 4. 制订员工培训计划，以使员工获得组织变革所需要的新技术和新能力，更新工作分析，为员工提供变革咨询，帮助员工改变工作习惯 5. 持续收集来自员工的反馈信息，并提供给团队，要求项目团队向员工说明组织变革和调整对员工的正面影响 6. 支持组织中的变革，直接领导使变革对员工而言变得容易	创建新的组织，提高员工对组织变革的适应能力，妥善处理组织变革过程中的各种人力资源问题，推动组织变革进程

(二)美国国际人力资源管理协会提出的优秀的人力资源管理者的角色

美国国际人力资源管理协会(International Public Management Association for Human Resource,IPMA-HR)1999年提出,优秀的人力资源管理者必须扮演四种角色:人力资源管理专家、业务伙伴、领导者和变革推动者。

(1)人力资源管理专家(HR Expert)。熟悉组织或企业人力资源管理的流程与方法,了解政府有关人事法规政策。

(2)业务伙伴(Business Partner)。熟悉业务,参与制订业务计划,并参与处理问题,保证业务计划得到有效的执行。

(3)领导者(Leader)。发挥影响力,协调、平衡组织或企业对员工职责和贡献的要求与员工对于工薪福利需求的关系。

(4)变革推动者(Change Agent)。协助组织或企业管理层有效地计划和应对变革,并在人员集训和专业配备上为变革提供有力的协助。

二、人力资源管理者的素质

(一)品德素质

它包括:具有良好的思想品德、社会公德和管理人员的职业道德及社会责任,具有诚实可信、爱岗敬业、吃苦耐劳、遵纪守法的品质;具有高尚的科学人文素养和精神,养成自信、认真学习、勤于思考、勇于创新、敢于承担、善于实践、乐于助人的个性特征;具有爱心、热心、信心、恒心、感恩之心。

(二)知识素质

1. 人文、社会科学基础知识

具有基本的人文社会科学基础理论知识和素养,具有必要的哲学及方法论、法律等知识,对文学、艺术、美术、历史、社会学、公共关系学等方面有一定的了解。

2. 经济管理知识

掌握经济运行及相关基本方法,了解企业运营的基本过程,了解企业管理、市场营销、投资理财等方面的基本知识。

3. 工具性知识

掌握计算机的基础知识及具备一定的计算机能力,能熟练应用常用办公软件及相应的计算机技术,至少熟练掌握一门外语。

4. 专业知识

美国人力资源管理协会(SHRM)在其下属的人力资源职业资格认证研究所研究成果的基础上,提出从事人力资源管理职业所必须具备的知识结构有六项:①企业战略管理的知识;②人力资源规划和员工招聘的知识;③人力资源开发的知识;④工资管理和福利设计的知识;⑤处理员工关系和劳动关系的知识;⑥关于职业健康、工作安全和员工职业保障的知识。

围绕这六大知识领域,SHRM确定了18个知识点进行人力资源职业资格的认证,具体为:①理解人力资源计划之间如何相互关联;②如何进行人力资源的需求评估和需求分析;③人际沟通的策略;④处理文件的方法;⑤理解成人学习的方式;⑥激励的原理及其应用;⑦员工培训的方法;⑧领导的原理及其应用;⑨项目管理的概念及其应用;⑩员工多样化的概念及其应用;⑪人际关系;⑫职业道德和专业准则;⑬技术与人力资源信息系统(HRIS);⑭定性与定量分析方法;⑮企业变革管理;⑯负债与风险管理;⑰工作分析与工作说明的方法;

⑱政府法规与政府政策。

本书认为人力资源管理者应该具备管理学、经济学、心理学、组织行为学、社会学等专业基础知识，熟练掌握人力资源管理的工作分析与设计、人力资源规划、招聘管理、培训与开发、员工职业生涯管理、绩效管理、薪酬管理、员工关系管理、人力资源管理的相关操作和技能、国家与地方法律法规及相关的劳动人事政策等方面的知识。

（三）能力素质

1．获取知识的能力

它主要包括：综合应用各种手段查阅文献或其他资料、获取信息、拓展知识领域、继续学习并提高业务水平的能力；自主学习专业新知识、新技术的能力。

2．应用知识的能力

它主要包括：设计组织人力资源管理系统的能力；工作分析与设计的能力；招聘、面试、测评的能力；熟练制订组织培训计划的能力；熟练制订员工绩效考核与管理方案的能力；设计薪酬管理方案的能力；具有员工关系管理的能力；应用计算机进行辅助人力资源管理的能力；较高的外语水平和外语应用能力，能够比较熟练地翻译与查阅本专业的外文资料。

3．创新能力

具有较强的创新意识，具有研究、开发新人力资源管理系统的创新能力。

4．组织协调能力

它主要包括：分解工作目标，制订切实可行的周密的工作计划，并严格按照质量要求，及时完成的能力；进行组织分工，落实各项具体任务，充分调动同事的工作积极性和创造性的能力；合理、有效地调配自己管辖范围内的人力、物力、财力等资源，使之发挥出最大效能的能力；准确、及时地进行信息沟通，消除群体内外的摩擦和“内耗”，达到团结共事、协同运作之目的的能力。

5．沟通能力和社会适应能力

它主要包括：应用语言、文字及网络等沟通手段进行有效沟通的能力；社会活动、人际交往和公关的能力；良好的团队协作精神和较强的社会适应能力；应对危机、竞争与突发事件的能力。

（四）身心素质

人力资源管理者应该身心健康，其应具备健康的体魄、充沛的精力、经久的耐力、良好的精神面貌。人力资源管理者应该做到：充分了解自己，并对自己的能力作出合适的评价；具有很强的适应力，生活目标切合实际，不脱离现实环境；具有健康的人格；善于从经验中学习；能保持良好的人际关系；具有良好的情绪控制能力和较强的自我管理能力，自律性较强。

任务四　人力资源管理面临的挑战及发展趋势

在知识经济时代，科学技术和人才的竞争是知识经济社会的内在规律。

一、人力资源管理面临的挑战

（一）宏观环境下的挑战

1．“互联网＋”时代

互联网正在进入新时代，即通常所说的“互联网＋”时代，但这并不是简单的“＋”，实际上它是整个产业链的问题，是区别于消费互联网的产业互联网时代。在新的产业互联网时代，人力资源管理所面临的挑战主要体现在以下八个方面：第一，选人比培养人更重要；第二，互联网专业人才与传统产业人才的文化冲突与融合，这涉及空降互联网人才的“存活率”与忠诚度问题；第三，产业互联网时代人力资源部门的角色、定位、职能转型与新能力；第四，人力资本价值主导时代，如何给人力资本定价；第五，去中心化、自组织、创客化对基于能力的任职资格的挑战；第六，人才高流动环境下的员工满意度与敬业度及员工共享服务；第七，活力衰竭与持续激活；第八，互联网时代的人力资源效能面临的挑战。

2. 发展低碳经济和战略性新兴产业

我国政府在《国民经济和社会发展“十二五”规划纲要》中提出，“以加快转变经济发展方式为主线”，要“大力实施人才强国战略，加强现代化建设需要的各类人才队伍建设”。转变经济发展方式要求人力资源管理创新要从微观的层面转移到更高的战略层面，从技术层面逐渐向文化层面过渡。

我国在未来一段时期将着重发展低碳经济和战略性新兴产业。低碳经济要求中国企业在高速发展过程中注意走绿色的低能耗、高产能的发展路径。战略性新兴产业是国家政策重点扶植发展的产业方向，除了大量物质资本的投入，对其发展起决定作用的还有技术创新和管理创新能力体现的人力资本的投资和利用。

3. 经济全球化

经济全球化的潮流使人力资源管理的全球化趋势势不可挡。对于跨国的或全球的人力资源管理，就法律、政治因素而言，企业必须对当地的政治环境进行全面的考察，包括对劳工组织的角色和特点的考察；对当地进行就业法律和政策规定的调查也是必需的，否则，企业可能会背上劳动力市场歧视或者侵犯雇员利益的罪名，而劳资纠纷和争议不仅会带来高额的诉讼费用，也可能严重损害公司的劳动力市场形象；就文化因素而言，企业要进行文化整合工作，加强跨文化管理理念，尊重不同的文化，求同存异；就经济因素而言，跨国公司的获利常常取决于劳动力价格、货币波动情况以及政府在收入转移方面采取的政策。如何获取质优价廉的劳动力是跨国公司人力资源管理的重要内容。例如，公司必须权衡是招聘本国、当地还是第三国的人员来公司工作，以便在公司的收益及劳动力成本之间取得合理的均衡。

(二)现代企业组织变革的挑战

1. 组织扁平化

所谓扁平化组织，就是要打破专业分工和等级制的组织结构，减少管理层次和职能部门，强化内部信息交流与沟通，突出平等、速度与效率，以团队结构取代层级结构，按照生产的过程或顾客的需要而不是按照职能来进行组织，从而形成以工作小组、团队为基本单元的扁平式组织结构。组织扁平化的结果是原来承担上下级层次间信息沟通联络的中间管理层和流程不断减少。

2. 组织结构分立化

组织结构分立化趋势包括两种形式：横向分立与纵向分立。横向分立是企业将那些有发展前途的产品分离出来，成立独立的公司；纵向分立是企业对产品进行上、下游分离。实行分立化的组织结构，首先，减少了组织的管理层次与管理幅度，增强了机构的灵活性；其次，实现了各部门间的平等关系，有利于部门间的相互配合与协调，提高了工作效率；最后，促使职能管理部门的“浓缩”，人力资源管理部门、行政管理部门、财务会计部门有可能合并为一个部门，统一为企业提供综合职能的支持。

3. 组织结构柔性化

柔性组织强调的是组织的可塑性和应变能力，能够根据外部环境的变迁、市场需求的变化以及企业经营战略的调整不断加以变革，以增强组织的弹性和活力。组织结构柔性化在形式上表现为临时团队、工作团队、项目小组等。未来企业中的固定组织和正式组织将日益减少，而临时性的、以任务为导向的团队或工作小组必将不断增多。

（三）人力资源主体的挑战

人力资源管理主体由单一化的工人群体转变为多样化的员工群体，随之而来的问题集中表现在知识型员工成为员工队伍的主体，员工构成的多文化背景与全球化员工的协同，20世纪80年代和90年代出生的新生代员工的管理等方面。第一，知识型员工更具有工作自主性，具有自我尊重的需求，个性自我张扬，该员工群体的需求具有复合性。第二，新生代员工的管理显得更为复杂，20世纪80年代和90年代出生的员工逐渐成为企业人力资源的中坚力量。新生代员工中大部分具有知识型员工的特性，因此要求对其的管理方式进行变革。

新生代员工是指20世纪80年代以及以后出生的从业人群。相对60后、70后来讲，新生代员工对农业、农村、农民等不是那么熟悉。新生代的受教育程度高、职业期望值高、物质和精神享受要求高、工作耐受力低等行为特征，已成为企业管理特别是人力资源管理所面临的新的挑战，如职业规划不明确，跳槽频繁，企业人员重置成本高；漠视规章，强调自我，常常对管理规则的执行提出挑战；员工忠诚观正在发生新变化，管理有"代沟"，沟通不畅；成就欲望强烈，渴望成功，但定力不足；等等。新生代员工已经成为企业的主力军，关注新生代员工的管理是企业管理所面临的全新课题。

（四）企业文化的发展

1. 人性文化与差别管理

知识经济时代的企业文化是一种以尊重人、关心人、发展人为核心的"人性文化"和"差别文化"。员工作为"知识工作者"属于追求自我价值实现的"文化人"。员工往往将个人的自我表现以及在工作中个人潜能的实现定义为成功，把人生的满足看成是在工作和生活挑战与业绩中取得的平衡，员工也在寻找一种丰富多彩的工作和生活方式，并寻求工作与家庭生活之间的平衡。

2. 创新文化和创新管理

知识经济的灵魂是创新，创新是经济增长的"发动机"，更是企业发展的动力源。"不创新，就死亡"将成为市场经济"适者生存"竞争法则的代名词。企业的"创新文化"和"创新管理"主要有以下特征：推崇变革与创新的价值观、尊重个人、重视培训、实行开放式管理、自由沟通、面向顾客、提供优质服务、鼓励尝试、宽容失败以及居安思危的忧患意识等。

3. 速度文化和变化管理

处在"10倍速"变化的知识经济和信息网络时代，唯一不变的东西就是"变"，企业的竞争因素在质量、价格、品牌、服务等传统因素之外，又增加了一个新的因素——时间，时间成为企业核心竞争力的构成条件之一。因此，美国思科公司的信条是："新经济时代，不是大鱼吃小鱼，而是快鱼吃慢鱼。"

（五）知识经济催生了虚拟企业组织

虚拟企业是把不同地区的现有资源迅速组合成为一种超越空间限制的企业模式，它依靠网络来实现统一指挥，各成员在充分信任和相互合作的基础上，以市场为先导，发挥各自的核心优势，共享技术，分担费用，迅速将共同研制的产品推向市场，从而实现利润最大化。这种新型的企业给人力资源管理带来了很大的挑战，例如，管理过程中协调问题的复杂化和多样化，新型团队的激励，跨文化管理协调、信任的问题。

(六)人力资源管理外包所带来的挑战

人力资源管理的外包，是当代人力资源管理的一个重要发展趋势，即人力资源部门将一部分或全部的职能，以委托和代理的形式交给企业外部的专业机构来完成。企业人力资源管理外包过程中的主要风险有：外包职能选择的风险、外包商选择的风险、内部抵制的风险、文化冲突的风险、外包实施过程中的成本控制风险以及外包退出的风险。针对以上风险，需要采取相应的风险规避措施，主要有：①针对企业自身的特点，明确人力资源管理外包的目标，制定外包规划以及外包成本的预算；②组织相关专家运用科学的决策方法慎重选择外包商；③外包前在企业内部进行广泛的调研和宣传，为外包的实施减少阻力；④外包实施过程中，制定相应的外包商绩效考核指标，并严格控制成本。

二、人力资源管理的发展趋势

(一)人力资本价值管理时代

中国人力资源管理经过人事行政管理阶段、人力资源专业职能管理阶段、战略人力资源管理阶段，现在已经迈入人力资本价值管理阶段。在人力资本价值管理时代，人力资源管理的核心目标是关注人的价值创造，使每个员工成为价值创造者，让员工有价值地工作，从而实现人力资本价值的增值。

从体制上讲，要建立共创、共享、共治机制，使人力资本和货币资本共同创造价值、共享剩余价值、共同治理企业。从管理技术方法上看，要实现信息的对称与互联互通，使人力资本的价值衡量与人力资本计量管理成为可能，如引入会计核算体系、用业务结果衡量 HR 的价值。

(二)人力资源效能管理

与人力资本价值管理相适应的是，人力资源效能管理成为人力资源管理的核心任务。没有人力资源效能的提升，就难以化解劳动力成本持续上升的压力，就难以从低成本劳动力优势转化为人力资本优势。

人力资源效能管理可以通过提高人力资源效率和提升人力资源价值创造能力两个渠道来实现，通过量化人力资源价值创造，驱动员工自主经营与管理，回归科学管理与职业化，剔除人力资源浪费，优化人力资源配置，建立标准职位与胜任力管理系统等举措，更好地保障人力资源效能管理。

(三)互联网大数据 HR

互联网使得人力资源管理基于数据并用数据说话的决策方式成为可能，使人力资源价值计量管理成为提升人力资源效能管理的有效途径。

数据化 HR 体现在以下几个方面：大数据为人力资源管理提供前瞻性的分析，可对人力资源的动态变化、未来趋势进行预测；为人力资源的决策与计量管理提供充分的基础数据支撑；基于大数据可建立人力资源共享平台，进行人力资源职能优化和产品服务的设计与交付。

(四)业务驱动

在新的商业环境下，人力资源管理要推动企业的战略落地和业务发展，成为企业业务发展的内在驱动力，在业务驱动指导下，人力资源管理部门的职能需要重构。现在一些大中型企业普遍应用的是“三支柱模型”，即把人力资源部门分为专家中心（COE）、业务伙伴

(HRBP)、共享服务中心(SSC)。

基于三支柱模型,人力资源管理的三大职责为:一是人力资源产品研发设计(专家中心)。人力资源专家根据战略和业务发展需要,依据员工需求,进行人力资源产品与服务的设计,以及人力资源解决方案的设计。二是业务伙伴。企业的人才管理流程要和业务管理流程融为一体,要把经营人才当作一项业务,把专家中心设计出来的产品和服务交付给业务部门,并推动其实施。三是建立共享服务中心。共享服务中心集中处理常规的人力资源事务性工作,如薪酬、福利、保险等,提高效率,进一步释放人力资源的专业能量去支撑业务发展。

(五)创新创业驱动

宏观上来看,未来中国要在全球具有竞争能力,要靠两个方面:创新驱动和人力资本驱动。对企业来说,实现转型升级的动力源泉也来自这两个方面,因此,激发人才的价值创新活力与贡献是人力资源管理发展的趋势。

激发人才的创新创业能量,第一是要建立创新创业的驱动机制,为员工提供创业创新的平台,如海尔提倡的"员工创客化";第二是要尊重员工的微创新,尤其是非核心人员的微创新;第三是企业需要加大研发投入与技术创新投入,支持企业的人力资源管理。

(六)智能机器人劳动替代

随着技术的创新,智能机器人成本越来越低,它逐渐替代劳动者成为最廉价的劳动力。进入工业 4.0 时代的发展趋势是大量的制造企业由智能机器人进行劳动替代,这势必带来劳动组织模式的革命,具体体现在:一是技术创新替代人力;二是靠智能机器人节约、替代人力。劳动创造价值向知识创造价值过渡,劳动者将真正实现由体力劳动到脑力劳动的转变。

工业 4.0 时代,操作类员工需要从过去的劳动效率高、生产事故少的生产能手向智能化、信息化、集成化、一体化的多元化技术型人才转变。

应知考核

一、单项选择题

1. 人力资源与其他资源的最根本的区别是(　　)。

A. 时效性　　B. 独占性　　C. 能动性　　D. 共享性

2. (　　)是组织整个人力资源管理活动的基础。

A. 规划　　B. 吸收　　C. 保持　　D. 开发

3. (　　)是整个人力资源管理活动的核心。

A. 规划　　B. 吸收　　C. 保持　　D. 开发

4. 人们最基本、最强烈、最明显的一种需要是(　　)。

A. 生理的需要　　B. 安全的需要

C. 感情和归属的需要　　D. 尊重的需要

5. 要求人力资源的开发与管理要注重终身教育,加强后期的培训与开发,不断提高其知识、技能水平,体现了人力资源的(　　)。

A. 资本性　　B. 时效性　　C. 连续性　　D. 能动性

二、多项选择题

1. 衡量人力资源通常有(　　)指标。

A. 数量　　B. 质量　　C. 知识　　D. 技能

2. 人力资源的特征包括(　　)。

A. 能动性　　B. 两重性　　C. 时效性　　D. 社会性

3. 人力资源与人力资本的区别有(　　)。

A. 概念的范围不同　　B. 关注的焦点不同

C. 性质不同　　D. 研究角度不同

4. 人力资源管理的发展阶段有(　　)。

A. 经验管理阶段　　B. 科学管理阶段

C. 人际关系阶段　　D. 行为管理阶段

5. 战略性人力资源管理具有(　　)的特点。

A. 战略性　　B. 整体性　　C. 未来性　　D. 能动性

三、判断题

1. 人力资源的质量是由劳动者的素质决定的。(　　)

2. 人力资本反映的仅是存量问题。(　　)

3. 工作分析是通过系统全面的情报收集手段,提供相关工作的全面信息,以便组织改善管理效率。(　　)

4. 战略性人力资源管理是指围绕企业的战略目标而进行的人力资源管理。(　　)

5. 美国人力资源管理协会提出人力资源管理者扮演四种角色,分别为战略伙伴、变革推动者、职能专家、员工支持者。(　　)

四、简述题

1. 简述人力资源的特征。

2. 简述人力资源与人力资本的区别。

3. 简述现代人力资源管理与传统人事管理的区别。

4. 简述人力资源管理的基本内容。

5. 简述战略性人力资源管理与人力资源管理的区别。

应会考核

■观念应用

【背景资料】

帮助小李初识人力资源管理

经过高考的激烈竞争,小李终于拿到了某名牌高校的录取通知书,专业是人力资源管理。小李的叔叔在社会上闯荡多年,拥有自己的工厂,其业务遍布全国,在当地小有名气。当小李告诉叔叔这一消息时,叔叔说:"我知道这个专业,很热门。就是上上网,做些表格,搞点培训,考核一下员工,管一管人,比较轻松。"原本对未来充满憧憬、想干一番事业的小李被他所崇拜的叔叔这么一说,顿时迷茫不已:人力资源管理专业到底是做什么的呢?

【考核要求】

请根据背景资料,回答下列问题:

1. 人力资源管理的主要内容有哪些？人力资源管理的目标和任务是什么？

2. 作为未来的人力资源管理者，你认为小李应培养哪些方面的基本能力？

■技能应用

贾炳灿是从上海高压油泵厂调任上海液压件三厂担任厂长的。他原是上海高压油泵厂厂长，因治厂有方，使该厂连获“行业排头兵”与“优秀企业”称号，已是颇有名望的管理干部了。这次是他主动向局里请求，调到问题较多的液压件三厂来的。局里对他能迅速改变这个厂的落后面貌寄予厚望。

贾厂长到任不久，就发现原有厂纪、厂规中确有不少不尽合理之处，需要改革。但他觉得先要找到一个能引起震动的突破口，并能改得公平合理，令人信服。

他终于选中了一条。原来厂里规定，本厂干部和职工，凡上班迟到者一律扣掉当月奖金。他觉得这项规定貌似公平，其实不然。因为干部们发现自己可能来不及了，便先去局里兜一圈再来厂，有个因公晚来的借口免于受罚，工人则无借口可找。厂里 400 多人，近半数是女工，作为孩子妈妈，家务事多，早上还要送孩子上学或入园，有的甚至得抱孩子来厂入托。本厂未建家属宿舍，职工散住全市各地，远的途中要换乘一两趟车。碰上堵车、停渡，尤其雨、雪、大雾，尽管很早出门，仍难免迟到。鉴于所有这些情况，贾厂长认为应当从取消这条厂规下手改革。

有的干部提醒他，莫轻易调整，此禁一开，纪律松弛，不可收拾；又说别的厂还设有考勤钟，迟到一次罚款更多。但贾厂长斟酌再三，这条一定得改。于是在 3 月末召开的全厂职工大会上，他正式宣布，从 4 月 1 日起，工人迟到不再扣奖金，并说明了理由。这项政策的确引起了全厂的轰动，职工们报以热烈的掌声。

不过贾厂长又补充道：“迟到不扣奖金，是因为常有客观原因。但早退则不可原谅，因为责任在自己，理应重罚；所以凡未到点而提前洗手、洗澡、吃饭者，要扣半年奖金！”这可等于几个月的工资啊。贾厂长觉得这条补充规定跟前面取消原规定同样公平合理，但工人们却反应冷淡。

新厂规颁布不久，发现有 7 名女工提前 2～3 分钟去洗澡。人事科请示怎么办，贾厂长断然说道：“照厂规扣她们半年奖金，这才能令行禁止嘛。”于是处分的告示贴了出来。次日中午，贾厂长偶然经过厂门口，遇上了受罚女工之一的小郭，问她道：“罚了你，服气不？”小郭不理而疾走，老贾追上几步，又问。小郭悻悻然扭头道：“有什么服不服？还不是你厂长说了算！”她一边离去一边喃喃地说：“你厂长大人可曾上女澡堂去看过那像啥样子？”

贾厂长默然。他想：“我是男的，怎么会去过女澡堂？”但当天下午趁澡堂还没开放，跟总务科长老陈和工会主席老梁一块去看了一下女澡堂。原来这澡堂低矮狭小，破旧阴暗，一共才设有 12 个淋浴喷头，其中还有 3 个不好用。贾厂长想，全厂 194 名女工，分两班每班也有近百人，淋一次浴要排多久队？她们对早退受重罚不服，是有道理的。看来这条厂规制定时，对这些有关情况欠调查了解……

下一步怎么办？处分布告已经公布了，难道要收回不成？厂长新到任订的厂规，马上又取消或更改，不就等于厂长公开认错，以后还有啥威信？私下悄悄撤销对她们的处分，以后这一条厂规就此不了了之，行不？……

贾厂长皱起了眉头。

请你在认真读完该案例后，对下列问题作出选择：

1. 改革不合理的厂纪、厂规有助于调动职工的工作积极性，贾厂长到任后想群众之所想，取消了迟到罚款的规定受到了工人的好评。这说明在这个问题上贾厂长考虑到了人的因素，其人性观符合哪种人性假设理论点？（　　）

A. 经济人假设　　B. 社会人假设

C. 自我实现人假设　　D. 复杂人假设

2. 贾厂长在制定新的规章制度时，由于没有很好地调查研究，没有了解工人为什么会出现早退的现象，就作出了早退罚款的决定。这一决定说明贾厂长只想用经济杠杆来管理，有用哪一种人性观来实施管理的倾向？（　　）

A. 经济人假设　　B. 社会人假设

C. 自我实现人假设　　D. 复杂人假设

3. 如果你是贾厂长，你认为怎样对待刚刚公布的关于迟到早退的惩罚规定既能保住领导威信又能使员工心服口服？（　　）

A. 退一步，重新公布迟到早退都不惩罚的规定

B. 恢复原来迟到惩罚早退不罚的规定

C. 执意坚持迟到不罚早退惩罚的规定，以维护领导威信

D. 马上改造女澡堂，以扫清新规定执行的障碍

4. 贾厂长应该与员工同甘共苦，这反映了人本管理哪方面的基本内容？（　　）

A. 人的管理第一　　B. 以激励为主要方式

C. 积极开发人力资源　　D. 培育和发挥团队精神

■案例分析

索尼人力资源开发的"黄金法则"

20 世纪 90 年代，在日本"泡沫经济"崩溃后，很多企业举步维艰，唯有索尼能在短短几年内就重新调整好经营状况，成为日本最有活力的企业，人们将其发展称为"索尼奇迹"。而创造这一"奇迹"的原动力来自索尼在人力资源开发上独到的"黄金法则"。

1. 选人：千甄万别，唯才是举

索尼公司非常重视招聘人才的工作。该公司招聘人才时不分国籍、年龄、学历、性别以及身体是否残疾，尤其欢迎在目前工作的公司不能发挥潜力的人。

该公司的应聘考试极其严格，每个应试人员都要经过 30 个以上经理的面试。由这些面试考官所作的评分表，须在 5 年的工作过程中一一应验。面试通过后，公司不惜投入大笔的经费，进行集训考试，时间长达 3 天，内容包括第一天的笔试，第二天的市场调查习作，第三天的"20 年后的日本"的作文，以便真正了解每一个应试人的思考、判断等能力，经过考试被选中员工的素质都比较高。即便如此，公司对这些人仍不放松，继续实施彻底的在职培训，由监督人员按照自己制定的指南进行教育并向他们传授必需的技能。

索尼招聘不看学历，而看是否有真才实学。在 20 世纪 60 年代的日本企业界长期实行论资排辈的人事制度，并片面强调学历，盛田昭夫的《让学历见鬼去吧！》可谓一鸣惊人。他在书中写道："论资排辈和学历至上使得年轻有为的人不能展示他们的能力和抱负，而即使某人拿到了专业学位，在他被录用以后，经理也要尽快发现他有什么真正的能力，如果他有特殊的才能或适合于其他工作，就再给他调换工作。"

2. 用人：爱你就给你自由发展的空间

公司每周出版一次内部小报，刊登公司各部门的“求人广告”，允许并鼓励员工按照自己的兴趣、爱好和特长“毛遂自荐”，自我申报各种研究课题和开发项目。实行内部招聘制度之后，有能力的人才大多能找到自己较中意的岗位，而且人力资源管理部门也可以发现那些“流出”人才的上司所存在的问题。

鼓励挑战、宽容失败是索尼的用人特色，索尼的座右铭就是“去挑战吧！”对说出“我想干这个”的人来说，索尼给他们提供最能充分发挥能力的场所，鼓励他们不断挑战新事物。同时，把挑战作为企业理念的索尼，没有因为一两次的失败就不用某个人。索尼深知，挑战是新事物战胜旧事物的过程，必然带有挫折，而失败是成功之母，所以某个人不会因为失败而遭到周围人的责备。

3. 留人：极力创造家庭般的温馨

索尼强调家庭式的温馨和团结精神，以此激发每位员工的主动性、积极性，激发他们参与管理的热情。经营就是组织众人，使每个人的才能得到最大限度地发掘，并使之成为一股巨大的力量，从而建设一个自由、欢乐的理想公司。因此，管理者的任务就是要培育与员工之间的健康关系，在公司中产生一种大家庭式的整体观念，使员工具有命运共同体的意识。

索尼基本上实行终生雇用制，绝大多数员工要在此度过一生。在公司里，管理者同普通员工之间关系并不对立，而把他们看成是家庭成员，在很多工厂里，员工甚至与老板具有差不多的地位。工厂的任何一位管理人员（包括厂长）都没有自己的个人办公室，索尼提倡管理人员和其他员工在一起办公，共用办公用品。为了让职员感受大家庭的氛围，盛田昭夫以身作则，他几乎每天晚上都要和年轻职员在一起吃饭、聊天。当夏天来临的时候，首先装上空调的是车间，而不是管理者的办公室。这种对员工充分尊重和信任的做法使员工追求平等、渴望家庭般温馨的心理得到了极大的满足，很好地培育了员工的命运共同体观念，从而忠心耿耿地为企业工作。

4. 育人：以人为本，不遗余力

培训作为现代企业跟上时代发展的必备手段，索尼在这上面从不吝啬。花在培训上的费用，每个员工大约每年 1.5 万日元，不包括在职培训的费用；大学刚毕业的员工进行技术能力方面的培训时间，每人每年约 3.3 天，不包括在职培训。公司还拨出巨额专款，建立了索尼厚木工厂高工学校和索尼技术专科学校，用于员工的继续教育。另有各种各样的工业讲座、英语班、海外留学制度等，从业人员可自由报名参加。为了进一步帮助在职人员获取新知识，公司还设立了智能情报中心，有任何疑难问题只要拨通公司专用电话号码就有专人解答。

安居才能乐业。索尼公司为了让员工没有后顾之忧，更好地投入工作中去，免费为员工提供住宅、医疗和娱乐场所。此外，为员工提供购买家产用的低息贷款、部分优惠的公司股权和高利率的公司储蓄账户。

思考题：

(1)阅读本案例后，请列举索尼公司的各项人力资源管理职能活动。

(2)企业如何更好地选人、用人、留人、育人？索尼公司的做法对你有何启示？

(3)在企业人力资源管理中，怎样给员工创造自由发展的空间？

管理实训

【实训项目】

人力资源管理者的角色和素质。

【实训目的】

通过到各类组织调查、访谈等模拟训练活动，使学生掌握人力资源管理的内涵，熟知人力资源管理的发展历程，能够明确自己应该在生活中培养什么样的素质和能力才能承担人力资源工作者的岗位任务。

【实训情境】

1. 组成训练小组：同学自由结合成立训练小组，每组人数 5～10 人，推荐一名组长，负责组员的分工、协调、监督等工作，确保按时保质保量地完成任务。

2. 确定小组的训练计划及方案：确定小组成员的分工；确定调查访谈对象、内容；拟定调查访谈的问卷；确定调查访谈方法及访谈时间。

3. 进行实地调查访谈。

4. 收集、整理、分析调查访谈材料。

5. 撰写总结报告。

【实训任务】

1. 每个小组以 PPT 的形式展示所有内容，小组互评，教师点评。

2. 撰写《人力资源管理者的角色和素质》实训报告

<table>
<tr><td colspan="3" align="center">《人力资源管理者的角色和素质》实训报告</td></tr>
<tr><td>项目实训班级：</td><td>项目小组：</td><td>项目组成员：</td></tr>
<tr><td>实训时间：　年　月　日</td><td>实训地点：</td><td>实训成绩：</td></tr>
<tr><td colspan="3">实训目的：</td></tr>
<tr><td colspan="3">实训步骤：</td></tr>
<tr><td colspan="3">实训结果：</td></tr>
<tr><td colspan="3">实训感言：</td></tr>
<tr><td colspan="3">不足与今后改进：</td></tr>
</table>

项目组长评定签字：　　　　　　　　　　　　　　项目指导教师评定签字：

项目二

人力资源规划

○ **知识目标:**

理解:人力资源规划的概念、企业战略与人力资源规划、人力资源规划的作用。

熟知:人力资源规划的目标与框架图、影响人力资源规划的因素。

掌握:人力资源规划的程序、人力资源需求预测方法、人力资源供给预测方法、人力资源规划的制定。

○ **技能目标:**

能够利用所学方法对企业的人力资源需求与供给进行科学预测;能够编制企业人力资源计划书。

○ **素质目标:**

能够对人力资源规划有战略性意识,从全局对人力资源进行科学分析以及有计划性地使用、管理及开发。

○ **管理故事:**

没有无能的员工

农夫家里养了三只小白羊和一只小黑羊。三只小白羊常常为自己雪白的皮毛而骄傲,而对小黑羊不屑一顾:"你看看你身上像什么,黑不溜秋!""像穷人用了几代的旧被褥,脏死了!"就连农夫也瞧不起小黑羊,常给它吃最差的草料。小黑羊过着悲惨的日子,经常伤心落泪。初春的一天,小白羊与小黑羊一起外出吃草,走出很远。不料突然下起了鹅毛大雪,它们只得躲在灌木丛中相互依偎。不一会,灌木丛周围全铺满了雪,因为雪太厚,小羊们只好等待农夫来救它们。农夫上山寻找,因为四处雪白,根本看不清羊羔在哪里。突然,农夫看见远处有一个小黑点,跑过去一看,果然是他那濒临死亡的四只羊羔。农夫抱起小黑羊,感慨地说:"多亏这只小黑羊呀,不然,都要冻死在雪地里了。"

故事感悟:

俗语说,十个指头有长短,荷花出水有高低。企业内部,各种类型的员工都会有。作为人力资源管理者,不能一叶障目、厚此薄彼,而应因人而异,最大限度地激发他们的潜能。比如让富有开拓创新精神的员工从事市场开发工作;把墨守成规、坚持原则的员工安排在质量监督岗位等。从这个意义上说,没有无能的员工,只有无能的人力资源管理者。

○ **知识精讲:**

任务一　人力资源规划概述

一、人力资源规划的概念

人力资源规划(Human Resource Planning,HRP)是指为了实现企业的战略目标,根据企业的人力资源现状,科学地预测企业在未来环境变化中的人力资源供求状况,并制定相应的政策和措施,从而使企业的人力资源供给和需求达到平衡,并使企业和个人都获得长期的利益。

二、企业战略与人力资源规划

一般来说,企业战略分三个层次:公司战略、经营单位战略和职能战略。

(一)公司战略与人力资源规划

公司战略,也称企业总体战略,是指在市场经济条件下,企业为谋求长期生存和发展,在外部环境和内部条件分析基础上,对企业发展目标、经营方向、重大经营方针和实施步骤做出的长远、系统和全局的谋划。公司战略类型包括发展型战略、稳定型战略和紧缩型战略,如表2—1所示。

表2—1　　公司战略与人力资源规划

战略类型	战略重点	人力资源规划面对的主要问题
发展型战略	内部成长	及时招聘、雇用和培训新员工
		为现有员工的晋升和发展提供机会
	外部成长	提出企业快速增长时期的绩效标准
稳定型战略	维持现状	确定关键员工
	略有增长	制定行之有效的留住人才政策
紧缩型战略	组织压缩	解雇员工,中止合同
		员工提前退休
	精简业务	提出妥善处理劳资关系的相关办法

(二)经营单位战略与人力资源规划

经营单位战略,也称事业战略,是指在给定的产品或市场领域内,如何取得超过竞争对手优势的战略,如表2—2所示。

表2—2　　经营单位战略与人力资源规划

战略类型	战略重点	人力资源规划面对的主要问题
成本领先战略	效率	实行以内部晋升为主的体制
	稳定性	培训现有员工技能
	成本控制	为生产和控制进行员工及工作专业化
	增长	加大外部招聘比重

续表

战略类型	战略重点	人力资源规划面对的主要问题
差异化战略	创新	为获得竞争优势而雇用和培训员工
	差异化	拥有权责宽广的员工、柔性的工作
		组织要为创新提供更多的激励
集中化战略	细分市场	雇用符合目标市场对象的人
	满足特定群体的需求	培训员工，增强员工对顾客需求的理解

（三）职能战略与人力资源规划

职能战略是指企业的主要职能部门在执行公司战略、经营单位战略时采用的方法与手段，在企业战略体系中起到基石和支撑作用。职能战略包括市场营销战略、财务战略、研究与开发战略、生产管理战略和人力资源战略。

人力资源战略是企业为实现公司战略目标而在甄选、录用、培训、绩效、薪酬、激励、职业生涯管理等方面所做决策的总称。人力资源战略是一种集成，它与公司战略、经营单位战略、其他职能战略纵向整合，并与自身内部的各环节横向整合。人力资源战略是由人力资源战略管理方法发展而来的，人力资源规划是人力资源战略的一个组成部分。

（四）人力资源规划是战略性人力资源规划

战略性人力资源规划吸取了现代企业战略管理研究和战略管理实践的重要成果，遵循战略管理的理论框架，高度关注企业战略层面的内容。一方面把传统意义上聚焦于人员供给和需求的人力资源规划融入其中；另一方面更加强调人力资源规划与企业的发展战略相一致。

战略性人力资源规划是在对内外部环境理性分析的基础上，明确企业人力资源管理所面临的挑战以及现有人力资源管理体系的不足，清晰地勾勒出与企业未来发展相匹配的人力资源管理机制，并制定出能把目标转化为行动的可行措施以及对措施执行情况的评价和监控体系，从而使人力资源战略形成一个完整的战略系统。

战略性人力资源规划的核心任务就是要基于公司的战略目标来配置所需的人力资源，根据定员标准来对人力资源进行动态调整，引进满足战略要求的人力资源，对现有人员进行职位调整和职位优化，建立有效的人员退出机制，以输出不满足公司需要的人员，通过人力资源配置实现人力资源的合理流动。

三、人力资源规划的作用

（一）人力资源规划是企业制定战略目标的重要依据

任何企业在制定战略目标时，首先需要考虑的是组织内拥有的以及可以挖掘的人力资源。一套切实可行的人力资源规划，有助于管理层全面、深入地了解企业内部人力资源的配置状况，进而科学、合理地确定企业的战略目标。

（二）人力资源规划是企业满足组织发展对人力资源需求的重要保障

企业内部和外部环境是在不断变化的，任何企业的生存与发展都要受到内部和外部环境的制约。在日趋激烈的市场竞争环境中，企业如果不能事先对内部的人力资源状况进行系统分析，并采取有效措施，则很可能受到人力资源不足的困扰。对普通员工的短缺，企业可以在短时间内从劳动力市场上招聘，也可以通过对现有员工进行有目的的培训以满足工作需要。

但是，企业经营中面临的中高级管理人员和专业性较强的技术人员的短缺问题，则完全不同，必须要未雨绸缪。

（三）人力资源规划能使企业有效地控制人工成本

企业的人工成本中最大的支出是工资，而工资总额在很大程度上取决于企业中的人员分布状况。人员分布状况是指企业中的人员在不同职务、不同级别上的数量状况。当企业处于发展初期时，低层职位的人员较多，人工成本相对便宜。随着企业的发展、人员的职位水平上升、工资的成本增加，在没有人力资源规划的情况下，未来的人工成本是未知的，难免会出现成本上升、效益下降的趋势。因此，通过人力资源规划预测未来企业发展，有计划地调整人员分布状况，把人工成本控制在合理支付范围内，是十分重要的。

（四）人力资源规划有助于满足员工需求和调动员工的积极性

人力资源规划展示了企业内部未来的发展机会，使员工充分了解自己的哪些需求可以得到满足以及满足的程度。如果员工明确了那些可以实现的个人目标，就会去努力追求，在工作中表现出积极性、主动性、创造性；否则，在前途和利益未知的情况下，员工就会表现出干劲不足，甚至有能力的员工还会采取另谋高就的方法来实现自我价值。如果有能力的员工流失过多，就会削弱企业实力，降低士气，从而进一步加速员工流失，使企业的发展陷入恶性循环。

四、人力资源规划的目标与框架

（一）人力资源规划的目标

1. 防止人员配置相对过剩或不足

如果拥有过多的员工，组织就会因工资成本过高而损失经营效益；如果员工过少，又会由于组织不能满足现有顾客需求而导致销售收入降低。而且由于人员配置不足而不能满足现有产品或服务需求，还会导致未来顾客的流失，将潜在的顾客推到竞争对手那里。人力资源规划不仅有助于保证组织经营效益的提高，而且有助于及时满足顾客需求。

2. 保证组织在适当时间、地点有适当数量的且具有必备技能的员工

组织必须从技能、工作习惯、个性特征、招募时间等方面预计其所需要的员工类型，这样才能招聘到最适宜的员工。在此基础上，对他们进行充分的培训，才能使员工在组织需要的时候产生最高的工作绩效。因此，通过人力资源规划把包括技能水平、员工个人与组织的适应程度、培训、工作体系、计划需求等多种因素加以综合考虑，并将这些因素整合起来，是战略性人力资源管理的一个重要组成部分。

3. 确保组织对外部环境变化做出及时且适当的反应

人力资源规划在客观上要求决策者全面考虑外部环境中各个相关领域中的各类情形，例如：国内经济可能增长或继续停滞或收缩；本行业可能保持现状或竞争变得更加激烈或竞争态势趋缓；政府规制约束可能不变或放松或变得更加严厉；技术可能或难以进一步发展；税率和利息率的提高、降低或维持不变。人力资源规划促使组织对外部环境状态进行思索和评估，预测可能的变化，而不是对某种情况的出现做出被动反应，这将使组织总能比竞争对手先行一步。

4. 为组织的人力资源活动提供了方向和工作思路

人力资源规划，一方面为其他各种人力资源职能（如人员配置、培训、绩效测评、薪酬等）确定了方向；另一方面它还确保组织采用比较系统的观点看待人力资源管理活动，理解人力

资源计划与组织战略之间的相互关系，以及某一个职能领域的变化会对另一个职能领域产生的影响。例如，一个科学的人力资源计划能够确保对员工进行培训与对员工进行工作绩效测评的一致，并且在薪酬决定中也特别考虑这些因素。

5. 将业务管理人员与职能管理人员的观点结合起来

虽然人力资源规划通常由公司人力资源部发起和进行，但它也需要组织中所有管理人员的参与协作。公司人力资源部的领导未必会比一个具体部门的负责人更了解其所负责的那个领域的情况。人力资源部与业务管理人员之间的沟通是确保任何人力资源规划活动成功的基础。公司人力资源部必须帮助业务管理人员参与规划过程，但在安排他们参与规划过程的同时，也要考虑到其业务专长和既定的工作职责。

(二)人力资源规划框架

图2—1从总体上表示了人力资源规划与组织目标、战略之间的关系。人力资源规划的出发点是从组织目标和战略开始的。在对影响人力资源供求的外部环境和内部条件进行评估的基础上做出预测。对组织内部人力资源评估的重点在于拥有充足、准确的信息，这些信息可以通过人力资源信息系统提供。

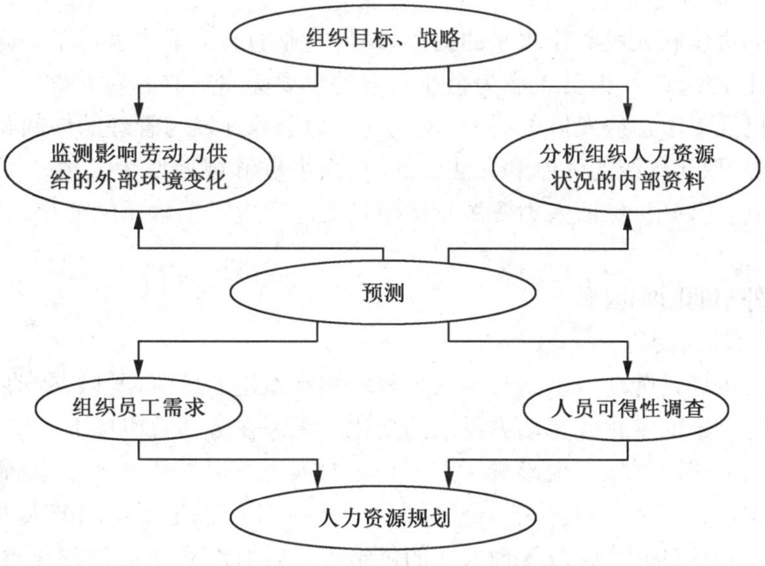

图2—1　人力资源规划框架

五、影响人力资源规划的因素

(一)企业内部的影响因素

1. 经营目标的变化

随着时代的发展，市场需求日趋多元化，市场竞争空前激烈。企业为了保持长期、稳定的发展，需要根据外部环境的变化和自身情况的变化来相应地调整经营目标，而企业经营目标的改变必然会影响到企业对人力资源的需求。因而，企业的人力资源规划必须做出相应的调整，以适应经营目标的改变。

2. 组织形式的变化

传统的组织形式呈宝塔状，由于它的层次繁杂、人员众多，不仅影响了企业内部纵向和横向的信息传送速度与效果，而且导致企业的人际关系复杂、员工的效率低下。随着现代企业制度的建立，现代企业的组织形式逐渐向扁平化方向发展，目的在于减少中间层次的信息与资源的损耗，改善人际关系，提高员工的效率。由于扁平化组织形式的出现，企业对人力资源的需求必然会相应改变，从而人力资源计划也应该做出调整，以支持现代化的新型组织形式，促进企业制度的合理化和不断完善，直至最终实现现代企业制度。

3. 企业高层管理人员的变化

企业的高层管理人员发生变化，一方面会使企业的经营目标发生改变，从而影响到企业的人力资源规划；另一方面，不同的高层管理人员对人力资源管理所持的观念和态度不同，会直接影响到他们对企业人力资源管理活动的支持程度，进而会影响到他们对人力资源规划的重视程度。如果企业的高层管理者能够充分认识到人力资源管理在企业发展中的重要作用，并且能够认识到人力资源规划对开展人力资源管理工作的重要性，那么，人力资源规划的制定工作就能够顺利地进行，而且制定出的人力资源规划也会很好地促进企业经营战略的制定和实施。

4. 企业员工素质的变化

随着社会的进步和人民文化水平的提高，现代企业的员工素质也有了普遍的提高。企业中白领员工的比重增加，知识员工成为企业发展的主要力量。在这种形势下，传统的人事管理体制和方法已经无法适应发展的需要，现代的人力资源开发与管理的体制和方法便应运而生，并且开始逐步取代传统的体制和方法。此时，人力资源规划作为人力资源管理的基础工作，必须做出相应的调整，保证人力资源管理活动既能适应员工素质的变化，又能促进员工素质的提高。

（二）企业外部的影响因素

1. 劳动力市场的变化

因为劳动力市场是劳动力供给与劳动力需求相互作用的场所，所以，劳动力市场的变化，就表现为劳动力供给的变化或劳动力需求的变化。无论在劳动力市场上发生了哪一种变化，都会对企业的人力资源规划产生影响。由于企业对人力资源的供给和需求预测是制定人力资源规划的依据，因而，在不同的人力资源供求情况下，便会制定出不同的人力资源规划。例如，在目前的劳动力市场上，高级管理人才的供给不足，因此，企业必须根据这种情况调整人力资源规划，完善员工补充计划、员工培训计划和薪酬激励计划等，力求为企业招聘到急需的人才，或培养出合格的员工，并激励他们长期为企业服务。

2. 行业发展状况的变化

行业的发展状况也会对企业的人力资源规划产生影响。例如，一些传统行业，由于其不能适应市场的需求，发展前景很黯淡，因此相关的企业就要考虑调整经营结构，转变经营方向，企业的人力资源规划也应该有所侧重，要着重于引进或培养企业转变所需要的人才，还要着重于解聘和安置空余人员，降低人力资源成本。而对于一些所谓的“朝阳行业”，如高新技术行业，因为其发展前景一片光明、潜力巨大，因此就应该采取不同的人力资源规划，规划的重点应该放在吸引和激励人才方面，以保证企业的持续发展。

3. 政府政策的变化

政府相关政策的制定和修改，也会影响企业的人力资源规划。例如，允许人才自由流动的政策、大学毕业生就业政策的实施,就会促使企业制定相应的人力资源规划,来扩大人力资源的招聘范围和吸引全国各地的人力资源来企业工作,为企业的持续发展提供充足的人力保证。

任务二 人力资源规划程序

人力资源规划的程序大体可分为四个步骤,如图 2—2 所示。

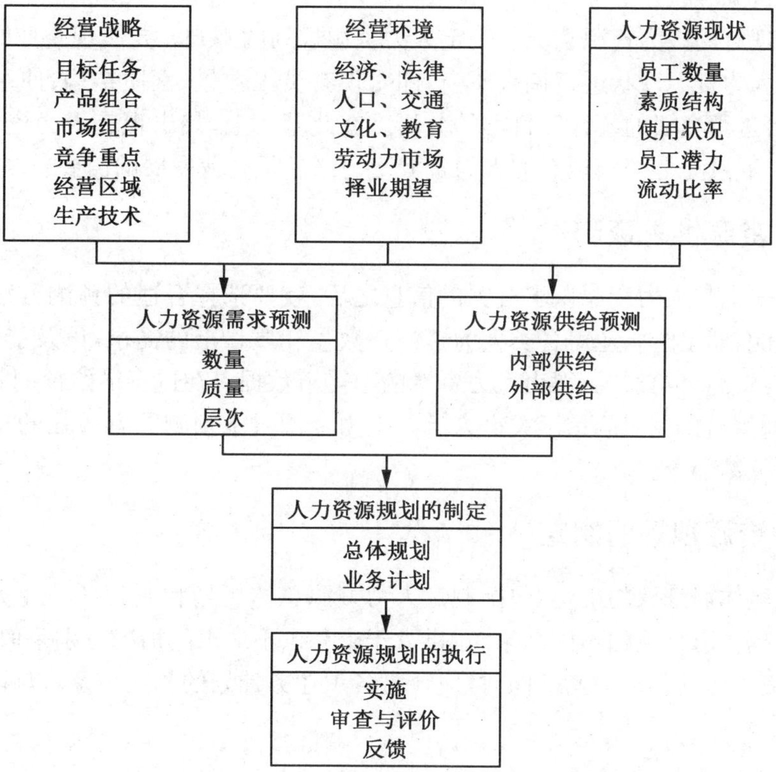

图 2—2 人力资源规划的程序

一、收集研究相关信息

信息资料是制定人力资源规划的依据。在一般情况下,与人力资源规划有关信息资料包括三个方面。

(一)经营战略

弄清企业的经营战略是制定人力资源规划的前提。企业的经营战略主要包括:目标任务、产品组合、市场组合、竞争重点、经营区域、生产技术等。这些因素的不同组合会对人力资源规划提出不同的要求。因而在制定人力资源规划时,必须要了解与企业经营战略有关的信息。

(二)经营环境

制定人力资源规划还要受到企业外部经营环境的制约,如相关的经济、法律、人口、交通、文化、教育等环境，劳动力市场的供求状况，劳动力的择业期望等。随着知识经济时代的到来，市场变化迅速，产品生命周期越来越短，消费者的偏好日趋多元化，导致企业面临的经营环境越来越难以预测，对人力资源管理工作，特别是基础性的人力资源规划提出了更高的要求。如何使企业的人力资源规划既能适应经营环境变化导致的人力资源需求变化，又能克服固定人力资源框架造成人力成本过高的缺陷，已成为人力资源规划所面临的核心问题。因而，必须通过制定弹性的人力资源规划来提高企业的应变能力，为企业在未来经营环境中的生存和发展奠定坚实的基础。

(三)人力资源现状

分析企业现有的人力资源状况是制定人力资源规划的基础。要实现企业的经营战略，首先应对企业的人力资源现状进行调查研究，即对现有员工数量、素质结构、使用状况、员工潜力、流动比率等进行全面的统计和科学的分析。在此基础上，找出现有人力资源与企业发展要求的差距，并通过充分挖掘现有的人力资源潜力来满足企业发展的需要。

二、人力资源供求预测

在收集和研究与人力资源供求有关的信息之后，就要选择合适的预测方法，对人力资源的供求进行预测，即了解企业对各类人力资源在数量和质量上的需求，以及能满足需求的企业内、外部人力资源供给情况，得出人力资源的净需求数据。在进行供给预测时，内部供给预测是重点，外部供给预测应侧重于关键人员。人力资源供求预测具有较强的技术性，是人力资源规划中的关键部分。

三、人力资源规划的制定

这是一项具体而细致的工作，包括制定人力资源总体规划和制订各项业务计划，并确定时间跨度。根据供求预测的不同结果，对供大于求和供不应求的情况分别采取不同的政策和措施，使人力资源达到供求平衡。同时，应注意各项业务计划的相互关系，以确保它们之间的衔接与平衡。

四、人力资源规划的执行

执行人力资源规划是人力资源规划的最后一项工作，主要包括三个步骤：实施、审查与评价、反馈。

(一)实施

实施是人力资源规划执行中最重要的步骤。实施前要做好充分的准备工作，实施时应严格按照规划进行，并设置完备的监督和控制机制，以确保人力资源规划实施的顺利进行。

(二)审查与评价

当人力资源规划实施结束后，并不意味着对人力资源规划执行完毕。接下来，对人力资源进行综合的审查与评价也是必不可少的。通过审查与评价，可以调整有关人力资源方面的项目及其预算，控制人力资源成本；可以听取管理人员和员工对人力资源管理工作的意见，动员广大管理人员和员工参与人力资源管理，以利于调整人力资源规划和改进人力资源管理。在评价人力资源规划时，需注意两点：

首先，可以从以下几个方面对人力资源规划的合理性进行间接的判断：

(1)人力资源规划者对问题的熟悉程度和重视程度。规划者对人力资源问题的熟悉程度越高、重视程度越高,人力资源规划的合理性就越大。

(2)人力资源规划者与提供数据者以及使用人力资源规划的管理人员之间的工作关系。这三者之间的关系越好,制定的人力资源规划就可能越合理。

(3)人力资源规划与相关部门进行信息交流的难易程度。信息交流越容易,越可能制定出合理的人力资源规划。

(4)人力资源规划在管理人员心目中的地位和价值。管理人员越重视人力资源规划,人力资源规划者也就越重视人力资源规划的制定过程,制定的规划才能客观、合理。

其次,可以对人力资源规划的实施结果,即人力资源规划所带来的效益进行评价,以判断人力资源规划的合理性和有效性。在评价时可以通过以下方面的比较来鉴别:

(1)实际招聘人数与预测需求人数的比较;

(2)劳动生产率的实际提高水平与预测提高水平的比较;

(3)实际的执行方案与规划的执行方案的比较;

(4)实际的人员流动率与预测的人员流动率的比较;

(5)实施行动方案后的实际结果与预测结果的比较;

(6)劳动力的实际成本与预算成本的比较;

(7)行动方案的实际成本与预算成本的比较。

以上项目之间的差距越小,说明人力资源规划越合理。在对人力资源规划的审查与评价过程中还要注意选择正确的方法,以保证审查与评价的客观、公正与准确。

(三)反馈

对审查与评价的结果进行及时的反馈是实行人力资源规划不可缺少的步骤。通过反馈,我们可以知道原规划的不足之处,对规划进行动态的跟踪与修改,使其更符合实际,更好地促进企业目标的实现。

【同步案例 2-1】　北京科创软件公司人力资源管理困境

北京科创软件公司成立不到四年,但发展较快,业务范围不断扩大。在公司经理例行工作会议上,营销部经理王刚又宣布一个振奋人心的消息:“经过努力,我们终于可以和世界著名的MT公司签订一笔很大的合同,而且这次项目有利于扩大公司业务范围,主要业务为动漫设计。现在我们要做的是如何在一年内而不是两年内完成该订单。”正在大家为这个项目欢欣鼓舞的时候,人事部经理张霖站了起来。她面色凝重地说:“我对这个项目如期完成缺乏信心,虽然公司在一年前就考虑到了业务范围会扩大,但我们并没有认真思考和研究相关应对措施,我们主要精力集中在眼前的项目上。我们现有的员工大部分是管理信息方面的人才,有一些动漫制作人才,但动漫设计和创意人才几乎没有。如果要在一年内完成,我们的人力资源成本就会大幅度上升,我们需要高价聘用相关人员。关键是我们需要聘用多少这样的人才?这些人才从哪里获取?这些我们都不是十分清楚,如果这样,这个项目的前景是不容乐观的。目前,公司人力资源状况已经不适应公司业务发展了。我想公司必须要根据未来业务发展战略认真研究人力资源管理规划问题了,否则公司的发展会受到很大影响。”

案例精析 2-1

从人力资源规划的角度分析张霖为什么对公司新的项目缺乏信心?

任务三 人力资源需求预测

一、人力资源需求分析

人力资源需求分析按照对职位分析的思路进行预测，通常要考虑以下几个因素：

（一）企业的发展战略和经营规划

企业的发展战略和经营规划是指依据企业外部环境和自身条件的状况及其变化来制定和实施战略，并根据对实施过程与结果的评价和反馈来调整，制定新战略的过程。一个完整的战略规划必须是可执行的，它包括两项基本内容：企业发展方向和企业资源配置策略。企业的发展战略和经营规划对企业的职位变动会产生很大的影响。

（二）产品和服务的需求

产品（Product）是指能够提供给市场，被人们使用和消费，并能满足人们某种需求的任何东西，包括有形的物品、无形的服务、组织、观念或它们的组合。产品一般可以分为三个层次，即核心产品、形式产品和延伸产品。核心产品是指整体产品提供给购买者的直接利益和效用；形式产品是指产品在市场上出现的物质实体外形，包括产品的品质、特征、造型、商标和包装等；延伸产品是指整体产品提供给顾客的一系列附加利益，包括运送、安装、维修等在消费领域给予消费者的好处。服务是由一系列或多或少具有无形特征的活动所构成的能够为顾客带来一定经济附加值的一种互动过程，它可以看做商品但不是完全意义上的商品。顾客对产品和服务的需求不同，企业的职位会发生一些变化。

（三）职位的工作量

职位即岗位（Position）是指在一个特定的企业组织中，在一个特定的时间内，由一个特定的人所担负的一个或数个任务所组成。简单地讲，职位是指企业的某个员工需要完成的一个或一组任务。一个职位的工作量不一样，职位的需求也不一样。

（四）生产效率的变化

生产效率是指固定投入量下，实际产出与最大产出两者间的比率，可反映出达成最大产出、预定目标或是最佳营运服务的程度，也可衡量经济个体在产出量、成本、收入或是利润等目标下的绩效。生产效率的变化会使职位发生变化。

二、人力资源需求预测的方法

一般来说，人力资源需求的预测方法可分为定性分析预测法和定量分析预测法。

（一）定性分析预测法

1. 主观判断法

主观判断法是最为简单的一种方法，是由管理人员凭借自己以往工作的经验和直觉，结合组织现有的信息和特点，对未来所需要的人力资源做出估计的方法。主观判断法可分别采用自下而上、自上而下的方式，或将这两种方式结合在一起使用。

就公司而言，自下而上就是由部门经理向上级主管提出用人要求和建议，并最终获得上级主管的同意；自上而下就是由上级主管首先拟定出相关范围内的总体用人目标和建议，然后由下级各部门自行确定用人计划。

如果是先由上级主管提出员工需求的指导性建议，再由下级部门按上级部门主管指导性建议的要求会同人力资源部、工艺技术部和员工培训部确定具体的用人需求，最后由人力资源部汇总确定相关范围内的用人需求预测，最终交由公司经理审批，这便是自下而上和自上而下方法的完美结合。

主观判断法主要是凭借经验来进行的，因此，主要用于短期的预测，并且适用于那些规模较小或者经营环境稳定、人员流动不大的企业。同时，在使用这种方法时，还要求管理人员必须具有丰富的经验，这样预测的结果才会比较准确。

例如，一个企业根据以往的经验认为基层的管理人员数一般按照1∶10的比例配置最好，这样，企业就可以根据基层生产工人数量的增减来预测基层管理人员的需求。

又如，一个企业根据以往的经验认为，一个车工每天可以生产 8 件产品，这样，如果企业想在未来一段时间内扩大生产规模，便可以按生产单位计算出预算所需要增加的车工数量。

2. 德尔菲法

德尔菲法是由美国兰德公司于 20 世纪 50 年代提出的，又称专家评估法。这种方法是指邀请在某一领域的一些专家或有经验的管理人员对某一问题进行预测并最终达成一致意见的结构化的方法。

(1)具体做法

①拟订主题，设计调查表，并附上背景资料。

②选择与预测课题相关的专家。

③寄发调查表，并在规定的时间内回收。

④对第一轮调查进行综合整理，汇总成新的调查表，再寄发给专家征求意见。

这样，每个专家在了解其他专家意见的基础上(匿名方式)作出新的判断。如此反复几轮(一般是 3～5 轮)，便可形成比较集中的意见，从而获得预测的结果。

(2)特点

①它吸取和综合了众多专家的意见，避免了个人预测的片面性。

②它不采用集体讨论的方式，而且是匿名进行，也就是说采取“背靠背”的方式来进行，这样就使专家们可以独立地作出判断，避免了从众的行为。

③它采用多轮预测的方式，经过几轮的反复，专家们的意见趋于一致，具有较高的准确性。

(二)定量分析预测法

1. 趋势预测法

趋势预测法是根据企业过去几年的人员数量，分析它在未来的变化趋势，并依此来预测企业在未来某一时期的人力资源需求量。该方法多适用于那些经营稳定的企业，并且主要作为一种辅助方法来使用。

具体步骤为：首先，收集企业在过去几年内人员数量的数据，并且根据这些数据作图。然后，用数学方法进行修正，使其成为一条平滑的曲线，将这条曲线延长就可以看出未来的变化趋势。在实践中为了简便，往往将这种趋势化为直线关系。

趋势分析法是一种比较简单的预测方法，但它的成立要依靠众多的假设前提，因此，局限性很大。

2. 回归预测法

回归预测法是从统计学借鉴过来的一种方法。它是通过数学原理对具体相关关系的变量建立一个数学方程来进行人力资源需求预测的方法。人力资源的需求状况通常与某个或某些因素具有高度确定的相关关系，因此，可以用数理统计的方法定量地把这种关系表示出来，从而得到一个回归方程，凭此方程就可以比较方便地预测人力资源的需求量。例如，医院根据过去的数据预测明年的护士数量。

3. 比率预测法

比率预测法主要有转换比率法和人员比率法两种形式。

(1)转换比率法

转换比率法就某个企业而言，其应用过程是：首先，根据企业生产任务估计组织所需要的一线生产人员的数量；然后，根据这一数量来估计秘书、财务人员和人力资源管理人员等辅助人员的数量。企业生产经营活动的估计方法为：

$$\text{经营活动}=\text{人力资源的数量}\times\text{人均生产率}$$

转换比率的目的是将企业的业务量转换为对人员的需求，这比较适用于对短期需求的预测。

转换比率法是假定组织的劳动生产率是不变的。如果考虑到劳动生产率的变化对员工需求的影响，可以使用员工数量需求预测方法。其计算公式为：

$$\text{预测需要的员工数量}=\frac{\text{现有业务量}+\text{预期业务的增长量}}{\text{现有人均业务量}\times(1+\text{劳动生产率的增长率})}$$

【做中学 2－1】 某电视机厂在 2018 年的年产量为 20 000 台，基层生产员工为 400 人，2019 年计划增产 10 000 台，假定劳动生产率的增长率为 0.2，公司工资、福利保持良好，基层人员保持相对稳定，那么在 2019 年公司需要招聘多少名基层生产人员？

解：2019 年公司需要的基层生产人员＝(20 000＋10 000)/(50×1.2)＝500(人)

2019 年需招聘的基层生产人员＝500－400＝100(人)

这种预测方法比较容易操作，结果也较明显。但缺点是进行估计时需要对计划期的业务增长量、当前人均业务量和劳动生产率的增长率进行准确估算，而且预测时只考虑基层员工的需求数量，没有区别不同类别的需求差异。

(2)人员比率法

人员比率法是通过计算组织所需员工数之间的比率来确定组织未来人力资源需求的方法。

以一所大学为例，假设当学生数量增加一个百分比，则教师的数量增加一个百分比，同时职员的数量增加一个百分比，否则难以保证学生的培养质量。假设学生人数为1 000人，教师人数为 50 人，职员人数为 5 人，在校学生与教师、职员的比率为 20∶1∶0.1；当预测学生人数在新学期增加1 000人时，意味着这个学校将要考虑新聘教师 50 人、职员 5 人。这实际上是根据组织过去的人员需求数量同某个影响因素的比率，来对未来的人力资源需求进行预测。

这种方法假定过去人员的数量与配置是完全合理的，而且工作效率不变，其应用范围有较大的局限性。

【做中学 2－2】 某企业计划扩大生产规模，已知条件如下：该企业在过去的计划中绕线工、绕线机维修工、绕线车间管理人员的人数比率一直是 100∶10∶5；该企业明年计划补充新绕线工 200 人；该企业的生产效率和组织结构不变；明年该企业将有 7 名绕线机维修工和 3 名绕线车间管理人员因合同到期而离职；根据人力资源部计划明年该企业将有 2 名绕线车间管理人员获得晋升；假定明年所需人员都从外部补充。请问该企业明年至少应招聘多少名绕线机维修工和绕线车间管理人员？

解：明年该企业需要补充的绕线机维修工数＝200×10/100＋7＝27(人)

明年该企业需要补充的绕线车间管理人员数＝200×5/100＋3＋2＝15(人)

该企业明年至少应招聘27名绕线机维修工和15名绕线车间管理人员。

任务四　人力资源供给预测

当组织未来发展的人力资源需求确定后，接下来的工作便是要明确获得员工需求的可能性，即进行人力资源的供给预测。人力资源供给预测就是指对未来某一特定时期内能够供给企业的人力资源的数量、质量和结构进行估计。

一、人力资源供给的分析

(一)外部供给预测

组织人员由于各种客观和主观原因退出工作岗位是自然规律，其产生的职位空缺不可能完全由组织内部供给提供解决。这就需要从组织外部及时进行补充。影响组织人力资源外部供给的因素主要包括以下几个方面：

1. 组织所在地的人力资源供给现状

这包括所在地对人才的吸引程度，以及组织本身对所在地人才的吸引程度。如所在地的失业水平、所在地的传统雇用模式以及获得具备所要求资格技能员工的可能性、所在地教育系统和培训机构的人才输出状况等。

2. 外部劳动力市场的供给水平

供大于求，将有利于组织招揽所需人才；供小于求，将加大组织招揽人才的难度。健全的劳动力市场，能够保证劳动力的合理流动，实现人力资源的优化配置。

3. 人们的就业意识和择业心理、社会的人口政策及人口现状等

社会的人口政策及人口现状、劳动力市场发育程度，以及人们的就业意识和择业心理偏好都会影响企业外部劳动力供给。人口数量越多，劳动力市场发育程度越高，人们的就业意识越强，外部劳动力供给就越好。

4. 企业自身的吸引力

组织外部人力资源的供给来源主要包括失业人员、各类学校毕业生、专业退伍军人以及其他组织流出人员。

(二)内部供给预测

企业内部人力资源供给是组织人力资源供给的主要部分。组织人力资源需求的满足，应优先考虑组织内部人力资源供给，其供给量需要考虑组织内部人力资源的自然减员因素，如退休等；也要考虑内部流动因素，如晋升、降职、轮岗等；还要考虑到自然减员因素，如辞职、解聘等。

二、人力资源供给预测的方法

分析企业内部人力资源供给，主要是了解企业内部人力资源的优劣势，同时除分析现状外，还要预测未来的状况。常用的内部人力资源供给预测的方法有以下几种：

(一)技能清单法

技能清单是一个用来反映员工工作能力特征的列表。技能清单具体内容如表2—3所示。

表 2—3　　技能清单

<table>
<tr><td colspan="2">姓名：</td><td colspan="2">职位：</td><td>所在部门：</td></tr>
<tr><td colspan="2">出生年月：</td><td colspan="2">婚姻状况：</td><td>到职日期：</td></tr>
<tr><td rowspan="3">教育背景</td><td>类别</td><td>学校</td><td>毕业日期</td><td>所学专业</td></tr>
<tr><td>大学</td><td></td><td></td><td></td></tr>
<tr><td>研究生</td><td></td><td></td><td></td></tr>
<tr><td rowspan="2">技能</td><td colspan="2">技能种类</td><td colspan="2">所获证书</td></tr>
<tr><td colspan="2"></td><td colspan="2"></td></tr>
<tr><td rowspan="2">训练背景</td><td>训练主题</td><td colspan="2">训练机构</td><td>训练时间</td></tr>
<tr><td></td><td colspan="2"></td><td></td></tr>
<tr><td rowspan="4">志向</td><td colspan="2">是否愿意从事其他类型工作？</td><td>是</td><td>否</td></tr>
<tr><td colspan="2">是否愿意到其他部门工作？</td><td>是</td><td>否</td></tr>
<tr><td colspan="2">是否愿意接受工作轮换以丰富工作经验？</td><td>是</td><td>否</td></tr>
<tr><td colspan="2">你最愿意从事哪种工作？</td><td></td><td></td></tr>
<tr><td colspan="2" rowspan="2">你认为自己需要接受何种训练？</td><td colspan="3">改善目前技能和绩效的训练</td></tr>
<tr><td colspan="3">晋升所需的技能和经验的训练</td></tr>
<tr><td colspan="2">你认为自己需要接受何种工作？</td><td colspan="3"></td></tr>
</table>

(二)人员核查法

通过对企业现有人力资源的数量、质量、结构及在各职位上的分布状态进行核查，从而掌握企业可供调配的人力资源拥有量及其利用潜力，以便为组织人力资源决策提供依据。表 2—4为某企业的人力资源核查。

表 2—4　　人力资源核查　　单位：人

级别	管理类	技术类	服务类	操作类
一级	2	3	2	23
二级	9	11	7	79
三级	26	37	19	116
四级	61	98	75	657

表 2—4 把企业员工划分为管理类、技术类、服务类和操作类四类职系，每类职系划分为一至四个级别。通过该表可以对该企业的四类职系的四个级别的分布人数有清楚了解。

该方法是一种静态的人力资源供给预测方法，不能反映企业未来人力资源的变化，它只适用于较小型企业的人力资源供给预测，存在较大的局限性。

(三)替换单法

该方法通过记录各个管理人员的工作绩效、晋升的可能性和所需要的训练等内容来决定哪些人员可以补充企业的重要职位空缺。该方法的最终目标是确保组织在未来能够有足够的合格的管理人员的供给。图 2－3 为某企业的替换单示例。

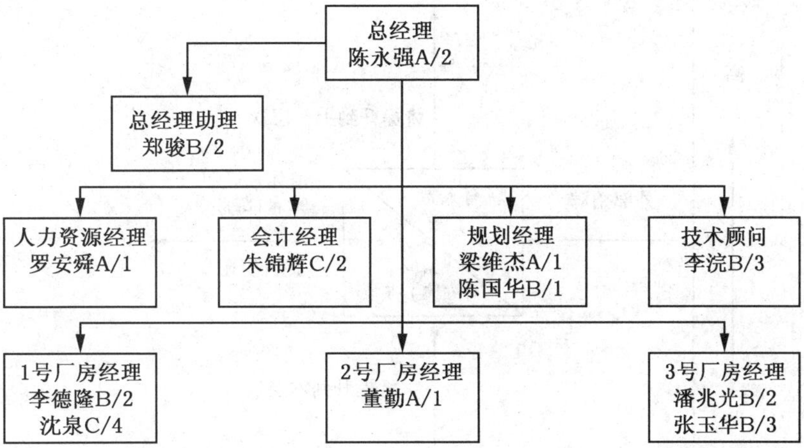

图 2－3　替换单示例

在图 2－3 中，字母 A～C 表示该人员的提升潜力，A 表示可以晋升，B 表示需要培训，C 表示有问题、不适合；数字 1～4 表示该人员的当前工作绩效，1 表示优秀，2 表示良好，3 表示普通，4 表示欠佳。

替换单法将每个工作职位均视为潜在的工作空缺，而该职位下的每个职位的员工均视为潜在的供给者。该方法以员工的工作绩效作为预测的依据，当某位员工的绩效过低时，组织将采取辞退或调离的方法；当某位员工的绩效很高时，他将被提升替换其上级的工作职位。这两种情况均会产生职位空缺，其工作职位则由其下属替换。通过替换图可以清楚地了解组织内人力资源的供需情况，为人力资源规划提供了依据。

(四)人员接替模型

该方法与替换单法有相似之处，目的都是确认特定职位的内部候选人，但其涉及面更大，对各职位之间的关系也描述得更具体，具体如图 2－4 所示。

对于企业中各个职位员工的供给预测，可以使用下面公式确定：

内部供给量＝现有员工数量－流出数量＋流入数量

流出总量＝退休数量＋辞职数量＋解雇数量＋降职数量＋晋升数量＋其他

流入总量＝晋升进入数量＋外部招聘数量＋上级降职进入数量＋其他

借助人员接替模型，可以清晰地看出每一职位从外部招聘数量、从下一级提升上来人员数量、提升至上一级人员数量、退休人员数量、辞职人员数量、解雇人员数量、降职人员数量及具备提升实力的人员数量等信息。

(五)马尔可夫模型法

该方法用于预测具有等时间间隔的时刻点上各类人员的分布状况。在具体运用中，假设给定时期内转移率一定。在给定各类人员起始人数、转移率和未来补充人数的条件下，就可以确定出各类人员的未来分布状况，作出人员供给的预测。一般以 5～10 年为周期来估计年平均百分比。周期越长，根据过去人员变动所推测的未来人员变动就越准确。

表 2－5 列出了高层管理者、部门经理、部门主管及普通职员的人员调动概率分布。以部门主管为例，在每年中，约有 5％的部门主管升职为部门经理、80％留任原职位、5％降职为普

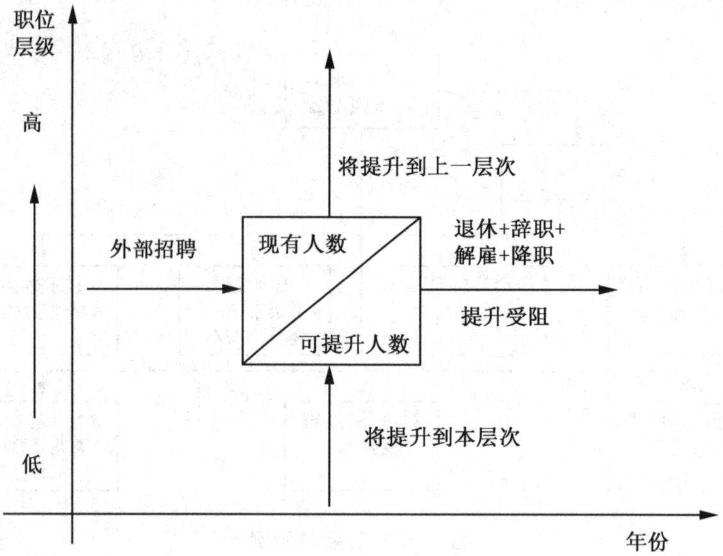

图 2—4 人员接替模型

通职员、10%离职。

表 2—5 人力资源供给情况马尔可夫分析

职位层次	人员调动概率				
	高层管理者	部门经理	部门主管	普通职员	离职
高层管理者	80%				20%
部门经理	10%	70%			20%
部门主管		5%	80%	5%	10%
普通职员			15%	65%	20%

根据人员流动概率和计划初期人员数量，就可以推测出未来的人员变动情况。以部门经理为例，初期人员数量为 80 人，10%升职为高层管理者，即 8 人；70%留任原职位，即 56 人；20%离职，即 16 人。加上部门主管升职为部门经理的 5%，即 6 人，到年末，部门经理职位共 62 人，明年需补充 18 人，其他职位以此类推。具体如表 2—6 所示。

表 2—6 某公司人力资源供给量马尔可夫分析

职位层次	初期人员数量	高层管理者	部门经理	部门主管	普通职员	离　职
高层管理者	40	32				8
部门经理	80	8	56			16
部门主管	120		6	96	6	12
普通职员	160			24	104	32
预计的人员供给量		40	62	120	110	68

任务五 人力资源规划制定

一、人力资源规划的内容

(一)人力资源总体规划

人力资源总体规划是人力资源管理活动的基础。它是指在规划期内人力资源管理的总目标、总政策、实施步骤以及总预算的安排。

(二)人力资源业务计划

它包括:人员配备计划、人员补充计划、人员使用计划、人员培训计划、绩效考评计划、薪酬激励计划、劳动关系计划和退休解聘计划等。每一项业务计划也都由目标、政策、步骤及预算等部分构成。这些业务计划是总体规划的展开和具体化,其执行结果应能保证人力资源总体规划目标的实现。另外,还应当注意人力资源各项业务计划之间的平衡。例如,人员补充计划与培训计划之间,人员薪酬计划与使用计划、培训计划之间的衔接和协调。当企业需要补充某类员工时,如果信息能及早到达培训部门,并列入培训计划,则这类员工就不必从外部补充。又如,当员工通过培训提高了素质,而在使用和薪酬方面却没有相应的政策和措施,就容易挫伤员工接受培训的积极性。人力资源规划的内容如表 2—7 所示。

表 2—7　　人力资源规划的内容

计划类别	目 标	政 策	预 算
总体计划	总目标(绩效、人员总量和素质、员工满意度)	基本政策(扩大、收缩、保持稳定)	总预算:×××万元
人员配备计划	部门编制、人员结构优化、绩效改善	人员配备政策、任职条件	由人员总体规模变化而引起的费用变化
人员补充计划	人员类型、数量、层次对人力资源结构和绩效的改善	人员素质标准、人员来源范围、起点待遇	招聘、选拔费用
人员使用计划	后备人员数量保持、适人适位、职务轮换幅度、改善人员结构、提高绩效目标	人员晋升政策、晋升时间、职位轮换范围和时间、未提升人员的安置	职位变化引起的工资、福利等支出的变化
人员培训计划	人员素质及绩效的改善、培训类型与数量、提供新人员、转变员工劳动态度	培训时间的保证、培训效果的保证	教育培训总投入支出、脱产培训损失
绩效考核计划	增加员工参与、提高绩效、增强组织凝聚力、改善企业文化	绩效考评标准和方法、沟通机制	绩效考核引起的支出变化
薪酬激励计划	人才流失减少、士气提高、绩效改进	薪酬政策、激励政策、激励重点	增加的薪酬额预算
劳动关系计划	减少投诉和不满、降低非期望离职率、改善干群关系	参加管理、加强沟通	法律诉讼费和可能的赔偿费
退休解聘计划	劳动成本降低、劳动生产率提高	退休政策、解聘程序	人员安置费和重置费

1. 人员配备计划

人员配备计划表示企业中处于不同职位、部门的人员分布状况。企业中各个职位、部门所需要的人力资源都有一个合适的规模,而且人力资源的规模会随着环境的变化而变化。人员配备计划就是为了确定合适的人员规模以及相应的人员结构。

2. 人员补充计划

企业经常会因为各种原因而出现空缺的职位或新职位，如企业规模的扩大、人员的退休、辞职、解聘等。为了保证空缺职位和新职位能够得到及时的补充，企业就需要制订人员补充计划来获得所需的人力资源。

3. 人员使用计划

人员使用计划包括人员晋升计划和人员轮换计划。晋升计划是根据企业的人员分布状况和层级结构来制定人员的晋升政策。轮换计划是为了实现工作丰富化、激发员工的积极性和创造性、培养员工的多方面技能，而制订的大范围地对员工的工作岗位进行定期轮换的计划。

4. 人员培训计划

人员培训计划是在对企业所需知识和技术进行评估的基础上，制订有关员工培训工作的人力资源业务计划。企业根据人员培训计划对员工进行培训，一方面可以使员工更好地适应工作，为企业的发展储备后备人才；另一方面培训计划的好坏也逐渐成为企业吸引力的重要来源之一。

5. 绩效考核计划

绩效考核就是收集、分析、评价和传递有关个人在其工作岗位上的工作行为表现和工作结果等方面信息的过程。根据绩效考核可以决定人员任用、决定人员调配、进行人员培训、确定劳动报酬等，同时，绩效考核也是对员工进行激励的有效手段，因此绩效考核计划是人力资源规划不可缺少的部分。

6. 薪酬激励计划

薪酬激励计划包括薪酬结构、工资总额、福利项目、激励政策、激励重点等。

7. 劳动关系计划

劳动关系计划是关于如何减少和预防劳动争议、改进劳动关系的计划。

8. 退休解聘计划

企业必须通过退休解聘计划来做好员工的退休工作和解聘工作，使员工离岗过程正常化、规范化。

二、人力资源规划的政策和措施

（一）人力资源供大于求

当预测企业人力资源供给大于需求时，通常采用下列措施以保证企业的人力资源供求平衡。

1. 裁员

裁员即削减现行员工的数量规模。裁员的目的是企业要减少成本、维持效益。从实践的角度看，裁员往往很难达到企业所预期的减少成本、维持效益的目标。原因在于，裁员不能从根本上解决组织面临的问题。如果组织没有制订出适当的发展战略，只是一味强调降低成本，这种裁员是不可能改变组织的现行经营状况的。

2. 提前退休

企业可以适当地放宽退休的年龄和条件限制，促使更多的员工提前退休。如果将退休的条件修改到足够有吸引力，会有更多的员工愿意接受提前退休。提前退休使企业减少员工比较容易，但企业也会由此背上比较重的包袱，而且退休是受到政府政策法规限制的。

3. 变相裁员

变相裁员可以在一定程度上缓解裁员的矛盾。尤其是我国处于体制转轨时期，社会保障还不健全，采取变相裁员的办法，比通常的正规裁员能更顺利地解决问题。变相裁员的主要方法有：鼓励员工辞职；买断工龄；对富余人员实行下岗政策，交给再就业服务中心和人才交流中心等机构安排。

4. 工作轮换

工作轮换是指在组织的不同部门或在某一部门内部调动员工的工作。其优点是：有利于促进员工对组织不同部门的了解，提高员工解决问题的能力和决策能力，帮助他们选择更合适的工作。工作轮换的缺点是：不利于培养专业化的人才；培训费用会提高；当员工在原来岗位上效率已经较高时，此时轮换到新岗位，会使组织生产力下降；实行工作轮换后，工作小组的成员要调整与新成员的关系，管理人员也要花费更多时间来帮助新成员适应新的工作，并督促其工作；对那些愿意在自己专业领域内做一番深入研究的员工来说有许多不利之处。

5. 工作分享

工作分享是指企业通过缩短员工的平均工作时间、通过灵活调整工作时间从而调整付薪办法，创造出更多的工作岗位，避免裁员。工作分享制不是对工作的简单平均分享，它建立在发达的生产力水平之上，以扩大就业、兼顾效率和公平为原则，通过对劳动的分割，让更多的人分享工作，实现更多的人就业。

（二）人力资源供小于求

当预测企业的人力资源需求大于供给时，企业通过采用下列措施以保证企业的人力资源供需平衡。

1. 外部招聘

当企业生产工人或技术人员供不应求时，从外部招聘可以比较快地得到熟悉工种的员工，以及时满足企业生产的要求。

2. 内部招聘

内部招聘是指当企业出现岗位空缺时，从企业内部调整员工到该岗位，以弥补空缺的岗位。

3. 延长工作时间

在面临劳动力短缺时，企业可选择让现有的员工工作更长的时间。延长工作时间具备聘用临时工的优点，节约福利开支，减少招聘成本，而且可以保证工作质量。但如果加班时间过长，员工们就会因这种工作方式所导致的过度劳累而感到压力增大、挫折感增强，这样会降低员工的工作质量，而且工作时间也受到政策法规的制约。

4. 工作扩大化

当企业某类员工紧缺，在人才市场上又难以招聘到相应的员工时，可以通过拓宽员工工作范围或责任范围，从而达到增加企业工作量的目的。

5. 外包

人力资源外包是策略地利用外界资源，将企业中与人力资源相关的工作与管理责任部分或全部转由专业服务机构承担。实施人力资源外包有两个前提：一是人力资源管理的一些工作在操作上具有基础性、重复性、通用性的特点，这使人力资源外包成为可能；二是人力资源专业服务机构的发展，为人力资源外包提供必要的外包条件。外包的优点有：缓解企业资源和技术短缺问题；有利于企业集中开展核心任务；集中优势管理资源，解决专业人员短缺问题，改善了组织内的沟通；减少人力资源部门的固定成本。当然，人力资源外包也有多方面的风险，既有来自外包服务等方面的风险，也有来自员工、文化差异等方面的风险。

（三）人力资源总量平衡，结构不平衡

结构上的人力资源不平衡是指某些职位的人员过剩，而另一些职位人员短缺。对于这种供求失衡，主要通过以下政策和措施进行调节：

（1）通过企业内部人员的晋升和调任，以满足空缺职位对人力资源的需求。

（2）对于供过于求的普通人力资源，可以有针对性地对其进行培训，提高他们的知识技能，让他们发展成为企业需要的人才，补充到空缺的岗位上。

（3）通过人力资源外部流动来补充企业某些岗位的人力资源需求，并释放另一些岗位过剩的人力资源。

三、人力资源规划的制定

在收集相关信息、预测人力资源供求的基础上，就可以制定人力资源规划了。虽然各个企业的人力资源规划不尽相同，但是典型的人力资源规划应该包括以下基本内容，如表2—8所示。

表2—8　人力资源规划范本

人力资源规划					
1. 规划的时间段					
2. 规划的目标					
3. 目前情景分析					
4. 未来情景分析					
5. 具体内容	执行时间	负责人	检查人	检查日期	预算
(1) (2) (3) (4) ⋮					
6. 规划的制定者					
7. 规划的制定时间					

（一）规划的时间段

确定规划期的长短，具体写明开始时间和结束时间。根据规划期的长短不同，人力资源规划可以分为战略性的长期规划（五年或五年以上）和作业性的短期计划（一年或一年以内）。人力资源部门在制定人力资源规划时，究竟是选择长期规划，还是选择短期计划，要取决于企业面临的不确定性大小。不确定性大小的影响因素与规划期长短的关系如表2—9所示。

表 2—9　　不确定性与规划期长短的关系

短期计划:不确定/不稳定	长期规划:确定/稳定
新竞争者很多 社会经济条件迅速变化 产品/服务需求的不稳定 政治和法律环境的变化 企业规模比较小 管理水平落后(危机管理)	竞争地位的强大 社会、政治和技术渐进变化 产品/服务需求的稳定 管理信息系统的强大 管理水平先进

(二)规划的目标

确定规划的目标应遵循以下原则:

(1)规划的目标要与企业整体目标紧密联系起来。因为人力资源规划是企业整体规划的有机组成部分,所以人力资源规划的目标必须服从于企业整体目标。

(2)规划的目标要具体明确,不要泛泛而谈。

(3)规划的目标要简明扼要,以便于理解和记忆。

(三)目前情景分析

目前情景分析主要是指在收集信息的基础上,对企业现有的人力资源状况进行分析,作为制定人力资源规划的依据。

(四)未来情景分析

未来情景分析主要是指在收集信息的基础上,在规划的时间段内,预测企业未来的人力资源供求状况,进一步指明制定人力资源规划的依据。

(五)具体内容

具体内容是人力资源规划的关键部分,涉及人力资源的总体规划和各项具体的业务规划。每一方面都要包括以下几项内容:

(1)具体内容。要表达得十分具体,比如在进行招聘时,不仅要写明招聘人员,而且要详细写明××公司招聘××位××人才。

(2)执行时间。写明从执行开始到执行结束的具体日期,例如:2019 年 7 月 1 日至 2020 年 7 月 1 日。

(3)负责人。即负责执行该具体项目的人员,如人力资源部经理赵丹女士。

(4)检查人。即负责检查该项目执行情况的人员,如人力资源管理副总裁林峰先生。

(5)检查日期。写明具体的检查日期与时间,如 2019 年 7 月 1 日上午 8:00。

(6)预算。写明每项内容的具体预算,如人民币贰万元整。

(六)规划的制定者

规划的制定者既可以是人力资源部,也可以是其他人员,如高层管理人员、其他职能部门管理人员和人力资源专家等。同时,既可以是一个人,也可以是一个群体。

(七)规划的制定时间

规划的制定时间是指规划正式确定的日期,如董事会通过的日期、总经理批准的日期、总经理工作会议通过的日期等。

范例：

××公司人力资源计划书

一、人力资源现状调查与分析(略)

二、总体目标

1. 完成公司各部门各职位的工作分析，为人才招募与评定薪资、绩效考核提供科学依据。

2. 完成日常人力资源招聘与配置。

3. 推行薪酬管理，完善员工薪资结构，实行科学、公平的薪酬制度。

4. 充分考虑员工福利，做好员工激励工作，建立内部升迁制度，做好员工职业生涯规划，培养员工主人翁精神和献身精神，增强企业凝聚力。

5. 在现有绩效考核制度基础上，参考先进企业的绩效考评办法，实现绩效评价体系的完善与正常运行，并保证与薪资挂钩，从而提高绩效考核的权威性、有效性。

6. 大力加强员工岗位知识、技能和素质培训，加大内部人才开发力度。

三、各职位工作分析

(一)具体实施方案

1. 2019 年 3 月底前完成公司职位分析方案，确定职位调查项目和调查方法，如各职位主要工作内容，工作行为与责任，所必须使用的表单、工具、机器，每项工作内容的绩效考核标准，工作环境与时间，各职位对担当此职位人员的全部要求，目前担当此职位人员的薪资状况，等等。人力资源部保证方案尽可能细化，表单设计合理、有效。

2. 2019 年 4 月完成职位分析的基础信息收集工作。4 月初由人力资源部将职位信息调查表下发至各部门每一位员工；在 4 月 15 日前完成汇总工作。4 月 30 日前完成公司各职位分析草案。

3. 2019 年 5 月人力资源部向公司董事会提交公司各职位分析详细资料，分部门交各部门经理提出修改意见，修改完成后汇总报请公司董事会审阅后备案，作为公司人力资源战略规划的基础性资料。

(二)目标责任人

第一责任人：人力资源部经理。

协同责任人：人力资源部经理助理。

(三)目标实施需支持与配合的事项和部门

1. 职位信息的调查收集需各部门、各职位通力配合填写相关表单。

2. 职位分析草案完成后需公司各部门经理协助修改本部门职位分析资料，全部完成后需请公司董事会审阅通过。

四、人力资源招聘与配置

(一)具体实施方案

1. 计划采取的招聘方式：以现场招聘会为主，兼顾网络、报刊、猎头、推荐等。其中，现场招聘主要考虑：××人才市场、×××人才市场。必要时可以考虑广州、南京等地。还可以在 2、3 月份考虑个别大型人才招聘会，6、7 月份考虑各院校举办的应届生见面会等;网络招聘主要以本地××人才网、×××人才网、前程无忧网、卓博人才网等(具体视情况另定);报刊招聘主要以专业媒体和有针对性的媒体如中国××报、××时报等;猎头推荐人才与熟人推荐人才视具体需求和情况确定。

2. 具体招聘时间安排:

1～3月份,根据公司需要参加5～8场现场招聘会。

6～7月份,根据公司需要参加3～5场现场招聘会(含学校宣讲会)。平时保持与相关院校学生部门的联系,以备所需。

根据实际情况变化,人力资源部在平时还将不定期参加各类招聘会。

长期保持××人才网、×××人才网的网上招聘,以储备可能需要的人才。前程无忧网及其他收费网站,届时根据需要和网站招聘效果临时决定发布招聘信息。

报刊招聘暂不做具体时间安排。猎头、熟人推荐暂不列入时间安排。

3. 为规范人力资源招聘与配置,人力资源部1月31日前起草完成《公司人事招聘与配置规定》。请公司领导审批后下发各部门。

4. 计划发生招聘费用:12 000元。

(二)目标责任人

第一责任人:人力资源部经理。

协同责任人:人力资源部经理(人事专员)。

(三)目标实施需支持与配合的事项和部门

1. 各部门应在2018年目标制定时将2019年本部门人力需求预测报人力资源部,以便人力资源部合理安排招聘时间。

2. 行政部应根据公司2019年人力需求预测数量做好后勤保障的准备。

五、薪酬管理

(一)具体实施方案

1.2019年3月底前人力资源部完成公司现有薪酬状况分析,结合公司组织架构设置和各职位工作分析,提交公司薪酬设计草案。即公司员工薪资等级(目前建议为五等20级)、薪资结构(基本薪资、绩效薪资、工龄津贴、学历津贴、职务津贴、技术津贴、特殊岗位津贴及年终奖金等)、薪资调整标准等方案。

2.2019年4月底前人力资源部根据已初步完成的职位分析资料,结合所掌握的本地区同行业薪资状况、公司现有各职位人员薪资状况,提交《××公司薪资等级表》,报请各部门经理审议修改后,呈报公司董事会审核通过。

3.2019年5月完成《公司薪酬管理制度》并报请董事会通过。

(二)目标责任人

第一责任人:人力资源部经理。

协同责任人:人力资源部经理助理(或人事专员)。

(三)目标实施需支持与配合的事项和部门

《薪酬等级表》和《公司薪酬管理制度》需经公司董事会确认方可生效。现有员工薪资的最终确定需请董事会确定。

六、员工福利与激励

（一）具体实施方案

1. 计划设立福利项目：员工食宿补贴、加班补贴（对上述两项进行改革与完善）、全勤奖、节假日补贴、社会医疗保险、社会养老保险、住房公积金、员工生日庆生会、每季度管理职员聚餐会、婚嫁礼金、年终（春节）礼金等。

2. 计划制订激励政策：月（季度）优秀员工评选与表彰、年度优秀员工评选表彰、内部升迁和调薪调级制度建立、员工合理化建议（提案）奖、对部门设立年度团队精神奖、建立内部竞争机制（如末位淘汰机制）等。

3. 2019 年第一季度内（3 月 31 日前）完成福利项目与激励政策的具体制定，并报公司董事会审批，通过后进行宣传。

4. 自 4 月份起，人力资源部将严格按照既定的目标、政策、制度进行落实。此项工作为持续性工作，并在运行后一个季度内（6 月 30 日前）进行一次员工满意度调查。通过调查信息向公司反馈，根据调查结果和公司领导的答复对公司福利政策、激励制度再进行调整和完善。

（二）目标责任人

第一责任人：人力资源部经理。

协同责任人：人力资源部经理助理（人事专员）。

（三）目标实施需支持和配合的事项与部门

1. 因每一项福利和激励政策的制定都需要公司提供相应的物质资源，所以具体福利的激励项目都需要公司董事会最终裁定。人力资源部有建议的权利和义务。

2. 福利与激励政策一旦确定，公司行政部门应配合人力资源部做好此项工作的后勤保障。

3. 各部门经理、各科主管同样肩负本部门、本科室员工的激励责任。日常工作中，对员工的关心和精神激励需各主管以上管理人员配合做好。

七、绩效评价体系的完善与运行

（一）具体实施方案

1. 2019 年 1 月 31 日前完成对《公司绩效考核制度》和配套方案的修订与撰写，提交公司总经理办公会（或部门经理会议）审议通过。

2. 自 2019 年春节后，按修订完善后的绩效考核制度全面实施绩效考核。

3. 主要工作内容：结合 2018 年度绩效考核工作中存在的不足，对现行《绩效考核规则》和《绩效考核具体要求》、相关使用表单进行修改，建议对考核形式、考核项目、考核办法、考核结果反馈与改进情况跟踪、考核结果与薪酬体系的连接等多方面进行大幅度修改，保证绩效考核工作的良性运行；建议将目标管理与绩效考核分离，平行进行。目标管理的检查作为修正目标的经常性工作，其结果仅作为绩效考核的参考项目之一；将充分考虑推行全员绩效考核，2018 年仅对部门经理进行的绩效考核严格来说是不成功的，2018 年人力资源部在对绩效评价体系完善后，将对全体员工进行绩效考核。

4. 推行过程是一项贯穿全年的持续工作。人力资源部完成此项工作目标的标准就是保证建立科学、合理、公平、有效的绩效评价体系。

（二）目标责任人

第一责任人：人力资源部经理。

协同责任人：人力资源部经理助理。

（三）实施目标需支持与配合的事项和部门

1. 修订后的各项绩效考核制度、方案、表单等文本需经公司各部门和董事会共同审议。

2. 高层领导参加，人力资源部作为具体承办部门将承担方案起草、方法制定、协调组织与记录核查、汇总统计并与薪酬关联的职责。

八、员工培训与开发

（一）具体实施方案

1. 根据公司整体需要和各部门2019年培训需求编制年度公司员工培训计划。

2. 采用培训的形式：外聘讲师到企业授课；派出需要培训人员到外部学习；选拔一批内部讲师进行内部管理和工作技能培训；购买先进管理科学视频、软件包、书籍等资料组织内部培训；争取对有培养前途的职员进行轮岗培训；以老带新培训；员工自我培训（读书、工作总结等方式）等。

3. 计划培训内容：根据各部门需求和公司发展需要而定。重点培训以下方面内容：营销管理、品质管理、人力资源管理、生产管理、财务管理、计算机知识、服装专业知识、采购与谈判、心灵激励、新进员工公司企业文化和制度培训等。

4. 培训时间安排：外聘讲师到公司授课和内部讲师授课要根据公司生产营销的进度适时安排培训。外派人员走出去参加学习根据业务需要和本部门工作计划安排；组织内部视频教学或读书会原则上一个月不得少于一次。

5. 所有培训讲师的聘请、培训科目的开发均由人力资源部全部负责。

6. 针对培训工作的细节，人力资源部在2019年2月28日前完成《公司培训制度》的拟定，并报总经理批准后下发各部门。2019年的员工培训工作将严格按制度执行。

7. 培训费用：约20万元。

（二）目标责任人

第一责任人：人力资源部经理。

协同责任人：人力资源部经理助理（培训专员）。

（三）实施目标需支持与配合的事项和部门

1. 各部门应综合部门工作和职员素质基础在编制2019年工作目标时将本部门培训需求报人力资源部。

2. 鉴于各部门专业技术性质的不同，人力资源部建议各部门均应挑选一名内部培训讲师。

应知考核

一、单项选择题

1. 人力资源规划的主要环节是（　　）。

A. 实现企业的战略目标，保证企业的长期持续发展

B. 清楚企业现有的人力资源状况

C. 制定必要的人力资源政策和措施

D. 要使企业和个人都获得长期的利益

2.(　　)通过对企业现有人力资源的数量、质量、结构及在各职位上的分布状态进行核查,从而掌握企业可供调配的人力资源拥有量及其利用潜力,以便为组织人力资源决策提供依据。

A. 人员核查法　　B. 德尔菲法

C. 经验预测法　　D. 技能清单法

3.(　　)是企业为实现公司战略目标而在雇用关系、甄选、录用、培训、绩效、薪酬、激励、职业生涯管理等方面所做决策的总称。

A. 人力资源战略　　B. 人力资源规划

C. 人力资源管理　　D. 人力资源开发

4.(　　)是人力资源规划的关键部分。

A. 规划制定者　　B. 规划制定的时间

C. 规划的目标　　D. 具体内容

5.(　　)包括人员晋升计划和人员轮换计划。

A. 人员配备计划　　B. 人员补充计划

C. 人员使用计划　　D. 人员培训计划

二、多项选择题

1. 企业战略分为(　　)。

A. 公司战略　　B. 经营单位战略　　C. 职能战略　　D. 营销战略

2. 企业内部的影响因素有(　　)。

A. 经营目标的变化　　B. 组织形式的变化

C. 企业员工素质的变化　　D. 劳动力市场的变化

3. 执行人力资源规划主要的步骤有(　　)。

A. 实施　　B. 审查　　C. 评价　　D. 反馈

4. 人力资源需求预测的方法有(　　)。

A. 主观判断法　　B. 德尔菲法　　C. 趋势预测法　　D. 比率预测法

5. 人力资源供给预测的方法有(　　)。

A. 技能清单法　　B. 人员核查法　　C. 替换单法　　D. 人员接替模型

三、判断题

试用马尔可夫分析法对某公司业务部人员明年供给情况进行预测,请根据各类人员现有人数和每年平均变动概率(见表2—10),计算出各类人员的变动数和需补充的人数。

表2—10　　某公司业务部人员的现有人数和变动概率

职　务	现有人数	人员变动的概率			
		经理	科长	业务员	离职
经理	10	0.80			0.20

续表

职　务	现有人数	人员变动的概率			
		经理	科长	业务员	离职
科长	20	0.10	0.80	0.05	0.05
业务员	60		0.05	0.80	0.15
总人数	90				
需补充人数	—				

四、简述题

1. 简述人力资源规划的作用。
2. 简述人力资源规划的目标。
3. 简述影响人力资源规划的因素。
4. 简述人力资源规划的程序。
5. 简述人力资源规划的制定。

应会考核

■观念应用

【背景资料】

一份艰难的人力资源计划

绿色公司的总经理要求人力资源部经理在10天内拟出一份公司的人力资源五年计划。人力资源部经理花了三天时间来收集制订计划所需的资料。

人力资源部的职员向经理提供了下列一些资料：(1)本公司现状。公司共有生产与维修工人825人，行政和文秘类白领职员143人，基层与中层管理干部79人，工程技术人员38人，销售员23人。(2)据统计，公司近五年来职工的平均离职率为4%，没理由预计会有什么改变。不过，不同类职工的离职率并不一样，生产工人离职率高达8%，而技术和管理干部则只有3%。

人力资源部经理召开了一个由公司各职能部门负责人参加的小会，会议议题是根据公司既定的发展计划和扩产计划，各部门所需下属的人员数的变化情况。会后总结为：白领职员和销售员要新增10%～15%，工程技术人员要新增5%～6%，中、基层干部不增也不减，而生产与维修的蓝领工人要增加5%。

人力资源部经理又向公共关系部经理了解行业和政府的情况，获悉最近本地政府颁布了一项政策，要求当地企业招收新职员时，要优先照顾女性和下岗职工。人力资源部经理知道本公司的招聘政策一直未曾有意地排斥女性或下岗职工，只要其来申请，就会按同一标准进行选拔，并无歧视，但也未给予特别照顾。人力资源部的职员统计了相关的数据：目前，公司销售员几乎全是男性，只有1位是女性；中、基层管理干部除2人是女性外，其余也是男性；工程师里只有3位是女性；蓝领工人中约有11%是女性或下岗职工，而且集中在最基层的劳动岗位上。

第四天上午，人力资源部经理又获悉公司刚刚验证通过了几种有吸引力的新产品，所以预计公司的销售额五年内会翻一番。

人力资源部经理还有七天时间要提交计划，其中要包括各类干部和职工的人数、从外界招收的各类人员的人数以及如何贯彻政府关于照顾女性与下岗人员政策的计划，以及提出一份应变计划以应对销售的快速增长。

【考核要求】

根据背景资料，回答下列问题：

1. 作为一个五年期的人力资源计划，你认为还需要哪些信息来支持人力资源经理的分析与决策？

2. 可以采用哪些分析计算技术来进行该次人力资源需求预测？

■技能应用

某公司是一家从事特种牛肉进口与销售的公司，公司员工都是这几年毕业的贸易专业和外语专业的大学生。该公司近来发现国内客户的要求越来越多，也越来越细，公司如果不了解这些客户的生产运营过程，不熟悉国家关于肉类食品生产加工领域的具体规定，就难以满足客户的需要。现有员工的人数虽不少，但专业结构却不合理。

根据上述资料，回答下列问题：

1. 对该公司而言，最迫切的人力资源管理工作是（　　）。

A. 设计绩效考核系统　　B. 进行人力资源规划

C. 进行工作分析　　D. 确定未来几年的经营战略

2. 如果该公司将专业产品营销确定为战略发展方向，则其正确的人力资源需求计划是（　　）。

A. 着力引进熟悉食品加工行业和肉类制品生产商的人才

B. 引进具有食品生产供应链管理经验的营销人员

C. 有计划地储备一些熟悉食品检验、卫生法规的专业人员

D. 继续引进国际贸易、外语等专业人员

3. 该公司预测人力资源需求的恰当方法是（　　）。

A. 工作分析法　　B. 时间序列分析法　　C. 主观判断法　　D. 马尔可夫分析法

■案例分析

苏澳玻璃公司的人力资源规划

2015 年以来苏澳玻璃公司常为人员空缺所困惑，特别是经理层次人员的空缺常使得公司陷入被动的局面。苏澳玻璃公司最近进行了人力资源规划，首先由 4 名人事部的管理人员负责搜集和分析目前公司对生产部、市场与销售部、财务部、人事部 4 个职能部门的管理人员和专业人员的需求情况以及劳动力市场的供给情况，并估计在预测年度，各职能部门内部可能出现的关键职位空缺数量。

上述结果用来作为公司人力资源规划的基础，同时也作为直线管理人员制订行动方案的基础。但是，在这 4 个职能部门里制订和实施行动方案的过程（如决定技术培训方案、实行工作轮换等）是比较复杂的，因为这一过程会涉及不同的部门，需要各部门的通力合作。例如，生产部经理为制订将本部门员工轮换到市场与销售部的方案，则需要市场与销售部提供合适的职位，人事部做好相应的人事服务（如财务结算、资金调拨等）。职能部门制订和实施行动方案过程的复杂性给人事部门进行人力资源规划也增添了难度，这是因为有些因素（如职能部门间合作的可能性与程度）是不可预测的，它们将直接影响预测结果的准确性。

苏澳玻璃公司的4名人事管理人员克服种种困难，对经理层管理人员的职位空缺作了较准确的预测，制定详细的人力资源规划，使得该层次上人员空缺减少了50%，跨地区的人员调动也大大减少。另外，从内部选拔任职者的时间也减少了50%，并且保证了人选的质量，合格人员的漏选率大大降低。人力资源规划还使得公司的招聘、培训、员工职业生涯计划与发展等各项业务得到改进，节约了人力成本。

苏澳玻璃公司取得上述进步，不仅得益于人力资源规划的制定，而且得益于公司对人力资源规划的实施与评价。在每个季度，高层管理人员会同人事咨询专家共同对上述4名人事管理人员的工作进行检查、评价。这一过程按照标准方式进行，即这4名人事管理人员均要在以下14个方面作出书面报告：各职能部门现有人员状况、主要职位空缺及候选人、其他职位空缺及候选人、多余人员的数量、自然减员、人员调入、人员调出、内部变动率、招聘人数、劳动力其他来源、工作中的问题与难点、组织问题、其他方面（如预算情况、职业生涯考察、方针政策的贯彻执行等）。同时，他们必须指出上述14个方面与预测（规划）的差距，并讨论可能的纠正措施。通过检查，一般能够对下季度在各职能部门应采取的措施达成一致意见。

在检查结束后，这4名人事管理人员则对他们分管的职能部门进行检查。在此过程中，直线经理重新检查重点工作，并根据需要与人事管理人员共同制订行动方案。当直线经理与人事管理人员发生意见分歧时，可通过协商解决。行动方案上报上级主管审批。

思考题：

(1)苏澳玻璃公司的人力资源规划为什么能够取得成功？

(2)苏澳玻璃公司的人力资源规划是如何实施的？在此过程中出现了哪些障碍？

管理实训

【实训项目】

人力资源规划的制定。

【实训目的】

培养学生对岗位需求信息采集、整理、汇总的能力。

【实训情境】

1. 教师给出某企业当年度各部门的人员需求信息的相关资料；

2. 学生以小组为单位，收集相关信息编制组织结构图；

3. 学生以小组为单位，根据教师提供的相关信息，进行归类整理，形成本年度人员需求信息汇总表及组织结构图。

【实训任务】

1. 教师提供正确答案，各小组检查造自己数据错误的原因并改正；最后教师点评。

2. 撰写《人力资源规划制定》实训报告。

《人力资源规划制定》实训报告		
项目实训班级：	项目小组：	项目组成员：
实训时间：　　年　月　日	实训地点：	实训成绩：
实训目的：		
实训步骤：		
实训结果：		
实训感言：		
不足与今后改进：		

项目组长评定签字：　　　　　　　　　　　　　　项目指导教师评定签字：

项目三

工作分析

○ **知识目标：**

理解：工作分析的概念、工作分析的内容、工作分析的作用。

熟知：工作设计的概念、工作设计的主要内容、工作设计的影响因素。

掌握：工作分析的程序、工作分析的方法、工作设计的步骤、工作设计的主要方法。

○ **技能目标：**

能够运用工作分析的常用方法去实施工作分析，并且能够根据调查分析取得的信息编写工作说明书。

○ **素质目标：**

能够理解和掌握工作中的相关职位内容，了解职位，提升自己。

○ **管理故事：**

因才定岗

美国加利福尼亚大学的学者曾做过这样一个试验：把六只猴子分别关在三间空房子里，每间两只，房子里分别放置一定数量的食物，但放的位置高度不一样。第一间房子的食物放在地上，第二间房子的食物从易到难悬挂在不同高度上，第三间房子的食物悬挂在屋顶。数日后，他们发现第一间房子的猴子一死一伤，第三间房子的两只猴子死了，只有第二间房子的两只猴子活得好好的。原来，第一间房子里的猴子一进房子就看到了地上的食物，为了争夺唾手可得的食物大动干戈，结果一死一伤。第三间房子的猴子虽做了努力，但因食物太高，够不着，活活饿死了。只有第二间房子的两只猴子先按各自的本事取食，最后随着悬挂食物高度的增加，一只猴子托起另一只猴子跳起取食。这样，每天依旧取得足够的食物。

故事感悟：

如何实现企业人力资源的最佳组合，一直是企业人力资源管理者十分关注的问题。职务难度过低，人人能干，体现不出能力与水平，反倒促进内耗甚至“残杀”，如同第一间房子里的两只猴子；而职务的难度太大，虽努力却不能及，最后人才也被埋没，就像第三间房子里的两只猴子。只有职务难易适当，并循序渐进，犹如第二间房子里的食物，才能真正体现出人的能力与水平，发挥人的能动性和智慧。

○ **知识精讲：**

任务一　工作分析概述

一、工作分析的概念

工作分析(Job Analysis)又称职位分析、职务分析或岗位分析，是对某特定岗位的任务、目标、权责、工作条件、任职资格等一系列工作信息进行收集、分析和综合，为管理活动提供各种有关工作方面的信息的过程。简单来说，工作分析包括两部分：一是对组织内各职位所要从事的工作内容和承担的工作职责进行清晰的界定；二是确定各职位所需的任职资格，如学历、专业、年龄、技能、工作经验、工作能力及工作态度等。

二、工作分析的内容

工作分析内容一般包括七个问题的调查和五个方面的信息分析。

(一)七个问题的调查

七个问题的调查包括：由谁来做(Who)、做什么(What)、何时做(When)、在哪里做(Where)、为什么做(Why)、为谁做(For Whom)、如何做(How)。

(1)Who——需要什么样的人来完成这项工作。任职者的资格条件包括：知识技能、工作经历、教育培训、身体素质、心理素质等方面的内容。

(2)What——需要完成什么样的工作。该岗位具体工作是指任职者的工作内容和责任权限，包括任职者所要完成的工作活动、任职者的工作活动产出(产品或服务)、任职者的工作活动标准等。

(3)Where——该岗位的工作环境。工作环境的条件分析是对任职者工作环境和工作条件的描述，包括物理环境、社会环境和安全环境。主要考虑工作环境中对劳动者劳动生产率和身心健康有影响的因素。

(4)When——工作时间安排。工作的时间安排包括工作进度和工作班次的安排。哪些工作是有固定时间的，一般在什么时间做；哪些工作是例行性的、周期性的工作，具体的时间和周期是什么。

(5)Why——为什么要完成这项工作。任职者从事的工作在整个组织中的作用包括：工作与组织其他工作之间的关系及工作的目的。

(6)For Whom——为谁工作。任职者向谁请示和汇报工作，向谁提供信息、提交工作结果。这还包括工作的内部关系和外部关系。内部关系是指该岗位的直接上级和直接下级是谁，外部关系是指该岗位与哪些政府部门、企业机构或其他组织有联系。

(7)How——如何完成工作。岗位员工如何进行工作活动以获得预期的工作结果，包括：员工从事的一般程序与流程、操作的机器设备和工具、工作活动的文件记录及工作的关键控制点。

(二)五个方面的信息分析

(1)工作名称分析，包括对工作特征的描述、概括与表达。

(2)工作内容分析，包括工作任务、工作责任、工作关系与工作强度的分析。

(3)工作环境分析,包括物理环境、安全环境与社会环境的分析。

(4)工作条件分析,包括必备的知识、必备的经验、必备的操作技能和必备的心理素质分析。

(5)工作过程分析,包括对工作环节、人员关系与所受影响的分析。

工作分析的直接成果是工作(或岗位)说明书。工作说明书是记录工作分析结果的文件,它把所分析该岗位的职责、权限、工作内容、任职资格等信息以文字形式记录下来,以便管理人员使用。工作分析是现代人力资源管理的基础,只有在客观、准确的工作分析基础上才能进一步建立科学的招聘、培训、绩效考核及薪酬管理体系。

三、工作分析的作用

(一)实施战略传递

工作分析可以明确职位设置的目的,从而找到该职位如何为组织整体创造价值以及如何支持组织的战略目标与部门目标,从而使组织的战略能够实施。

(二)明确职位边界

工作分析可以明确界定职位的职责和权限,消除职位间在职责上的相互重叠,从而尽可能地避免由于职位边界不清所导致的推诿,并且防止职位之间的职责真空,使组织的每一项工作都能够得以落实。

(三)提高流程效率

工作分析可以理顺职位与其流程上下游环节的关系,明确职位在流程中的角色和权限,消除由于职位设置或者职位界定的原因所导致的流程不畅、效率低下等现象。

(四)实现权责对等

工作分析可以根据职位的职责来确定或调整组织授权与权力分配体系,从而在职位层面上实现权责一致。

(五)强化职业化管理

通过工作分析,在明确职位的名称、权限、任职资格等基础上,形成该职位的工作的基本规范,从而为员工职业生涯的发展提供牵引与约束机制。

(六)工作分析在人力资源管理体系中的应用

工作分析是现代人力资源管理体系的基础,其应用的具体体现如图 3－1 所示。

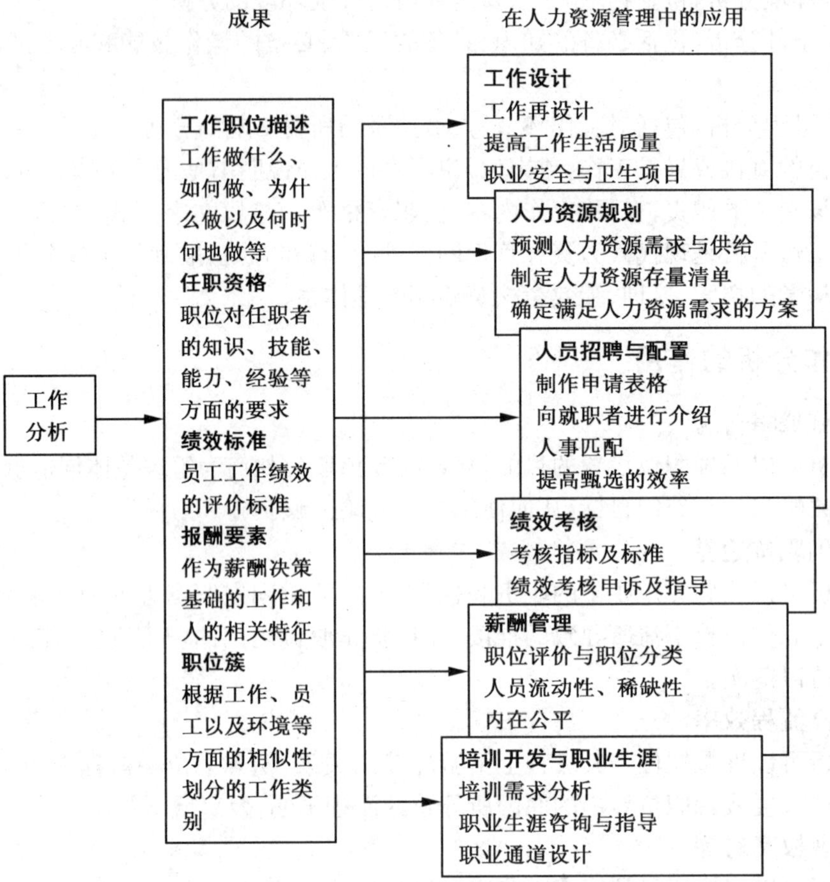

图 3－1 工作分析在人力资源管理中的应用

任务二 工作分析程序与方法

一、工作分析的程序

工作分析是对工作进行全面评价的一个过程，这是一项复杂、技术性很强的系统工程。组织必须统筹规划，分阶段、按步骤地进行，整个过程包括五个环节，即准备、调查实施、分析、完成、评估，此处仅介绍前四个环节。

(一)准备阶段

1. 计划

(1)确定工作的目的，明确所分析的资料到底用来干什么、解决什么管理问题；提出原来工作说明书主要条款存在的不清楚、模棱两可的问题，或对新岗位的工作说明书提出拟解决的主要问题。

(2)确定所要分析的信息内容与方式，以及预算分析的时间、费用与人力。

(3)组建工作分析小组，分配任务与权限(工作小组一般由工作分析专家、岗位在职人员、上级主管等参加)。

(4)取得认同和合作。因为工作分析涉及面往往很广,需要占用大量时间、人力和费用,如果没有各方面的合作和支持是难以完成的。因此,应积极取得各级管理人员的认同和支持。此外,还要做好员工的思想工作,以取得其配合。

2. 设计

(1)明确分析客体,选择分析样本,以保证分析样本的代表性与典型性。

(2)选择分析方法与人员。人员的选择主要由经验、专业知识与个性品质等来决定。

(3)做好时间安排,制定分析标准。

(4)选择信息来源。信息来源于工作执行者、主管者、顾客、分析专家、文献汇编等。

(二)调查实施阶段

(1)与参与工作分析的有关人员进行沟通,建立良好的人际关系。

(2)编制调查提纲和调查问卷。

(3)收集有关工作的特征、资料与数据,包括职位名称、工作环境和工作内容等。

(4)收集工作人员必需的特征信息,包括知识、经验、身体素质、操作技能、个人特征等。

(5)要求被调查员工对各种工作特征和工作人员特征的重要性及发生频率等作出等级评定。

(三)分析阶段

(1)工作名称分析:工作特征的分析与概括、名称的选择与表达。

(2)工作规范分析:工作任务、工作责任、工作关系与工作强度的分析。

(3)工作环境分析:物理环境、安全环境与社会环境的分析。

(4)工作条件分析:必备的知识、经验、技能和心理素质的分析。

具体工作包括:仔细审核、整理获得的各种信息;创造性地分析、发现有关工作与工作人员的各种关键成分;归纳总结出工作分析的必需材料和要素。

(四)完成阶段

该阶段的任务是把前一阶段的分析结果用文字的形式表达出来,使它成为适用的管理文件,也就是编写工作说明书。工作说明书的主要内容包括基本资料、工作描述、任职资格等,具体如图 3—2 所示。

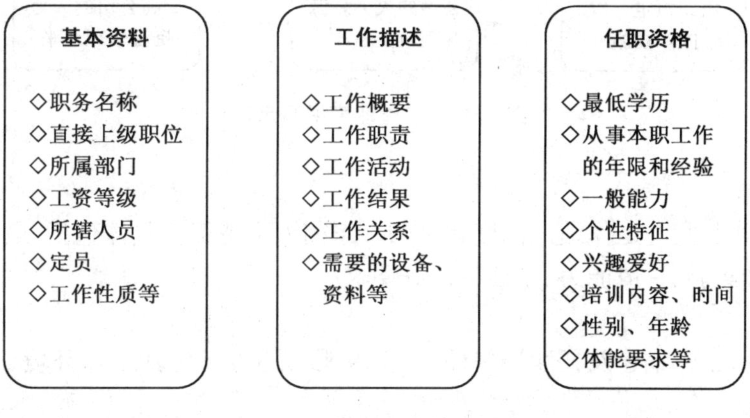

图 3—2　工作说明书的主要内容

1. 基本资料

工作说明书的第一部分是基本资料，也称工作标识，是对工作职位基本资料的介绍，包括职务名称、直接上级职位、所属部门、工资等级、所辖人员等信息。

2. 工作描述

工作描述是对工作本身的具体描述，主要包括工作概要、工作职责等内容。其中，工作概要又称工作目的，是指用非常简洁和明确的一句话来表达某职位存在的价值和理由。工作概要的书写示例如图 3－3 所示。

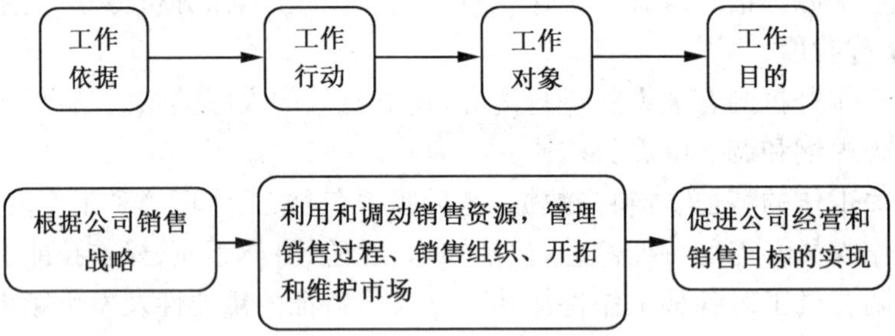

图 3—3　工作概要书写示例

工作职责，主要是指某职位通过一系列活动来实现组织的目标，并取得一定的工作成果。它是在基本资料和工作概要的基础上，进一步对职位的内容加以细化的部分。

一般来说，工作职责应遵循以下书写规则：采用“动词＋目标”或“工作依据＋行动＋对象＋目标”的格式；避免使用模糊性动词、数量词，如“负责”“管理”等动词及“一些”“许多”等数量词；避免使用不熟悉的专业术语，尤其是一些冷僻术语。工作职责书写示例如图 3－4 所示。

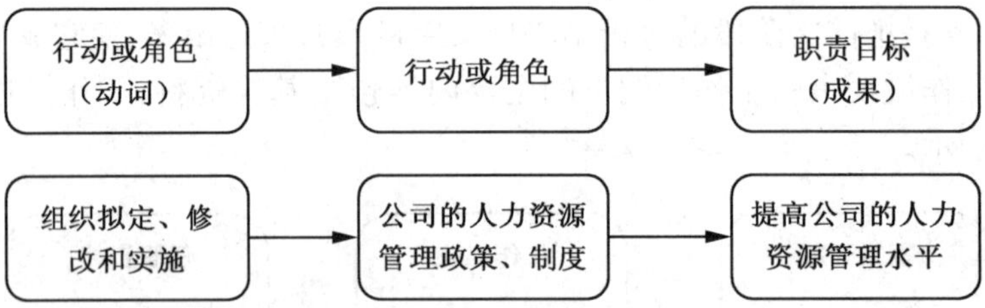

图 3—4　工作职责书写示例

3. 任职资格

任职资格，指的是与工作绩效高度相关的一系列人员特征。具体包括：最低学历、从事本职工作的年限和经验、一般能力、个性特征等要求。

4. 其他

除基本资料、工作描述及任职资格外，工作说明书还可以包括工作环境、工作条件、考核指标等相关信息。

工作说明书示例如表 3－1 所示。

表 3—1　　某公司人力资源部经理工作说明书

<table>
<tr><td rowspan="4">基本资料</td><td>职位名称</td><td>人力资源部经理</td><td>职位编号</td><td></td></tr>
<tr><td>所属部门</td><td>人力资源部</td><td>薪金级别</td><td></td></tr>
<tr><td>直接上级</td><td>执行副总裁</td><td>直接下属</td><td>副经理、绩效主管、劳资主管、人事招聘主管</td></tr>
<tr><td>设置目标</td><td colspan="3">领导公司人力资源管理工作，完成招聘、培训、考核、薪酬等管理工作，推进公司人力资源不断优化，促进公司健康发展</td></tr>
<tr><td rowspan="12">工作描述</td><td colspan="4">1. 全面负责人力资源部日常工作开展</td></tr>
<tr><td colspan="4">2. 具体起草公司人力资源规划方案</td></tr>
<tr><td colspan="4">3. 负责组织起草和修改各项人力资源管理制度及流程</td></tr>
<tr><td colspan="4">4. 负责企业组织结构和职位设置的管理及维护并适时提出合理的调整建议</td></tr>
<tr><td colspan="4">5. 负责组织指导员工招聘工作</td></tr>
<tr><td colspan="4">6. 负责组织开展员工绩效考核工作，合理解决考核中出现的问题</td></tr>
<tr><td colspan="4">7. 负责组织制订员工培训计划，督促培训计划实施</td></tr>
<tr><td colspan="4">8. 负责组织完善员工薪酬福利体系</td></tr>
<tr><td colspan="4">9. 负责督导处理员工投诉，组织处理员工投诉和劳资纠纷，完善内部沟通渠道</td></tr>
<tr><td colspan="4">10. 负责与其他部门进行招聘、考核等方面的沟通工作</td></tr>
<tr><td colspan="4">11. 积极完成上级交办的其他工作日常工作</td></tr>
<tr><td>日常工作</td><td>日常关注：部门间协调、本部门日常工作进展、工作效率等
包括：(1)与有关部门交流沟通；(2)与员工交流；(3)听取下属汇报，督导各项工作推进；(4)组织协调多岗位参与的工作；(5)批阅有关文件、资料、报告、申请等；(6)新工作的计划、安排</td><td>定期工作</td><td>定期关注：人才市场动向、公司人力资源变动状况、公司员工稳定性、团队士气等
包括：(1)周工作例会；(2)月度工作例会；(3)定期招聘、培训工作；(4)执行规章制度中所列定期工作；(5)执行工作计划中已定期安排的工作；(6)定期向上级汇报人力资源部工作开展情况</td></tr>
<tr><td rowspan="11">工作职权</td><td colspan="4">1. 公司人力资源规划建议权</td></tr>
<tr><td colspan="4">2. 公司组织结构调整的建议权</td></tr>
<tr><td colspan="4">3. 人力资源制度和流程调整的审核权</td></tr>
<tr><td colspan="4">4. 公司是否录用新员工的建议权</td></tr>
<tr><td colspan="4">5. 公司中高层员工任免、晋升、降职的建议权</td></tr>
<tr><td colspan="4">6. 公司基层员工任免、晋升、降职的审批权</td></tr>
<tr><td colspan="4">7. 公司薪酬标准和薪酬结构调整方案、福利方案的建议权</td></tr>
<tr><td colspan="4">8. 公司各部门、分厂工资发放审批权</td></tr>
<tr><td colspan="4">9. 公司员工绩效考核结果建议权</td></tr>
<tr><td colspan="4">10. 授权范围内本部门费用支出的审批权</td></tr>
<tr><td colspan="4">11. 授权范围外本部门费用支出的建议权</td></tr>
<tr><td>工作条件</td><td colspan="4">办公室、计算机、电话</td></tr>
<tr><td rowspan="6">关键业绩指标(KPI)</td><td colspan="2">考核指标</td><td colspan="2">指标权重</td></tr>
<tr><td colspan="2">部门预算控制人员招聘合格率</td><td colspan="2"></td></tr>
<tr><td colspan="2">关键员工离职率</td><td colspan="2"></td></tr>
<tr><td colspan="2">公司员工培训计划完成率</td><td colspan="2"></td></tr>
<tr><td colspan="2">员工培训满意度</td><td colspan="2"></td></tr>
<tr><td colspan="2">内部员工满意度</td><td colspan="2"></td></tr>
</table>

【同步案例 3－1】 **“招聘专员”工作说明书**

案例精析 3—1

职务名称：招聘专员

所属部门：人力资源部

直接上级职务：人力资源部经理

职务代码：XL-HR-021

工资等级：9～13

一、职务说明

（一）工作目的

为企业招聘优秀、合适的人才

（二）工作要点

1. 制订和执行企业的招聘计划
2. 制定、完善和监督执行企业的招聘制度
3. 安排应聘人员的面试工作

（三）工作要求

认真负责、有计划性、热情周到

（四）工作责任

1. 根据企业发展情况，制订人员招聘计划
2. 执行企业招聘计划
3. 制定、完善和监督执行企业的招聘制度
4. 制定面试工作流程
5. 安排应聘人员的面试工作
6. 应聘人员材料管理
7. 应聘人员材料、证件的鉴别
8. 负责建立企业人才库
9. 完成直属上司安排的所有工作任务

（五）衡量标准

1. 上交的报表和报告的时效性及建设性
2. 工作档案的完整性
3. 应聘人员材料的完整性

（六）工作难点

如何提供详尽的工作报告

（七）工作禁忌

工作粗心，留有首尾，不能有效地向应聘者介绍企业的情况

（八）职业发展道路

招聘经理、人力资源部经理

二、任职资格

（一）生理要求

年龄：23～35 岁

性别：不限

身高：女性：1.55～1.70 米。男性：1.60～1.85 米

体重：与身高成比例，在合理的范围内均可

听力：正常

视力：矫正视力正常

健康状况：无残疾、无传染病

外貌：无畸形，出众更佳

声音：普通话发音标准、语音和语速正常

（二）知识和技能要求

1. 学历要求：本科，大专需从事专业工作 3 年以上

2. 工作经验：3 年以上大型企业工作经验

3. 专业背景要求：曾从事人事招聘工作 2 年以上

4. 英文水平：达到国家四级水平

5. 计算机：熟练使用 Windows 和 Office

（三）特殊才能要求

1. 语言表达能力：能够准确、清晰、生动地向应聘者介绍企业情况，并准确、巧妙地解答应聘者提出的各种问题

2. 文字表述能力：能够准确、快速地将希望表达的内容用文字表述出来，对文字描述很敏感

3. 观察能力：能够很快地把握应聘者的心理

4. 逻辑处理能力：能够将多项并行的事务安排得井井有条

（四）综合素质

1. 有良好的职业道德，能够保守企业人事秘密

2. 独立工作能力强，能够独立完成布置招聘会场、接待应聘人员、应聘者非智力因素评价等事务

3. 工作认真细心，能认真保管好各类招聘相关材料

4. 有较好的公关能力，能准确地把握同行业的招聘情况

（五）其他要求

1. 能够随时准备出差

2. 不可请 1 个月以上的假期

二、工作分析的方法

工作分析的方法是指在工作分析过程中所使用的收集信息的方法。工作分析方法可以分为定性和定量两类方法。

（一）定性的工作分析方法

1. 实践法

由分析人员亲自从事所需研究的工作，由此掌握工作要求的第一手资料。该方法适用于短期内可以掌握的工作或工作内容比较简单的工作，不适用于需要大量训练和具有风险的工作。

2. 观察法

观察法是指工作分析人员观察所需要分析的工作过程，以标准格式记录各个环节的内容、原因和方法。这可以系统地收集一种工作的任务、责任和工作环境等方面的信息。

观察法使用的原则包括：被观察者的工作相对稳定；适用于大量标准化的、周期较短的以体力劳动为主的工作，不适用于脑力劳动为主的工作；注意样本的代表性；尽可能不要引起被观察者的注意，不应干扰被观察者的工作；观察前要有详细的观察提纲和行为标准。表3—2为某企业生产车间的工作分析观察提纲。

表3—2　某企业生产车间的工作分析观察提纲

被观察者姓名：________ 观察者姓名：________ 工作类型：________	日　　期：________ 观察时间：________ 工作部分：________
观察内容： 1. 什么时候开始正式工作？ 2. 上午工作多少小时？ 3. 上午休息几次？ 4. 第一次休息时间从____到____ 5. 第二次休息时间从____到____ 6. 上午完成产品多少件？ 7. 平均多长时间完成一件产品？ 8. 与同事交谈几次？ 9. 每次交谈约多长时间？ 10. 室内温度多少度？ 11. 上午抽了几支烟？ 12. 上午喝了几次水？ 13. 什么时候开始午休？ 14. 出了多少次品？ 15. 搬了多少次原材料？ 16. 工作场地噪音分贝是多少？	

观察法的优点：能够比较深入全面地了解工作要求，且收集到的多为一手资料等。其缺点：不适用于工作周期较长和以脑力劳动为主的工作；不适宜观察紧急且非常重要的工作；工作量太大；有些员工难以接受；等等。

3. 访谈法

访谈法是访谈人员就某一岗位与访谈对象，按事先拟定好的访谈提纲进行交流和讨论。访谈对象包括：该职位的任职者、对工作较为熟悉的直接主管人员、与该职位工作联系比较密切的工作人员、任职者的下属。为了保证访谈效果，一般要事先设计访谈提纲，事先交给访谈者准备。表3—3为工作分析访谈提纲示例。

表 3—3　　工作分析访谈提纲

<table>
<tr><td>访谈目的：职位体系设计，核心职位的确认，部门经理的关键职责、权限、任职资格以及组织在薪酬和考核方面存在的问题及现有考虑。
访谈导入语：
您好！很高兴今天有机会和您进行交流，我们希望通过交谈了解××公司人力资源管理方面的一些情况，并与您共同探讨公司需要解决的一些问题。我们保证将做好访谈信息的保密工作，我们的交谈只对事，不对人。
接下来，我们会有针对性地向您提出一些问题，希望您能够客观地、开诚布公地说出您的看法和意见。
好，我们现在可以开始了吗？</td></tr>
<tr><td>1. 请您用一句话概括您的职位主要的工作内容和要达成的目标。
2. 与您进行工作联系的主要人员有哪些？联系的主要方式是什么？
3. 您认为您的主要工作职责是什么？请至少列出 5 项职责。
4. 对于这些职责，您是怎样完成的？在执行过程中碰到的主要困难和问题是什么？
5. 请您指出以上各项职责在工作总时间中所占的百分比。（请指出其中耗费时间最多的三项职责。）
6. 以上工作职责中最为重要、对公司最有价值的是什么？
7. 公司赋予您的最主要的权限有哪些？您认为这些权限有哪些是合适的，哪些需要重新界定？
8. 请您就以上工作职责，评价这些职责是否出色完成的标准是什么？
9. 您认为在工作中需要其他部门、其他职位为您提供哪些方面的配合、支持与服务？在这些方面，目前做得好的是什么，尚待改进的是什么？
10. 您认为要出色地完成以上各项职责需要什么样的学历和专业背景？需要什么样的工作经验（类型和时间）？在外语和计算机方面有何要求？
11. 您认为要出色地完成以上各项职责需要具备哪些专业知识和技能？您认为要出色地完成以上各项职责需要什么样的个性品质？
12. 您在工作中自主决策的机会有多大？工作中是否经常加班？工作繁忙是否具有很大的不均衡性？工作中是否要求精力高度集中？工作负荷有多大？</td></tr>
</table>

访谈法通常用于工作分析人员不能实际参与观察的工作。其优点：既可以得到标准化工作的信息，又可以获得非标准化工作的信息；既可以获得体力工作的信息，又可以获得脑力工作的信息；同时，可以获取其他方法无法获取的信息，如工作经验、任职资格等，尤其适合对文字理解有困难的人。其缺点：被访谈者对访谈的动机往往持怀疑态度，回答问题有所保留，信息可能会被扭曲。因此，访谈法一般不能单独用于信息收集，需要与其他方法结合使用。

4. 问卷调查法

问卷调查法是工作分析中最常用的一种方法，是指采用调查问卷的形式来获取工作分析的信息，以实现工作分析的目的。即根据工作分析的目的，结合公司岗位实际需要，由相关人员事先设计出一套工作分析的问卷，然后由承担工作的员工填写问卷，最后再将问卷加以归纳分析，并做好详细记录，并据此写出工作职务描述，然后再一次征求各岗位人员意见，最后根据规范编写一套工作说明书和工作规范标准。当工作分析牵涉分布较广的大量员工时，问卷调查法是最有效率的方法。

表 3—4 为调查问卷设计内容目录，该表是企业常用的一般问卷设计内容，可以结合自己的企业和工作分析的需要增减内容。

表 3—4　调查问卷设计内容目录

前言：介绍问卷调查目的用途，请员工配合。 一、基本资料：岗位名称、部门、填表人姓名、填表日期、岗位分布、上司与下属岗位名称等。 二、职位概述：在×××下，根据×××，开展/从事××工作，达到×××的目的。 最好用最简洁的语言表达出来。 表述格式为：工作依据/范围（在×××下，根据×××）＋工作行动（动词＋工作对象）＋工作成果（达到×××的目的）。 三、本职位工作任务、绩效标准：工作任务中属较为重要的职责及工作标准。 描述岗位职责内容的格式为：动词＋宾语＋目的描述。绩效标准主要用成本、时间、数量与质量等指标描述。 四、责任范围：汇报、监督、指导、预算、控制、会议、保密、培训等内容。 五、权限：常用的权限有决策权、建议权、监控权、裁决权、决定权、人事权、审批权、审定权、监督检查权、使用权、制止权和处罚权、命令整改权、盘查权、指挥权、督办权、监督实施权、索取权、提名权等。根据任职者岗位自行选择，其中包括已落实的权限和未落实的权限。 六、工作协作关系：详细地描述任职者在工作中需要接触哪些岗位、哪些部门、哪些外部单位。 七、任职资格：教育水平、专业、经验、培训、业务知识、基本技能要求、个性素质与能力要求等。 八、工作特征：工作时间、环境、工作设备仪器等。 九、职位关系：向上、向下或横向调整职位与本职位关系。 十、附加说明：本职位还有哪些方面需要补充说明？请列出。

5. 关键事件法

关键事件法是指要求分析人员、管理人员、本岗位员工将工作过程中的“关键事件”详细地加以记录，在大量收集信息后，对岗位的特征要求进行分析研究的方法（关键事件是使工作成功或失败的行为特征或事件，如盈利与亏损、高效与低产等）。关键事件记录具体如表 3—5所示。

表 3—5　关键事件记录

姓名：	岗位：	所属部门：	日期：
积极的关键事件	事件名称：		
	时间：　　　　地点：		
	事件发生的过程描述：		
	事件的正面影响：		
消极的关键事件	事件名称：		
	时间：　　　　地点：		
	事件发生的过程描述：		
	事件的负面影响：		
直接上级签字：		员工签字：	

关键事件法主要应用于绩效评估程序上。其优点：被广泛应用于人力资源管理方面，如识别甄选标准及确定培训方案，尤其可以用于绩效评估的行为锚定与行为观察；由于行为可被观察与测量，所以对职务行为的描述和行为标准的确立才可以更加准确；能够更好地确定每一行为的利益和作用。其缺点：需要花大量时间去收集那些“关键事件”，并加以概括和分类；不对工作提供一种完整的描述，比如，它无法描述工作职责、工作任务、工作背景和最低任职资格的要求；对中等绩效的员工难以涉及，遗漏了平均绩效水平。

运用关键事件法需注意：调查的期限不宜过短；关键事件的数量应足以说明问题，事件数目不能太少；正、反两方面的事件要兼顾，不得偏颇。

6. 工作日志法

工作日志法又称工作写实法，是指任职者按时间顺序详细记录自己的工作内容与工作过程，然后经过归纳、分析，达到工作分析目的的一种方法。其优点：信息可靠性很高，适用于确定有关工作职责、工作内容、工作关系、劳动强度等方面的信息；所需费用较低；对于高水平与复杂性工作的分析比较有效；等等。其主要缺点：注意力集中于活动过程，而不是结果；使用这种方法必须要求从事这一工作的人对此项工作的情况与要求极为清楚；适用范围小，只适用于工作循环周期较短、工作状态稳定无大起伏的职位；信息整理的工作量大，归纳工作烦琐；工作执行人员在填写时，会因为不认真而遗漏很多工作内容，从而影响分析结果；在一定程度上填写日志会影响正常工作；若由第三者进行填写，人力投入量就会很大；存在误差，需要对记录分析结果进行必要的检查；等等。

7. 资料分析法

为降低工作分析的成本，应当尽量利用原有资料，如责任制文本等人事文件，以对每项工作的任务、责任、权力、工作负荷、任职资格等有一个大致了解，为进一步调查、分析奠定基础。其优点：分析成本较低，工作效率较高；能够为进一步开展工作分析提供基础资料、信息。其缺点：收集到的信息不够全面，尤其是小企业或管理落后的企业往往无法收集到有效、及时的信息；一般不能单独使用，要与其他工作分析法结合起来使用。

(二)定量的工作分析方法

1. 职位分析问卷法

职位分析问卷法最常用的一种方法是人员定向问卷法，即以人为中心的工作分析方法，它是美国普渡大学恩内斯特·麦考密克(Ernest McCormick)等人的研究成果。人员定向问卷对人员行为模式的描述更具有普遍性，并且不受工作及工作技术方面的限制，它的灵活性更强，可用于不同的工作。用这种方法获得的数据更适用于设计人事培训方案或作为员工绩效评估的信息反馈。职位分析问卷法有其前提条件，即人类工作的领域有某种潜在的行为结构和秩序，并且有一个有限系列的工作特点可以描述这个领域。职位分析问卷范例如表3—6所示。

表 3—6 **职位分析问卷范例**

使用程度：NA:不曾使用 1:极少 2:少 3:中等 4:重要 5:不重要
工作资料的可见来源： __4__ 书面资料(书籍、报告、文章、说明书等) __2__ 计量性资料(与数量有关的资料，如图表、报表、清单等) __1__ 图画性资料(如图形、设计图、地图等) __1__ 模型及相关器具(如模板、钢板、模型等) __2__ 可见陈列物(计量表、速度计、钟表、划线工具等) __5__ 测量器具(尺、温度计、量杯等) __4__ 机械器具(工具、机械、设备等) __3__ 使用中的物料(工作中、修理中和使用中的零件、材料与物体等) __4__ 尚未使用的物料(未经过处理的零件、材料和物体等) __3__ 大自然特色(风景、田野、地质样品、植物等) __2__ 人为环境特色(建筑物、水库、公路等，经过观察或检查成为工作资料的来源)

职位分析问卷法是一种结构化的、定量化的工作分析法，采用清单的方式来确认工作要素，它共有 187 项工作元素，7 个与薪资有关的问题。这 187 项工作元素与 7 个问题共分为 6 个类别，如表 3—7 所示。

表 3—7 **职位分析问卷工作元素的分类**

类 别	内 容	例 子	工作元素数目
信息输入	员工在工作中从何处得到信息、如何得到	如何获得文字和视觉信息	35
思考过程	在工作中如何推理、决策、规划，信息如何处理	解决问题的推理难度	14
工作产出	工作需要哪些体力活动，需要哪些工具与仪器设备	使用键盘式仪器、装配线	49
人际关系	工作中与哪些相关人员有关系	指导他人或与公众、顾客接触	36
工作环境	工作中自然环境与社会环境是什么	是否在高温环境或与内部其他人员冲突的环境下工作	19
其他特征	与工作相关的其他的活动、条件或特征是什么	工作时间安排、报酬方法、职务要求	41

2. 管理职位描述问卷

管理职位描述问卷法是由托纳(W. W. Tornow)和平托(P. R. Pinto)在 1976 年提出的，是常用的一种工作定向问卷方法，是一种以工作为中心的工作分析方法。

管理职位描述问卷法是专为管理职位而设计的一种工作分析方法，它利用清单进行工作分析，对管理者的工作进行定量化测试，涉及管理者所关心的问题、所承担的责任、所受的限制以及管理者的工作所具备的各种特征等 208 项问题。这 208 项问题被划分为 13 类工作因素，具体如表 3—8 所示。

表3—8　　管理职位描述问卷的13类工作因素

1. 产品、市场和财务计划	8. 财务计划的批准
2. 其他组织和工人之间的相互协调	9. 职能服务
3. 内部事务控制	10. 监督
4. 产品和服务责任	11. 复杂性及压力
5. 公众和顾客关系	12. 高级财务职责
6. 高级咨询	13. 广泛的人力资源职责
7. 行为主动性	

管理职位描述问卷法的优点：适用于不同组织内管理层次以上职位的分析；为员工从事管理工作所需的培训提供了依据，为正确评价管理工作提供了依据；为工作组的建立奠定了基础，也为管理工作在工作组中归类提供了依据；同时，为报酬管理、员工的选拔程序与绩效评估表的制定建立了基础。其缺点：受工作及工作技术的限制，灵活性差；有时运用这种方法进行工作分析耗时长，工作效率较低。

3. 美国劳工部职位分析法

美国劳工部职位分析法可对不同工作进行量化评价、分类和比较。该方法的核心就是从信息、人和事三个方面对每个职位进行分析评价。具体为首先对信息、人和事三个项目的难易程度进行等级分数划分，然后把被调查职位分别在信息、人和事三个项目中给予适合的等级分数，最后把三项加总得出等级得分，分数越低代表着该职位完成难度越高，分数越高代表该职位越容易完成。表3—9为美国劳工部创立的职位分析法对信息、人和事的等级分数进行的划分。例如，如果是某公司的总经理职位，该职位在“信息”项目中为“综合”，得0分；在“人”项目中为“指导”，得0分；在“事”项目中为“创立”，得0分，则该公司总经理职位最后总得分为0，工作要求难度最高。如果是前台接待职位，该职位在“信息”“人”“事”三个项目分别为“复制”“交流/示意”“巧妙处理”，等级分数分别为5、6、4，总等级分数为15，代表该职位在该公司的完成难度相对较低。

表3—9　　美国劳工部职位分析法对信息、人和事的等级分数划分

等级分数	信　息	人	事
0	综合	指导	创立
1	整理	谈判	精密加工
2	分析	教育	操纵/控制
3	汇编	监督	驾驶/操作
4	计算	取悦	巧妙处理
5	复制	说服	照料
6	比较	交流/示意	进料/卸料
7		服务	装卸
8			接收指令/协助

4. 功能性职务分析法

功能性职务分析法与美国劳工部创立的职务分析法相似，但它具有自己的特色：

(1)功能性职务分析法不仅基于信息、人、事进行工作的等级评价，还考虑四个方面：得到具体指导的程度、运用推理和判断的程度、需要数学能力的程度、需要口头表达及语言能力的程度。

(2)功能性职务分析法还可确定工作绩效标准和培训要求。

任务三　工作设计

一、工作设计的概念

工作设计(Job Design)，又称岗位设计，是指为了有效地达到组织目标与满足个人需要而进行的工作内容、工作职能和工作关系的设计。也就是说，工作设计是一个根据组织及员工个人需要，规定某个岗位的任务、责任、权力以及在组织中工作的关系的过程。它是把工作的内容、工作的资格条件与报酬结合起来，目的是满足员工和组织的需要。岗位设计问题主要是组织向其员工分配工作任务和职责的方式问题，岗位设计是否得当对于激发员工的积极性、增强员工的满意感以及提高工作绩效都有重大影响。

二、工作设计的主要内容

(一)工作任务

工作任务的设计是工作设计的重点，一般包括工作的广度(即工作的多样性)、工作的深度、工作的完整性、工作的自主性、工作的反馈性等。

(二)工作职能

这是指每项工作的基本要求和方法，包括工作责任、工作权限、工作方法和协作要求。

(三)工作关系

这是指个人在工作中所发生的人与人之间的联系，如谁是他的上级、谁是他的下级、他应与哪些人进行信息沟通等。

(四)工作结果

这主要是指工作的成绩与效果，包括工作绩效和工作者的反馈。

(五)对工作结果的反馈

这主要是指工作本身的直接反馈(如能否在工作中体验到自己的工作成果)以及来自别人对所做工作的间接反馈(如能否及时得到同级、上级、下属人员的反馈意见)。

(六)任职者的反应

这主要是指任职者对工作本身以及组织对工作结果奖惩的态度，包括工作满意度、出勤率和离职率等。

(七)人员特性

这主要包括对人员的需要、兴趣、能力、个性方面的了解，以及相应工作对人员的特性要求等。

(八)工作环境

这主要包括工作活动所处的环境特点、最佳环境条件及环境安排等。

一个好的工作设计可以减轻单调重复性工作的不良效应，充分调动劳动者的工作积极性，也有利于建设整体性的工作系统。

三、工作设计的影响因素

(一)员工的因素

员工是组织活动中最基本的要素，员工需求的变化是工作设计不断更新的一个重要因素。工作设计的一个主要内容就是使员工在工作中得到最大的满足。随着文化教育和经济发展水平的提高，人们的需求层次提高了，除了一定的经济收益外，他们希望在自己的工作中得到锻炼和发展，对工作质量的要求也更高了。

只有重视员工的要求并开发和引导其兴趣，给他们的成长和发展创造有利条件和环境，才能激发员工的工作热情，增强组织吸引力，留住人才；否则，随着员工的不满意程度的增加，带来的是员工的冷漠和生产低效，以致人才流失。因此，工作设计时要尽可能地使工作特征与要求适合员工的个人特征，使员工能在工作中发挥最大的潜力。

(二)组织的因素

工作设计最基本的目的是为了提高组织效率，增加产出。工作设计离不开组织对工作的要求，具体设计时应注意以下方面：

(1)工作设计的内容应包含组织所有的生产经营活动，以保证组织生产经营总目标的顺利、有效实现。

(2)全部岗位构成的责任体系应该能够保证组织总目标的实现。

(3)工作设计应该能够有助于发挥员工的个人能力，提高组织效率。这就要求工作设计时全面权衡经济效率原则和员工的职业生涯及心理上的需要，找到最佳平衡点，使组织获得组织的生产效益和员工个人满意两方面的收益。

(三)环境因素

1. 人力供给

工作设计必须从现实情况出发，不能仅凭主观愿望，而要考虑与人力资源的实际水平相一致。例如，在人力资源素质不高的情况下，工作内容的设计应相对简单，在技术的引进上也应结合人力资源的情况，否则引进的技术没有合适的人使用，造成资源的浪费，影响组织的生产。

2. 社会期望

社会期望是指人们希望通过工作满足些什么。不同的员工其需求层次是不同的，这就要求在岗位设计时考虑一些人性化方面的东西。

四、工作设计的步骤

(一)需求分析

工作设计的第一步就是对原有工作状况进行调查诊断，以决定是否应进行工作设计，应着重在哪些方面进行改进。一般来说，出现员工工作满意度下降、积极性较低和工作情绪消沉等情况，都是需要进行工作设计的现象。

(二)可行性分析

在确认工作设计之后，还应进行可行性分析。一方面，应考虑该项工作是否能够通过工作设计改善工作特征；从经济效益、社会效益上看，是否值得投资。另一方面，应该考虑员工是否具备从事新工作的心理与技能准备，如有必要，可先进行相应的培训学习。

（三）评估工作特征

在可行性分析的基础上，正式成立工作设计小组负责工作设计，小组成员应包括工作设计专家、管理人员和一线员工，由工作设计小组负责调查、诊断和评估原有工作的基本特征，通过分析比较，提出需要改进的方面。

（四）制订工作设计方案

根据工作调查和评估的结果，由工作设计小组提出可供选择的工作设计方案。工作设计方案应包括工作特征的改进对策以及新工作体系的工作职责、工作规程与工作方式等方面的内容。在方案确定后，可选择适当部门与人员进行试点，检验效果。

（五）评价与推广

根据试点情况，对工作设计的效果进行评价。评价主要集中于三个方面：员工的态度和反应、员工的工作绩效、企业的投资成本和效益。如果工作设计效果良好，应及时在同类型工作中进行推广应用。

五、工作设计的主要方法

（一）工作专业化

工作专业化是一种传统的工作设计方法。它通过对动作和时间的研究，把工作分解为许多很小的单一化、标准化、专业化的操作内容和程序，并对工人进行培训和激励，使工作保持高效率。这种工作设计方法在流水线生产上应用最广泛。

（二）工作扩大化

工作扩大化的做法是扩展一项工作包含的任务和职责，但这些工作与员工以前承担的工作内容非常相似，只是一种工作内容在水平方向上的扩展，不需要员工具备新的技能，所以，并没有改变员工工作的枯燥和单调。

（三）工作丰富化

工作丰富化是指在工作中赋予员工更多的责任、自主权和控制权。工作丰富化与工作扩大化和工作轮换不同，它不是水平地增加工作内容，而是垂直地增加工作内容。这样员工会承担更多的任务、更大的责任，员工也拥有更大的自主权和更高程度的自我管理。另外，工作丰富化还可以对工作绩效进行反馈。

（四）工作轮换

工作轮换属于工作设计的内容之一，是指在组织的不同部门或在某一部门内部调动员工的工作，目的在于让员工积累更多的工作经验。

（五）工作特征再设计

工作特征再设计是一种人性化的设计方法，是指针对员工设计工作而非针对工作特征要求员工。它主要表现为充分考虑个人存在的差异性，区别地对待各类员工，以不同的要求把员工安排在适合于他们独特需求、技术、能力的环境中去。

（六）工作设计综合模型

无论是工作轮换、工作扩大化还是工作丰富化，都不应看作是解决员工不满的灵丹妙药，必须在职位设计、人员安排、劳动报酬及其他管理策略方面进行系统考虑，以便使组织要求及个人需求获得最佳组合，从而最大限度地激发员工的积极性，有效实现企业目标。因此，在管理实践中，人们应根据组织及员工的具体需要来探索工作设计的综合模型。

工作设计的综合模型包括工作设计的主要因素、绩效成果目标因素、环境因素、组织内部因素和员工个人因素等。

应知考核

一、单项选择题

1.（　　）是现代人力资源管理的基础。

A. 招聘　B. 人力资源规划　C. 工作分析　D. 绩效考核

2. 对职位进行分析最终形成的管理文件是（　　）。

A. 工作描述　B. 工作说明书

C. 任职资格说明　D. 工作分析书

3. 以下方法中，（　　）是工作分析中最常用的一种方法。

A. 问卷调查法　B. 观察法　C. 实践法　D. 访谈法

4. 以下方法中，属于定量工作分析方法的是（　　）。

A. 问卷调查法　B. 职位分析问卷法

C. 关键事件法　D. 观察法

5.（　　）是指在工作中赋予员工更多的责任、自主权和控制权。

A. 工作扩大化　B. 工作轮换　C. 工作专业化　D. 工作丰富化

二、多项选择题

1. 工作分析过程中的收集、分析、综合所获得的信息资料包括（　　）。

A. 工作环境分析　B. 工作名称分析

C. 工作条件分析　D. 工作规范分析

2. 工作说明书一般可包括（　　）。

A. 任职资格说明　B. 工作环境

C. 工作说明　D. 基本资料

3. 以下方法中，属于定性工作分析法的是（　　）。

A. 实践法　B. 职位分析问卷

C. 问卷调查法　D. 关键事件法

4. 以下方法中，属于定量工作分析法的是（　　）。

A. 管理职位描述问卷　B. 职位分析问卷法

C. 问卷调查法　D. 关键事件法

5. 工作设计的方法包括（　　）。

A. 工作轮换　B. 工作丰富化　C. 工作专业化　D. 工作扩大化

三、判断题

1. 工作分析主要说明一个职位的工作职责内容。（　　）

2. 工作描述是描述任职者所需要具备的知识、技能、经验和个性特征等要求。（　　）

3. 关键事件法是指要求分析人员、管理人员、本岗位员工，将工作过程中的成功的“关键事件”详细地加以记录，在大量收集信息后，对岗位的特征要求进行分析研究的方法。（　）

4. 管理职位描述问卷法是专为管理职位而设计的一种工作分析方法。（　）

5. 工作设计的主要内容之一是工作内容的设计。（　）

四、简述题

1. 简述工作分析的作用。
2. 简述工作分析的基本流程。
3. 简述工作分析的主要方法。
4. 简述一份标准的工作说明书的主要内容。
5. 简述工作设计的主要内容。

应会考核

■观念应用

【背景资料】

房地产开发公司工作分析存在的弊端

A公司是我国中部省份的一家房地产开发公司。公司现有的组织机构是基于创业时的公司规划，随着业务扩张的需要逐渐扩充而形成的。在运行的过程中，组织与业务上的矛盾已经逐渐凸显出来。

在公司的人员招聘方面，用人部门给出的招聘标准往往含糊，招聘主管往往无法准确地加以理解，使得招来的人大多不尽如人意。同时，目前的许多岗位不能做到人事匹配，员工的能力不能得以充分发挥，严重挫伤了士气，并影响了工作的效果。在激励机制方面，公司缺乏科学的绩效考核和薪酬制度，考核中的主观性和随意性非常严重，员工的报酬不能体现其价值与能力，人力资源部经常听到大家对薪酬的抱怨和不满，这也是人才流失的重要原因。

面对这样严峻形势，人力资源部开始着手进行人力资源治理的变革，变革首先从进行职位分析、确定职位价值开始。职位分析、职位评价究竟如何开展，如何抓住职位分析、职位评价过程中的要害点，为公司本次组织变革提供有效的信息支持和基础保证，是摆在A公司面前的重要课题。

首先，他们开始寻找进行职位分析的工具与技术。在阅读了国内目前流行的基本职位分析书籍之后，他们从中选取了一份职位分析问卷作为收集职位信息的工具。然后，人力资源部将问卷发放到了各个部门经理手中，同时在公司的内部网络上也发了一份关于开展问卷调查的通知，要求各部门配合人力资源部的问卷调查。

据反馈，问卷在下发到各部门之后，却一直搁置在各部门经理手中，而没有发下去。很多部门是直到人力资源部开始催收时才把问卷发放到每个人手中。同时，由于大家很忙，很多人在拿到问卷之后，没有时间仔细思考，草草填写完事。还有一些人在外地出差，或者任务缠身，自己无法填写，而由同事代笔。

一星期之后，人力资源部收回了问卷。但他们发现，问卷填写的效果不太理想，有一部分问卷填写不全，一部分问卷答非所问，还有一部分问卷根本没有收上来。调查的结果却没有发挥它应有的价值。

与此同时，人力资源部也着手选取一些职位进行访谈。人力资源部的几位主管负责对经理级以下的人员进行访谈，但在访谈中，出现的情况却出乎意料。大部分时间是被访谈的人在发牢骚，指责公司的治理问题，抱怨自己的待遇不公等。而在谈到与职位分析相关的内容时，被访谈人往往言辞闪烁，似乎对人力资源部这次访谈不太信任。访谈结束之后，访谈人反映对该职位的熟悉还是停留在模糊阶段。这样持续了两个星期，访谈了大概1/3的职位。王经理认为时间不能拖延下去了，因此决定开始进入项目的下一个阶段——撰写职位说明书。

可这时，各职位的信息收集却还不完全。怎么办呢？人力资源部在无奈之中，不得不另寻别路。于是，他们通过各种途径从其他公司中收集了许多职位说明书，试图以此作为参照，结合问卷和访谈收集到的一些信息来撰写职位说明书。

在起草职位说明书的过程中，人力资源部的员工都颇感为难，一方面不了解别的部门的工作，问卷和访谈提供的信息又不准确；另一方面大家又缺乏写职位说明书的经验，因此，写起来感觉很费劲。规定的时间快到了，很多人为了交稿，不得不急急忙忙、东拼西凑了一些材料，再结合自己的判定，最终成稿。

最后，职位说明书终于出台了。人力资源部将成稿的职位说明书下发到了各部门，同时，还下发了一份文件，要求各部门按照新的职位说明书来界定工作范围，并按照其中规定的任职条件来进行人员的招聘、选拔和任用。但这却引起了其他部门的强烈反对，很多直线部门的治理人员甚至公开指责人力资源部，说人力资源部的职位说明书是一堆垃圾文件，完全不符合实际情况。

于是，人力资源部专门与相关部门召开了一次会议来推动职位说明书的应用。人力资源部经理本来想通过这次会议来说服各部门支持这次项目。结果却恰恰相反，在会上，人力资源部遭到了各部门的一致批评。同时，人力资源部由于对其他部门不了解，对于其他部门所提的很多问题，也无法进行解释和反驳，因此，会议的最终结论是，让人力资源部重新编写职位说明书。后来，经过多次重写与修改，职位说明书始终无法令人满意。最后，职位分析项目不了了之。

人力资源部的员工在经历了这次失败的项目后，对职位分析彻底丧失了信心。他们开始认为，职位分析只不过是“雾里看花，水中望月”的东西，说起来挺好，实际上却没有什么大用，而且认为职位分析只能针对西方国家那些治理先进的大公司，拿到中国的企业来，根本就行不通。原来雄心勃勃的人力资源部经理也变得灰心丧气，并对这次失败耿耿于怀，对项目失败的原因也是百思不得其解。

那么，职位分析真的是他们认为的“雾里看花，水中望月”吗？该公司的职位分析项目为什么会失败呢？

【考核要求】

请根据背景资料，回答下列问题：

1. 该公司为什么决定从职位分析入手来实施变革？这样的决定正确吗？为什么？

2. 在职位分析项目的整个组织与实施过程中，该公司存在着哪些问题？

3. 该公司所采用的职位分析工具和方法主要存在哪些问题？

■技能应用

某公司是一家具有一定规模的民营企业，属于特种行业，管理基础较为薄弱。为了提高人力资源管理水平，清晰界定岗位的职责和任职资格，公司决定投入资金开展工作分析。但该公司缺乏专业的人力资源管理人员，没有相关的经验，而且缺少基本的职责分工资料，行业内相关的文献也比较少。公司的工作在全年是非常有规律的，公司领导想在一个月内快速完成此项工作。

根据上述资料，回答下列问题：

1. 该公司进行工作分析的适宜主体是（　　）。

A. 企业内各部门　　B. 专业的咨询机构

C. 公司领导　　D. 公司员工

2. 该公司适用的工作分析方法是（　　）。

A. 访谈法　　B. 问卷法　　C. 工作日志法　　D. 文献分析法

3. 工作分析的实施需要广大员工的支持，因此，开展工作分析时，应让员工明确（　　）。

A. 工作分析的理论　　B. 工作分析的目的

C. 需要花费的金钱和人力　　D. 需要员工配合的工作

■案例分析

清扫工作该由谁来做？

宏伟公司于1998年10月正式成立，主营业务是开发与生产电子产品。该公司原来是一家国有研究机构，公司现任总经理刘家祥是原研究机构的高级工程师，他在技术领域和学术造诣上堪称泰斗，但对于现代企业管理却不甚精通。为了配合刘家祥的工作，公司为他配备了两名助理，他们都是近年从高校招聘的本科毕业生，了解企业管理知识。公司设立财务、人力资源、营销和生产4个职能部门，部门经理分别为杨斌、张杰、王阳和李静。杨斌、张杰和王阳都是原来研究机构的技术骨干，李静是总经理的一个朋友，以前从事私营企业经营。在4个职能部门中，李静主管的生产部处于中心位置。在生产部门之下，依次设有车间、班组。

公司满怀信心地投入了运营，各路人马按部就班，各司其职。然而，开业不足两个月，公司在内部员工职责权限划分上接连出现了问题。

先是在组装车间，一个包装工不小心将大量液体洒在操作台周围的地面上。正在一旁的包装组长见状立即走上前要求这名工人打扫干净。不料这名工人一口回绝道："我的职责是包装产品，您应该让勤杂工处理这样的工作。况且，我的工作职责中不包括打扫卫生。"组长无奈，只得去找勤杂工，而勤杂工不在。这是因为勤杂工要在正班工人下班后才开始清理车间。于是，包装组长只好自己动手，将地面打扫干净。

第二天，包装组长向车间主任请求处分包装工，得到了同意。谁料人力资源部门却不予支持，反而警告车间主任越权。车间主任感到不解，并向李静反映了这一情况，请求支持。包装组长更是满腹委屈，他反问道："难道我就该什么都负责？我的职责也没要求我做清扫工作呀。"

李静觉得自己的车间主任受了委屈，就向总经理反映了这一问题，要求刘总警告人力资源部不要过多地干涉车间内部事务，否则生产运作会受到不利的影响。但刘总却说："我只管战略性的重大事务，内部的分工与沟通，你们自己去协商。"

尽管李静感到很吃惊，但还是表示理解总经理的指示，并且与人力资源部经理张杰进行协商。张杰的态度也很积极，马上让秘书拿来工作说明书一起分析。包装工的工作说明书规定：包装工以产品包装工作为中心职责，负责保持工作平台以及周围设备处于可操作状态。

勤杂工的工作说明书规定:勤杂工负责打扫车间,整理物品,保持车间内外的整洁有序。为了保证不影响生产,工作时间为生产休息时刻。包装组长的工作说明书规定:包装组长负责使班组的生产有序、高效进行,并协调内部工作关系。车间主任的工作说明书规定:车间主任负责本车间生产任务的完成,并且可以采取相应的措施对员工加以激励。人力资源部门的职责主要包括员工的招聘、选拔、培训、考评、辞退、奖惩、工资福利等。

由于员工奖惩权归人力资源部,因此人力资源部坚持认为生产部门对员工的处分属越权。生产部门认为,对员工的奖惩应由自己决定,否则难以对员工进行有效管理。包装组长感到委屈,并声称要辞职。协商陷入了僵局。

思考题:

(1)宏伟公司的员工在人力资源管理上面临的主要问题是什么?

(2)你认为应该采取什么措施解决宏伟公司的人力资源管理问题,请提出你的建议。

管理实训

【实训项目】

制作工作说明书。

【实训目的】

使学生制作符合基本要求的工作说明书,提升学生对工作分析的实践能力及工作说明书的实践分析、总结、书写能力。

【实训情境】

某公司为人力资源部经理草拟了一份工作说明书,其主要内容如下:

1. 负责公司的劳资管理,并按绩效考评情况实施奖惩。

2. 负责统计、评估公司人力资源需求情况,制订员工招聘计划并按计划招聘员工。

3. 按实际情况完善公司《员工工作绩效考核制度》。

4. 负责向总经理提交人员鉴定、评价的结果。

5. 负责管理人事档案。

6. 负责本部门员工的工作绩效考核。

7. 负责完成总经理交办的其他任务。

该公司总经理认为这份工作说明书写格式过于简单、内容不完整、描述不准确。请为该公司人力资源部经理重新编写一份工作说明书。

【实训任务】

1. 将学生分为若干小组进行讨论,根据工作说明书的基本书写要求对材料进行完善,并选出代表进行展示说明,最后指导教师总结评价并给出成绩。

2. 撰写《制作工作说明书》实训报告。

《制作工作说明书》实训报告		
项目实训班级：	项目小组：	项目组成员：
实训时间：　　年　月　日	实训地点：	实训成绩：
实训目的：		
实训步骤：		
实训结果：		
实训感言：		
不足与今后改进：		

项目组长评定签字：　　　　　　　　　　　　项目指导教师评定签字：

项目四

招聘与录用

○ **知识目标：**

理解：招聘的概念、招聘的原因与目的、招聘的原则。

熟知：招聘工作的新变化、招聘的程序、人员录用的主要策略。

掌握：招聘的渠道、招聘的方法、人员选拔方法、人员未录用和录用的处理。

○ **技能目标：**

能够初步具备作为企业招聘人员的基本能力，能够学会使用各种选拔的基本方法。同时，提升学生作为未来应聘者的应聘能力。

○ **素质目标：**

能够分别站在面试官和应聘者的角度进行体验和思考，深刻体会面试官和应聘者两个角色。

○ **管理故事：**

爱才就不要囚禁人才

天黑了，张姓牧羊人和李姓牧羊人在把羊群往家赶的时候，惊喜地发现每家的羊群里都多了十几只羊，原来一群野山羊跟着家羊跑回来了。张姓牧羊人想：到嘴的肥肉不能丢呀。于是扎紧了篱笆，牢牢地把野山羊圈了起来。李姓牧羊人则想：待这些野山羊好点，或许能引来更多的野山羊。于是给这群野山羊提供了更多、更好的草料。第二天，张姓牧羊人怕野山羊跑了，只带家羊放牧。李姓牧羊人则把家羊和野山羊一起放牧。到了夜晚，李姓牧羊人的家羊又带回了十几只野山羊，而张姓牧羊人的家羊一只野山羊也没带回来。张姓牧羊人非常愤怒，大骂家羊无能。一只老家羊怯怯地说："这也不能全怪我们，那帮野山羊都知道一到我们家就会被圈起来，失去了自由，谁还敢到我们家来呀！"

故事感悟：

很多企业在招聘和想方设法留住人才的时候，采取了与张姓牧羊人同样的方法——通过硬性措施"囚禁"人才。其结果是留住了人，但没能留住心。其实，留住人才的关键是在事业上给予他们足够的发展空间和制度上的来去自由。

○ **知识精讲：**

任务一　招聘概述

一、招聘的概念

招聘是指企业采用科学的方法，寻找、吸引、选拔及录用企业所需人员的过程。实际操作中，招聘工作包括两个最重要的环节：一个是人员招募，即把人员吸引来应聘；另一个是人员的选拔，即选拔出组织需要的人才。

(一)招募

招募是指组织确定工作需要，根据需要吸引候选人来填补工作空缺的过程。招募是进行甄选的前提和基础，它通过一定的招募渠道发布招聘信息。一个组织有职位空缺，在需要填补之前，必须通过适合的渠道去找到所需要的人员，他们能够胜任该岗位，并且有意愿想得到这份工作。

(二)选拔

选拔是使用各种方法和技术挑选合格人员的过程。它是在招募工作后形成一定的人才“蓄水池”的前提下，遴选组织所需要的人力资源，在最优的时间和成本约束下，实现合适的人员与工作的匹配。

二、招聘的原因与目的

(一)招聘的原因

招聘是一项巨大的工程，会耗费大量的人力、物力。因此，组织必须搞清楚是否真正需要招聘有关人员。一般情况下，组织招聘源于以下几种情况的人员需求：

(1)现有的职位出现空缺，需要补充。这种情况是大多数企业日常招聘的主要原因。

(2)现有岗位的人员不称职，需要更换。

(3)新企业、新部门、新业务的人员需要。

(4)企业规模发展壮大，业务扩展需要人员补充。

(5)企业内部岗位的晋升、降职、调动、机构调整等人员流动带来的职位空缺需要补充。

(6)企业长期战略规划的人才需求。

(7)企业文化、管理风格等方面的重新调整。

(8)其他情况。

(二)招聘的目的

招聘的直接目的是获得组织所需要的人。除了这一目的外，招聘的目的还包括以下方面：

1. 树立企业形象

招聘过程是企业代表与应聘者直接接触的过程。在这一过程中，负责招聘的工作人员的工作能力、招聘过程中对企业的介绍、分发的资料、面试过程、面试风格、企业内部氛围等方面都会给予应聘者较深刻的体验和感受。因此，一个企业的招聘过程也是企业对外宣传、树立良好形象的重要机会。

2. 降低员工流失率

企业不仅要把所需的人才招聘到，更重要的是把需要的人才留住。能否留住企业所需的人才，既要靠招聘后对人员的有效培养和管理，也要靠招聘过程中的有效选拔。那些认可公司的价值观、在企业中能找到适合自己兴趣和能力的职位，并能够在招聘中及后续工作过程中得到较为清晰的职业生涯规划指导的人，对企业的忠诚度就会较高，离开企业的可能性就会较低。这在很大程度上有赖于企业在招聘过程中对应聘者的准确评价和判断。

3. 为后续人力资源管理工作奠定良好基础

人力资源管理的内容主要包括选人、育人、用人、留人。招聘工作做得好，选人得当，有利于后续各项人力资源管理与开发工作的有效实施，如培训与开发、职业生涯管理、绩效考评等。科学、高效的招聘工作是保障企业整个人力资源管理工作系统有序进行、密切配合、良好运转的重要前提条件。

三、招聘的原则

企业招聘的核心目标就是实现所招聘人员与待聘岗位的有效匹配。这种匹配要求将个人特征与工作岗位的特征有机地结合起来，从而获得理想的人力资源。个人特征与工作岗位特征的匹配主要表现在两个方面：一是岗位要求与个人素质要匹配，因为每个工作岗位都有其特定的要求，个人要想胜任某项工作必须具备一定的知识和技能；二是工作的报酬与个人的动力要匹配，只有这样，员工才可能有积极性充分发挥其主观能动性。

企业的招聘要想实现上述目标，必须遵循以下原则：

（一）经济效益原则

企业的人员招聘必须以企业的发展目标为基础。它既不是盲目地扩大员工队伍，更不是为了解决员工子女就业，而是为了保证企业生产经营活动的正常进行，为企业选拔符合企业空缺职位需要的人才，使企业的经济效益能够得到不断提高。

（二）因岗配人原则

企业人员的招聘应以工作岗位的空缺和实际工作的需要作为出发点，以岗位对人员的实际要求为标准，选拔录用各类人才，强调因职选能、因能量级、级能匹配。在招聘实践中，人才高消费、相互攀比现象可谓屡见不鲜。当然，用人单位招用高学历人才的做法是无可厚非的。但这种完全不顾职位工作能否真正容纳“千里马”的做法，不仅使企业之间的竞争加剧，而且导致组织人力成本升高。

（三）量才录用原则

企业要贯彻任人唯贤、量才录用的原则，尽量把每个人安排到适合的工作岗位上，使其聪明才智得到充分发挥。“量才”的依据是对应聘者的全面测评结论及制定的录用标准。

（四）全面考核原则

企业应尽可能地采取全方位、多角度评价方法，通过对申请者的上级、下级、平级同事，以及与其直接或间接服务的客户进行“德、能、勤、绩”等方面实事求是的调查，客观地衡量申请者的竞争优势和劣势，以及其与职位、组织间的适宜性。

（五）公平公开原则

企业应贯彻公平公开原则，使整个招聘工作在社会监督之下。一方面可以防止不正之风，努力为有志之士提供平等的竞争机会；另一方面可以吸引大批的应聘者，扩大选择的范围,有利于人尽其才。

(六)竞争原则

企业通过简历分析、结构化面试、心理和行为测验、业绩考核和资信调查等一系列方法手段来确定申请者的优劣及决定人员的取舍,而不是靠个别人的直觉、印象、与己关系亲密程度来选人,这样有利于增强选择和录用的科学性。

(七)程序化、规范化原则

企业的人员招聘还必须遵循一定的标准和程序。科学、合理地确定企业职员的选拔标准和聘用程序,是企业招聘到优秀人才的重要保证。

(八)双向选择原则

双向选择是指企业根据职位说明书的要求自主地选择需要的人才,同时人才也可根据自己的条件自主地选择职业。在招聘过程中,招聘者不能以主观意志为转移,更要考虑所需人才的需求,创造吸引他们的条件,使他们愿意为企业工作。

四、招聘工作的新变化

(一)人力资源管理已从战术管理升至战略管理的层次,招聘工作向着战略化的方向发展

在战略人力资源管理中,越来越需要招聘工作对企业战略发展目标有支持作用。战略层次的人力资源管理越来越讲究进行长远的人力资源规划,以前最多也只进行两年的计划,现在已经远远不能满足需要。五年乃至十年的人力资源规划开始流行。尤其重要的是建立起内部招聘系统,进行接班人规划,依靠这样的体系来发现企业新一代的经营人员。

(二)招聘在企业人力资源形成过程中的作用让位于筛选和录用工作

人力资源专家和部门经理在筛选上更加细致而审慎。在测验中,心理测验的地位在上升。优秀的企业普遍进行复杂的心理测验来选拔与企业文化相融的人。筛选的时间越来越多,花费也越来越大。同时,筛选工作也越来越严格。

(三)计算机等新的技术在招聘中得到普遍运用

计算机在就业计划和职务分析这两个招聘工作的理论基础中被广泛使用,而且越来越有效;在招聘中,使用计算机资料库和互联网发布招聘广告和搜选应聘者,已经开始变得普遍。在筛选和测验中使用计算机的手段也得到认可,取得了很好的效果。

(四)招聘越来越被看成一个与其他人力资源管理活动密切相关的阶段

因为招聘的人如何,直接决定着培训和开发工作的状况,也直接影响着工作的绩效、劳动关系的融洽程度。招聘工作涉及广告、宣传以及与公众的广泛交流,直接关系着企业的组织形象。

(五)招聘工作更多地被下放到各个职能和专业部门

人力资源部门的经理职责由提供从头到尾的全面服务转变为向各个部门提供支持,使它们能够合理、有效地实施相应的招聘计划。从事务性工作中解脱出来的人力资源管理部门,可以更多地去关注筛选和录用工作。

(六)招聘工作内容在扩大

一些在适应性培训阶段进行的工作现在已经提前到招聘阶段进行,如让应聘者充分了解企业的工作环境,了解企业的文化,了解他们正在申请的职位的工作优点和缺点,从而避免招到企业不适合的员工,缩短现实和员工预期的差距,并减少员工因工作环境不适合而带来的压力。

五、招聘的程序

有效的招聘程序在一定程度上可以规范招聘行为，提高招聘质量，展示企业形象。招聘程序一般包括以下五个步骤：制订招聘计划、人员招募、人员选拔、人员录用、招聘评估。人力资源招聘的程序如图 4－1 所示。

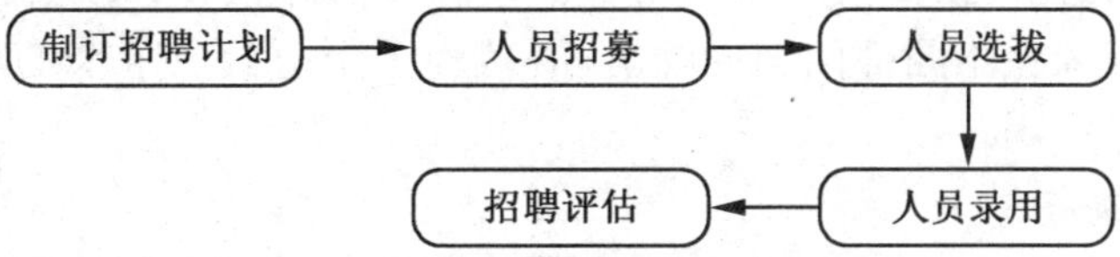

图 4－1　人员招聘的程序

(一)制订招聘计划

部门进行工作分析，确定所需岗位、人数、工作内容、任职要求等。根据工作分析填写《用人需求申请表》，交人力资源部门，拟定用人需求。人力资源部与用人部门进行沟通，确认用人需求，并经上级主管部门的审核。人力资源部拟订具体的员工招聘计划，进行招聘的准备工作，确定员工招聘的途径、时间和预算等。

(二)人员招募

在明确人力资源需求和招聘策略的前提下，即进入招募实施阶段。进行人员招聘信息的发布，接受人员申请，吸引应聘者前来应聘。

(三)人员选拔

按照职位的工作说明书、人力资源规划等提炼的标准和依据，通过适当的甄选方法和技术对应聘者进行区分、评估，并最终决定将何人纳入组织、何人被淘汰的双向选择过程。

(四)人员录用

一般来说，企业通过对应聘者进行甄选并作出初步录用决定后，接下来要对这些入选者进行背景调查、健康检查，合格者与企业签订试用协议，经试用合格后作出正式录用决定。

(五)招聘评估

招聘评估是对本次招聘工作的一种考核，具体包括招聘成本效益、招聘人员、录用人员的数量和质量、招聘渠道、甄选方法的效果等评估。评估后应撰写一份招聘总结，以便为后续招聘提供参考。

任务二　人员招聘

一、招聘的渠道

招聘渠道分为内部招聘与外部招聘两种。

(一)内部招聘

内部招聘是指在单位出现职务空缺后，从单位内部选择合适的人选来填补相应位置。

1. 内部招聘的优点

从企业员工的角度来说，内部招聘为员工提供了进入公司再选岗的机会和新的职业发展途径。从企业的角度看，组织与现有员工之间相互比较了解，组织可以得到现有员工的准确资料和绩效信息，减少作出错误招聘决策的概率。同时，员工也了解组织的运营情况、价值观和文化，因此，员工对组织不满意的可能性就降低了。内部招聘提供了晋升和流动的机会，能够激发员工的工作激情，实现人岗更优匹配，提高公司整体的绩效。内部招聘成本较低，与外部招聘相比，在评价、测试和背景资料调查方面，能节约一定的人力、物力和财力，而且招聘的速度快。此外，对于大型的集团企业，往往同时存在着部分岗位人员过剩与不足的问题，通过内部招聘调节人力资源在不同部门间的配置，既减轻了企业裁员带来的成本压力，也达到了内部人力资源的充分利用。

2. 内部招聘的缺点

虽然内部招聘有诸多优点，但内部招聘与外部招聘一样有失灵的可能，并且存在各类风险。例如，易导致“近亲繁殖”，带来小团体现象，使组织变得封闭，不具备外部招聘所具有的企业形象宣传与推广功能等。

【同步案例 4－1】　　宝洁的内部选拔管理机制

日用消费品巨头宝洁培养顶尖人才的方法是通过内部选拔建立一个反应快速高效的团队。宝洁有一个严格的“内部培养领导项目”，该项目会追踪每个经理的工作表现，保证他们能胜任下一个职位。

案例精析 4—1

在宝洁最高层级的 50 个职位中，每一个职位都有三个候选人。如果一个年轻有为的品牌助理想成为首席运营官，宝洁会尽可能多地给他机会去锻炼。公司可能会让他去做卡思卡特(Cascade)洗涤剂的助理经理。随后，他可能在加拿大负责洗衣店的产品，最终掌管整个北美的业务。公司为 13.8 万名员工建立了一个综合数据库，如同一个庞大的“星群”，对其中每颗“星星”的月度和年度能力审核进行追踪。在这个过程中，“宝洁人”在一起讨论他们的商业目标、下一个期望的职位以及他们在培训其他员工时所做的工作。当出现职位空缺时，例如，在一个东欧国家有个职位空缺，人力资源负责人就可以根据工作表现审核列出那些能胜任的员工，并能在短短的一个小时内找到人填补这个空缺。

请问在企业内部招募过程中需要注意哪些问题？

(二)外部招聘

1. 外部招聘的优点

(1)带来新思想和新方法。从外部招聘来的员工对现有的组织文化有一种崭新的、大胆的视角，而较少有情感的依恋。通过从外部招聘优秀的技术人才和管理专家，就可以在无形中给组织原有员工施加压力、激发其斗志，从而产生“鲶鱼效应”。特别是在高层管理人员的引进上，这一优点尤为突出，因为他们有能力重新塑造组织文化。例如，惠普公司的董事会，出人意料地聘用朗讯公司的一个部门经理来任首席执行官(CEO)，以重塑惠普公司的文化。

(2)有利于招聘一流人才。外部招聘的人员来源广，选择余地很大，能招聘到许多优秀人才，尤其是一些稀缺的复合型人才，这样可以节省内部培训费用。

(3)树立形象的作用。外部招聘也是一种很有效的交流方式，组织可以借此在其员工、客户和其他外界人士中树立良好的形象。

2. 外部招聘的缺点

(1)筛选难度大，时间长。组织希望能够比较准确地了解应聘者的能力、性格、态度、兴趣等素质，从而预测他们在未来的工作岗位上能否达到组织所期望的要求。而研究表明，仅仅依靠招聘时的了解来进行科学的录用决策是比较困难的。为此，一些组织还采用诸如推荐信、个人资料、自我评定、同事评定、工作模拟、评价中心等方法。这些方法各有其优点，但也都存在着不同程度的缺陷。这就使得录用决策耗费的时间较长。

(2)进入角色慢。从外部招聘来的员工需要花费较长的时间来进行培训和定位，才能了解组织的工作流程和运作方式，增加了培训成本。

(3)招聘成本大。外部招聘需要在媒体发布信息或者通过中介机构招聘。一般需要支付一笔费用，而且由于外界应聘人员相对较多，后续的挑选过程也非常烦琐与复杂，不仅耗费较多的人力和财力，还占用了很多的时间，所以外部招聘的成本较大。

(4)决策风险大。外部招聘只能通过几次短时间的接触，就必须判断候选人是否符合本组织空缺岗位的要求，而不像内部招聘那样经过长期的接触和考察，所以，很可能因为一些外部的因素(如应聘者为了得到这份工作而夸大自己的实际能力等)而作出不准确的判断，进而加大了决策的风险。

(5)影响内部员工的积极性。如果组织中有胜任的人未被选用或提拔，即内部员工得不到相应的晋升和发展机会，内部员工的积极性可能会受到影响，容易导致“招来女婿气走儿子”的现象发生。

二、招聘的方法

招聘的方法也分为内部招聘方法与外部招聘方法两大类。

(一)内部招聘的方法

1. 推荐法

推荐法可用于内部招聘，也可用于外部招聘。它是由本企业员工根据企业的需要推荐其熟悉的合适人员，供用人部门和人力资源部门进行选择和考核。由于推荐人对用人单位及被推荐者的情况都比较了解，使得被推荐者更容易获得企业与岗位的信息，便于其决策，也使企业更容易了解被推荐者，因而这种方法较为有效，成功的概率较大。在企业内部最常见的推荐法是主管推荐，其优点在于主管一般比较了解潜在候选人的能力，由主管提名的人选具有一定的可靠性，而且主管们也会觉得他们具有全部的决定权，满意度比较高。它的缺点在于这种推荐会比较主观，容易受个人因素的影响，主管们可能提拔的是自己的亲信而不是一个胜任的人选。有时候，主管们并不希望自己的得力下属被调到其他部门，这样会影响本部门的工作实力。

2. 布告法

布告法的目的在于使企业中的全体员工都了解到哪些职务空缺，需要补充人员，使员工感觉到企业在招聘人员这方面的透明度与公平性，并有利于提高员工士气。目前，在很多成熟的企业中，张榜的形式由原来的海报形式改为在企业的内部网上发布，各种申请手续也在网上完成，从而使整个过程更加快捷、方便。一般来说，布告法经常用于非管理层人员的招聘，特别适用于普通职员的招聘。布告法的优点在于让企业内更多的人员了解到此类信息，为企业员工职业生涯的发展提供了更多的机会，可以使员工脱离原来不满意的工作环境，也促使主管们更加有效地管理员工，以防本部门员工的流失。它的缺点在于这种方法花费的时间较长，可能导致岗位较长时期的空缺，影响企业的正常运营，而员工也可能由于盲目地变换工作而丧失原有的优势。

3. 档案法

一般人力资源部门保留有员工档案，从中可以了解到员工在教育、培训、经验、技能、绩效等方面的信息，帮助用人部门与人力资源部门寻找合适的人员补充岗位空缺。员工档案对员工晋升、培训、发展有着重要的作用，因此员工档案应力求准确、完备，对员工在岗位、技能、教育、绩效等方面信息的变化应及时做好记录，为人员选择与配备做好准备。

4. 职业生涯开发系统

企业并不是鼓励所有合格的员工来竞聘同一岗位，而是将具有高潜能的员工置于职业生涯路径之上，接受培训以适应特定目标的工作。这种人力资源开发的方法可以降低企业中的高绩效者外流的可能性，并有助于确保在某个职位出现空缺时总有候选者能够及时填补，主要用于接班人计划中。

(二)外部招聘的方法

1. 广告招聘

发布广告是企业从外部招聘人员最常用的方法之一。广告能够打破时间与空间的限制，高效地传递职位空缺信息。广告招聘的媒体选择包括以下几种：

(1)报纸。通过报纸进行招聘的优点：发行量大，广告大小灵活；发行范围集中在一定区域；专门版面。缺点：发行对象不确定，大量应聘者参差不齐；报纸保留时间短；报纸纸质和印刷质量等对广告设计造成限制。该方法适用于短时间内在某地区补充空缺职位的企业。

(2)杂志。通过杂志招聘的优点：接触目标群体的概率较大；便于保存，较长时间被看到；视觉冲击力较强。缺点：发行时间间隔较长；地域范围较分散；广告预约期较长。该方法适用于企业对空缺职位非迫切补充，职位候选人集中某一专业领域。

(3)广播电视。通过广播电视招聘的优点：容易吸引不积极的求职者；视觉感觉较好；某些时段受众众多，印象深刻。缺点：成本较高，持续时间短，不能查阅。该方法适用于当企业急需扩大影响，将企业形象宣传与人员招聘同时进行。

无论是报纸、杂志，还是广播电视，招聘广告是至关重要的。招聘广告应力求能吸引更多的人，并做到内容准确、详细，聘用条件清楚。在设计上要遵循 AIDA 法则，即吸引注意(Attract Attention)、激发兴趣(Develop Interest)、创造愿望(Create Desire)、促使行动(Prompt Action)。好的招聘广告通过对组织的介绍，还能起到扩大组织影响的作用，让更多的人了解组织，从而一举两得。

2. 招聘会招聘

外部机构组织的人才招聘会提供了企业与求职者双向交流的机会。企业可以通过参加招聘会直接获取大量应聘者的相关信息，可信度较高，既节省费用，又缩短招聘周期，并可以在信息公开和竞争公平的条件下，公开考核，择优录用。作为企业方准备在招聘会进行招聘时，应着重准备以下几个方面：选择有价值的招聘会；准备有吸引力的展位；准备好材料；准备好相关设备；招聘人员的准备；与有关方沟通协调；等等。

3. 校园招聘

校园招聘是一种特殊的外部招聘途径。狭义上是指招聘组织(企业等)直接从学校招聘各类各层次应届毕业生。广义上是指招聘组织(企业等)通过各种方式招聘各类各层次应届毕业生。校园招聘已成为一些国内外大型企业吸引优秀人才、宣传品牌形象必不可少的重要渠道。主要因为通过校园进行招聘应届毕业生可以获得足够数量的高素质人才,且学生的学习愿望和学习能力较强,可塑性较强;与多年工作经验的人员相比薪酬较低。当然,直接招聘应届毕业生也存在一定的风险和问题,如他们无工作经验,需要长期培训;毕业生往往过于理想化的期待,对自身不现实的估计,容易对工作和企业产生不满;在毕业后几年有较高的跳槽率;等等。

4. 员工推荐

员工推荐是指当企业出现职位空缺,需要招聘时,员工从朋友、同学或相关人中引荐求职者。该种方法特别对缺乏某种技术人才的企业十分有效,有利于双方迅速了解,招聘的效度和信度较高,节约招聘成本。该方法已成为国内外大型企业人才招聘的重要渠道。

5. 网络招聘

网络招聘,也称为电子招聘,是指通过技术手段的运用,帮助企业人事经理完成招聘的过程。即企业通过公司自己的网站、第三方招聘网站等机构,使用简历数据库或搜索引擎等工具来完成招聘过程。网络招聘有两种主要方式:一是注册成为人才网站的会员,在人才网站上发布招聘信息,收集求职者资料,查找合适人才;二是在企业的网站上发布招聘信息,吸引人才。网络招聘随着互联网技术的迅速普及,已经成为一种必不可少的招聘方式。该方法具有覆盖面广、成本低、时效性强等优势,但同时也存在信息真实度低、信息处理难度大、网络服务体系不完善等问题。国内较著名的专业招聘网站有智联招聘网、中华英才网、前程无忧网和猎聘网等。

除了以上几种主要员工招聘方法之外,还有猎头公司招聘、人才中介机构招聘、员工自荐等招聘方法。

任务三 人员选拔

人员选拔又称人员甄选、筛选,是组织运用适当的标准和方法从招聘来的应聘者中挑选合格人员的过程。员工选拔直接关系到组织今后的人力资源的质量,因而它是整个招聘工作中的关键,也是整个招聘工作中技术性最强、难度最大的一个环节。

从 20 世纪 50 年代开始,在西方发达国家,企业招聘工作的重心就已经从寻找和吸引人员转移到了人员选拔方面。选拔在整个招聘过程中占据核心地位。一般来说,人员选拔方法包括简历或申请表筛选法、推荐法、笔迹学法、笔试法、面试法、心理测试法、评价中心法等多种方法。

一、简历或申请表筛选法

通过个人简历或申请表进行筛选是最传统而且运用最广泛的筛选技术。在简历或申请表中,企业总是希望获得申请者自己提供的许多信息,包括教育背景、就业历史、工作偏好和个人资料。许多时候,哪个人被筛选出来、哪个筛选出去,在对申请表进行了审阅后,也相应就能够作出初步决定。此方法通常作为企业人才选拔过程中第一步筛选,过滤不符合资格的应聘者。

二、推荐法

(一)推荐信

一般来说,推荐信要求说明被推荐人在该企业(或公司)工作的起止年月、职位和所负责任、出勤状况、离开企业(或公司)的原因、工作表现、人际关系、态度、知识等。

(二)访谈推荐人

个人访谈常常是针对需要了解的特殊问题而进行的,如应聘者的技术能力等,当然,访谈也可以对其他方面的问题进行探讨。使用个人访谈方式收集应聘者的资料是非常耗费时间和金钱的。因此,通常只有在招聘和筛选高级职位时才使用这种方法,并且,事先需要细致的设计和计划,进行访谈的人应该训练有素。

三、笔迹学法

笔迹学法是以分析书写字迹来预测未来业绩的一种方法。笔迹学家一般需要受测试者提供至少一满页一气呵成的字迹,最好是用钢笔或圆珠笔写在没有划过线的纸上。书写力度能够反映书写者的精力是否旺盛。目前,在西欧,笔迹学法被运用得最广泛。

四、笔试法

(一)根据试题的性质划分

根据试题的性质,笔试可以划分为论文式笔试和直答式笔试。

1. 论文式笔试

通常是应试人按照论文题目,写出一定字数的文章,发表自己的观点、看法和主张。论文题目有三种选择方法,即自由选择、区间选择、指定选择。

2. 直答式笔试

它是通过填空、判断、计算和问答等形式来测试应试者的知识水平,主要考察应试者的学识以及理解能力和记忆能力。这种方法适用于招聘一般人员。

(二)根据考试科目的不同划分

根据考试科目的不同,笔试可分为基础文化测试和专业知识测试。

1. 基础文化测试

其主要是针对应聘者应具有的基本文化素质而进行的测试,常考的科目有语文、数学、英语等,适用于各种工种和岗位招聘。

2. 专业知识测试

其主要是针对应聘者应具有的专业知识以及对公司的了解程度而进行的测试。

五、面试法

面试是企业最常用的测试手段。具体来说,面试是一种经过组织者精心设计,在特定场景下,以考官对应聘者的面对面交谈与观察为主要手段,由表及里测评应试者的知识、能力、经验等方面的一种考试活动。

(一)面试官在面试过程中的注意事项

1. 面试前的准备

面试前的准备包括:确定面试的目的;阅读求职申请表;制定面试提纲;制定面试评价表;确定面试的时间、地点、人员及组织形式。

2. 面试初始阶段

在开始阶段,面试者要努力营造一种和谐的气氛,使面谈双方建立一种信任、亲密的关系,解除应聘者的紧张和顾虑。常用的方法是寒暄、问候,从介绍自己的情况开始,或提一些最基本、最一般的问题。然后,面试者需要解释本次面试的目的、流程、长度,让应聘者把握时间,从而对面试活动进行控制。

3. 面试深入阶段

主要是围绕考察目的,对应聘者的情况进行实际性探察。其中,发问与聆听是成功的关键。提问中尽量采用开放性的题目,避免应聘者用"Yes"与"No"回答问题。问题的内容尽量与应聘者的过去行为有关,尽量让应聘者充分表达自己的认识与想法,尽量让应聘者用言行实例来回答,避免引导性的提问和带有提问者本人倾向的问题。

4. 结束面试阶段

控制面试时间,及时结束面试;对应聘者表示感谢。不论应聘者是否会被录用,面试均应在友好的气氛中结束;整理面试记录,填写面试评价表,核对有关材料并作出总体评价意见。

(二)面试的种类

1. 从提问和交流方式不同的角度划分

(1)结构化面试。又称标准化面试,它通过设计面试所涉及的内容和问题、试题评分标准、评分方法、分数等对应聘者进行系统的标准化的面试。优点是:可靠性和准确性比较高;主持人易于控制局面;面试通常从相同的问题开始。缺点是:灵活性不够;如果面试人数多,考察内容易被后来的应试者所掌握。

这一般适用于应聘者较多且来自不同单位或校园的招聘。在结构化面试中,有两种比较有效的具体形式:

①行为事件面试法。行为事件面试法是通过一系列问题如"这件事情发生在什么时候""您当时是怎样思考的""为此您采取了什么措施来解决这个问题"等,收集应聘人员在代表性事件中的具体行为和心理活动的详细信息。基于应聘人员对以往工作事件的描述及面试人的提问和追问,评价应聘人员在以往工作中表现的素质,并以此推测其在今后工作中的行为表现。典型的问题有:谈谈过去一年中你成交的最大的一笔销售。可以采用具体的插话和追问模式引导候选人报告更多信息,具体方法可参考"STAR"模式:S——当时的情境是什么、T——具体的任务是什么、A——采取了什么具体行动、R——结果怎么样。

②情景面试。面试者要围绕实际工作中会产生的情境提出问题。该方法的最大优势是能创建动态的和可供相互比较的情景来揭示人的心理特征,使评价结果更趋客观、真实。

(2)半结构化面试。只对重要问题提前做出准备并记录在标准化的表格中的面试。要求面试者制订一些计划,但是允许在提出什么样的问题及如何提问方面保持一定的灵活性。这种方式获得的信息会更丰富而且与工作的相关性更强。

(3)非结构化面试。也即漫谈式,鼓励求职者多谈;面试没有应遵循的特别形式。其缺点是:比较耗费时间;对面试人的技能要求高。这是一种高级面谈,需要主持人有丰富的知识和经验，对招聘的工作岗位非常熟悉，并掌握高度的谈话技巧。这种方法适用于招聘中、高级管理人员。

(4)压力面试。由主试者有意识地对应聘者施加压力，针对某一事项作一连串发问，不但详细而且追根问底，直至无法回答，甚至激怒应聘者。看应聘者在突如其来的压力下能否做出恰当的反应，以此观察其机智和应变能力。这种方法一般适用于招聘特殊岗位职工，如销售员、精密作业人员以及职位需要高度警觉性的工作人员。

2. 从面试深入程度和所要达到效果不同的角度划分

(1)初步面试。即增进用人单位和应聘者相互了解的过程。在这个过程中对其书面材料进行补充，用人单位对应聘者的动机进行了解，并向求职者介绍组织情况、解释组织招聘的原因及要求。

(2)诊断面试。即在初步面试的基础上对应聘者进行实际能力和潜力测试、分析、判断的过程，在招聘单位与应聘者之间补充深层次的信息。

3. 从面试参与人员构成情况不同的角度划分

(1)个别面试。即一个面试人员与一个应聘者面对面地进行交谈。

(2)小组面试。即由面试人员小组分别对各个应聘者进行面试。

(3)集体面试。即由面试小组同时对多个应聘者进行面试。在这个过程中，面试主考官提出一个或几个问题，引导应聘者进行讨论，以此考察和分析应聘者的能力。

(三)面试过程中的认知偏差

1. 首因效应

或称第一印象效应，是一种先入为主的判断偏差，指面试官录用与否的决定或对应聘者的判断很大程度上取决于应聘者留给面试官的第一印象。例如，有的应聘者普通话不标准，刚开口说话，面试官心中无意识地就有了“这人不行”这样一种初次判断。如果该面试者在后续的面试过程中没有特别突出的表现，那么相比之下该面试者被淘汰的可能性就比较大，而也许事实上，该面试者的总体素质很不错。另外，首因效应会由第一次见面的前期阶段扩展到人际交往中的第一次见面、工作中的第一次工作任务成果。

2. 序位效应

或称顺序效应，指面试官连续面试多位应聘者时，容易对刚开始的前面几位或快结束的后面几位印象比较深刻，而给予偏高评价。

3. 晕轮效应

即由于应聘者某一特别突出的优点(或缺点)而导致面试官对其的评价偏高(或偏低)的现象，也即我们常说的“一白遮百丑”。例如，如果招聘一名外贸工作人员，如果面试官问其英语水平如何的时候，应聘者立即以非常流利、地道的英语与面试官交流，随后又出示英语八级资格证书。这样面试官就容易因为应聘者“英语好”这个明显的优点而忽略了该应聘者的性格特质或人格品质等其他方面的不足，而给予偏高的评价。

4. 反差效应

即当面试官连续面试多个应聘者时，前面连续几个应聘者的表现会影响面试官对当前应聘者的评价。例如，同一位应聘者，如果他的前面几位的表现都比他差很多，那么容易获得偏高评价；如果他的前面几位的表现都比他强很多，那么容易获得偏低的评价。

5. 对比效应

即面试官对应聘者的评价会受到前面某位应聘者、拟聘岗位的上一位任职者(主要是其优点)或接触过的其他单位相似岗位工作人员等的影响,进而不能足够客观评价应聘者。例如,待聘的岗位是秘书,且恰好前任秘书写作能力尤其好,面试官对写作能力好的应聘者的评价可能偏高,尽管该应聘者其他一些能力较弱;而对写作能力较差(本足够胜任工作)的应聘者可能评价偏低,尽管该应聘者其他一些能力很强。

6. 成见效应

或称定势效应,由于人生经历、社会经验或价值观等原因使面试官对事物的评价有了独特的态度和标准,这种独特的态度和标准影响了面试官对应聘者的评价,造成判断偏差。例如,有的面试官欣赏细致认真的人,则对于不注意细节的应聘者,容易给予偏低的评价。又如,性格宽厚的面试官,则容易将一般的评为良好,将差的评为一般;而性格严苛的面试官,则容易将良好的评定为一般,将一般的评定为差。

7. 相似效应

或称惺惺相惜效应,指面试官对与自己相似的(性格、脾气、兴趣、经历等)或者表现出与其相同的观点或价值观的应聘者,容易给出偏高的评价;而与面试官不相似或不同的,则容易给出偏低的评价。例如,有的面试官有过艰苦创业的经历,而当某些应聘者在面试时讲述了与面试官相似的艰苦创业过程中的种种体会和经历,使面试官有“以前的我”的那种亲切感,从而给予应聘者偏高的评价。

8. 归因效应

即面试官对应聘者以往绩效表现进行原因分析时,无意识地自我作出内外因假设的心理趋势,从而影响了对应聘者本身的客观评价。例如,容易将应聘者以往工作成绩无意识地自我认为是其能力强,而对其上司、市场等外部因素所起的作用重视不够,从而不容易对应聘者的实际能力和素质作出客观而准确的判断。

9. 近因效应

即指面试官在做出最后结论的前一个时间点,恰好应聘者的表现获得了面试官的高度认可,使得面试官对应聘者前期不良表现的印象淡化了,从而作出偏高的最后结论。

10. 从众效应

即指当多位面试官对应聘者进行面试时,面试官的评价会受到其他面试官的影响,尤其是当一些评价意见已经为大多数面试官所共识时,少数面试官也许就没有表示出自己的不同意见或因此而调整自己的评价意见。

11. 趋中效应

即指面试官对应聘者的评价往往趋向于一个折中范围。例如,面试官对一些评价纬度的打分,其结果往往是大部分应聘者的分数处于不高不低的中间位置。

在面试实践中,面试官应充分做好面试准备工作,避免面试过程中容易出现的各种认知偏差,提高面试质量。

六、心理测试法

心理测试法是指为了从个人处获得关于特殊兴趣、特征、知识、能力或者行为的信息而设计的一种客观的和标准化的测量方法。测试的目的是寻找最适合从事某职位工作的人员,减少聘用后的流动。

(一)成就测验

成就测验是用来鉴定一个人在一般的或是某一特殊的方面,经过学习或培训后实际能力的高低。成就测验可分为操作测验和书写测验。

(二)能力倾向测试

能力倾向测试是指给予适当的机会时获得某种知识或技能的能力。能力倾向测试分为两种:一是综合性向测试,包括言语理解、数量关系、逻辑推理、综合分析、知觉速度和准确性等;二是特殊性向测试,是指特定职业所需要的、某些人具有其他人不具备的能力,如美术能力。

(三)智力测验

个体的智力通常采用智商这一指标来衡量,是个体的智力年龄与实际年龄的比值。比较常用的有斯坦福—比奈量表、韦克斯勒量表、测量群体智力的温德历克测试。值得指出的是,在企业的人员甄选中智商成绩只能是一种派生成绩,智力测验需要与其他的测验配合使用。

(四)人格测试

人格由多种可测量的特质构成,包括需要、动机、兴趣、爱好、情感、态度、性格、气质、价值观等。

主要的人格测验方法有两种:一是自陈量表,目前比较有名的自陈量表式人格测验有明尼苏达多项人格测验(MMPI)、卡特尔 16 种因素人格测验(16PF)等。二是投射法,可以避免人员选拔过程中的社会称许性问题,主要测试的是成就动机等深层次的个体特质,包括罗夏墨迹测验、荣格文字测试、主题统觉测验等投射测验方法。投射测验在探查应聘者的深层次特质方面具有独特魅力。但该方法的实施难度比较大,一般需要由专业人士对结果进行解释。

七、评价中心法

评价中心法,又称人才测评中心法,是一种测评人才的活动、方法、形式、技术和程序。它是指在相对隔离的环境中,以团队作业的形式进行一系列活动,从而客观地评价个体能力的方法。该方法是目前测试准确性最高的一种方法。该方法耗时长,花费比较大,多在评价复杂的属性和能力时采用。评价中心的主要形式有以下几种:

(一)无领导小组讨论

无领导小组讨论(Leaderless Group Discussion)是评价中心技术中经常使用的一种测评技术,采用情景模拟的方式对考生进行集体面试。无领导小组是通过一定数目的考生组成一组(8～10 人),进行一小时左右时间的与工作有关问题的讨论,讨论过程中不指定谁是领导,也不指定受测者应坐的位置,让受测者自行安排组织,评价者来观测考生的组织协调能力、口头表达能力、辩论的说服能力等各方面的能力和素质是否达到拟任岗位的要求,以及自信程度、进取心、情绪稳定性、反应灵活性等个性特点是否符合拟任岗位的团体气氛,由此来综合评价考生之间的差别。表 4－1 为无领导小组讨论的主要问题类型。

表 4－1　　无领导小组讨论的主要问题类型

问题类型	举　例
资源分配类	公司在 10 名优秀员工中选送 3 名到国外进修,请讨论并决定人选
倾向选择类	海上遇险
两难选择类	你认为应重点发展私营企业还是发展国有企业

续表

问题类型	举　例
操作演练类	在小岛上建立一个公园或其他设施
开放讨论类	你认为如何治理学术腐败问题

(二)角色扮演

角色扮演是指主要测评应聘者人际关系处理能力的情景模拟活动。

一般要设置一系列尖锐的人际矛盾与人际冲突,要求应聘者扮演某一角色,并进入角色情景去处理各种各样的问题和矛盾。主考官通过对应聘者在不同角色情景中表现出来的行为进行观察和记录,对应聘者对角色的把握以及角色扮演所表现出的行为、语言、思维、情绪、应变能力等进行评分。

(三)公文筐处理

公文筐处理考察的是在指定时间内对各种各样的文书问题的处理和反应能力,包括备忘录、信件、电报、电话记录等。处理完之后,应聘者需要填写行为理由问卷,说明自己为什么这样处理。评估者分别评估所作的决策与工作环境的关系。

(四)管理游戏

管理游戏是一种由应聘者共同完成一例具体的管理事务或企业经营活动的测评方法。根据测评目的,设置要解决的生产、销售、计划、协调等企业管理问题,以游戏的形式要求应聘者进行相应的活动。主考官根据每个人在游戏中的角色行为进行评估。这一方式的优点是,能够突破实际工作情景的时间与空间限制,将在实际工作中很难遇到的情况设置在游戏中,考察的针对性和目的性比较强。同时,趣味性比较强,能够引发应聘者浓厚的参与意识。

除了以上几种方法,评价中心法还包括即席演讲、案例分析、访谈法等评价方法。

【同步案例 4-2】　英特尔公司求才术:聪明人吸引聪明人

"我们最大的成就就是发现了人才,他们比绝大多数首席执行官都要优秀。"英特尔公司领导如是说。

案例精析 4-2

1. 英特尔公司的用"聪明人"的理由

英特尔公司中国区总裁说:"我们需要多方面的人才。从过去的经验看,那些真正能从工作中得到乐趣而不是仅仅为了拿钱的人能干得更好。所以,我们招收的人都精力充沛、聪明,聪明人能吸引聪明人。他们把公司当作自己的公司,所以他们能把自己的想法说出来,公司也鼓励他们这样做。他们都喜欢变化,因为这个行业的变化越来越快;他们还能明智地冒险,愿意对自己行为的结果进行评估。"

2."喜新厌熟"——重点招聘新人

从有经验的人还是从新人中招聘?

新人的缺点在于:投资大,短期内不合算,而且要承受他们可能的学习成本。但新人的优点也一目了然:学历高,与公司融合快,适应性强,潜力大,而且一旦融入公司,他们的思维定式便以公司为导向,容易培养认同感。

英特尔公司倾向于优先招聘新人。毕竟,"挖别人墙脚"不是长久之计。

3. 招聘三部曲

第一步初步面试。通常初步面试由公司的人力资源部主管主持进行,获得有关应聘者的直观信息，同时也使应聘人员对公司的目前情况及公司对应聘者的未来期望有个大致了解。

第二步进行标准化的心理测试。通过测试进一步了解应聘人员的基本能力素质和个性特征，包括人的基本智力、认识的思维方式、内在驱动力等，也包括管理意识、管理技能技巧。

第三步是进行"模拟测验"。这是最终面试，也是决定应聘人员是否入选的关键。其具体做法是，应聘者以小组为单位，根据工作中常碰到的问题，由小组成员轮流担任不同的角色，以测试其处理实际问题的能力。"模拟测试"最大的优点是，应聘者的"智商"和"情商"都能集中表现出来，也能客观反映应聘者的综合能力，使公司避免在选择人才时"感情用事"。

任务四　人员录用

人员录用是依据选拔的结果作出录用决策并进行安置的活动，其中最关键的内容是作好录用决策。录用决策是依照人员录用的原则，避免主观武断和不正之风的干扰，把选拔阶段多种考核和测验结果结合起来，进行综合评价，从中择优确定录用名单。

一、人员录用的主要策略

(一)多重淘汰式

多重淘汰式中的每种测试方法都是淘汰性的，应聘者必须在每种测试中都达到一定水平，方能合格。该方法是将多种考核与测验项目依次实施，每次淘汰若干低分者。全部通过考核项目者，再按最后面试或测验的实得分数，排出名次，择优确定录用名单。

(二)补偿式

补偿式中不同测试的成绩可以互为补充，最后根据应聘者在所有测试中的总成绩作出录用决策。如分别对应聘者进行笔试与面试选择，再按照规定的笔试与面试的权重比例，综合算出应聘者的总成绩，决定录用人选。值得注意的是，由于权重比例不一样，录用人选也会有差别。假设在甲、乙两人中录用一人，到底录用谁，关键要看不同项目的权重系数。如果各考核因素的权重均相同，则甲综合得分为 6，乙为 5.9，甲为优；如果要突出技术能力与政治思想水平，则甲综合得分为 4.75，乙为 4.51，甲为优；如果要突出学历与组织领导能力，则甲综合得分为 4.55，乙为 4.61，乙为优。

(三)结合式

在结合式中，有些测试是淘汰性的，有些是可以互为补偿的，应聘者通过淘汰性的测试后，才能参加其他测试。

二、人员未录用和录用的处理

(一)对未录用应聘者的处理

很多企业往往关注在那些将要被录用的候选人身上做工作，而忽视了对未被录用的应聘者的回复。其实，对未被录用的应聘者进行答复是展示公司形象的重要方面。公司在答复未被录用的应聘者上最好采取书面的形式，如电子邮件。在邮件中，语言要尽量简洁、坦率、礼貌，同时应该具有鼓励性，并表示希望与应聘者建立长期的联系。这样就可以方便快捷而且又不失尊重地传达公司的决定了。

值得注意的是，在确定未被录用者时要留有一定的名额。对于一个职位，初步录用的人选名单要多于实际录用的人数。这样做是因为企业还要对初步录用的人选进行背景调查，因此可能会有一些原因导致无法录用某些人。而应聘者个人也可能由于无法离开原单位、找到了更好的职位等各种原因而不来企业任职。这样留有备选人名单，以便随时能有合适的人选来代替。

（二）背景调查

背景调查就是对应聘者与工作有关的一些背景信息进行查证，以确定其任职资格。通过背景调查，一方面可以发现应聘者过去是否有不良记录；另一方面也可以对应聘者的诚实性进行考察。背景调查的主要内容有以下方面。

1. 学历学位

在应聘中最常见的一种作假就是在受教育程度上的作假。因为很多招聘的职位会对学历提出要求，所以有些没有达到学历要求的应聘者就有可能对此进行伪装。目前，大学的毕业证书已经逐渐进入计算机系统管理，可以在互联网上进行查询，这为招聘单位进行有关的背景调查提供了便利条件。

2. 过去的工作经历

过去的工作经历调查侧重了解的是受聘时间、职位和职责、离职原因、薪酬等问题。了解过去工作经历最好的方式就是向过去的雇主了解，此外还可以向过去的同事、客户了解情况。

3. 过去的不良记录

主要调查应聘者过去是否有违法犯罪或者违纪等行为。尽管我们相信一个人过去犯过错误会改过自新，但这些信息仍然要引起注意。

在进行背景调查时，要注意从各个不同的信息渠道验证信息，不要听信一个被调查者或者一个渠道来源的信息，必要时可以委托专业的调查机构进行调查。

（三）录用的处理——入职程序

当一名职位候选人经过层层选拔被录用后，在正式进入该单位工作前，还要经过以下一些入职程序，参见图4－2。

（1）人力资源经理与录用员工签订聘用合同书，双方签字后生效，人力资源部保存原件，录用员工留存复印件。

（2）录用人员前往原单位开具离职证明，并加盖原单位的公章或人事章。

（3）体检合格。录用员工前往指定医院进行体检，并将体检结果交到人力资源部，以确保身体条件符合所从事工作的要求。

（4）录用人员到人力资源部领取“入职介绍信”，前往人才交流中心开具档案转移的调函，并回到原存档单位将人事档案转移到公司指定的档案管理机构。有的公司有自己的档案管理部门，有的公司的人事档案委托专业机构来进行，无论采取哪种形式，新员工的人事档案都应该转入公司统一的档案管理机构。

（5）人力资源部门把将要正式入职的员工信息录入员工信息管理系统，与新员工预先约定时间到公司正式入职。

（6）让新员工填写档案登记表，并与新员工签订劳动合同，办理各种福利转移手续。

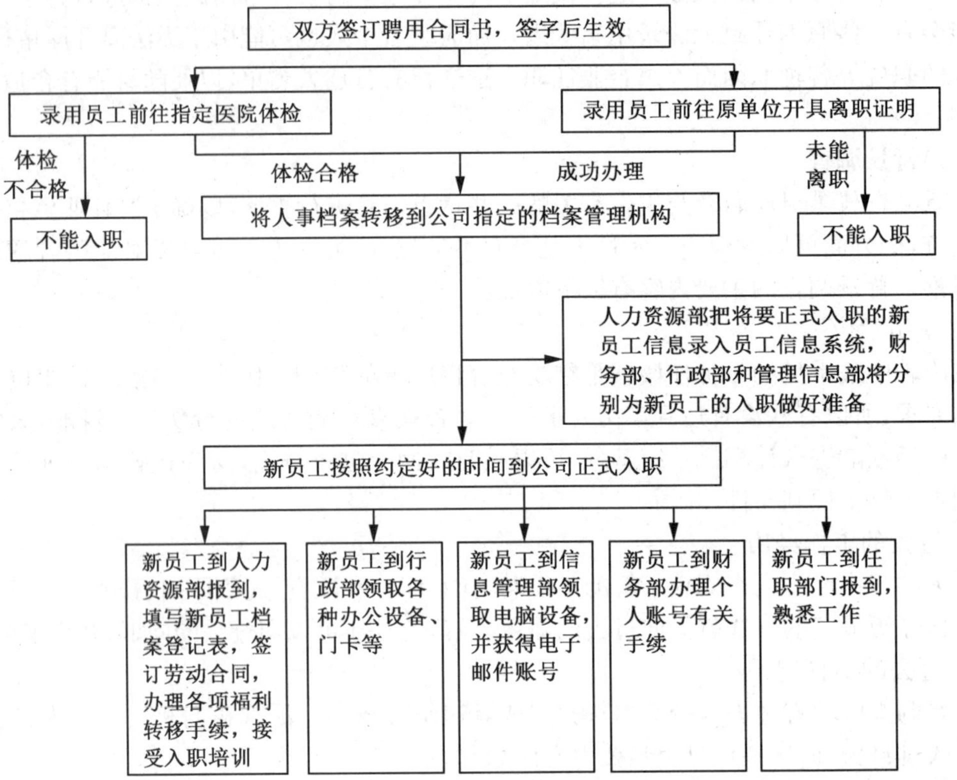

图 4—2　入职程序

【同步案例 4－3】　　糟糕的第一周工作

案例精析 4—3

李阳是国内某名牌大学的应届毕业生，已被当地一家知名高新技术企业录用。一想到就要正式到公司报到上班，李阳心里别提有多高兴了。李阳认为，公司肯定会为他们这几个新招来的大学生安排一些“精彩节目”，比如高层管理者的接见与祝贺、同事的欢迎等。因为李阳的不少同学欣喜地告诉他，他们的公司是如何热情地接纳“新人”的。

然而，第一天是令他失望的。他先来到人力资源部报到，过了好长时间，经理才派助手接待了他。助手带着李阳来到一个乱糟糟的办公桌前，对李阳说：“前一位同事辞职了，桌子很乱，还没来得及收拾，你自己收拾一下吧。”说完，助手就忙自己的事去了。

第二天，经理把李阳叫到自己的办公室开始分派任务。李阳的工作是网站制作和维护，需要同许多人打交道，但他还不怎么认识其他同事，很是无奈。

第三天，经理叫李阳送一份材料到楼上的财务部。李阳送去后，就又继续自己的工作了。下班前，经理走了过来，一脸不悦地说：“交给你的工作，你一定要向我汇报结果，知道吗？”李阳虽然嘴上说知道了，但脸上露出了不满的神情。

第四天，李阳去食堂吃饭，与同桌的两个同事聊上了。一个是自己前两届的校友，一个是那种爱开玩笑的人。李阳问他俩：“难道公司总是这样接待新员工？”校友对他说：“公司就是这种风格，让员工自己慢慢适应，逐渐融入公司。”另一位说：“公司的创办人是几个工程方面的博士，他们认为过多的花样没有多大的用处。”

到了周末,李阳约几个同学出来吃饭。说起自己第一周的工作,他茫然地说:“糟糕极了……”

应知考核

一、单项选择题

1. 在求职者众多、招聘成本压力大的情况下,企业常常将(   )作为人员甄选的第一步。

A. 体检　　B. 筛选申请材料　　C. 应聘面试　　D. 管理能力测试

2. 面试初始阶段的重要任务是(   )。

A. 努力营造和谐的面试气氛　　B. 全面评定应聘者的面试表现

C. 深入考察应聘者的实际情况　　D. 认真阅读应聘者的求职申请表

3. 某超市在招聘导购员时,要求求职者回答这样一个问题:“如果你是超市中的一名导购,你看到一位男性顾客在你负责的区域中已经足足待了 15 分钟,他看上去有些困惑和沮丧,你会怎样做?”这种面试称为(   )。

A. 行为事件面谈　　B. 情景面试　　C. 智力测验　　D. 评价中心

4. 面试考官根据开始几分钟对应聘者的感觉作出判断,这种面试偏差被称为(   )。

A. 非语言行为造成的错误　　B. 负面印象加重倾向

C. 对比效应　　D. 首因效应

5. 呈现一组内容模糊的图片或绘画,让应聘者在不受限制的条件下,描述自己从中看到的内容,从而了解应聘者的人格,这种测试方法是(   )。

A. 情景面试法　　B. 行为事件访谈法

C. 自陈量表法　　D. 投射法

二、多项选择题

1. 企业进行员工招聘的主要目的有(   )。

A. 树立企业形象　　B. 降低员工流失率

C. 招聘企业所需人才　　D. 为后续人力资源管理工作奠定良好基础

2. 企业进行外部招聘时可选用的方法、渠道包括(   )。

A. 校园招聘　　B. 猎头　　C. 广告招聘　　D. 招聘会招聘

3. 企业内部招聘的优势在于(   )。

A. 内部招聘提供了晋升和流动的机会,能够激发员工的工作激情,实现人岗更优匹配,提高公司的整体绩效

B. 内部招聘成本较低,与外部招聘相比,在评价、测试和背景资料调查方面,能节约一定的人力、物力和财力,而且招聘的速度快

C. 有利于招聘一流人才

D. 组织与现有员工之间相互比较了解,组织可以得到现有员工的准确资料和绩效信息,减少作出错误招聘决策的概率。同时,员工也了解组织的运营情况、价值观和文化,因此员工对组织不满意的可能性就降低了

4. 企业进行人员选拔的基本方法有(   )。

A. 面试法　　B. 笔试法　　C. 评价中心法　　D. 心理测试法

5. 以下面试方法属于评价中心测试方法的有(　　)。

A. 角色扮演　　B. 即席演讲　　C. 无领导小组讨论　D. 公文筐处理

三、判断题

1. 非结构化面试是指通过设计面试所涉及的内容和问题、试题评分标准、评分方法、分数等对应聘者进行系统的标准化的面试。(　　)

2. 在面试过程中,对于行为描述式的问题,应聘者应采用"STAR"原则进行回答。(　　)

3. 压力面试是面试官故意提高面试难度以提高筛选效率的基本方法。(　　)

4. 人才测评中心是指测试应聘者的一个地方。(　　)

5. 如果企业本次计划招聘到10名会计,那么通过层层测试,最后发给测试合格的10位应聘者录用通知,即代表本次招聘计划圆满完成。(　　)

四、简述题

1. 简述招聘工作对于企业的重要意义和作用。
2. 简述外部招聘和内部招聘的优缺点。
3. 简述企业进行人员选拔的基本方法。
4. 简述面试官在面试前后的主要工作。
5. 简述评价中心法的基本方法。

应会考核

■观念应用

【背景资料】

纽约联合印刷公司的"择人之道"

纽约联合印刷公司的销售经理皮尔森先生,此时正在审核瑞·约翰逊先生的档案材料,这位约翰逊先生申请担任地区销售代表的职务。联合印刷公司是同行业中的最大厂家,经营初级教育直至大学教育的教材用书和系列、完整的商贸性出版物,以及其他非教育类的出版物。该公司目前正考虑雇用约翰逊作为销售员与大学教授们打交道。约翰逊是由杰丽·纽菲尔德介绍给这家公司的,而纽菲尔德是眼下公司负责西部地区的销售商中工作非常成功的一位。虽然他到公司仅两年,但他的工作表现已清楚地表明其前途无量。在他到公司的短时期内,就将在自己负责区域内的销售额增加了三倍,他与约翰逊从少年时代就是好朋友,而且一起就读于伊利诺伊州立大学。

从档案上看,这位约翰逊先生似乎是一个爱瞎折腾的人。很明显的一点是在其大学毕业后的十年中,他没有一项固定的工作。在其工作中,持续时间最长的是在芝加哥做了八个月的招待员。他在里维埃拉待了两年,所做的一切仅够维持生活,而今他刚回来。由于没有足够的钞票,所以不管在哪儿,他都想方设法谋生,既然他是这种情况,在多数情况下公司就会自动取消考虑他的资格。但皮尔森先生还是决定对约翰逊的申请给予进一步考虑。这主要是因为公司的一个主要销售商力荐他,尽管这个人很清楚约翰逊的过去。皮尔森先生在亚利桑那州的菲尼克斯花了两天时间,同纽菲尔德及其一位朋友——顾问,一道会见了约翰逊先生。三人一致认为问题关键在于:约翰逊先生能否安顿下来,为生活而认真工作。约翰逊对这个问题持诚恳的态度,并承认自己没料到会有这种答复,他清楚自己以前的工作情况,可他似乎又觉得会得到这份预想的工作。约翰逊先生似乎有优越的素质来胜任,他的父母是东部一所具有相当规模的大学的教授,他在学术氛围中成长起来,因而充分了解在向教授们推销教材过程中所需解决的各种问题。他是一个有能力、积极进取的人。

在会见后,皮尔森先生和顾问都认为,如果他能安顿下来投入工作,他会成为一名杰出的销售人员。但是,二人也意识到还有不确定性存在:约翰逊先生可能会再次变得不耐烦而离开这个工作去某个更好的地方。不过,皮尔森决定暂时雇用约翰逊。公司招聘程序的一部分要求在对人员最后雇用之前对每一位应聘者进行一系列心理测试。一些测试表明:约翰逊先生充满智慧且具有相当熟练的社会技能。

然而,其余几项关于个性和兴趣的测试,则呈现出了令公司难以接受的一个方面。测试报告说:约翰逊先生有高度的个人创造力,这将使他不可能接受权威,不可能安顿下来投入一个大的部门所要求的工作中去。关于他的个性评估了许多,但是所有一切都归于一个事实:他不是公司想雇用的那类人。依据测试结果,皮尔森先生还拿不定主意是否向总裁建议公司雇用约翰逊先生。

【考核要求】

根据背景资料,回答下列问题:

1. 如果你是皮尔森,是否可录用约翰逊先生?皮尔森先生将向总裁建议什么?

2. 假如皮尔森雇了约翰逊先生,那么你认为约翰逊先生会不会“这山盼着那山高”,在皮尔森所在的公司干一段时间后又再一次跳槽?

■技能应用

小王是某房地产公司的人力资源经理,前几天老板说有一个大的房地产项目将要上马,需在一个月内招聘到30名专业人员。同时,公司一直在北京郊区策划的一个房地产项目,两年来因各种原因未能审批下来,前天也终于获批,并且需要马上派驻相关人员开展工作。这下可把小王急坏了,他迅速制定了新的招聘录用程序。

根据上述资料,回答下列问题:

1. 导致该公司遭遇突发性招聘的主要原因是(　　)。

A. 人力资源战略与组织的经营战略不对接

B. 公司的报酬体系没有吸引力

C. 经营的不确定性给人力资源规划造成困难

D. 小王缺乏招聘技能

2. 小王所制定的招聘录用程序有效的标准包括(　　)。

A. 向应聘者提供空缺职位的充分信息

B. 明确录用或淘汰的标准

C. 将那些比较复杂、费用较高的选择程序放在招聘系统的最后

D. 尽量让不同的应聘者经历不同数量和类型的选择测试

3. 为了提高招聘的效率,小王应该采用的方法是(　　)。

A. 尽快明确招聘要求　　B. 容忍面试偏差

C. 梳理和改进招聘流程　　D. 降低测评的信度与效度

■案例分析

宝洁公司的初期甄选

当紧张忙碌的招聘初期工作结束之后，HR 要面对堆积如山的简历和测试试卷。如何进行初次甄选，才能保证进入面试的人员的质量呢？

根据人力资源专家的调查研究，在同一类型岗位上，最优秀员工比普通员工工作效率高出 3 倍以上。可见，初期甄选对招聘工作乃至企业的所有工作都具有十分重要的意义。

宝洁公司的笔试甄选，相当具有借鉴性：

宝洁公司的笔试主要包括三个部分，分别是专业技能测试、英文能力测试和解决困难能力测试。其中，专业技能测试针对专业技能要求比较高的岗位；英文能力测试则与普通外企差别不大，用来考察普通应聘者的英文能力；解决困难能力测试是宝洁公司为高层应聘者特备的能力测试工具。解决困难能力测试用来衡量一个人学习新知识和完成新工作的能力。通过这种甄选，能够准确地把握应聘者的语言能力、计算能力、感知能力、空间能力和推理能力。宝洁公司的筛选有以下三个步骤：

1. 申请表筛选

让应聘者先填写、提交工作申请表，以提高招聘筛选的效率，同时，也促使应聘者进行自我审视。工作申请表包含的关键信息：求职者个人的基本情况、接受过的教育和培训经历、工作经历、与所申请岗位相关的背景、工作特殊要求以及其他相关信息。

对此进行如下筛选：

(1)根据申请表准确判断应聘者的求职态度。态度比较端正的应聘者，通常都会认真填写申请表，内容完整，字迹工整。申请表内容填写不完整或字迹潦草，说明求职态度不认真，予以剔除。

(2)通过申请表了解应聘者的工作经历。在审查申请表时，把重点放在应聘者以往的工作经历上，包括其所担任的职务、所具备的技能、所拥有的专业知识等。如果应聘者频繁跳槽，则一般不予通过。

(3)申请表加权分析法。如果需要对工作申请表中的信息进行量化分析，HR 则选择加权分析法。这种方法首先对工作申请表中填写的各项因素进行分析。然后，依据这些因素的重要性分别赋予不同的权重。权重的分配可依据过去的统计资料，也可依据行业内权威机构的数据。接着，对各项因素进行打分、汇总，得到每个应聘者的总分。最后，将同一岗位所有应聘者的分数进行排序，作为筛选的重要标准。

(4)在阅读和审查申请表时，还要注意发现其中的可疑之处，留待下一步核实或者面试时核对。

2. 简历筛选

(1)认真审查简历内容。个人简历包含了两部分内容，即主观内容和客观内容。HR 在对简历进行筛选时，首先关注客观内容，包括个人信息、受教育经历、工作经历、工作业绩等。

(2)分析简历的结构。应聘者能否设计好简历的结构，体现出他们的组织、沟通和表达能力。对于那些篇幅过长或过短的简历，HR 予以剔除。简历具备良好层次感、缜密、逻辑性强的应聘者通常有机会进入面试。

(3)判断应聘者的技能和经验。观察应聘者在简历中所自述的个人专业技能和工作经验，是否能与其所应聘的职位相关联。如果关联不上，说明应聘者对自身特点和职位属性都缺乏了解,也就没有必要继续关注了。

(4)审核严谨性。一些应聘者为了通过筛选,喜欢用“基本上”“原则上”之类模糊字眼回避实质问题。有的应聘者喜欢讲述自己在著名企业的任职经历,对具体担当的职务却只字不提。对于这些躲躲闪闪的应聘者,HR 通常高度警惕。

(5)挑剔细节矛盾。有经验的 HR 还会敏锐洞察简历中存在的履历空白或前后自相矛盾之处,不管是笔误还是故意,HR 都要调查清楚。

3. 笔试甄选

笔试内容涵盖广泛,包括心理测试、人格测试、能力倾向测试和岗位知识测试等。宝洁公司根据不同岗位的需要,确定测试项目。

(1)关于命题。宝洁公司在招聘管理人员、研发人员时,多选择论文式的笔试,在招录普通员工时,则以测验为主。在命题难度上,保持中等水平。标准答案则在考试前准备好。

(2)关于阅卷与复核。阅卷与复核秉持客观、公平、公正的原则。宝洁的测试人员对阅卷工作进行保密和监督。复核分数的过程中,测试人员同样认真对待,严格按照规定程序办事,防止任何作弊现象发生。

思考题:

(1)宝洁公司的筛选有哪几个步骤?

(2)宝洁公司的筛选有哪些借鉴意义?

管理实训

【实训项目】

无领导小组讨论。

【实训目的】

通过实训,让学生亲身体验无领导小组面试,了解无领导小组面试的基本流程及注意事项。

【实训情境】

事件发生海难上,一游艇上有八名游客等待救援,但是救援的直升机每次只能够救一个人。游艇已坏,不停进水。寒冷的冬天,海水冰冷刺骨。游客情况如下:

1. 将军,男,69 岁,身经百战。

2. 外科医生,女,41 岁,医术高明,医德高尚。

3. 大学生,男,19 岁,家境贫寒,参加国际奥数获奖。

4. 大学教授,50 岁,正主持一个科学领域的项目研究。

5. 运动员,女,23 岁,奥运金牌获得者。

6. 经理人,35 岁,擅长管理,曾将一大型企业扭亏为盈。

7. 小学校长,53 岁,男,“五一奖章”获得者。

8. 中学教师,女,47 岁,桃李满天下,教学经验丰富。

请将这八名游客按照营救的先后顺序排序。(3 分钟的阅题时间,1 分钟的自我观点陈述,15 分钟的小组讨论,1 分钟的总结陈词。)

【实训任务】

1. 将学生分为若干小组分别进行讨论,由其他组及指导老师根据各组讨论过程中的学生表现给予评价。

2. 撰写《无领导小组讨论》实训报告。

《无领导小组讨论》实训报告		
项目实训班级：	项目小组：	项目组成员：
实训时间：　　年　月　日	实训地点：	实训成绩：
实训目的：		
实训步骤：		
实训结果：		
实训感言：		
不足与今后改进：		

项目组长评定签字：　　　　　　　　　　　　项目指导教师评定签字：

项目五

员工培训与开发

○ **知识目标：**

理解：员工培训与开发的概念、特点和意义。

熟知：员工培训的内容和程序。

掌握：员工培训的主要方法。

○ **技能目标：**

能够正确分析企业的培训需求，制订合理的培训计划，有效地组织和实施培训，对培训效果进行科学评估，具备操作企业培训的基本能力。

○ **素质目标：**

能够理解企业培训对于企业与员工的重要意义和作用，加深对企业培训工作的认识和理解。

○ **管理故事：**

"渔王"的儿子

有位渔夫，他有着一流的捕鱼技术，被人们尊称为"渔王"。然而，渔王最近非常苦恼，因为他三个儿子的捕鱼技术都很平庸。他经常向人诉说心中的苦恼："我真不明白，我捕鱼的技术这么好，我的儿子们为什么这么平庸？我从他们懂事起就传授捕鱼技术给他们，凡是我辛辛苦苦总结出来的经验，都毫无保留地传授给他们。可他们的捕鱼技术竟然赶不上技术比我差的渔民的儿子！"一位路人听了他的诉说后，问道："他们一直跟随着你吗？""是的。为了让他们少走弯路，我一直让他们跟着我学习。"路人说："这样看来，你的错误就很明显了。你只传授给他们技术却没传授给他们教训，对于才能来说，没有教训与没有经验一样，都不能使人成大器！"

故事感悟：

上述故事告诉我们，企业在进行员工培训时，要注意培训的内容和方式。例如，企业培训内容要根据 ERP 实施的不同阶段、不同的人来培训不同的内容。在实施过程中，对部门主管和技术人员进行一些管理和技术的培训，在试运行时对系统操作人员进行有关系统操作方面的培训。在培训的过程以如何成功实施 ERP 的内容为基础，更应该对实施 ERP 的失败教训进行剖析，避免造成"渔王"培养三个儿子失败的结果。

○ **知识精讲：**

任务一　员工培训与开发概述

一、员工培训与开发的概念

在一般意义上，所谓培训与开发，是指组织根据发展和业务需要，通过学习、训练等手段进行的旨在改变员工的价值观、工作态度和工作行为，提高员工的工作能力、知识水平、业务技能并最终改善和提高组织绩效等的有计划、有组织的培养和训练活动或过程。

具体来说，对于培训与开发的概念可以掌握以下几点：

(一)培训与开发是一种人力资本投资

在人力资本投资形式中，培训包括职前(岗前)培训、在职培训、脱产培训等，是仅次于教育的重要形式，而这里所谓的培训，就是人力资源管理中所指的培训与开发，其目的也在于训练和培养员工的知识、技能，以提高员工的职业适应性和工作绩效。因此，从人力资本理论角度来看，培训与开发也是一种人力资本投资。

(二)培训与开发是为组织实现目标服务的

就培训与开发与组织目标的关系来看，培训与开发必须为实现组织的目标服务。应该说，员工培训与开发的直接目的是提高员工现在及将来的职业能力，包括员工个人的职业发展，但从根本上说还是为组织实现目标服务的。这就要求组织在计划及实施员工培训与开发时，必须首先明确这样一些问题：为什么要进行培训，需要进行什么样的培训，哪些人需要接受培训，由谁来进行培训，如何评价培训的效果，如何进行员工开发等。不能为培训和开发而培训和开发，更不能做表面文章，否则这些问题不明确，只能使培训与开发的效率和效果大打折扣。

(三)培训与开发是一种管理手段

从管理的全过程角度看，培训与开发是一种管理手段，也是一个管理过程。根据组织行为学理论，一个人的工作绩效取决于其工作行为，而其工作行为又由这个人在具体工作情境下所选定的行为目标决定。组织期望通过培训与开发活动促进组织目标的实现，这一过程必须通过影响员工在特定的工作情境下的行为选择来实现，也就是必须影响甚至改变、塑造员工的工作态度、工作行为，使其符合职业需要并有助于实现组织的目标。把员工培训与开发视作一种管理手段，就要求组织应把其作为组织整个管理活动总体来对待，不应割裂其与其他管理活动及内容的关系而孤立进行培训与开发活动。

(四)培训与开发是员工职业发展的助推器

培训与开发应该带来的是组织与个人的共同发展。从实际效果来看，无论是知识、技能等的培训，还是素质、管理潜能的开发，无论是现在导向的，还是未来导向的，尽管组织会从中大受其益，但是员工个人自身的知识、技能等人力资本无疑得到增值，使其增强适应各种工作岗位和职业的能力，提高工作绩效。从组织角度来说，在实施培训和开发过程中，绝不能忽视员工的个人职业发展，这样才能进一步增强组织的凝聚力，以更好地提高组织的运行绩效。因此，培训与开发是促进员工个人职业发展的助推器。

二、员工培训与开发的意义

(一)培训与开发是提高员工素质和职业能力的重要手段

员工作为组织人力资源的载体是组织资源中弹性最大的因素，是组织生存与发展的根本。现代社会发展的一个重要趋势就是新技术、新知识、新工艺、新产品层出不穷，特别是知识、技术的更新速度在近些年明显加快，加之市场需求变化多端，市场竞争日趋激烈，这些都对员工素质和职业能力提出了更高的要求。事实上，最近几年伴随社会经济的发展和知识经济时代的快速到来，我国各类企事业单位甚至包括政府部门员工素质不高、职业能力不强的问题已经越来越凸显，只有通过不断进行各种形式的训练和培养，通过员工不断地学习，才能不断提高员工的素质，使其知识、技能、工作态度、工作方法等跟上时代发展的步伐，适应工作岗位发展变化提出的高要求，避免由于员工素质和综合能力低而不适应新的工作岗位和工作内容的局面的发生。

(二)培训与开发是组织获取竞争优势以有效应对激烈市场竞争的重要途径

世界经济的知识化、全球化、网络化时代的到来，新技术革命的日新月异，市场竞争的日趋激烈和市场需求的日益复杂多变，对企业等各类组织提出了前所未有的挑战，有人甚至认为已把其推向了“不进则退”甚至生死存亡的境地。任何一个企业如果不具备较强的综合素质或核心专长，将很难获得竞争优势。由于人力资源在企业各类资源中所具有的独特地位，包括员工培训与开发在内的人力资源开发与管理显得比以往任何时候都更加重要。而员工培训与开发则是提高员工素质与能力，发现人才、快出人才、多出人才的重要途径。它可以使组织拥有更多的高素质员工，进而拥有更多的人力资本，从而有效应对市场竞争，获得竞争优势，并最终获得成功。

(三)培训与开发是提高组织工作质量的重要措施

组织的工作质量包括生产过程质量、产品质量、客户服务质量等，通过员工培训和开发，可以使员工明确自己的工作职责、任务和目标，提高自身的知识和技能，并具备与实现组织目标相适应的自身素质与业务技能及人际交往、沟通协调、集体参与等其他能力，这样就可以有效地解决组织中“人”与“事”的矛盾，实现“人”与“事”的和谐发展；可以有效地提高员工的工作质量和工作效率；使员工适应在新的工作环境和业务流程下工作角色转变的需要，从而为整个组织工作质量的提高奠定坚实的人力基础。

(四)培训与开发是实现员工个人发展和自身价值的必要措施

与传统的人事管理不同，现代人力资源管理把员工视为一种资源，以人为中心的管理、人本管理、尊重人、关心人等口号的提出和管理理念的确立就是明显的例证。以人为中心的管理或是人本管理思想，其核心就是组织在谋求组织整体利益、追求最佳绩效的同时，也把员工个人的成长、员工自身人力资本价值的增值和员工个人的职业发展放在与组织利益同等重要的地位。从员工角度来看，在现代组织中，员工为组织工作的目标已不仅仅停留在满足低层次需要上，绝大多数员工工作的目的在于追求高层次的需要，即自尊的需要和自我实现的需要。而培训与开发能给员工不断提供学习和掌握新知识、新技能的机会，使其能适应和接受新的工作岗位所提出的挑战和任务，能够跟上时代发展的步伐，实现自我成长和自我价值。这不仅能够使员工得到物质的满足，而且能使员工得到精神上的成就感。这就是所谓的培训与开发的激励作用。

三、员工培训与开发的特点

(一)培训与开发的广泛性

所谓培训与开发的广泛性，首先，是指组织内培训与开发的网络涉及面广，不仅决策层需要培训，而且中间管理层和一般员工也需要进行培训和开发，体现出一种全员培训的性质；其次，是指培训内容的广泛性，不仅包括一般管理知识如计划、组织、领导、控制的培训，而且包括技术、财务、统计、营销、生产等各个经营环节的内容，还包括面向未来的新知识、新技能等。

(二)培训内容的层次性、针对性和实用性

组织内员工培训应该是分层次的，而且要有针对性，对于不同的培训对象、不同知识和文化背景、不同工作任务及不同知识和技术需要的员工，培训的内容和重点应有所不同。对于一般员工，侧重于一般知识和最基本技能，解决基础知识和技能差等问题，防止员工工作技能退化；对于中间管理层，主要应解决拓宽知识面、掌握管理知识和技能问题；对于高层决策者，应主要解决创新和企业家经营意识等问题。同时，培训形式和培训内容要做到理论与实践相结合，不能与实际工作脱节，要使员工所学到的知识、技能能够适应工作需要。

(三)培训与开发的长期性和速成性

员工的培训与开发是伴随员工在组织内工作的全过程的，不能指望一次或几次培训就能解决全部问题，特别是随着现代科学技术的日新月异，新知识、新技术、新行业、新工种不断涌现，对员工培训与开发的需要不仅日益强烈，而且要求培训与开发必须是长期性的、永恒的，就像在学习型社会要树立终身学习观念一样，员工培训与开发也必须树立终身观念，只要员工在组织内工作，培训与开发就应根据需要进行。同时，强调长期性，并不是指一次培训时间的长期化，由于培训所具有的鲜明针对实际工作需要的特性，每次培训应强调周期短、见效快，特别是技能性培训尤其应如此，以提高培训与开发的效果。

(四)培训组织形式和方法的灵活性、多样化

培训组织形式和方法应该灵活、多样，不应追求统一模式，而决定取舍的原则就是符合实际需要。在时间上，应有长有短，既有短期培训，也有长期培训。在培训组织上，既应有岗前培训，也应包括岗位培训、转岗培训、在职培训、脱产培训等；既应有在国内的培训，也应有出国考察或进修培训；既有定期培训，也有非定期的临时培训等。在培训方法上，既应包括讲座、视听教学、电脑辅助教学(电子学习、远程学习)、讨论会或研讨会等，也应包括角色扮演、情景模拟、商业游戏、个案研究与分析、行为模仿等，做到因材施教、因需施教，并充分发挥员工的主动性和积极性，增强培训效果。

(五)培训与开发的协调性

员工的培训与开发，应视作是一个系统工程，它要求各环节、各层次应保持协调，从而使培训与开发网络协调有效运转起来。首先，应根据组织的发展战略和实际运营需要，制订恰当的培训方案，包括在进行培训需求分析的基础上确定培训对象、培训内容、培训组织形式等；其次，是组织各方面力量实施培训方案，包括根据业务工作需要合理调配培训时间和地点，根据组织经营发展的需要确定员工培训的总量与结构；最后，要对培训效果进行恰当的评估、总结，找出成绩与不足，使培训与开发工作能够满足整个组织运转的需要。

任务二　员工培训的内容与程序

一、员工培训的内容

(一)知识培训

知识培训包括:员工要了解企业的发展战略、企业愿景、规章制度、企业文化、市场前景及竞争;员工的岗位职责及本职工作基础知识和技能;如何节约成本,控制支出,提高效益;如何处理工作中发生的一切问题,特别是安全问题和生产事故等。

这类的课程应由人力资源和部门主管共同完成,分工协作并相互督促。对于有些规章制度和企业文化,要求全体员工能理解、能认同及能遵守。

(二)技能培训

技能是指为满足工作需要必备的能力。企业高层干部必须具备的技能是战略目标的制定与实施,也就是领导力的训练;企业中层干部的管理技能是目标管理、时间管理、有效沟通、计划实施、团队合作、品质管理、营销管理等,也就是执行力的训练;基层员工是按计划、流程、标准等操作实施,也就是完成任务必备能力的训练。

(三)态度和观念培训

员工通过培训获得对人、对事、对己的反应倾向。它会影响员工对特定对象做出一定的行为选择。如果要热情、周到地对待客户咨询与投诉,并在 24 小时内回复来电或来函,售后服务部门员工必须接受相关的业务培训。

(四)岗位培训

如果按照不同岗位来划分,员工培训内容又可以分为以下几种形式:

1. 总经理技能培训

这包括:领导艺术、总经理学历课程、指导下层和在不同部门就职、完成特殊委派、培养管理领导技能、转变管理方式、制定战略决策等。培训对象一般为公司高层管理人员。

2. 经理技能培训

这包括:决策计划技能、领导艺术、与其他经理交流的技能、进行时间管理和项目管理、辅导员工制定工作目标和完成工作计划。

3. 职业技能培训

这包括:人际交流技能、计算机技能、其他的相关专业知识(如财务、采购和工程等)、各种基本技能培训和复习进修。

4. 技术培训

这是近年来发展较快的一个领域,也是完成各项工作所需要进行的培训。培训内容包括计算机、生产工艺、使用特殊系统和设备、执行有关政策和规定。

5. 安全和健康培训

在降低劳动保护相关成本的同时,确保工作场所的安全与人员健康,内容越来越多涉及如何处理工作压力和建立健康的生活方式。

6. 新员工上岗培训

确保新员工有一个良好的开端,能迅速与组织融为一体。所涉内容可以小到工作场所的基本介绍，也可以大到介绍公司企业文化的方方面面。

7. 组织发展培训

有关组织变动管理的培训，诸如全面质量管理计划、顾客服务和团队建设等。

【同步案例 5－1】 一次徒劳无功的培训

W 先生是某国有机械公司新上任的人力资源部部长。在一次研讨会上，他了解到一些企业的培训搞得有声有色。他回来后，兴致勃勃地向公司提交了一份全员培训计划书，以提升人力资源部的新面貌。公司老总很开明，不久就批准了 W 先生的全员培训计划。W 先生深受鼓舞，踌躇满志地对公司全体人员——上至总经理，下至一线生产员工，进行了为期一个星期的脱产计算机培训。为此，公司还专门下拨十几万元培训费。

案例精析 5－1

培训的效果怎样呢？据说，除了办公室的几名人员和 45 岁以上的几名中层干部有所收获，其他人员要么收效甚微，要么学而无用，十几万元的培训费用只买来了一时的“轰动效应”。一些员工认为，新官上任所点的“这把火”与以前的培训没有什么差别，甚至有小道消息称此次培训是 W 先生做给领导看的“政绩工程”，是在花公司的钱往自己脸上贴金！而 W 先生对于此番议论感到非常委屈，在一个有着传统意识的老国企，给员工灌输一些新知识怎么效果不理想呢？W 先生百思不得其解：“不应该呀，在当今竞争环境下，每人学些计算机知识应该是有用的呀。”

二、员工培训的程序

(一)培训需求分析

培训需求分析就是采用科学的方法弄清谁最需要培训、为什么要培训、培训什么等问题，并进行深入探索研究的过程。它具有很强的指导性，是确定培训目标、设计培训计划、有效实施培训的前提，是现代培训活动的首要环节，是进行培训评估的基础，对企业的培训工作至关重要，是使培训工作准确、及时和有效的重要保证。

1. 组织分析

培训需求的组织分析主要是通过对组织的目标、资源、特质、环境等因素的分析，准确地找出组织存在的问题与问题产生的根源，以确定培训是不是解决这类问题的最有效的方法。一般而言，组织分析主要包括下列几个重要步骤：

(1)组织目标分析。明确、清晰的组织目标既对组织的发展起决定性作用，也对培训规划的设计与执行起决定性作用，组织目标决定培训目标。

(2)组织资源分析。如果没有确定可被利用的人力、物力和财力资源，就难以确立培训目标。组织资源分析包括对组织的金钱、时间、人力等资源的描述。

(3)组织特质与环境分析。组织特质与环境对培训的成功与否也起重要的作用。如果培训规划与组织的价值不一致，培训的效果则很难保证。组织特质与环境分析主要是对组织的系统结构、文化和资讯传播情况的了解。

2. 工作分析

工作分析的目的在于了解与绩效问题有关的工作的详细内容、标准，以及达成工作所应具备的知识和技能。工作分析依据分析目的的不同，可分为以下两种：

(1)一般工作分析。一般工作分析的主要目的是使人们能很快地了解一项工作的性质、范围与内容，并作为进一步分析的基础。一般工作分析的内容包括工作简介和工作清单。

工作简介主要说明一项工作的性质与范围，使阅读者能很快建立一个较为正确的印象。其内容包括工作名称、地点、单位、生效及取消日期、分析者、核准者等基本资料。

工作清单是将工作内容以工作单元为主体，并以有条理的方式组合而成，使阅读者能对工作内容一目了然。而每项工作单元又可加注具体工作的性质、工作的频率、工作的重要性等补充资料，这对员工执行工作、管理层进行工作考核和特殊工作分析都有益处。

(2)特殊工作分析。特殊工作分析是以工作清单中的每一工作单元为基础，针对各单元详细探讨并记录其工作细节、标准和所需的知识与技能。

工作分析是培训需求分析中最烦琐的一部分，但是，只有对工作进行精确的分析并以此为依据，才能编制出真正符合企业绩效和特殊工作环境的培训课程。

3. 工作者分析

工作者分析主要是通过分析工作人员个体现有状况与应有状况之间的差距，来确定谁需要和应该接受培训及培训的内容。工作者分析的重点是评价工作人员实际工作绩效和工作能力。包括下列方法：

(1)个人考核绩效记录。主要包括员工的工作能力、平时表现(请假、怠工、抱怨)、意外事件、参加培训的记录、离(调)职记录等。

(2)员工的自我评价。自我评价是以员工的工作清单为基础，由员工针对每一单元的工作成就、相关知识和相关技能真实地进行自我评价。

(3)知识技能测验。以实际操作或笔试的方式测验工作人员真实的工作表现。

(4)员工态度评价。员工对工作的态度不仅影响其知识技能的学习和发挥，而且影响与同事间的人际关系，影响与顾客(或客户)的关系，而这些又直接影响其工作表现。运用定向测验或态度量表，可帮助了解员工的工作态度。

4. 工作分析方法

(1)职位分解法。它是指人力资源管理部门的专业培训人员对职位进行分解，寻找出关键因素或关键点。所谓关键点，是指可以使完成工作职位的任务更加安全，或者能够保证完成工作质量的工作步骤或单元。然后，针对这些关键点确定培训内容和目标等。

(2)任务分解法。它是指对完成的任务进行分析，找出其中的难点，再根据这些难点确定培训内容、目标等。这种方法是解释工作职位的另一种方法。

(3)错误分析法。它主要针对错误发生率很高的职位。专业培训人员通过对这些职位发生错误的原因以及后果的分析，确定培训的内容和目标等。

(4)工作绩效评价法。它是在对员工绩效的评价基础上确定培训内容和目标。这是建立培训需求的一种有效方法。

(5)调查表(问卷)法。它是指由人力资源管理部门的专业人员设计一系列反映员工的能力与培训投入的不同渠道关系的表格。这种表格由员工按要求填写。这种表格提供的信息对于企业安排培训活动非常有帮助。而这些培训活动将大大地满足组织成员的要求。因此，认真、科学地设计这些表格，并组织员工完成这些表格的填写非常重要，也非常有意义。表5－1为某企业的培训需求调查问卷。

表 5—1　　某企业的培训需求调查问卷（简略版）

亲爱的同事：

为了更好地匹配您的需求，使公司培训更具针对性和实用性，切实帮助到您的日常工作，特附上本调查问卷，敬请给予宝贵意见。我们将在对您的反馈进行细致分析的基础上，结合公司战略、业务模式制订公司培训计划。您的信息、意见和建议将得到充分的尊重，我们会认真阅读并对您提供的信息严格保密。

感谢您的协助与支持，祝您工作愉快！

第一部分　个人基本信息

姓名：　　年龄：　　学历：　　部门：

在本公司工作年限：　　现任职务：　　工作年限：

在加入本公司之前工作的公司性质：□ 国有企业　□ 外商独资企业　□ 合资企业　□ 私营企业

请您以 2～3 句话简单描述您的主要工作职责：

第二部分　培训认同度

1. 您认为公司对培训工作的重视程度如何？

□ 非常重视　□ 比较重视　□ 一般　□ 不够重视　□ 很不重视

2. 您认为，培训对于提升您的工作绩效、促进个人职业发展能否起到实际帮助作用，您是否愿意参加培训？

□ 非常有帮助，希望多组织各种培训　□ 有较大帮助，乐意参加

□ 多少有点帮助，会去听听　□ 有帮助，但是没有时间参加

□ 基本没有什么帮助，不会参加

3. 您认为自己对于企业培训需求的迫切程度如何？

□ 非常迫切　□ 比较迫切　□ 有一些培训需求，不是那么紧迫

□ 无所谓，可有可无　□ 没有培训需求

……

第三部分　培训的组织和安排

1. 鉴于公司的业务特点，您认为最有效的培训方法是什么？请选出您认为最有效的 3 种：

□ 邀请外部讲师来公司进行集中讲授　□ 安排受训人员到外部培训机构接受系统训练

□ 由公司内部有经验的人员进行讲授　□ 部门内部组织经验交流与分享讨论

□ 拓展训练　□ 光碟、视频等声像资料学习

□ 建立公司图书库，供借阅　□ 建立网络学习平台

□ 其他：

2. 您认为，最有效的课堂教学方法是什么？请选出您认为最有效的 3 种：

□ 课堂讲授　□ 案例分析　□ 模拟及角色扮演　□ 多媒体

□ 游戏竞赛　□ 研讨会　□ 其他：

3. 您认为以下哪些因素对于公司培训工作的开展效果影响最大？请选出 3 个：

□ 领导的重视程度　□ 员工的培训参与意识　□ 培训方式与手段

□ 培训时间的安排和时长　□ 培训组织与服务　□ 培训内容的实用性

□ 培训讲师的授课水平　□ 培训效果的跟进　□ 其他：

……

第四部分　培训需求信息

1. 您认为个人培训需求重点在于哪些方面？请选出您认为最需要的 3 个：

□ 岗位专业技能　□ 个人自我管理技能　□ 企业文化　□ 职业道德与素养

□ 职业生涯规划　□ 行业、市场及产品信息　□ 人际关系及沟通技能

□ 通用基本技能　□ 其他：

续表

2. 您认为，您部门的培训需求重点可能在于哪些方面？请选出最重要的3个： □ 领导艺术 □ 管理理念 □ 管理工具 □ 角色认知 □ 职业道德 □ 管理理论 □ 职业化 □ 人员管理技能 □ 其他：
3. 考虑到各部门岗位、职能差异较大，以下问题请您针对个人的工作岗位和主要职责，以文字进行描述。 (1)您认为个人在岗位专业技能上，需要进行哪些方面的培训(请列举三项最迫切的培训需求)？ (2)您在日常工作中经常会遇到哪些问题和困难？希望提升哪些方面的能力？希望公司提供哪些方面的培训？
4. 除本问卷所涉及的内容，您对公司培训还有哪些建议和期望？或者，您还期望学到哪些方面的知识？

(6)职业计划。职业计划是员工对自己在将来工作中得到成长、发展和获得满足感的愿望和要求。它也是培训需求分析的有效方法。依据员工的职业计划，企业可以有计划地安排培训内容，使员工的发展目标得以实现。

(二)培训计划的制订

1. 培训目标的确定

确定培训目标会给培训计划提供明确的方向。有了培训目标，才能确定培训对象、内容、时间、讲师、方法等具体内容，并在培训之后对照此目标进行效果评估。确定了总体培训目标，再把培训目标进行细化，就成为各层次的具体目标。目标越具体，越具有可操作性，越有利于总体目标的实现。

2. 培训内容的选择

究竟选择哪个层次的培训内容，是由不同受训者的具体情况决定的。一般来说，管理者偏向于知识培训和素质培训，一般员工偏向于知识培训和技能培训。

3. 培训指导者的确定

培训资源可分为内部资源和外部资源。内部资源包括企业的领导、具备专业知识和技能的员工；外部资源包括专业培训人员、公开研讨会或学术讲座等。内部资源和外部资源各有优缺点，应根据培训需求分析和培训内容来确定。

4. 培训对象的确定

根据培训需求、培训内容，可以确定培训对象。岗前培训是向新员工介绍企业规章制度、企业文化、岗位职责等内容，使其迅速适应环境。对于即将调换工作岗位的员工或者不能适应当前岗位的员工，可以进行在岗培训或脱产培训。

5. 培训时间的选择

通常情况下，有下列四种情况之一时就需要进行培训：新员工加入企业、员工即将晋升或岗位调换、环境的改变要求培训老员工、满足发展的需要。

6. 培训方法的选择

企业培训的方法有很多种，如讲授法、演示法、案例分析法、讨论法、视听法、角色扮演法等。各种培训方法都有其自身的优缺点。为了提高培训质量，达到培训目的，往往需要将各种方法配合起来灵活运用。

7. 培训场所和设备的选择

培训场所包括教室、会议室、工作现场等。如果以技能培训为内容，最适宜的场所为工作现场，因培训内容的具体性，许多工作设备是无法搬进教室或会议室的。培训设备包括教材、模型、投影仪等。不同的培训内容和培训方法最终决定培训的场所和设备。

除以上内容外，还需要确定经费的预算及筹集方式，住宿、饮食等后勤保障措施等内容。

【同步案例 5-2】　　南方电器公司的培训

南方公司成立于1992年，在过去的10年中，由最初总资产几百万元发展成为现在总资产为200多亿元的大型电器公司。但最近南方公司遇到了比较麻烦的问题，公司经常出现熟练工人短缺的问题。产生这个问题的原因是公司从国外引进了世界上最先进的生产设备，而且生产的产品品种也比以前更多，这些变化要求生产工人掌握更为先进的技术，而从人才市场上招进的工人很难在短期内符合公司的需要。

案例精析 5-2

于是，公司总经理洪明要求人事部写一份关于生产工人的短期培训计划，以满足公司对人力资源的需要。人事部经理王明把此事交给了张萍，张萍是由技术人员提拔上来的人事管理者，对人事管理工作也是刚接触。

问题：王明应当怎样指导张萍制订这份培训计划？

(三)培训的组织实施

在培训活动的实施过程中，需要做好实施前的准备工作、培训中的控制工作以及跟进、纠偏工作。前期的准备工作主要有拟定培训通知书，通知所有参训人员以及与培训工作开展的相关人员。

与此同时，应到培训场所实地去查看，熟悉培训环境，落实培训相关的设备，检查设备是否完好。必要的话，还可请培训师进行实地试培训，并做好参训人员的接待引导工作。

培训活动是交互式的活动。在培训过程中，培训师应充分调动参训人员的积极性、主动性，以提高培训的效果。同时，需要注意受训人员的反应，及时调整培训活动。如果培训活动时间较长，培训师可以利用培训活动过程的间隙，尽可能地与培训对象进行交流，了解他们对培训的看法，发现不足，以便改进。

另外，培训活动是一项庞大的工作，培训师的活动只是培训工作的一部分，还要配备相关的设备维护人员、安全工作人员和其他的一些工作人员，使培训工作能够顺利进行。

(四)培训成果的转化

培训成果的转化又称培训成果的转移，是指受训者在培训中所学到的知识、技能和行为应用到实际工作中的过程。

培训成果的转化效果取决于所处的环境因素。有助于培训效果转化的工作环境因素包括：直接主管和同事的鼓励、工作任务的合理安排、积极反馈结果、不轻易惩罚、内外部强化等。阻碍培训效果转化的主要因素包括：与工作有关的因素，如缺乏时间和资金、设备不合适、很少有机会使用新技能等；缺乏管理者支持；缺乏同事支持；等等。

(五)培训效果的评估

培训评估是指评估企业和培训对象从培训中获得的收益情况，以衡量培训是否有效的环节。培训评估包括培训前的评估、培训中的评估和培训后的评估。根据唐纳德·柯克帕特里克(Donald Kirkpatrick)的培训效果四级评估模型，培训效果的评估类型包括反应评估、学习评估、行为评估和结果评估。四种培训效果评估类型的详细说明如表5-2所示。

表 5—2　　　四种培训效果评估类型

层　次	评估内容	评估方法	评估时间	评估主体
反应评估	受训者的满意程度	问卷、面谈、座谈、电话调查	课程结束	培训机构/培训组织者
学习评估	知识、技能、原理、技术的收获	纸笔测验、工作模拟、角色扮演	课程结束 课程进行	培训机构
行为评估	工作中行为的改进	问卷调查、观察、绩效评估、360 度评估	三个月或半年后	直接主管
结果评估	受训者获得的经营业绩	利润、成本、质量、事故率、顾客关系、离职率、士气	半年或一年后	学员所在组织

1. 反应评估

测量学员对培训项目的反应，即受训者的满意程度，如内容、方法、材料、设施、场地等。对这个层次的评价，首先要有总体的评价，比如询问学员：你感觉这门课怎么样、你会向其他人推荐这门课吗。但是，这样容易产生一些问题，如以偏概全、主观性强、不够理智等。适合的方式有问卷、面谈、座谈、电话调查等。

2. 学习评估

学习层次是培训效果评估的第二层次，其评估的关注点在学员对知识、技能、原理、技术等的掌握程度。学习评估通常采用测试的方式，如纸笔测验、工作模拟、角色扮演等。学习层次评估资料收集的时间通常在培训活动结束后进行。

3. 行为评估

行为是指学员在回到工作岗位后所表现出来的工作行为。行为评估考察的是学习者在培训前后所做的事情或者做事情的方式是否有所变化以及学习者是否有意识地使用其在培训中学习到的东西。

4. 结果评估

大多数培训项目的效果可以用其实现的结果来描述，这种结果表现为利润率的提高、成本的降低、质量的改进、事故率的降低、顾客关系的改进、离职率的降低、士气的提高等。

任务三　员工培训的方法

一、直接传授型培训

(一)讲授法

讲授法是指讲师按照准备好的讲稿系统地向学员传授知识的方法。讲师是讲授法成败的关键因素。该方法的优势在于传授内容多、知识系统全面，有利于大面积培养人才。对培训环境要求不高，有利于讲师发挥，学员可利用教室环境相互沟通，平均培训费用低。

(二)专题讲座法

专题讲座法适用于管理人员或技术人员了解专业技术发展方向或当前热点问题。形式上与课堂教学法相同，内容上有差异：针对一个专题知识，一般只安排一次培训。该方法的优点是：培训不占用大量时间，形式灵活；可随时满足学员某一方面的培训需求；讲授内容集中于某一专题，培训对象易于加深理解。

(三)研讨法

研讨法是指教师指导学员围绕一个或几个主题进行交流讨论、相互启发的培训方法。具体分两种方法：以教师或学员为中心的研讨和以任务或过程为取向的研讨。

二、实践型培训

(一)工作指导法

工作指导法又称教练法、实习法，是指由一位有经验的工人或直接主管人员在工作岗位上对学员进行培训的方法，主要用于基层生产工人培训，也可用于管理人员培训。该方法被广泛应用于新员工的培训。

(二)工作轮换法

工作轮换法是指让学员在预定时期内变换工作岗位，使其获得不同岗位的工作经验培训方法，适用于一般直线管理人员的培训。该方法能丰富学员的工作经验，增加对企业工作的了解；使学员明确自己的长处和弱点，找到适合自己的位置；改善部门间的合作，使管理者能更好地理解相互间的问题。

(三)特殊任务法

特殊任务法是指企业通过为某些员工分派特别任务对其进行培训的方法，适用于管理培训。具体形式：委员会或初级董事会(是为有发展前途的中层管理人员提供的，培养分析全公司范围内的问题的能力，提高决策能力的培训方法)；行动学习(4～5 人一组，为学员提供解决实际问题的真实经验，可提高他们分析、解决问题及制订计划的能力)。

(四)个别指导法

个别指导法主要通过资历较深的员工的指导，使新员工能够迅速掌握岗位技能，即“师傅带徒弟”或“学徒工制度”“传帮带”式培训方式。该方法有利于新员工在师傅指导下开始工作，可以避免盲目摸索；有利于新员工尽快融入团队；有利于消除刚从高校毕业的新员工开始工作时的紧张感；有利于企业传统优良工作作风的传递；新员工可从指导人处获取丰富的经验。

三、参与型培训

(一)自学

自学适用于知识、技能、观念、思维、心态等多方面的学习，适用于岗前和在岗培训、新老员工培训。该方法的优点是费用低、不影响工作、学习者自主性强、可体现学习的个别差异、培养员工的自学能力。

(二)案例研究法

案例研究法又称个案分析法，是指围绕一定的培训目的，把实际中真实的场景加以典型化处理，形成供学员思考分析和决断的案例，通过独立研究和相互讨论的方式来提高学员的分析及解决问题的能力。案例需满足：内容真实、案例中应包含一定的管理问题、分析案例必须有明确的目的。具体包括两种类型：描述评价型和分析决策型。描述评价型即描述解决某种问题的全过程，包括其实际后果。学员对案例中的做法进行事后分析，以及提出亡羊补牢性的建议。分析决策型即只介绍某一待解决的问题，由学员去分析并提出对策，能够有效培训学员分析决策、解决问题的能力。

(三)头脑风暴法

头脑风暴法又称研讨会法、讨论培训法，其特点是培训对象在培训活动中相互启迪思想、激发创造性思维，最大限度发挥参与者的创造能力，提供更多、更好的解决问题的方案。该方法的优点在于培训过程中为企业解决了实际问题，大大提高了培训的价值；帮助学员解决工作中的困难，培训学员参与性强；小组讨论有利于加深学员对问题理解的程度，集中了集体的智慧，达到相互启发的目的。

(四)模拟训练法

以工作中实际情况为基础，将实际工作中可利用的资源、约束条件和工作过程模型化，学员参与情境中学习从事特定工作的行为和能力，提高其处理问题的能力。

(五)敏感性训练法

敏感性训练法又称T小组法，简称ST。敏感性训练要求学员在小组中就参加者的个人情感、态度及行为进行坦率、公正的讨论，相互交流各自行为的看法，并说明其引起的情绪反应，目的是提高学员洞察力。敏感性训练法适用于组织发展训练、晋升前的人际关系训练、中青年管理人员的人格塑造训练、新进人员的集体组织训练、外派工作人员的异国文化训练等。常采用集体住宿训练、小组讨论、个别交流等方式。日程由指导者安排，内容可包括问题讨论、案例研究等。

(六)管理者训练法

管理者训练法又称MTP法，是产业界较为普及的管理人员培训方法，适用于中低层管理人员掌握管理的基本原理、知识，提高管理能力。一般采用专家授课、学员间研讨的培训方式。企业可进行大型的集中训练，以脱产方式进行。操作要点：指导教师是管理者训练法的关键，一般采用外聘专家或由企业内部曾接受过此法训练的高级管理人员担任。

四、态度型培训

(一)角色扮演法

角色扮演法是在一个模拟真实的工作环境中，让参加者按其在实际工作中应有的权责来担当角色，模拟性地处理工作事务，从而提高处理各种问题的能力。该方法可使学员的行为符合其职业、岗位的行为要求，提高学员的行为能力，同时可根据具体对象确定培训内容。

(二)拓展训练

拓展训练是指模拟探险活动进行的情景式心理训练、人格训练、管理训练。以外化型体能训练为主，包括场地拓展训练和野外拓展训练两种。场地拓展需要利用人工设施的训练活动，包括高空断桥、空中单杠、缅甸桥等高空项目，以及扎筏泅渡、合力过河等水上项目等。野外拓展借助自然地域，提供了真实模拟的情境体验，使参与人员拥有开放接纳的心理状态，拥有与以往不同的共同生活经历。

五、科技时代的培训方法

(一)网上培训

网上培训是基于网络的培训，是指通过企业的内网或互联网对学员进行培训的方式。该方法的优点是无须聚集，节省培训费用；在网上培训方式下，培训内容容易修改，培训成本低；

网上培训可充分利用网络资源及声音、图片和影音文件，增强趣味性，从而提高学习效率；网上培训的进程安排灵活，可利用空闲时间学习。

(二)虚拟培训

虚拟培训是指利用虚拟现实技术生成实时的、具有三维信息的人工虚拟环境，学员通过运用某些设备接受并响应环境的各种感官刺激而进入其中，并可通过多种交互设备来驾驭环境、操作工具和对象，来达到提高学员技能与认知的目的。该方法优点在于仿真性、超时空性、自主性、安全性，可从中获得感性知识和实际经验。

除了以上各培训方法外，还有函授、业余进修、读书活动、参观访问等方法，要通过自身努力、自我约束才能够完成，公司只起鼓励、支持和引导作用。

应知考核

一、单项选择题

1. 员工培训应从实际工作的需要出发，与职位特点紧密结合，与培训对象的年龄、知识结构、能力结构、思想状况紧密结合，这反映的是培训的(　　)原则。

A. 讲究实效　　B. 因材施教
C. 理论联系实际，学以致用　　D. 激励

2. (　　)是培训活动全流程的首要环节。

A. 培训计划的制订　　B. 培训需求的分析
C. 培训目标的确定　　D. 高管的支持

3. 评估一项培训是否有效、效果有多大的最终评估是(　　)。

A. 员工培训后的工作表现变化
B. 通过测试来判断员工培训后的知识、技能等方面的提高变化
C. 通过问卷等形式了解员工培训后的满意程度
D. 培训后的一定时期内企业利润的提升、成本的节约等变化

4. 对于员工的岗位职责的相关培训属于培训中的(　　)。

A. 知识培训　　B. 技能培训　　C. 态度培训　　D. 观念培训

5. 培训方法中的案例研究法属于培训方法中的(　　)。

A. 实践型培训　　B. 参与型培训
C. 直接传授型培训　　D. 态度型培训

二、多项选择题

1. 员工培训需要把握的基本原则包括(　　)。

A. 理论联系实际，学以致用原则　　B. 战略原则
C. 因材施教的原则　　D. 全员培训与重点提高相结合的原则

2. 员工培训的一般流程包括(　　)。

A. 培训计划的制订　　B. 培训的组织实施
C. 培训需求的分析　　D. 培训成果的转化

3. 培训过程中，对培训需求的分析包括(　　)。

A. 对员工的分析　　B. 对工作的分析

C. 对培训课程的分析　　　　　　　　D. 对组织的分析

4. 在培训后，需要对培训进行培训效果的评估，评估内容包括(　　)。

A. 员工培训后的工作绩效等方面的改善

B. 培训后通过问卷等形式调查员工的反应

C. 通过测试等手段检验员工的培训效果

D. 培训后企业利润的提升、成本的节约、顾客满意度的提升等方面的改善

5. 实践型培训包括的主要方法有(　　)。

A. 特殊任务法　　B. 工作指导法　　C. 个别指导法　　D. 工作轮换法

三、判断题

1. 培训的主要目的是企业为了提高员工的工作绩效，提升企业竞争力，所以培训是基于企业发展来考虑的，对于企业有较大作用，对于员工个人没有多大意义。(　　)

2. 在培训过程中，对于培训需求的分析是指对员工的需求的分析。(　　)

3. "学徒式"培训属于员工培训方法中的个别指导法。(　　)

4. 对于培训效果有多大，主要看员工在培训后的工作中的表现是否得到改善和提高。(　　)

5. 培训费时费力，不如"挖人"来得实惠、容易。(　　)

四、简述题

1. 简述员工培训对于企业和个人发展的意义。

2. 简述员工培训的内容。

3. 简述员工培训的一般流程。

4. 如何评价一项培训的效果?

5. 简述企业培训的主要方法。

应会考核

■观念应用

【背景资料】

公司建立有效培训体系，避免不良事件发生

国内某公司与英国某大学签订了一项培训协议，每年选派2～3名管理人员到该校攻读管理硕士学位。学业完成后，员工必须回公司服务5年，服务期满方可调离。2017年5月，销售部助理小张经过公司几轮挑选，终于与其他两位同事一起获得了推荐。但小张早有计划，在此之前已获取了英国另一所大学管理硕士的录取通知书。虽然该校的学费较高，但其声誉好、教学质量高，还能帮助学生申请到数额可观的助学贷款。经过公司人事部的同意，小张用公司提供的奖学金交了学费，又申请了3万美元的助学贷款，以解决和妻子在英国的生活费。按照目前小张的收入水平，除了生活所需，需要8年时间才能还清贷款，如果他在一家外资公司工作，不到4年便可还清贷款。行期将近，公司人事部多次催促与其签订培训合同书，一直到出国的前一天小张才在协议书上签了字。

2018年9月末，小张学成回国，并马上回公司报到。不过，10月初，他便向公司人事部递

交了辞呈，并按合同还清了公司为其支付的英语培训考试费、赴英签证费、学费等一切费用。不久，他便在一家外企得到一份高薪职位。

【考核要求】

请根据背景资料，回答下列问题：

1. 该公司在选派员工出国培训的工作中主要存在哪些问题？

2. 该公司应采取哪些措施才能确立有效的培训体系以防止此类事件发生？

■技能应用

某公司是上海的一家股份制公司。按计划，该公司人力资源部3月份要派人去深圳某培训中心参加一次培训。当时人力资源部的人员都想参加，不仅是因为培训地点在深圳，可以借培训的机会到深圳看一看，而且据了解，此次培训内容很精彩，而且培训讲师都是在大公司工作且有丰富管理经验的专家。但不凑巧，当时人力资源部工作特别忙，所以主管权衡再三，最后决定由手头工作比较少的小刘和小钱去参加。人力资源部主管把培训时间和费用等事项向小刘和小钱做了简单的交代。培训期间，小刘和小钱听课很认真，对教师所讲内容做了认真记录和整理。但在课间和课后小刘与小钱俩人总在一起，很少与其他学员交流，也没有与讲师交流。培训回来后，主管只是简单地询问了一些培训期间的情况，小刘和小钱与同事也没有详细讨论过培训的情况。过了一段时间，同事们觉得小刘和小钱培训后并没有什么明显的变化，小刘和小钱本人也觉得听课时很精彩，但是对实际工作并没有什么帮助。

根据上述资料，回答以下问题：

1. 该公司的小刘和小钱的培训效果是否令人满意？（　　）

A. 对培训效果基本满意，因为培训课程十分精彩

B. 对培训效果不会十分满意，两位及同事们感觉到他们两位在培训后没有取得明显的进步

C. 对培训效果基本满意，两位在培训过程中学习十分认真，学到许多知识

D. 目前对培训效果还难以确定

2. 该项培训的人员选派存在哪些明显问题？（　　）

A. 培训后受训者未得到机会把所学应用到实际工作中

B. 缺乏对受训者培训前的需求分析

C. 缺乏对受训者学习目标和效果的界定和要求

D. 缺乏规范的人员培训计划

3. 以下措施中，能够提高本案例培训效果的有效措施包括（　　）。

A. 重视培训前的需求分析

B. 重视培训中学员的信息沟通与交流

C. 强化培训后学员培训效果的评估与考核

D. 主管对受训者的考核与评估

■案例分析

南京地铁的培训评估体系设计

1. 南京地铁运营有限责任公司现状分析

(1)南京地铁运营有限责任公司简介

南京地铁运营有限责任公司由南京地下铁道有限责任公司运营分公司改制而来，于

2012 年 12 月 31 日正式挂牌成立。公司职能为营运服务公司，负责当前 85 千米线路的运营管理、乘客服务及设施设备的维修保养，同时担负网络化运营的筹备任务。至“十二五”末，运营里程超过 300 千米，员工总数从6 800多人增加到上万人，培训工作标准严、数量大、要求高。

(2)南京地铁运营有限责任公司培训评估存在的主要问题

①培训评估目标不明确。南京地铁运营有限责任公司没有明确的评估目标，实际上是为评估而评估，造成评估与实际工作需要不一致的现象，没有发挥其应有的作用。

②培训评估层次不全面。没有对培训需求、培训实施等全流程进行评估。柯氏培训评估模型共有反应、学习、行为、结果 4 个层次，在实际运用中，培训评估只停留在反应评估和学习评估的初级阶段。

2. 南京地铁运营有限责任公司培训评估体系设计

(1)培训评估组织

根据培训评估目标的不同，每个项目的培训评估组织不同。以“南京地铁运营有限责任公司售检票员自动售检票机器维修技能培训班”为例：

领导小组：人力资源部、培训中心、站务中心、票务中心分管领导。

工作小组：培训中心培训管理员。

实施小组：培训中心培训管理员、人力资源部绩效考核员、站务中心站长、票务中心自动售检票系统维护员。

(2)培训评估实施

以“南京地铁运营有限责任公司售检票员自动售检票机器维修技能培训班”为例：

①培训前评估。主要内容为培训需求整体评估，培训对象知识、技能和工作态度评估，培训对象工作成效及行为评估，培训计划评估。本班需要做好以下几项工作：售检票员培训需要达到的标准、目前售检票员的人员组成、维修技能以及对此次培训项目的反应。

②培训过程评估。这是培训质量控制的关键阶段，主要是了解学员对于整个培训项目的感受和评价。对培训项目的反应包括售检票员对于培训项目设计、培训项目的组织、培训师、培训内容、培训方式以及培训效果等的评价，可以通过问卷调查和重点访谈的方式来进行。

③培训后评估。培训后评估是整个评估体系中最重要的部分。其主要任务是对培训结果进行衡量。这一层次的评估可以借鉴柯式模型，进行 4 个层次的评估。第一，反应评估，是了解学员对整个培训项目的感受和评价，可以通过问卷调查来搜集售检票员对培训项目的印象如何等信息，包括对讲师和培训科目、设施、方法、内容、自己收获的大小等方面的看法、建议等。第二，学习评估，主要评估学员通过培训学到了什么知识，以及是否了解这些知识是如何应用到工作中去的。通过两个层次来调查完成：一是对知识掌握程度的评估，一般以笔试为主；二是对知识应用掌握程度的评估，可以通过售检票机故障排除、现场操作等进行。第三，行为评估，主要是评估学员在培训后行为是否有改善，是否运用了在培训中所学的知识、技能等。评估的方式可以采取观察法、360 度评估法等。第四，结果评估，用来判断由于学员行为的改善所带来的学员个人绩效以及组织绩效的提高程度，对有关个人绩效的指标进行比对，主要有自动售票机维修工作完成率、准确率、返工率、出错率、优秀率等。有关组织绩效的指标有乘客投诉率、解决问题的效率、协商成功率、服务水平提升状态等。

3. 评估结果的反馈和运用

(1)要重视培训评估资料的归档整理工作

对于评估工作中的原始数据以及分析结果等，都应该完整地记录和保存下来，并建立一个信息系统，以便于今后的查找分析，为以后的培训工作提供支持。

(2)建立评估结果与员工绩效考核和晋升的关系

把培训评估结果作为员工考核和晋升的标准之一，有助于提高员工参加培训的积极性，提高培训效率，同时也会激励员工将培训所获得的知识转化为个人和组织的绩效。

(3)培训评估工作制度化、规范化

如前所述，相对来说培训效果是很难衡量的，它在培训实施一段时间后才能显现。因此，应该建立完善的培训评估制度，使其贯穿于培训的整个过程，使培训制度化、经常化。这样，培训评估的结论才会更加科学，其作用也才能更有效地发挥。

思考题：

(1)南京地铁运营有限责任公司培训评估存在哪些主要问题？

(2)培训评估结果如何反馈和运用？

管理实训

【实训项目】

新员工培训项目的设计与展示。

【实训目标】

通过实训操作，将员工培训内容和理论和实际相联系，进一步认识员工培训的流程及内容设定。

【实训情境】

1. 设定培训目标。

2. 制订整个培训计划，如确定培训方式、时间及考核办法等。

3. 对培训项目进行评价。

4. 模拟培训师讲授培训课程。

【实训任务】

1. 将学生分为若干小组进行讨论，选出代表进行模拟培训，由其他小组进行评论，最后指导教师总结并给出成绩。

2. 撰写《新员工培训项目的设计与展示》实训报告。

《新员工培训项目的设计与展示》实训报告		
项目实训班级：	项目小组：	项目组成员：
实训时间：　　年　月　日	实训地点：	实训成绩：
实训目的：		
实训步骤：		
实训结果：		
实训感言：		
不足与今后改进：		

项目组长评定签字：　　　　　　　　　　　　项目指导教师评定签字：

项目六

绩效管理

○ **知识目标：**

理解：绩效、绩效考核、绩效管理的概念。

熟知：绩效管理系统、绩效反馈与结果运用。

掌握：绩效管理的工具、绩效考核的方法和绩效考核常见误区。

○ **技能目标：**

能够利用所学方法根据企业及员工的特点制定绩效考核标准、选定考评方法、编制员工考评办法；能够根据不同的案例背景，提出绩效考核方面的意见或者建议。

○ **素质目标：**

能够树立全局的观念以及沟通和协调的能力。

○ **管理故事：**

从《西游记》看绩效考核

西游记是一部大家耳熟能详的古典文学作品，现在从绩效考核的角度来谈一谈。为了分析方便，姑且把唐僧、孙悟空、猪八戒、沙僧视为一个西天取经的公司。在这个公司中，唐僧决定主要的战略目标，可以算是这个公司的董事长；而孙悟空则是主要战略的执行者，算是这个公司的CEO；猪八戒则是这公司的中层管理人员，沙僧是这个公司的一般职员。通过下面的“故事感悟”，让我们看一看这个公司是如何进行考核的。

故事感悟：

在这个公司中，首先对于CEO的考核是非常必要的，因为他工作的好坏，直接影响到整个公司的发展。由于唐僧无法辨别妖怪，常常把变为人形的妖怪当作好人，这也就是说唐僧无法就孙悟空打妖怪的过程进行控制。

起初唐僧在考核时，过分关注过程，而忽略结果；并且掺杂过多的个人价值判断，这样考核的结果无法令人信服。在对考核结果的反馈上，唐僧一味以惩罚为主——念紧箍咒，孙悟空的辞职也就正常不过了。在这里就涉及过程的考核与结果的考核，究竟以什么为导向？对于高层来说，每个人都有不同的处理问题的方式，而且具有很大的不确定性。如果从过程来考核，难免会给孙悟空的工作带来很大的障碍。唐僧开公司的目的是到西天取得真经，任务是明确取经的路线，制定大的战略，怎样达成战略则是孙悟空的事。关注过程的考核，只会导致一些不必要的麻烦，比如说后来的无底洞事件，由于唐僧坚持认为老鼠精变的女子是好人，从而否定孙悟空的判断，结果被老鼠精掳去，差点破坏了整个取经计划。既然把孙悟空聘用过来，就应该相信他的能力，对其考核只针对结果就好了。如果对孙悟空还不完全放心，应该建立完善的激励体制，将孙悟空的目标与公司的目标统一起来，也就是唐僧应该就取经的远景与孙悟空充分沟通，这样孙悟空认识到公司经营的好坏与自己的利益有很大的关联，这也就是为什么到后来取经时孙悟空更加努力了。至于控制方面，唐僧有了紧箍咒就足够了。这种控制实际应用得很少，但这给了孙悟空一定的心理预期，其行为不端可能会招致惩罚。这样的话，整个西天取经公司高层考核机制就比较完善了。

而对于猪八戒的考核，过程更为重要。他的工作主要是一些日常工作，成果比较难量化，这时过程的控制监督就显得非常必要了。而唐僧不具备这种监督能力，于是对猪八戒的考核主要由孙悟空来执行，孙悟空通过一些不定期的抽查来规范猪八戒的日常行为。对于猪八戒的考核关键还在于明确其定位，对其评价应该针对工作的完成情况，但是公司对其定位模糊，没有确定的职位说明。因此在对他进行评价时，就很容易忽略其工作业绩，而对其个人品质纠缠不清。

按照功劳来说，猪八戒大于沙僧，可最后沙僧的绩效奖比猪八戒大。只是因为沙僧的个人品质比较好一点。但是，这种个人品质的好坏与工作业绩的好坏，并没有必然的联系，而且个人品质是一个比较抽象的东西，通过考核去鉴别品质的好坏无疑具有相当大的难度。考核的作用是提高公司的整体绩效，这是根本目的。当然，这并不是说品质不重要。个人品质与他所处的环境有很大的关系，也就是说企业文化对员工的个人行为规范能起到引导作用，而这并不能通过考核来达到。我们在考核时，一定要界定好考核与其他职能的分界线。

○ **知识精讲：**

任务一　绩效管理概述

一、绩效概述

（一）绩效的概念

绩效，单纯从语言学的角度来看，绩效包含成绩和效益的意思。用在经济管理活动方面，是指社会经济管理活动的结果和成效；用在人力资源管理方面，是指主体行为或者结果中的投入—产出比；用在公共部门中来衡量政府活动的效果，则是一个包含多元目标在内的概念。

（二）绩效的特点

1. 多因性

多因性是指员工的绩效高低受多方面因素影响，主要有四个方面：技能（个人的天赋、智力、教育水平等个人特点）、激励（员工工作的积极性、员工的需要结构、感知、价值观等）、机会（承担某种工作任务的机会）、环境（工作环境，包括文化环境和客观环境等）。

2. 多维性

多维性是指需要从多个不同的方面和维度对员工的绩效进行考评分析。不仅考虑工作行为还要考虑工作结果，如在实际中我们不仅要考虑员工完成产量指标的完成情况，还要考虑其出勤、服从与合作态度、与其他岗位的沟通协调等方面，综合性地得到最终评价。

3. 动态性

绩效是多因性的，并且这些因素处于不断变化中，因此绩效也会不断发生变化。这涉及绩效考评的时效性问题。

二、绩效管理

(一)绩效管理的概念

所谓绩效管理，是指管理者与员工之间在目标与如何实现目标上达成共识的过程，以及增强员工成功地达到目标的管理方法和促进员工取得优异绩效的管理过程。

绩效管理的目的在于提高员工的能力和素质，改进与提高公司绩效水平。绩效管理首先要需要解决的几个问题是：首先，就目标及如何达到目标需要达成共识。其次，绩效管理不是简单的任务管理，它特别强调沟通、辅导和员工能力的提高。最后，绩效管理不仅强调结果导向，而且重视实现目标的过程。

(二)绩效管理系统

绩效管理系统是以实现企业最终目标为驱动力，以关键绩效指标和工作目标设定为载体，通过绩效管理来实现对全公司各层各类人员工作绩效的客观衡量、及时监督、有效指导、科学奖惩，从而调动全员积极性并发挥各岗位优势以提高公司绩效，实现企业的整体目标的管理体系。

完整的绩效管理系统是由绩效计划、绩效沟通、绩效考核和绩效反馈这四个部分组成的一个系统，如图 6－1 所示。

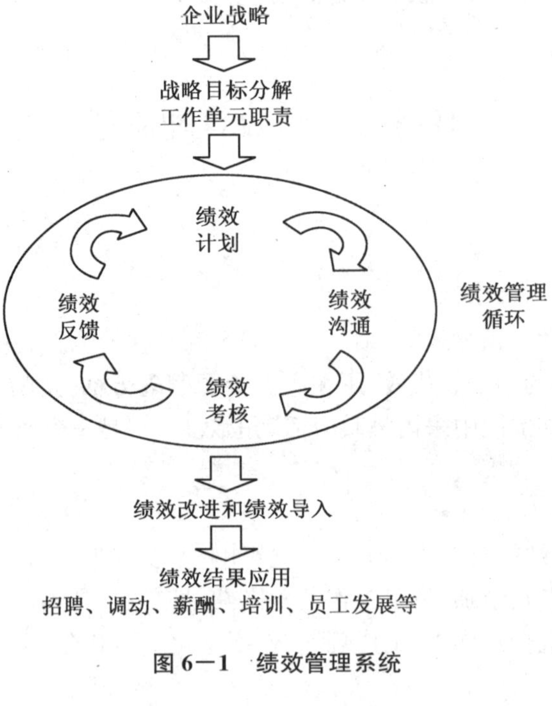

图 6－1 绩效管理系统

1. 绩效计划

绩效计划是被评估者和评估者双方对员工应该实现的工作绩效进行沟通的过程，并将沟通的结果落实为订立正式书面协议(即绩效计划或评估标准表)。它是双方在明晰责、权、利的基础上签订的一个内部协议。绩效计划的设计从公司最高层开始，将绩效目标层层分解到各级子公司及部门，最终落实到个人。对于各子公司而言，这个步骤即为经营业绩计划过程；而对于员工而言，则为绩效计划过程。

绩效计划是绩效管理体系的第一个关键步骤，也是实施绩效管理系统的主要平台和关键手段，它体现了上下级之间承诺的绩效指标的严肃性，使决策层能够把精力集中在对公司价值最关键的经营决策上，确保公司总体战略的逐步实施和年度工作目标的实现，有利于在公司内部创造一种突出绩效的企业文化。

2. 绩效沟通

在明确了各自的绩效任务计划及目标之后，作为管理者的工作重点就是在各自目标实现过程中进行对员工的指导监督和沟通。对员工实现各自目标和业绩的沟通应为管理者的日常工作，在沟通过程中既要对员工的成绩认可，又要对员工实现的目标进行帮助和支持；帮助引导达到所需实现的目标和提供支援，同时根据现实情况及时修正目标，保证员工的工作能正常地开展，使绩效实施的过程顺利进行。

3. 绩效考核

绩效考核是指对照工作目标或绩效标准，采用科学的方法，评定员工的工作目标完成情况、员工的工作职责履行程度和员工的发展情况等，并将上述结果反馈给员工的过程。一般来说，绩效考核指标要尽量数量化或可操作化，对一些无法操作的行为指标，要找出关键特征行为，予以等级评定，以实现量化处理。绩效考核标准是对员工绩效进行考核的依据和尺度，根据标准对每一个指标进行衡量的过程。

4. 绩效反馈

绩效管理过程并不是为绩效考评打出一个分数就结束了，主管人员还需要与员工进行一次甚至多次面对面的交谈。通过绩效反馈面谈，使员工了解主管对自己的期望，了解自己的绩效，认识自己有待改进的方面；并且，员工也可以提出自己在完成绩效目标中遇到的困难，请求主管指导。

5. 绩效改进和绩效导入

绩效改进是绩效管理的一个重要环节。现代绩效管理中，员工能力的不断提高以及绩效的持续改进和发展是其根本目的。因此，绩效改进工作的成功与否，是绩效管理过程是否发挥效用的关键。

绩效导入就是指根据绩效考评的结果分析来对员工进行量身定制的培训。发现员工缺乏的技能和知识后，企业应该有针对性地安排一些培训项目，及时弥补员工技能和知识上的短板，这样带来的结果既满足了完成工作任务的需要，又可以使员工享受免费的学习机会，对企业对员工都是有利的。

6. 绩效结果应用

绩效考核的结果主要应用于薪酬发放、职务调整、绩效改进、员工培训和职业生涯管理等方面。

【同步案例6－1】　H公司的绩效改革

H公司周总经理在MBA课堂上初步了解绩效管理相关理论后决定在本公司也开展一场“绩效改革”。他思考了半天时间，写下了三点绩效管理原则交给了人力资源部门经理小李，让其部门下属的绩效办负责推进组织中的绩效改革。小李接到总经理的命令后与绩效办主任老赵进行了商议，三天后将绩效改革方案放在了总经理的桌上。其内容包括：本年度营业额增长目标，每个部门需要分担的增长目标，以及部门营业额增长情况与员工工资间的调节关系表。总经理

案例精析6－1

看了一遍,觉得内容基本符合绩效管理的各个环节,略做修改后便照办了。

一个月后总经理自己叫停了这场轰轰烈烈的"绩效改革",因为各运营单位和职能部门已经"民怨沸腾"了。

研发部抱怨:我们已经跟进了2年的A产品开发由于耗资多、回报期长,不得不紧急下马以保证本财年的绩效增长率。

销售部门抱怨:由于产品销售的周期性因素,淡季期间销售额下降非常正常,但是绩效考核一来,销售员的收入大受影响,好几个骨干销售员已经人心浮动了。

行政部门抱怨:我们部门本身没有直接产出,为了绩效增长只能从日常开支入手,正值夏日38℃的高温,部门为了省电都不敢开空调。

生产部门抱怨:我们的生产数量是与销售额紧密相关的,销不出去堆积在仓库里,现在材料部也不发原料了,这让我们如何提高生产绩效。

而最大的问题在于,市场上已经出现了新型产品,且渐渐成为市场热点,若公司不能短时间内拿出与其抗衡的产品就会被市场竞争边缘化。看着各个部门汇总上来的情况,周总经理和相关负责人一片沉默。周总经理在心中默默嘀咕道:"明明是按照绩效管理各个环节开展工作的,怎么会问题这么大呢?"

(三)绩效考核与绩效管理

绩效管理中的绩效与很多人通常所理解的"绩效"不太一样。在绩效管理中,绩效首先是一种结果,即做了什么;其次是过程,即是用什么样的行为做的;最后是绩效本身的素质。因此,绩效考核只是绩效管理的一个环节,绩效管理包含绩效考核。绩效考核成功与否不仅与考核本身有关,而且在很大程度上与考核相关联的整个绩效管理过程有关。

绩效管理与绩效考评既存在联系也存在区别。

首先,绩效管理以组织战略为导向,是一个完整的管理过程,包括绩效计划制订、绩效沟通辅导、绩效考核和绩效反馈应用。绩效考核只是其中的一个环节,重在判断和评估。

其次,绩效考核是做好绩效管理的必要条件,没有绩效考核是做不好绩效管理的。

最后,绩效考核是绩效管理的初级阶段,侧重于考,与标准相对照。不注重组织绩效持续改进的考核难以持久地促进企业战略目标的实现,而绩效管理要求以战略为导向,注重组织绩效的持续改进和员工能力的提升。归根结底,考核不是为考核而考核,它必须与绩效管理的其他环节相联系,以战略为导向,促进企业战略目标的实现。

绩效管理与绩效考核的区别如表6—1所示。

表6—1 绩效管理和绩效考核的区别

	过程的完整性	侧重点	关注的核心	包含的内容	出现的阶段
绩效管理	一个完整的管理过程	侧重于信息沟通与绩效提高,强调事先沟通与承诺	关注未来绩效	绩效计划的制订、绩效事实与管理、绩效考核、绩效反馈、绩效考核结果的运用	伴随着管理活动的全过程
绩效考核	管理过程中的局部和手段	侧重于判断和考核,强调事后的评价	关注过去绩效	考核的原则、方法、步骤、主体、纬度、周期和评分	只出现在特定的时期

三、绩效管理在现代人力资源管理中的地位与作用

（一）绩效管理在现代人力资源管理中的地位

绩效管理在人力资源管理中处于核心地位，具体如图 6－2 所示。

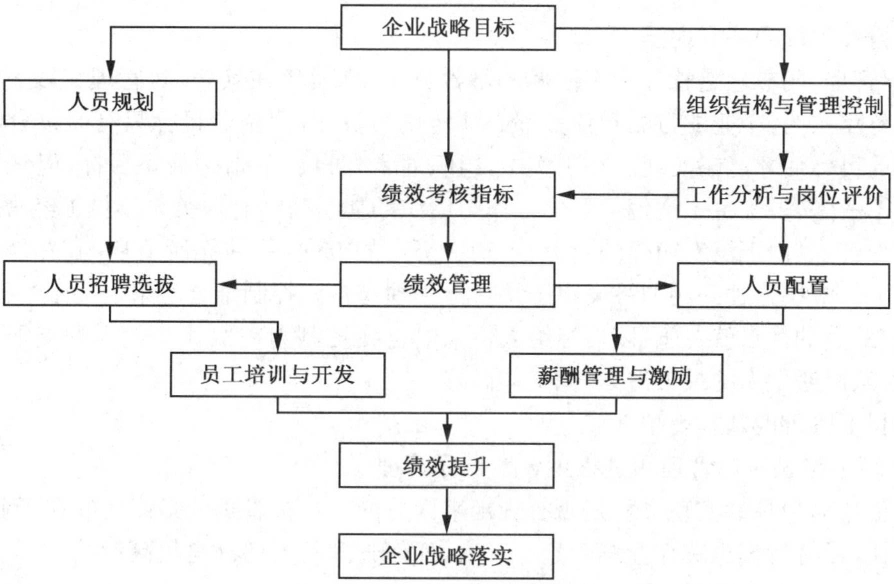

图 6－2　绩效管理在人力资源管理中处于核心地位

（二）绩效管理在现代人力资源管理中的作用

1. 组织的绩效目标是由公司的发展规划、战略和组织目标决定的

绩效目标要体现公司发展战略导向，组织结构和管理控制是部门绩效管理的基础，岗位工作分析是个人绩效管理的基础。

2. 绩效考核结果在人员配置、培训开发、薪酬管理等方面都有非常重要的作用

如果绩效考核缺乏公平、公正性，上述各个环节的工作都会受到影响，而绩效管理落到实处将对上述各个环节的工作起到促进作用。绩效管理与招聘选拔工作也有密切联系，个人的能力、水平和素质对绩效管理影响很大，人员招聘选拔要根据岗位对任职者能力素质的要求来进行。通过薪酬激励激发组织及个人的主动积极性，并通过培训开发提高组织和个人的技能水平能带来组织及个人绩效的提升，进而促进企业发展目标的实现。

3. 组织和个人绩效水平，将直接影响着组织的整体运作效率和价值创造

一般来说，衡量和提高组织、部门及员工个人的绩效水平是企业经营管理者的一项重要常规工作，而构建和完善绩效管理系统是人力资源管理部门的一项战略性任务。

任务二 绩效管理工具

一、目标管理

(一)目标管理的基本内涵

"目标管理"的概念是管理专家彼得·德鲁克于1954年在其著作《管理实践》中最先提出的。德鲁克认为,企业的目的和任务都必须转化为目标,而企业目标只有通过分解变成一个个更小的目标后才能够实现。在现实中,组织通常有自己清晰的战略目标,但是对如何实现目标并不清楚,员工也不清楚他们的工作与组织的战略目标有何关系。员工经常是有努力的良好愿望,但是由于没有明确的目标、不知道努力的方向,往往无所适从,或者是终日忙碌而不知所为。解决这种问题的答案在于将目标管理与自我控制结合起来。主张"目标管理和自我控制"最大的优点就在于:以目标给人带来的自我控制力来取代来他人的支配式的管理控制方式,从而激发人的最大潜力,把工作做好。

(二)目标管理的基本类型

1. 业绩主导型目标管理和过程主导型目标管理

这是依据对目标的实现过程是否有规定来区分的。目标管理的最终目的在于业绩,所以从根本上说,目标管理也称作业绩管理。其实,任何管理的目的都是提高业绩。

2. 组织目标管理和岗位目标管理

这是从目标的最终承担主体来分的。组织目标管理是一种在组织中自上而下系统设立目标,从高层到低层逐渐具体化,并对组织活动进行调节和控制,谋求高效地实现目标的管理方法。

3. 成果目标管理和方针目标管理

这是依据目标的细分程度来分的。成果目标管理是以组织追求的最终成果的量化指标为中心的目标管理方法。

(三)目标管理的基本程序

1. 目标的设置

这是目标管理最重要的阶段,第一阶段可以细分为四个步骤。

(1)高层管理预定目标。这是一个暂时的、可以改变的目标预案。既可以由上级提出,再同下级讨论,也可以由下级提出,上级批准。无论哪种方式,必须共同商量决定。然后,领导必须根据企业的使命和长远战略,预测客观环境带来的机会和挑战,对本企业的优劣势有清醒的认识,对企业应该以及能够完成的目标心中有数。

(2)重新审议组织结构和职责分工。目标管理要求每一个分目标都有确定的责任主体。因此,预定目标之后,需要重新审查现有组织结构,根据新的目标分解要求进行调整,明确目标责任者和协调关系。

(3)确立下级的目标。首先需要下级明确组织的规划和目标,然后商定下级的分目标。在讨论中,上级要尊重下级,平等待人,认真倾听下级意见,帮助下级发展一致性和支持性目标。分目标要具体量化,便于考核;分清轻重缓急,以免顾此失彼;既要有挑战性,又要有实现可能。每个员工和部门的分目标要与其他的分目标协调一致,支持本部门和组织目标的实现。

(4)上级和下级就实现各项目标所需的条件以及实现目标后的奖惩事宜达成协议。分目标制定后，要授予下级相应的资源配置权力，实现权、责、利的统一。由下级写成书面协议，编制目标记录卡片，整个组织汇总所有资料后，绘制出目标图。

2. 实现目标过程的管理

目标管理重视结果，强调自主、自治和自觉。但是，这并不等于领导可以放手不管，相反由于形成了目标体系，一环失误，就会牵动全局。因此，领导在目标实施过程中的管理是不可缺少的。首先，要进行定期检查，利用双方经常接触的机会和信息反馈渠道自然地进行；其次，要向下级通报进度，便于互相协调；最后，要帮助下级解决工作中出现的困难问题，当出现意外、不可测事件严重影响组织目标实现时，也可以通过一定的方法修改原定的目标。

3. 总结和评估

达到预定的期限后，首先，由下级进行自我评估，提交书面报告；其次，上下级一起考核目标完成情况，决定奖惩；最后，讨论下一阶段目标，开始新循环。如果目标没有完成，应分析原因总结教训，切忌相互指责，以保持相互信任的气氛。

(四)目标管理的基本特点

1. 目标明确

研究人员和实际工作者早已认识到制定个人目标的重要性。美国马里兰大学的早期研究发现，有明确的目标比只要求人们尽力去做有更好的业绩，而且高水平的业绩是与较高的目标相联系的。

2. 参与决策

目标管理中的目标不像传统的目标设定那样，单向由上级给下级规定目标，然后分解成子目标落实到组织的各个层次上，而是用参与的方式决定目标，上级与下级共同参与选择设定各对应层次的目标，即通过上下协商，逐级制定出整体组织目标、经营单位目标、部门目标直至个人目标。因此，目标管理的转化过程既是“自上而下”的，又是“自下而上”的。

3. 规定时限

目标管理强调时间性，制定的每一个目标都有明确的时间期限要求，如一个季度、一年、五年，或在已知环境下的任何适当期限。在大多数情况下，目标的制定可与年度预算或主要项目的完成期限一致。但并非必须如此，这要依实际情况来定。某些目标应该安排在很短的时期内完成，而另一些则要安排在更长的时期内。同样，在典型的情况下，组织层次的位置越低，为实现目标而设置的时间往往越短。

4. 评价绩效

目标管理寻求不断地将实现目标的进展情况反馈给员工，以便员工能够调整自己的行动。也就是说，下属人员承担为自己设置具体的个人绩效目标的责任以及与他们的上级主管一起检查这些目标的责任。因此，每个人对其所在部门的贡献就变得非常明确。尤其重要的是，管理人员要努力吸引下属人员对照预先设立的目标来评价业绩，积极参与评价过程，用这种鼓励自我评价和自我发展的方法，鞭策员工投入工作，并创造出一种激励的环境。

(五)目标管理的优缺点

1. 目标管理的优点

(1)形成激励。当目标成为组织的每个层次、每个部门和每个成员自己未来时期内欲达到的一种结果，且实现的可能性相当大时，目标就成为组织成员们的内在激励。特别当这种结果实现时，组织还有相应的报酬，则目标的激励效用就更大。从目标成为激励因素来看，这种目标最好是组织每个层次、每个部门及每个成员自己制定的目标。

(2)有效管理。目标管理方式的实施可以切切实实地提高组织管理的效率。目标管理方式比计划管理方式在推进组织工作进展和保证组织最终目标完成方面更胜一筹。因为目标管理是一种结果式管理，不仅仅是一种计划的活动式工作。这种管理迫使组织的每一层次、每个部门及每个成员首先考虑目标的实现，尽力实现目标，因为这些目标是组织总目标的分解，故当组织的每个层次、每个部门及每个成员的目标完成时，也就是组织总目标的实现。在目标管理方式中，一旦分解目标确定，且不规定各个层次、各个部门及各个组织成员完成各自目标的方式、手段，反而给了大家在实现目标方面一个创新的空间，这就有效地提高了组织管理的效率。

(3)明确任务。目标管理可以使组织各级主管及成员都明确组织的总目标、组织的结构体系、组织的分工与合作及各自的任务。这些方面职责的明确，使得主管人员也知道，为了实现目标必须给予下级相应的权力，而不是大权独揽、小权也不分散。另外，许多着手实施目标管理方式的公司或其他组织，通常在目标管理实施的过程中会发现自身存在的缺陷，从而帮助组织对自身的体系进行改造。

(4)自我管理。目标管理实际上也是一种自我管理的方式，或者说是一种引导组织成员自我管理的方式。在实施目标管理过程中，组织成员不只是做工作、执行指示、等待指导和决策，组织成员此时已成为有明确规定目标的个人。一方面，组织成员们已参与了目标的制定，并取得了组织的认可；另一方面，组织成员在努力工作实现自己的目标过程中，除目标已定以外，如何实现目标则是他们自己决定的事，从这个意义上看，目标管理至少可以算作自我管理的方式，是以人为本的管理的一种过渡性试验。

(5)控制有效。目标管理方式本身也是一种控制的方式，即通过目标分解最终保证组织总目标实现的过程就是一种结果控制的方式。目标管理并不是目标分解下去就没有事了，事实上，组织高层在目标管理过程中要经常检查、对比目标，进行评比，如果有偏差就及时纠正。另外，一个组织如果有一套明确的可考核的目标体系，那么其本身就是进行监督控制的最好依据。

2. 目标管理的缺点

(1)强调短期目标。大多数的目标管理中的目标是一些短期的目标，如年度的、季度的、月度的等。短期目标比较具体，易于分解，而长期目标比较抽象，难以分解；另外，短期目标易迅速见效，长期目标则不然。所以，在目标管理方式的实施中，组织似乎常常强调短期目标的实现而对长期目标不关心。这种趋势如果深入组织的各个方面、组织所有成员的脑海中和行为中，将对组织发展没有好处。

(2)目标设置困难。真正可用于考核的目标很难设定，实际上，组织是一个产出联合体，它的产出是一种联合的、不易分解出谁的贡献大小的产出，即目标的实现是大家共同合作的成果，这种合作中很难确定你已做多少、他应做多少，因此可度量的目标确定也就十分困难。一个组织的目标有时只能定性地描述，尽管我们希望目标可度量，但实际上定量是困难的。

(3)无法权变。目标管理执行过程中，目标是不能轻易改变的，因为轻易改变会导致组织的混乱。事实上，目标一旦确定就不能轻易改变，也正是如此使得组织运作缺乏弹性，无法通过权变来适应变化多端的外部环境。中国有句俗话叫作“以不变应万变”，许多人认为这是僵化的观点、非权变的观点，实际上所谓“不变”的不是组织本身，而是客观规律，掌握了客观规律就能“应万变”，这实际上是真正的更高层次的权变。

二、关键绩效指标

关键绩效指标(Key Performance Indicator，KPI)是指企业宏观战略目标经过层层分解产生的可操作性的战术目标，是衡量企业战略实施效果的关键指标。其目的是建立一种机制，将企业战略转化为内部过程和活动，从而不断增强企业的核心竞争力并获得持续的发展。通过关键绩效指标，可以落实企业战略目标和业务重点，传递企业的价值导向，有效激励员工，促进企业和员工绩效的改进与提升。

(一)关键绩效指标的三层概念、特点及意义

1. 关键绩效指标的三层概念

作为衡量各职位工作绩效的指标，关键绩效指标的第一层概念所体现的衡量内容最终取决于公司的战略目标。当关键绩效指标构成公司战略目标的有效组成部分或支持体系时，它所衡量的职位便以实现公司战略目标的相关部分作为自身的主要职责；如果关键绩效指标与公司战略目标脱离，则它所衡量的职位的努力方向也将与公司战略目标的实现产生分歧。

关键绩效指标来自对公司战略目标的分解，其第二层概念在于，它是对公司战略目标的进一步细化和发展。公司战略目标是长期的、指导性的、概括性的，而各职位的关键绩效指标内容丰富，针对职位而设置，着眼于考核当年的工作绩效，具有可衡量性。

第三层概念在于，关键绩效指标随公司战略目标的发展演变而调整。当公司战略侧重点转移时，关键绩效指标必须予以修正以反映公司战略新的内容。

2. 关键绩效指标的特点

关键绩效指标的突出特点是对重点经营活动的衡量，而不是对所有操作活动的衡量。每个职位的工作内容涉及不同的方面，高层管理人员的工作任务更复杂，但关键绩效指标只对其中对公司整体战略目标影响较大、对战略目标实现起到不可或缺作用的工作进行衡量。关键绩效指标是组织上下认同的，而不是由上级强行确定下发的，也不是由本职职位自行制定的，它的制定过程由上级与员工共同参与完成，是双方所达成的一致意见的体现。它不是以上压下的工具，而是组织中相关人员对职位工作绩效要求的共同认识。

3. 关键绩效指标的意义

(1)作为公司战略目标的分解，关键绩效指标的制定有力地推动了公司战略在各部门得以执行。

(2)关键绩效指标使上下级对工作职责和关键绩效要求有了清晰的共识，确保各位员工努力方向的一致性。

(3)关键绩效指标为绩效管理提供了透明、客观、可衡量的基础。

(4)作为关键经营活动的绩效的反映，关键绩效指标帮助各职位员工集中精力处理对公司战略有最大驱动力的事务。

(5)通过定期计算和回顾关键绩效指标执行结果，管理人员能清晰了解经营领域中的关键绩效参数，并及时诊断存在的问题，采取行动予以改进。

(二)建立关键绩效指标体系的原则

一般来说，关键绩效指标的建立相应地遵循了 SMART 原则(Specific、Measurable、Attainable、Relevant、Time bound)，可具体概括为：绩效指标要切中特定的工作指标，不能笼统；绩效指标是数量化或者行为化的，验证这些绩效指标的数据或信息是可以获得的；绩效指标在付出努力的情况下可以实现，避免设立过高或过低的目标；绩效指标与上级目标有明确的关联性，并最终与公司目标相结合；注重完成绩效指标的特定期限。

在制定关键绩效指标时需注意以下几个要点：

(1)完整性，要从全面的角度衡量组织的战略。

(2)关键性，找出最关键的指标，便于集中资源。

(3)结果性，绩效管理的本质是结果，只有结果才真正对战略有价值。

(4)可衡量，指标可以是定量的也可以是定性的，但一定要可以衡量。

(5)同一层面，避免在一个层面出现不同层面承担的指标。

(三)关键绩效指标设计的一般步骤

关键绩效指标设计的一般步骤包括以下方面：

(1)确定部门业务重点，以及部门业务与企业乃至整个供应链之间的关系。

(2)定性数据定量化，数据之间建立线性关系。

(3)同一问题建立层次结构，整合相应数据。

(4)针对每个指标构造比较矩阵，并计算权向量，进行一致性检验，获取最终系数。

(5)构建关键指标的鱼骨图，并依次确定业务标准。

(6)确定关键业绩指标，判断一项业绩是否达标的实际因素。

(7)依据绩效分析结果制定相应的措施。

(四)关键绩效指标系统设计原则误区

当进行关键绩效指标系统设计时，设计者需要遵循 SMART 原则。一般来说，关键绩效指标的设计者对于这个 SMART 原则是很熟悉的，但是，在实际设计应用时，却往往陷入以下误区：对具体原则理解偏差带来的指标过分细化问题，对可度量原则理解偏差带来的关键指标遗漏问题，对可实现原则理解偏差带来的指标“中庸”问题，对现实性原则回避而带来的考核偏离目标的问题，对时限原则理解偏差带来的考核周期过短问题。

三、平衡计分卡

平衡计分卡是 20 世纪 90 年代初由哈佛商学院的罗伯特·卡普兰(Robert Kaplan)和诺朗·诺顿研究所所长、美国复兴全球战略集团创始人兼总裁戴维·诺顿(David Norton)所提出的“未来组织绩效衡量方法”的一种绩效评价体系。

(一)平衡计分卡理论

平衡计分卡理论认为，传统的财务会计模式只能衡量过去发生的事情(落后的结果因素)，但无法评估组织前瞻性的投资(领先的驱动因素)。在工业时代，注重财务指标的管理方法还是有效的。但在信息社会中，传统的业绩管理方法并不全面，组织必须通过在客户、供应商、员工、组织流程、技术和革新等方面的投资，获得持续发展的动力。

(二)平衡计分卡的四个维度

正是基于这样的认识，平衡计分卡理论认为，组织应从客户、业务流程、创新与学习、财务四个维度审视自身业绩，如图 6—3 所示。

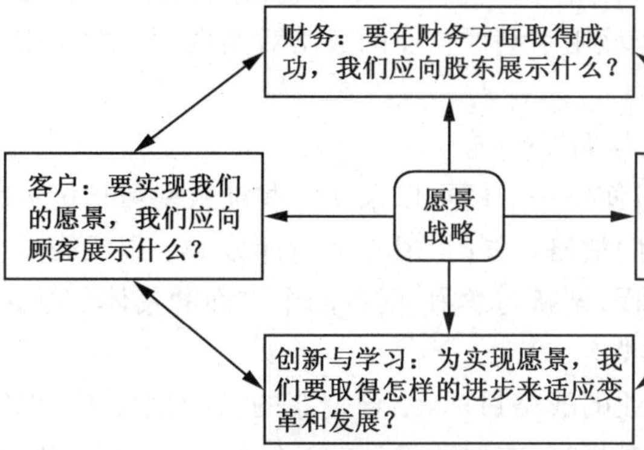

图 6—3　平衡计分卡的四个维度

1. 客户维度

传统企业的目标往往是利润最大化，企业服务的对象是股东和员工，而客户只是实现这一目标的工具。在当今客户经济时代，客户的获得和维持成为关系企业命运的大事。客户利益也就是客户的需求得到了满足，实际上也就是我们常说的为客户提供更多的经济附加值。

2. 业务流程维度

从内部角度考察，就是以获得较高的利润为目的，完善企业内部的经营流程，确保及时高效地产出产品或提供服务。对客户满意度影响最大的业务流程，如循环周期、质量、员工技能和生产率的影响因素，应成为关注的焦点。企业内部业务流程分为主流程、管理流程和支持流程，每个方面都有相应的关键成功要素和测评指标将这种内部流程与员工的行为联系起来，从而使每名员工明确公司的具体目标，并为实现这些目标作出贡献。

3. 创新与学习维度

企业要生存就必须具有竞争力，竞争力主要来自创新能力、执行能力和监控能力这三种能力。在这三种能力中，创新能力是最能使企业保持持久竞争力的能力，正如沃尔玛的创始人山姆·沃尔玛所说，沃尔玛之所以会成功，是因为它具有“改变得比其他公司更快速”的能力，而不是因为它具备影响客户购买的能力或后勤方面的专业技能。

这种改变或创新的能力从何而来？答案是通过学习。学习的概念不仅是那种正规的学校教育或补习班，在企业中，学习应当贯穿在整个组织的所有活动中，它更多强调的是一种不断更新的理念，体现在一些做法和行为上，并通过这种做法和行动来实现。学习和成长过程的目的是使企业实现财务、客户和业务流程的规划，也是企业在平衡计分卡的其他三项上取得良好分数的推动力量。

4. 财务维度

财务指标是发展最早、理论体系最完整、应用最广泛的业绩评价指标。一般来说，财务方面的绩效评价指标主要分为四个方面：盈利能力指标、营运效率指标、负债能力指标和发展能力指标。此外，还有一些与财务有关的生产指标，如比率指标等。

如果说业务指标主要关注的是客户满意，那么财务指标则主要关注满足股东的利益。实际上，战略执行与利润增长并不是矛盾的，战略应当促进利润的增长。因为对大多数企业而言，首要的任务就是生存，而生存就必须保持一定的利润。直到今天，许多企业仍然以追求利润最大化为最高目标，并且认为只有实现了利润最大化，才会创造企业繁荣发展的机会。从上面的分析，可以看出财务指标应该用来测评企业的战略对实现利润的作用。

(三)平衡计分卡的实施步骤

1. 公司的愿景与战略的建立与倡导

公司首先要确立愿景与战略，使每一部门可以采用一些绩效衡量指标去完成公司的愿景与战略；另外，也可以考虑确立部门战略。同时，成立平衡计分卡小组或委员会去解释公司的愿景和战略，并建立客户、业务流程、创新与学习、财务四个方面的具体目标。

2. 绩效指标体系的设计与建立

本阶段的主要任务是依据企业的战略目标，结合企业的长短期发展的需要，为四类具体的指标找出最具有意义的绩效衡量指标，并对所设计的指标要自上而下、从内到外进行交流，征询各方面的意见，吸收各方面、各层次的建议。这种沟通与协调完成之后，使所设计的指标体系达到平衡，从而能全面反映和代表企业的战略目标。

3. 加强企业内部沟通与教育

利用各种不同沟通渠道如定期或不定期的刊物、信件、公告栏、标语、会议等让各层管理人员知道公司的愿景、战略、目标与绩效衡量指标。

4. 确定衡量指标

确定每年、每季、每月的绩效衡量指标的具体数字，并与公司的计划和预算相结合，同时需要注意各类指标间的因果关系、驱动关系与连接关系。

5. 绩效指标体系的完善与提高

首先要关注的是平衡计分卡在该阶段应重点考察的指标体系设计得是否科学、是否能真正反映本企业的实际。其次要关注的是采用平衡计分卡后，对于绩效的评价中的不全面之处进行认真研究，以便补充新的测评指标，从而使平衡计分卡不断完善。最后要关注的是已设计的指标中的不合理之处，要坚决取消或改进，只有经过这种反复认真的改进，才能使平衡计分卡更好地为企业战略目标服务。

任务三　绩效考核

一、绩效考核相关概念

(一)绩效考核的主体

绩效考核的主体是指设计与主持整个绩效考核活动的人员或机构。

(二)绩效考核的客体

绩效考核的客体是指考核所作用的独立存在的实体。

(三)绩效考核的对象

绩效考核的对象是指基于某种目的考察评价考核客体的某些属性特征。

(四)绩效考核的指标

绩效考核的指标是考评内容可操作化的表现形式，是对评价对象的各个方面或要素进行的可以测定和考评的描述。绩效考核指标确定的基本要求有：内涵明确、词意清晰、有针对性、全面性、系统性和独立性。

绩效考核指标＝考核要素＋考核标志＋考核标度

(1)绩效考核指标体系设计的原则。绩效考核指标体系设计的原则包括考评对象同质原则、可考性原则、普遍性原则、独立性原则、完备性原则、整体性与可控性原则。

(2)绩效考核指标体系设计的程序。绩效考核指标体系设计的程序包括指标内容的设计、归类合并与筛选、量化、试用、检验、修改和结束等,如图 6—4 所示。

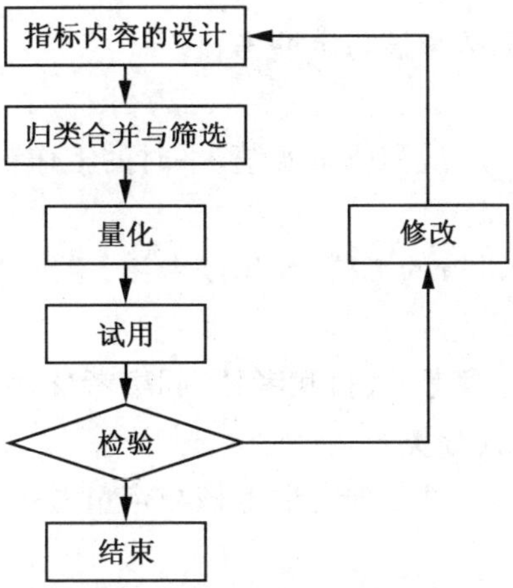

图 6—4　指标体系设计程序

(五)绩效考核的标准

绩效考核的标准是评价考核对象在该指标上表现优劣的参照与规范。

(六)指标权重

指标权重反映指标在相对"总体"中的重要程度。

(七)绩效考核的指标体系

绩效考核的指标体系是反映绩效考核对象各个方面特征状态的指标所构成的有机整体或集合。

二、绩效考核的实施流程

(一)制订考核计划

一般来说,制订考核计划包括以下方面:明确考核的目的和对象、选择考核内容和方法、确定考核时间。

(二)进行技术准备

绩效考核是一项技术性很强的工作。其技术准备主要包括确定考核标准、选择或设计考核方法及培训考核人员。

(三)选拔考核人员

在选择考核人员时,应考虑通过培训使考核人员掌握考核原则,熟悉考核标准,掌握考核方法,克服常见偏差。

(四)收集资料信息

收集资料信息要建立一套与考核指标体系有关的制度,并采取各种有效的方法来达到。

(五)作出分析评价

一般来说,作出分析评价包括以下方面:确定单项的等级和分值、对同一项目各考核来源的结果综合、对不同项目考核结果的综合。

三、绩效考核的方式

(一)按考核时间分类

按考核时间分类,可分为日常考核与定期考核。

1. 日常考核

即对被考核者的出勤情况、产量和质量实绩、平时的工作行为所作的经常性考核。

2. 定期考核

即按照一定的固定周期所进行的考核,如年度考核、季度考核等。

(二)按考核主体分类

按考评主体分类,可分为主管考核、自我考核、同事考核和下属考核。

(三)按考核结果的表现形式分类

按考核结果的表现形式分类,可分为定性考核与定量考核。

1. 定性考核

定性考核的结果表现为对某人工作评价的文字描述,或对员工之间评价高低的相对次序以优、良、中、及格、差等形式表示。

2. 定量考核

定量考核的结果则以分值或系数等数量形式表示。

四、绩效考核的方法

(一)比较法

1. 排序法

排序法是按照被考评者个人绩效的相对优劣程度,通过比较确定每人的相对等级或名次。

(1)简单排序法。简单排序法是考评者将员工按照总体工作情况从最好到最差进行排序,或者从最差到最好进行排序。这种方法简便易行,一般适用于员工数量比较少的绩效考核。

(2)交错排序法。交错排序法是简单排序法的一个变形。主要是因为简单排序法比较粗糙,很难得到一个比较合理的考核结果,所以运用交错排序法来克服简单排序的缺点。在运用这种方法时,评价者首先要在所有需要评价的员工中挑选出最好的员工,然后选择出最差的员工,将他们分别作为第一名和最后一名。然后,在余下的员工中再选择出最好的员工作为整个序列的第二名,挑出最差的员工作为整个序列的倒数第二名。以此类推,直到将所有的员工排列完毕,就可以得到对所有员工的一个完整的排序。

2. 强制分布法

强制分布法也称硬性分布法,是指事先确定被考评群体的工作绩效等级及比例,然后硬性地把被考评者按照相应的比例纳入各个等级中去,而这些等级及比例符合正态分布。因此,强制分布法属于排序法中的一种,只不过对员工的排序是以群体形式来进行的。

在国外的企业中，强制分布法被较广泛地使用，有关资料表明，世界“500强”企业中有25%左右在使用强制分布法，包括微软、英特尔、通用公司等。利用强制分布法进行工作绩效考评，可以激励最好的员工，解雇最差的员工，迫使管理人员对自己的下属诚实，建立一种不靠背景而靠自己的能力获得成功的企业文化，并且还可以培养优秀的领导。

3. 配对比较法

配对比较法是评价者根据某一标准，将每一位员工与其他员工进行逐一比较，并将每一次比较中的优胜者选出。最后，根据每一员工净胜次数的多少进行排序。配对比较次数的一般表达式为：$[n(n-1)]/2$，其中 n 表示被评估人数。

4. 人物比较法

先选出一位员工，以他的各方面表现作为标准，对其他员工进行考核。

(二)图尺度考评法

图尺度考评法是最简单、运用最为普遍的工作绩效考评方法之一。这种考评方法的核心是针对每项评定的重点或考评项目预先设立基准，包括依据等级分数表示的尺度和不依据等级分数表示的尺度。它以表格的形式列举出员工工作绩效的一些构成要素，如工作质量、生产率、工作知识、勤勉性等；同时，还列举出跨越范围很宽的工作绩效等级，如杰出、很好、好、需要改进、不满意和不做考评等。在进行考评时，先对每名被考评者从每项考评要素中找出最符合其绩效状况的分数，再对被考核者所得的所有分数进行加总，就可以得到其工作绩效的最终考评结果。

图尺度考评法是一种相对简单的考评方法。这种考评方法具有一些明显的优点，主要包括以下方面：

1. 实用易懂

图尺度考评法在使用上相对比较简单，考评者能够很快理解和掌握这种方法，因此许多企业经常使用图尺度考评法来作为衡量员工绩效水平的初级工具，它能够在较短的时间内对员工绩效水平得出初步分析结论。

2. 设计和使用成本低

图尺度考评法开发设计难度不高，简单易行，因此开发和使用的成本较低，这也是这种方法得到企业和考评者青睐与广泛应用的原因之一。

(三)行为锚定法

行为锚定法，全称为行为锚定等级评价法，又称行为尺度评定量表法，是传统业绩评定表与关键事件法的结合。它通过用对具体工作行为特征的客观描述来表示每种行为标准的程度差异，从而统一考评者对标准的认识，达到减小考评误差的目的。

行为锚定等级评价表的建立过程包括以下几个步骤：

1. 搜集关键行为

在工作分析的基础上，通过查看员工工作日志和管理者记录、访谈等方法，确定有效或无效的工作行为。通过问卷调查搜集尽可能多的有效行为。

2. 初步建立绩效指标

将搜集到的工作行为分类，形成相应的绩效指标，并进行定义。

3. 分配工作行为

对照绩效指标，将每一种工作行为分配到各类绩效指标中。对那些在分类中存在歧义的工作行为，则可以删去。

4. 确定等级标准并排序

将同一类绩效指标中的工作行为再细分到不同的等级标准中，并按等级标准从高到低或从低到高顺序排列。

建立行为等级评价表是一个循环往复的过程，需要不断地进行调整，尤其是在建立绩效指标和分配工作行为的环节上。

【同步案例 6－2】　　行为锚定法的应用

案例精析 6－2

联华电器公司对连锁店店员进行绩效考核时运用了行为锚定评分法。对店员的考核标准，一方面是售货的数量，另一方面是对顾客投诉的处理。例如，一位顾客购买了一台电风扇，使用了一周后，发现电源接触不好，于是顾客来店里要求退货。在这种情况下，顾客一般会遇到以下三种不同的态度：

“都用了一周了，有问题干嘛不早点来呀，谁知道你这情况是不是自己搞的，自己搞坏的要自己负责。”于是双方大吵了起来。

“我没有这个权力帮你退货，等店长来了我问过他后，才能知道可不可以退。”顾客等了将近两个小时，店长终于来了。看了情况后，店长说可以退，店员才黑着脸勉强给客户退了货。

店员仔细检查后说：“不好意思，是有点问题，我马上给您办理退货。如果您对本店其他商品感兴趣，我也可以详细给您介绍一下，并试用给您看……”店员热情招待、真正关心顾客的行为让顾客非常感动，于是顾客随即又买了一个本来没打算买的咖啡壶。这样的态度才会吸引更多的顾客，销售量当然也会大幅度提高。

(四)关键事件法

关键事件法又称关键事件技术(Critical Incident Technique，CIT)，是指确定关键的工作任务以获得工作上的成功。关键事件是使工作成功或失败的行为特征或事件(如成功与失败、盈利与亏损、高效与低产等)。关键事件法要求分析人员、管理人员、本岗位人员将工作过程中的“关键事件”详细地加以记录，并在大量收集信息后，对岗位的特征和要求进行分析研究的方法。

一般来说，运用关键事件分析法的步骤如下：

1. 识别岗位关键事件

运用关键事件分析法进行工作分析，其重点是对岗位关键事件的识别，这对调查人员提出了非常高的要求，一般非本行业、对专业技术了解不深的调查人员很难在短时间内识别该岗位的关键事件是什么。如果在识别关键事件时出现偏差，将对调查的整个结果带来巨大的影响。

2. 记录相关信息和资料

(1)导致该关键事件发生的前提条件是什么。

(2)导致该事件发生的直接和间接原因是什么。

(3)关键事件的发生过程和背景是什么。

(4)员工在关键事件中的行为表现是什么。

(5)关键事件发生后的结果如何。

(6)员工控制和把握关键事件的能力如何。

3. 对相关信息资料进行记录、分类和归纳将上述各项信息资料详细记录后，可以对这些信息资料作出分类，并归纳出该岗位的主要特征、具体控制要求和员工的工作表现情况。

采用关键事件分析法，应注意的是关键事件应具有岗位代表性。关键事件的数量不能强求，识别清楚后是多少就是多少。关键事件的表述要言简意赅、清晰准确。另外，对关键事件的调查次数不宜太少。

（五）360度绩效考核体系

360度反馈（360° Feedback）又称“360度绩效反馈法”或“全方位考核法”，最早是由被誉为“美国力量象征”的典范企业英特尔首先提出并加以实施的。360度绩效反馈是指由员工自己、上司、直接部属、同事甚至顾客等全方位的各个角度来了解个人的绩效，如沟通技巧、人际关系、领导能力、行政能力等。通过这种理想的绩效评估，被评估者不仅可以从自己、上司、部属、同事甚至顾客处获得多种角度的反馈，也可以从这些不同的反馈清楚地知道自己的不足、长处与发展需求，使以后的职业发展更为顺畅。

1. 360度绩效反馈法的优点

打破了由上级考核下属的传统考核制度，可以避免传统考核中考核者极容易发生的“光环效应”“居中趋势”“偏紧或偏松”“个人偏见”和“考核盲点”等现象。

360度绩效反馈法实际上是员工参与管理的方式，在一定程度上增加他们的自主性及对工作的控制，员工的积极性会更高，对组织会更忠诚，提高了员工的工作满意度。

2. 360度绩效反馈法的缺点

首先，考核成本高。当一个人要对多个同伴进行考核时，时间耗费多，由多人来共同考核所导致的成本上升可能会超过考核所带来的价值。

其次，成为某些员工发泄私愤的途径。某些员工不正视上司及同事的批评与建议，将工作上的问题上升为个人情绪，利用考核机会“公报私仇”。

最后，考核培训工作难度大。组织要对所有的员工进行考核制度的培训，因为所有的员工既是考核者又是被考核者。

五、绩效考核中的常见误区

（一）晕轮效应

晕轮效应是指被考核者的工作绩效在某一方面具有显著特征，给考核者留下了深刻的印象，由此影响了考核者对其工作绩效其他方面的判断。在考核中，这种晕轮现象很容易产生，特别是对那些无法标准化的因素如工作态度、人际关系等实行考核时，更易发生。当考核中产生了晕轮效应时，被考核者在工作绩效的每一个方面都得到大体相同的考评结果。

（二）近因效应

近因效应是指当对一定时期的工作绩效进行考核时，考核者过多地受被考核者近期工作表现的影响，而无法全面考察被考核者在较长时期的工作表现。例如，对一年的工作绩效进行考核，考核者过分地注重了被考核者在最后一两个月的工作表现。如果考核周期较长，考核者在平时没有注意收集绩效信息，更多地凭印象进行考核，就更容易产生近因效应或近因效应会更加严重。

（三）过分宽容或严厉

过分宽容或严厉是指考核者考评尺度掌握得过分宽松或严格，多数被考核者被评为较高或较低的等级。考评过分宽容，被考核者较容易就到较高的考评等级；考评过分严厉，被考核者很难得到好的考评结果。两种情况都可能导致被考核者以后不愿再努力工作。

(四)趋中效应

趋中效应是指考核者把多数被考核者的考核结果集中在中等水平上。中等化倾向往往是由于考核者对考核工作缺乏自信，或者考核的事实依据不充分。在实际的考核工作中很多考核者会产生这种中等化倾向，似乎这样会更安全些。

(五)对比效应

对比效应是指考核者在绩效考核中，把被考核者与前面的被考核者相比较，这种比较影响了对该被考核者的考核结果。部门负责人在对下属进行考核时，常常会把几个下属放在一起对比来权衡评定等级，但是这样做很容易忽视被考核者前后的改变，影响对被考核者的考核结果，易造成被考核者的不公平感。

(六)定势效应

定势效应是指当考核者进行考核时，往往用自己的思维方式来衡量员工的言行，与自己的理想标准或个人特点相似的，就给予高分，否则就给低分。

因此，要对考核者进行培训，让他们了解在考核过程中可能出现的错误，才能在实际的考核中尽量避免主观因素造成的判断失误；让他们领会绩效考核的内容和各项考核标准，深刻认识到绩效考核的重要性，以保证工作绩效考核的有效实施。

任务四　绩效反馈与结果运用

一、绩效反馈

(一)绩效反馈的概念

绩效反馈是绩效管理过程中的一个重要环节。它主要是通过考核者与被考核者之间的沟通，就被考核者在考核周期内的绩效情况进行面谈，在肯定成绩的同时，找出工作中的不足并加以改进。绩效反馈的目的是为了让员工了解自己在本绩效周期内的业绩是否达到所定的目标、行为态度是否合格，让管理者和员工双方达成对评估结果一致的看法。

(二)绩效反馈的原则

1. 经常性原则

绩效反馈应当是经常性的，而不应当是一年一次。这样做的原因有两点：其一，管理者一旦意识到员工在绩效中存在缺陷，就有责任立即去纠正它。如果员工的绩效在 1 月份时就低于标准要求，而管理人员却等到 12 月份再去对绩效进行评价，那么这就意味着企业要蒙受 11 个月的损失。其二，绩效反馈过程有效性的一个重要决定因素是员工对于评价结果基本认同。因此，考核者应当向员工提供经常性的绩效反馈，使他们在正式的评价过程结束之前就基本知道自己的绩效评价结果。

2. 对事不对人原则

在绩效反馈面谈中，双方应该讨论和评估的是工作行为和工作绩效，也就是工作中的一些事实表现，而不是讨论员工个性特点。员工的个性特点不能作为评估绩效的依据，如个人气质的活泼或沉静。然而，在谈到员工的主要优点和不足时，可以谈论员工的某些个性特征，但要注意这些个性特征必须是与工作绩效有关的。例如，一个员工个性特征中有不太喜欢与人沟通的特点，这个特点使他的工作绩效因此受到影响，这样关键性影响绩效的个性特征还是应该指出来的。

3. 多问少讲原则

发号施令的经理很难实现从上司到"帮助者""伙伴"的角色转换。我们建议管理者在与员工进行绩效沟通时遵循"20/80 法则"：80％的时间留给员工，20％的时间留给自己；而自己在这 20％的时间内，可以将 80％的时间用来发问，20％的时间才用来"指导""建议""发号施令"，因为员工往往比经理更清楚本职工作中存在的问题。换言之，要多提好问题，引导员工自己思考和解决问题，自己评价工作进展，而不是发号施令、居高临下地告诉员工应该如何做。

4. 着眼未来的原则

绩效反馈面谈中很大一部分内容是对过去的工作绩效进行回顾和评估，但这并不等于说绩效反馈面谈集中于过去。谈论过去的目的并不是停留在过去，而是从过去的事实中总结出一些对未来发展有用的东西。因此，任何对过去绩效的讨论都应着眼于未来，核心目的是为了制订未来发展的计划。

5. 正面引导原则

不管员工的绩效考核结果是好是坏，一定要多给员工一些鼓励，至少让员工感觉到：虽然我的绩效考核成绩不理想，但我得到了一个客观认识自己的机会，找到了应该努力的方向，并且在前进的过程中会得到主管人员的帮助。总之，要让员工把一种积极向上的态度带到工作中去。

6. 制度化原则

绩效反馈必须建立一套制度，只有将其制度化，才能保证它能够持久地发挥作用。

二、绩效考核结果的运用

（一）绩效诊断与绩效改进

1. 绩效诊断与分析

绩效诊断与分析是绩效改进过程的第一步，也是绩效改进最基本的环节。在绩效反馈面谈中，主管和员工通过分析与讨论评价结果，找出关键绩效问题和产生绩效问题的原因，这是绩效诊断的关键任务。诊断绩效问题的思路，选择绩效改进要点和选择绩效改进要点的方法。

2. 制订绩效改进计划

绩效改进是指采取一系列行动提高员工的能力和绩效。通过绩效诊断，发现员工需要改进的方面，考虑解决问题的途径，从而制订出关于改善现有绩效进展的计划。这包括具体计划应该改什么、应该做什么、谁来做、何时做、如何做。

3. 绩效改进计划的实施和评价

制订改进计划之后，管理者应通过绩效沟通，实现对绩效改进计划实施过程的控制，以保证绩效改进计划能够按照预期进行，并根据改进过程中的实际情况，及时修订、调整和改进计划。同时，主管应主动了解员工在绩效改进过程中遇到的困难和障碍，并提供相应的支持和帮助。

(二)绩效考核结果在人力资源管理职能中的运用

绩效考核与人力资源各管理职能之间存在着非常密切的关系,其结果应为人力资源管理系统中的招聘、培训、职位调整及薪资福利等环节提供基本的决策依据。

【同步案例 6-3】　　失败的面谈

案例精析 6-3

经理:小 A,有时间吗?

小 A:什么事情?

经理:想和你谈谈,关于你年终绩效的事情。

小 A:现在? 要多长时间?

经理:嗯……就一小会儿,我 10 点钟还有个重要的会议。你也知道,年终大家都很忙,我也不想浪费你的时间。可是 HR 部门老给我们添麻烦,总要求我们这样那样的。

小 A:……

经理:那我们就开始吧,我一贯强调效率。

于是小 A 就在经理放满文件的办公桌的对面,不知所措地坐下来。

经理:小 A,今年你的业绩总的来说还过得去,但与其他同事比起来还差了许多,但你是我的老部下了,我还是很了解你的,所以我给你的综合评价是 3 分,怎么样?

小 A:经理,今年的很多事情你知道的,我认为自己还是做得不错的,年初安排到我手里的任务我都完成了呀。另外我还帮助其他的同事做了很多的工作……

经理:年初是年初,你也知道公司现在的发展速度,在半年前部门就接到新的市场任务,我也对大家做了宣布,结果到了年底,任务还差一大截没完成,我的压力也很大呀!

小 A:可是你也并没有因此调整我们的目标啊?!

这时候,秘书直接走进来说,"经理,大家都在会议室里等你呢!"

经理:好了好了,小 A,写目标计划什么的都是 HR 部门要求的,他们哪里懂公司的业务!现在我们都是计划赶不上变化,他们只是要求你的表格填写完整、好看,而且,他们还对每个部门分派了指标。

其实大家都不容易,再说了,你的工资也不错,你看小王,他的基本工资比你低,工作却比你做得好,所以你应该心理平衡了吧。明年你要是做得好,我相信我会让你满意的。好了,我现在很忙,下次我们再聊。

小 A:可是去年年底评估的时候……

经理没有理会小 A,匆匆地和秘书离开了自己的办公室。

应知考核

一、单项选择题

1. (　　)就是管理者通过绩效评价,判断员工的绩效水平,辨别员工低绩效的征兆,探寻导致低绩效的原因,找出可能妨碍评价对象实现绩效目标的问题所在。

A. 绩效管理　　B. 绩效诊断　　C. 绩效考核　　D. 绩效反馈

2. 平衡计分卡从(　　)四个维度衡量企业业绩。

A. 客户、业务流程、创新与学习、财务　　B. 财务、美誉度、内部流程、适应能力

C. 战略、客户、业务流程、创新与学习　　D. 战略、美誉度、内部流程、适应能力

3. 在 360 度考评中，主观性最强的维度是(　　)。

A. 上级评价　　B. 同事评价　　C. 下级评价　　D. 自我评价

4. 由组织中的上下级共同协商，根据组织的使命确定一定时期内组织的总目标，由此决定上下级的责任和分目标，并把这些目标作为组织经营、评估和奖励的标准的绩效管理方法是(　　)。

A. 标杆管理法　　B. 目标管理法　　C. PDCA 法　　D. 关键绩效法

5. (　　)是衡量企业战略实施效果的关键指标，它是企业战略目标经过层层分解产生的可操作性的指标体系。

A. 关键领域　　B. 关键绩效要素

C. 一般绩效指标　　D. 关键绩效指标

二、多项选择题

1. 以下关于绩效考核和绩效管理的说法中，正确的有(　　)。

A. 有效的绩效考核是对绩效管理的有力支持

B. 绩效管理是绩效考核的一个环节

C. 绩效管理侧重于信息的沟通和绩效的提高

D. 绩效考核不侧重于信息的沟通和绩效的提高

2. 以下关于绩效考核方法的陈述中，正确的有(　　)。

A. 强制分布法无法应用于绩效反馈面谈

B. 不良事故评价法与关键事件法都能提供丰富的绩效反馈信息

C. 行为锚定法非常适用于绩效反馈面谈

D. 标杆超越法可以为组织提供明确的赶超目标，有利于激发组织的斗志

3. 绩效考核的结果可以应用于(　　)。

A. 培训　　B. 人事调整　　C. 衡量招聘结果　　D. 职位调整

4. 绩效考核中的常见误区有(　　)。

A. 晕轮效应　　B. 近因效应　　C. 趋中效应　　D. 对比效应

5. 考核指标体系设计的原则有(　　)。

A. 可考性原则　　B. 普遍性原则　　C. 独立性原则　　D. 完备性原则

三、判断题

1. 绩效主要是指员工在工作过程中的行为表现，因此绩效考评主要是对员工的工作态度、行为表现进行评价。　　(　　)

2. 绩效考评指标应该是可以测定和评估的。这些指标应该以工作的要求为基础，且通过对岗位的分析得出，反映了岗位的特征和特殊性。　　(　　)

3. 绩效考评标准是基于工作而不是基于工作者。它与绩效目标是不一样的，目标是针对个人的实际情况而设定的，但是绩效标准对任何一位从事相同工作的员工都是一样的。　　(　　)

4. 为了保证评估质量，应对评估人员进行培训，使他们掌握评估原则、熟悉评估标准、掌

握评估方法、克服评估误差与偏见。 （ ）

5. 绩效反馈是主管人员对员工进行的，因此只需要主管人员做好绩效反馈面谈准备工作即可。 （ ）

四、简述题

1. 简述绩效管理首先要需要解决的问题。
2. 简述绩效管理在现代人力资源管理中的地位与作用。
3. 简述目标管理的基本程序。
4. 简述关键绩效指标设计的一般步骤。
5. 简述平衡计分卡的实施步骤。

应会考核

■观念应用

【背景资料】

绩效考核和绩效控制的有效手段

罗芸在蓝天航空食品公司担任地区经理，她分管10家供应站，每站设一名主任。罗芸手下的10名主任中资历最老的是老马。他只读了一年大专，之后就进了蓝天公司，从普通员工干起，三年多前当上了如今这个供应站的主任。经过接触，罗芸了解到老马很善于与部下及客户们搞好关系，三年来他的客户没有一个转向蓝天的对手去订货的；他的部下经过他指点培养，有好几位已被提升。不过，他的不良饮食习惯给他带来严重的健康问题。在这一年里，他请了三个月病假，但他却满不在乎。再则，他太爱表现自己了，做了一点小事，也要打电话向罗芸表功。如今，由于营业扩展，公司上下盛传要给罗芸添一名副手。老马已公开说过，供应站主任中他资格最老，这地区副经理非他莫属。但罗芸觉得若由老马来当她的副手，两人在管理风格上的差异太大；另外，老马的行事作风准会激怒地区和公司的工作人员。

正好公司开始年终考评。坦率地讲，老马这一年的工作是干得挺不错的。蓝天的年度考评表总体评分是10分，其中9～10分是优，7～8分是良，5～6分是合格，3～4分是较差，1～2分是最差。罗芸担心若将老马评高了，他就更认为该提升他。考虑再三后，罗芸给老马评了6分。她觉得这是有充足理由的，因为老马这一年，请病假三个月。她知道这分数远低于老马的期望。于是，她开始考虑老马考评维度的分项分数，并准备与老马面谈。

【考核要求】

请根据背景资料，回答下列问题：

1. 罗芸给老马的绩效考核过程中出现了什么问题？
2. 绩效考核有哪些原则？蓝天公司的考评制度应做哪些改革？

■技能应用

青岛某集团公司在对员工进行绩效考核时，施行“三工机制”。将员工分为“优秀员工”“合格员工”和“不合格员工”三类，将员工的岗位考核也分为“优秀绩效”“合格绩效”和“不合格绩效”三类。通常，三类员工的比例分别为10%、85%和5%。在绩效评价期末，部门主管通常与员工每月保持有一次正式评价会。对于不合格员工，一般给予一个月必要的培训和指导，并提醒如果其再不提高业绩将会因末位淘汰而被解雇。同时，公司每年按季度轮流对部门主管开展绩效评价的培训。

请根据上述材料，回答以下问题：

1. 从绩效考核的方法上看，公司的“三工机制”属于（ ）。

A. 目标管理法 B. 行为锚定法 C. 强制分布法 D. 标杆超越法

2. 下面有关“三工机制”的说法中正确的是（ ）。

A. 该方法可以排除评价者主观因素对考核结果的影响

B. 如果公司员工水平比较接近，如都比较优秀的话，则其公平性会大打折扣

C. 该方法非常适合应用于绩效反馈面谈

D. 该方法成本比较低廉、评价尺度统一，但不能显示员工在某个具体领域的绩效问题

3. 绩效面谈的技巧主要包括（ ）。

A. 选择好时间与场所 B. 以积极的方式结束对话

C. 鼓励员工多说话 D. 主管人员应时常打断员工的谈话

4. 在进行绩效评价时，往往会因对被评价者的某一特质的强烈、清晰的感知，而掩盖了该人其他方面的品质，这属于（ ）。

A. 趋中倾向 B. 盲点效应 C. 晕轮效应 D. 刻板印象

■案例分析

华为技术有限公司的3W绩效管理

华为技术有限公司是一家生产、销售电信设备的员工持股民营科技公司，于1988年成立于深圳。华为的主要营业范围是交换、传输无线和数据通信类电信产品等，在电信领域为世界各地的客户提供网络设备、服务和解决方案等。2017年，华为销售收入达6 036.21亿元（人民币），是全球一流的综合通信设备提供商。

华为在经营领域取得的巨大成就有目共睹，那么是什么支撑着企业的发展呢？原华为HR副总吴建国说：“在华为向世界级企业迈进的过程中，卓有成效的人力资源管理体系是缔造华为一个个神话最有力的发动机和保障器。尤其是作为人力资源管理体系三大基石之一的绩效管理（另外两个是任职资格和股权激励），更为企业的发展注入了强大动力。”华为将卓越的绩效管理转化成生产力，为中国民营企业提供借鉴。

Why——华为绩效管理的目的

绩效作为组织和个人的成果和价值体现，代表了组织活动和个体活动的全部意义，绩效的重要性不言而喻。

华为的绩效考核分为ABCD 4个档次：A档次一般占员工总数的5%，B档次占45%，C档次占45%，还有5%的员工将被视作最后一档。三级主管进行季度考核，中高层管理人员半年述职一次。在考核的同时，设定下季度的目标。绩效考核的根本目的不是裁员，而是通过个人绩效目标的实现来完成公司的总体战略目标。

What——华为绩效管理考什么

绩效考核机制有三个方面：一是责任结果导向、关键事件个人行为的结果评价考核；二是基于公司战略分层分级述职，个人绩效承诺和期望绩效的完成程度；三是基于各级职位按任职资格标准，考核员工实际能力是否达到任职要求。评价过程中，业务部门有评价权，人力资源部门有建议权，主管有审核权，三权共同协调配合，为绩效管理保驾护航。

华为长期执行基于客户需求导向的人力资源管理制度。客户满意度是从总裁到各级员

工的重要考核指标之一，而且华为的外部客户满意度专门委托盖洛普公司进行调查。客户需求导向和为客户服务蕴含在员工招聘、选拔、培训教育和考核评价之中，以强化对客户服务贡献的关注。比如，华为在选拔人才时，前 3 名的应聘者不考虑，不招以自我为中心的应聘者，因为他们很难做到以客户为中心。华为负责招聘的人说："现在很多人强调技能，其实比技能更重要的是毅力，比毅力更重要的是品德，比品德更重要的是胸怀，要让客户找到感觉，这是我们公司一贯的要求和宗旨。"

How——华为绩效管理怎么管

针对绩效考核，华为根据公司战略采取综合平衡计分卡的办法。综合平衡计分卡是华为整个战略实施的工具，其核心思想是通过财务、客户、业务流程、创新与学习 4 个方面相互驱动的因果关系来实现华为的战略目标。平衡计分卡的关键在于平衡：短期目标和长期目标的平衡；收益增长目标和潜力目标的平衡；财务目标和非财务目标的平衡；产出目标和绩效驱动因素的平衡；外部市场目标和内部关键过程绩效的平衡。华为从战略指标体系到个人事业承诺指标，都通过平衡计分卡来达到各个方面的平衡。全球技术服务部为了保证绩效管理的有效实施，开发了绩效管理的电子化流程。所有员工每季度在考评电子流中进行个人绩效承诺，主管则通过考评电子流进行量化考核和业务改进。

对于绩效管理中重要的一环，绩效考评结果的反馈也是华为极为重视的。考评结果一方面作为升迁和薪酬依据，另一方面作为绩效改进的内容之一，如果调查发现绩效考评后期望目标和绩效实际存有落差而没有与员工进行绩效沟通的话，将给予该部门主管红牌警告。

最后需要强调的是，华为的绩效好，不仅在于绩效管理内部从绩效计划、绩效实施与管理、绩效评估到绩效反馈形成了系统的良性循环，还在于与人力资源开发管理中的其他模块相互呼应，形成了相互作用的整体，绩效管理与企业职位体系、任职资格体系、人员的选拔和培养体系、薪酬管理体系密切联系在一起。比如，对员工任职职位的要求与任职资格标准的设计，就要充分体现绩效管理中优秀员工的品德、素质和责任组合情况。此外，员工的升迁要依据绩效管理的结果，比如新干部任命前要进行 360 度的考察，即在主管、下属和周边全面评价干部的任职情况。考察干部后还要进行任前公示，每次任命都要公示半个月，全体员工都可以提意见，使干部处于员工的监督之下。

思考题：

(1)华为的 3W 绩效管理体现了怎样的绩效管理理念？

(2)平衡计分卡在该企业运用得是否恰当？为什么？

管理实训

【实训项目】

制订绩效考核方案。

【实训目标】

1. 能够分析教师提供案例中的核心内容。

2. 根据教师提出的课程目标，以小组为单位设计本课程的考核方案。

【实训情境】

1. 各小组讨论案例的核心内容。

2. 各小组根据本课程的目标，制订相应的课程考核方案。

3. 教师点评，全班同学投票选出最具吸引力的方案和最具可行性的方案。

【实训任务】

1. 小组互评，指导教师点评。

2. 撰写《制订绩效考核方案》实训报告。

《制订绩效考核方案》实训报告		
项目实训班级：	项目小组：	项目组成员：
实训时间：　　年　月　日	实训地点：	实训成绩：
实训目的：		
实训步骤：		
实训结果：		
实训感言：		
不足与今后改进：		

项目组长评定签字：　　　　　　　　　　项目指导教师评定签字：

项目七

薪酬管理

○ **知识目标:**

理解:薪酬的概念、薪酬管理的基本流程。

熟知:薪酬战略、薪酬设定的主要制约因素、员工奖金与福利管理。

掌握:薪酬体系的设计、薪酬设计的程序、薪酬的控制与沟通、绩效薪酬和激励薪酬。

○ **技能目标:**

能够利用所学的薪酬知识对企业的薪酬结构进行设计。

○ **素质目标:**

具备团队协作意识、全局意识以及强烈的责任感和事业心,培养较强的沟通和协调能力。

○ **管理故事:**

猎狗和兔子的故事

一条猎狗将一只兔子赶出了窝,一直追赶它,追了很久仍没有捉到。一旁吃草的羊看到此种情景,讥笑猎狗说:"你们两个之间小的反而跑得快。"猎狗回答说:"我们两个的跑是完全不同的!我仅仅为了一顿饭而跑,它却是为了性命而跑呀!"

这话被猎人听到了。猎人想:猎狗说的对啊,那我要想得到更多的猎物,得想个好法子。于是,猎人又买来几条猎狗,凡是能够在打猎中捉到兔子的,就可以得到几根骨头,捉不到的就没有饭吃。这一招果然有用,猎狗们纷纷去努力追兔子,因为谁都不愿意看着别人有骨头吃,自己却没有。就这样过了一段时间,问题出现了。大兔子非常难捉,小兔子好捉。但捉到大兔子得到的骨头和捉到小兔子得到的骨头差不多,猎狗们发现了这个窍门,专门去捉小兔子。猎人对猎狗说:"最近你们捉的兔子越来越小了,为什么?"猎狗们说:"反正没有什么区别,为什么费那么大的劲去捉那些大的呢?"

猎人经过思考后,决定不将骨头的数量与是否捉到兔子挂钩,而是采用每过一段时间,就统计一次猎狗捉到兔子的总重量,按照重量来评价猎狗,以此决定一段时间内的待遇。于是猎狗们捉到兔子的数量和重量都增加了。猎人很开心。但是过了一段时间,猎人发现,猎狗们捉兔子的数量又少了,而且越有经验的猎狗,捉兔子的数量下降得越多。于是猎人又去问猎狗。猎狗说:"我们把最好的时间都奉献给了您,主人,但是我们随着时间的推移会变老,当我们捉不到兔子的时候,您还会给我们骨头吃吗?"

经过考虑,猎人做了论功行赏的决定。规定如果捉到的兔子超过了一定的数量后,即使捉不到兔子,每顿饭也可以得到一定数量的骨头。猎狗们都很高兴,大家都努力去达到猎人规定的数量。一段时间过后,有一些猎狗达到了猎人规定的数量。这时,其中有一只猎狗说:

“我们这么努力，只得到几根骨头，而我们捉的猎物远远超过了这几根骨头。我们为什么不能给自己捉兔子呢?”于是，有些猎狗离开了猎人，自己捉兔子去了，骨头与肉兼而有之……

猎人意识到猎狗正在流失，并且那些流失的猎狗像野狗一般与自己的猎狗抢兔子。情况变得越来越糟，猎人不得已诱捕了一条野狗，问它到底野狗比猎狗强在那里。野狗说：“猎狗吃的是骨头，吐出来的是肉啊!”接着又说：“也不是所有的野狗都顿顿有肉吃，大部分最后骨头都舔不到！不然也不至于被你诱捕。”于是猎人进行了改革，使每条猎狗除基本骨头外，可获得其所猎兔肉总量的n%，而且随着服务时间加长，贡献变大，该比例还可递增。就这样，猎狗们与猎人一起努力，将野狗们逼得叫苦连天，纷纷强烈要求重归猎狗队伍。

故事感悟：

这个精彩故事包含了非常多的含义。仅从企业与员工有关绩效与薪酬的角度来看，整个故事的发展也可以说是企业绩效和薪酬管理制度变迁进化的缩影。最初分配的依据是数量，忽视了质量，即兔子有大小之分，工作也有难易差别。完全依据数量进行分配，就好像吃大锅饭，干好干坏一个样，严重影响了员工的积极性，导致抓大兔子的越来越少；于是进行改革，按照一定时间内兔子的数量和质量进行考核，并决定下一阶段的分配量。但因仅仅考虑了短期利益，忽视了猎狗的长远利益，又引起了新的不满。其后，在考虑猎狗的长期利益时，直接与猎物挂钩，却影响了猎人的利益，于是雇主与雇员发生了冲突。因此，如何实现短期利益和长期利益的结合，在不损害企业利益的前提下，将能人留在企业长期服务才是最终目的。

○ **知识精讲：**

任务一　薪酬管理概述

一、薪酬的概念与功能

(一)薪酬的概念

薪酬(Compensation)是企业向员工提供的报酬，用以吸引、保留和激励员工，具体包括工资、奖金、福利、股票期权等。凡是基于对组织或团队的贡献的报酬都属于薪酬的范围，而这种报酬也被认为是具有效用的。一般来说，薪酬的构成如图7—1所示。

虽然非经济性报酬是总体薪酬的重要组成部分，但在实际中，人们仍然将注意力集中于企业的经济性报酬的安排上。在经济性报酬(直接报酬)中，主要包括以下组成部分：

1. 基础工资(Base Pay)

基础工资是企业按照一定的时间周期，定期向员工发放的固定报酬。基础工资主要反映员工所承担的职位的价值或者员工所具备的技能(或能力)的价值，即分别是以职位为基础(Pay for Job)的基础工资与以能力为基础(Pay for Competency)的基础工资。在国外，基础工资往往有小时工资、月薪和年薪等形式；在中国大多数企业中，提供给员工的基础工资是以月薪为主，即每月按时向员工发放工资。

2. 绩效工资(Merit Pay)

绩效工资来自英文中的“Merit Pay”的概念，但在中国更为贴切的说法应该是绩效提薪。绩效工资是根据员工的年度绩效评价的结果而确定的对基础工资的增加部分，因此它是对员工的优良工作绩效的一种奖励。但它与奖金的差别在于，奖金并不成为基础工资永久性的增

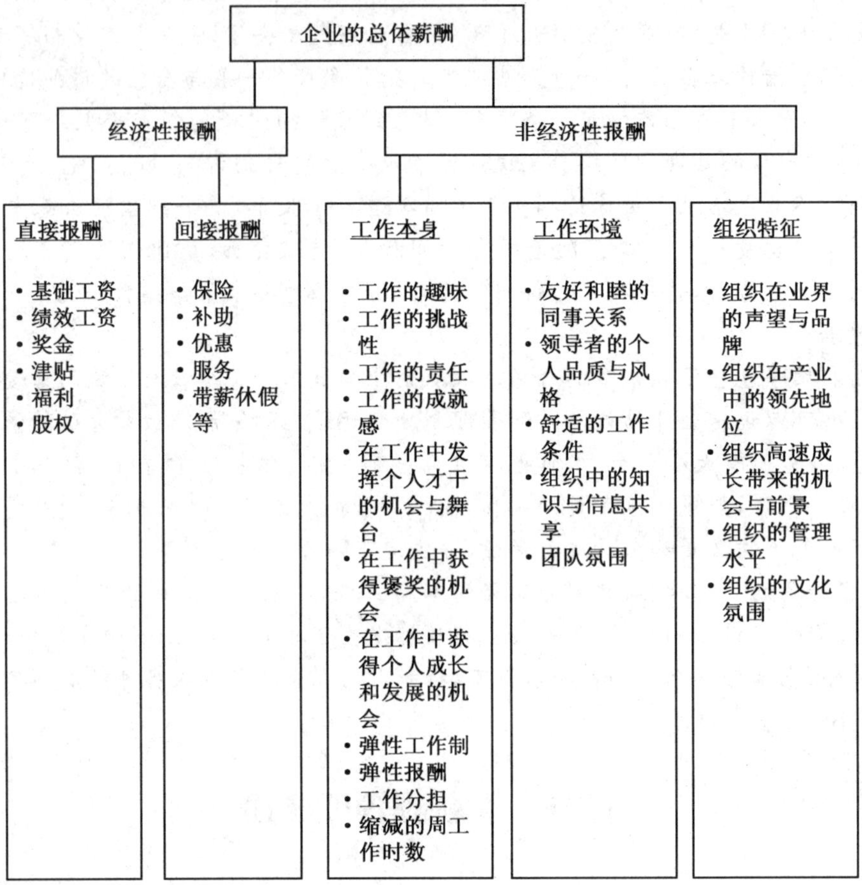

图 7—1　薪酬的构成

加部分，而只是一次性的奖励。

3. 奖金(Incentive Pay)

奖金也称激励工资或可变工资，是薪酬中根据员工的工作绩效进行浮动的部分。奖金可以与员工的个人业绩相挂钩，也可以与其所在团队的业绩相挂钩，还可以与组织的整体业绩相挂钩，这分别称为个体奖金、团队奖励和组织奖励。但需要注意的是，奖金不仅要与员工的业绩相挂钩，而且与员工在组织中的位置和价值有关，它通常等于两者的乘积。

4. 津贴(Allowance)

津贴往往是对员工工作中的不利因素的一种补偿，它与经济学理论中的补偿性工资差别相关。比如，企业对从事夜班工作的人，往往会给予额外的夜班工作津贴；对于出差的人员，也往往会给予一定的出差补助。但津贴往往并不构成薪酬中的核心部分，它在整个薪酬中所占的比例往往较小。

5. 福利(Benefit)

现代薪酬设计中的福利在很大程度上已经与传统的福利项目不同，带薪休假、健康计划、补充保险、住房补贴已经成为福利项目中的重要形式，并且根据员工个人偏好而设计的自助式的福利计划也成为正在新兴的福利形式，并获得了广泛的认可。

6. 股权(Stock)

股票期权主要包括员工持股计划(ESOP)和股票期权计划(Stock Option)。员工持股计划主要针对企业中的中基层员工，而股票期权计划则主要针对中高层管理人员、核心业务和技术人才。员工持股计划和股票期权计划不仅是针对员工的一种长期报酬形式，而且是将员工的个人利益与组织的整体利益相联系、优化企业治理结构的重要方式，是现代企业动力系统的重要组成部分。近年来，股权计划已经越来越多地受到中国企业的青睐。

(二)薪酬的功能

1. 激励功能

企业通过支付给员工不同的薪酬来评价员工个人的素质、能力、工作态度及其工作效果等。合理的薪酬可以促进员工产生更高的工作绩效，而更高的工作绩效又会为员工带来更高的薪酬。更高的薪酬不仅可以使员工的经济条件得到不断改善，获得更多的社交机会，而且更高的薪酬是对员工工作能力的一种肯定，显示了员工在企业中或社会上的相应价值和地位及作用的提升，并赢得更多的尊重，更是其个人职业生涯成功的一种标志，从而激发其工作的满足感和成就感，并以更高的热情投入工作。

2. 保障功能

员工通过劳动获得薪酬来维持自身的衣食住行等基本生存需要，以保证自身劳动力的再生产。同时，员工还必须利用这些薪酬来养育子女和满足自身培训学习的需要，以实现劳动力的再生产和人力资本的增值。因此，薪酬是保证企业人力资源生产和再生产的基本要素。

3. 调节功能

薪酬差别是企业实现人力资源合理流动和配置的一个重要“调节器”。一方面，企业可以通过薪酬水平的变动和倾斜，将企业目标和管理者意图传递给员工，促使员工个人行为与企业期望的行为最高限度趋于一致，并引导内部员工合理流动，从而调整企业生产和管理环节上的人力资源的数量及质量，实现企业内部各种资源的高效配置。另一方面，企业通过制定有效的薪酬差距水平，可以吸引更多企业急需的人力资源。

4. 增值功能

对企业而言，薪酬作为企业用于交换员工劳动的一种成本投入，实际上是对活劳动(劳动要素)的数量和质量的一种投资，与其他资本投资一样，是为了带来预期的大于成本的收益。

二、常见的薪酬形式

(一)年薪制

年薪制是指以企业一个经济核算年度(一般为一年)为时间单位确定员工的基本报酬，并视其经营成果确定其效益收入的一种劳动报酬制度。目前，国内企业特别是国有企业，年薪制主要还是针对企业经营者。其实施的基本原则是把企业经营者的收入与企业其他员工的收入区别开来。它一般由基本薪酬和风险收入组成。其中，基本薪酬主要根据企业的资产规模、获利能力、行业特征、经营者以往的业绩和本身潜在的素质等因素，再参照本地区的实际工资水平来确定。它一般不与经营者的实际经营业绩挂钩，无论经营好坏，经营者的基本薪酬都固定发放，它体现的是对经营者特殊的人力资本价值的认可以及在经营过程中实际劳动付出的回报。风险收入也称绩效收入，它完全是根据经营者的业绩(主要是经营利润指标)，按照一定的比例提取。当然，对经营者的业绩评价包括了税后净利润、资产保值增值率、投资收益率、销售增长率、资产负债率、资产完好率等许多综合指标。

(二)结构工资制

结构工资制根据薪酬各个不同的功能,将薪酬总额分解为几个有机的组成部分,再将各部分分解为若干等级,然后分别确定薪酬数额。其各个组成部分及其等级均有质和量的规定性,各有其特点和作用方式。它一般适用于无法直接用量化指标进行考核或不直接创造经济效益的部门,通常是技术、后勤和管理部门。目前,国内企业普遍实行的岗位技能工资制就是其中的一种。

结构工资制主要由维持最低工资标准的基本工资和按照岗位性质决定的岗位(技能)工资,以及作为考核员工工作绩效的绩效工资组成,另外还有技能工资等。结构工资的构成部分及其比例并没有明确的规定,各个企业可以根据自己的需要自由选择。但一般情况下,相对固定的工资部分一般占工资总额的50%~90%。绩效工资一般与企业的效益或个人的工作绩效挂钩,具有一定的浮动性,所以又称浮动工资(即奖金)。

(三)提成工资制

提成工资制是指员工的薪酬完全或大部分根据其个人完成的业绩按照一定的比例计提报酬的一种薪酬方式。它主要适用于从事业务或市场销售等可以直接以量化指标考核工作绩效的员工。提成工资制一般有两种:一种是员工的个人薪酬完全根据业绩按一定的比例提成,即所谓的佣金制;另一种是基本工资加上业绩提成奖金,即所谓的基本工资加提成制。基本工资一般是员工维持基本生活的最低保障,但同时也是对员工人力资本的实际肯定;业绩提成奖金则是根据员工个人实际完成的业绩来提取的奖励。

(四)固定工资制

固定工资制是指在一定时间内支付给员工的工资是一个确定不变的数额的一种薪酬方式。它一般适用于企业内一般的文员或后勤服务人员,如司机、保安、保洁员、打字员等。因为这些岗位员工的工作重要性相对较小,而且流动性大,所以一般根据市场行情来确定他们的固定薪酬水平。尽管他们的薪酬不与企业的任何经济效益指标挂钩,但仍可根据他们的工作能力或努力程度等进行考核,根据考核结果,在固定薪酬总额中按一定比例适当浮动。

(五)计件工资制

计件工资制就是根据员工在规定时间内实际完成的、可以量化的工作量或合格产品的数量,按照事先确定的计件单价计算并支付报酬的一种薪酬方式。它一般适用于劳动工序相对独立、产品量或工作量可以精确计量,产品质量有明确标准,并能对生产过程进行科学测定,管理制度比较完善和规范的生产企业,如服装加工、零配件加工等企业。

(六)协议工资制

协议工资制也称谈判工资制。它是指企业与员工(或工会组织)根据市场行情,通过谈判与协商,确定员工的薪酬水平和支付方式的一种薪酬形式。它一般适用于企业聘请的高级人才、急需的专业人才、非全职员工(顾问)或临时合约的人员。

(七)绩效工资

最常见的绩效工资形式是年度奖金,它可能与公司的整个业绩、下属各经营单位的业绩、管理者的个人业绩或者三者的结合相关。除了可以激发员工更好地做出工作业绩外,这对企业来说还有一个优点,即这些奖金不需要加到基本工资中,而必须靠员工努力去争取。这种方式不仅可以使企业控制固定费用,同时还可以促进业绩的提高。

凭业绩支付薪酬有如下好处:增加工作的满足感、提高生产率、减少无故缺勤率、降低流动率、提高员工的工作质量。

实行绩效工资也会遇到一些困难。当整个经营业绩变糟时，基于组织业绩的奖金将出现下降趋势。几年前，杜邦公司的一个部门放弃了这一方法，这是因为当利润下降、薪资减少时，员工要求公司改回原来的薪酬系统。绩效工资所遇到的另一难题在于公司所能使用的薪酬资金数量。例如，当给予表现一般的员工提高3%的奖励，而给予表现优秀的提高5%的奖励时，实际上对于优秀者并没有给予真正的奖励。对不同工作业绩水平没有适当区分，是一些组织实行绩效工资并不令人满意的原因。

（八）技能工资

技能工资以技能为基础来支付，或按知识水平来支付，是根据员工所拥有的与工作相关的技能和知识水平来报偿员工的，而不是根据工作名称来报偿的一种薪酬系统。它是美国发展最快的创新方法之一，据统计，世界“500强”企业中有50%以上的公司至少对一些员工采用技能工资系统。这种方法的目的在于鼓励员工获得额外的技能，这样能够增加他们对组织的价值、增强他们的竞争地位。

【同步案例7－1】　HS企业的技能工资制

HS是一家具有60多年历史的大型国有制造企业，主营业务为工程机械产品制造，人员规模2 000余人，主要面对华北和西北市场。由于中国工程机械市场在2014年爆发性增长，企业销售规模增长迅速，2015～2018年间，销售收入从16亿元增长到30亿元左右，成为行业内领先品牌。然而，在风光的销售业绩的背后，是企业内部的管理问题，其中最突出的就是薪酬问题。该企业目前有几种适用于不同类型岗位的工资制度。例如，(1)职能部门采用的是以岗位工资为主导的工资制度，即在每月发放的工资中，岗位工资约占80%，绩效工资约占20%；(2)技术部门实行的是组合工资制，它由基本工资、岗位工资和项目奖金三部分组成；(3)车间工人采用的是计件工资加奖金的工资制度。

案例精析7—1

随着企业发展，高学历、高素质的员工越来越多，企业对产品研发、市场销售人员以及一线生产工人的操作技能和专业能力要求越来越高。于是，分管人力资源管理工作的副总经理张彬开始关注工资制度的改革问题，并考虑在企业推行技能工资制度的可能性，试图通过构建技能和能力工资体系，调动员工提升个人能力素质的主动性，从而促进学习型组织的建立。

请结合本案例，说明企业推行技能工资制应当注意哪些问题？

（九）市场工资制

这种方法着眼于组织在劳动力市场上的吸引力和竞争力，强调的是按市场上各类人员的价值来表示本组织内各工作相对价值的大小。其核心是由薪酬专家根据地区及行业劳动人才市场的薪酬调查结果，拟定出标准职务等级工资范围表，它包含所有工作的职务等级，每一等级都有下限、中等和上限。一般来说，级别越低，薪资可变范围越窄；级别升高，可变范围随之扩大。这种安排所依据的逻辑是：等级越高，升级机会越少，此时若不提供较多的增薪机会，这些员工就会感到“既难升官，又难发财”，对他们的激励作用就小了。在这种等级表中允许相邻等级的薪资范围有一定的重叠，即高一级的薪资下限低于相邻下一级的上限乃至中等的薪资。由于这些等级排得很紧，加上邻级薪资范围的部分重叠，所以允许在定级时出现不准确的情况，如偏高或偏低一、二级。当这种情况出现时，可通过高薪资来适当弥补，不致造成较大的不公正，使管理较为灵活。

三、薪酬管理的主要内容与基本流程

(一)薪酬管理的主要内容

所谓薪酬管理,是指一个组织针对所有员工所提供的服务来确定他们应当得到的薪酬总额、薪酬结构及薪酬形式这样一个过程。在这一过程中,企业必须就薪酬形式、薪酬体系、薪酬构成、薪酬水平、薪酬结构、特殊员工群体的薪酬等作出决策。同时,作为一种持续的组织过程,企业还要持续不断地制订薪酬计划、拟定薪酬预算、就薪酬管理问题与员工进行沟通,同时对薪酬系统本身的有效性作出评价,之后不断予以完善。

薪酬管理几乎对于任何一个组织来说都是一个棘手的问题。这主要因为企业的薪酬管理系统一般要同时达到公平性、有效性和合法性三大目标。所谓公平性,是指员工对于企业薪酬管理系统及管理过程的公平公正性的看法或感知。所谓有效性,是指薪酬管理系统在多大程度上能够帮助组织实现预定的经营目标。所谓合法性,是指企业的薪酬管理体系和管理过程是否符合国家的相关法律规定。

(二)薪酬管理的基本流程

一般来说,企业的薪酬管理系统能否正常运行和发挥正常功能,在很大程度上取决于企业薪酬管理的流程是否科学、有效。尽管不同企业的薪酬管理流程会受到多种因素的影响,如企业经营性质、业务规模、战略愿景、员工的技术和能力状况等,但我们仍然可以通过图7－2将企业薪酬管理的决策过程以及决策内容描绘出来。简而言之,在现代市场经济条件下,企业的薪酬管理是一个市场化、个性化的过程。企业的薪酬管理立足于企业的经营战略和人力资源战略,以劳动力市场为依据,在考虑到员工所承担的职位本身的价值及其任职资格条件要求的基础上,再加上对团队和个人的绩效考核与评价,最后才形成企业的薪酬管理系统。这种薪酬管理系统必须达到外部竞争性、内部一致性、成本有效性、合理鉴定员工的贡献、遵守相关法律规定等有效性标准。

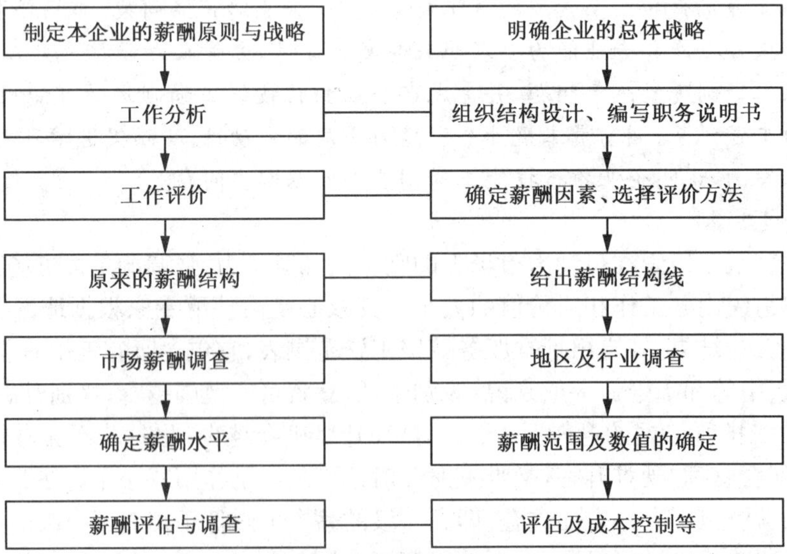

图7－2 薪酬管理的基本流程

四、薪酬战略

(一)薪酬制度的战略支持角色

薪酬的作用,通常强调的是人才的吸引、保留、激励以及开发,但是吸引、保留、激励以及开发人才的最终目的是什么?显然是为了帮助组织实现战略目标和远景规划。薪酬制度应凸显其战略支持角色,使薪酬从过去的简单支付行为转变为与环境、组织的战略目标相适应,通过吸纳、维系和激励优秀人才以赢得和保持组织的竞争优势。

企业要充分发挥薪酬战略对其竞争优势提升的作用,首先得取决于薪酬战略的有效设计。图 7—3 描述了获得竞争优势的薪酬战略的设计过程。

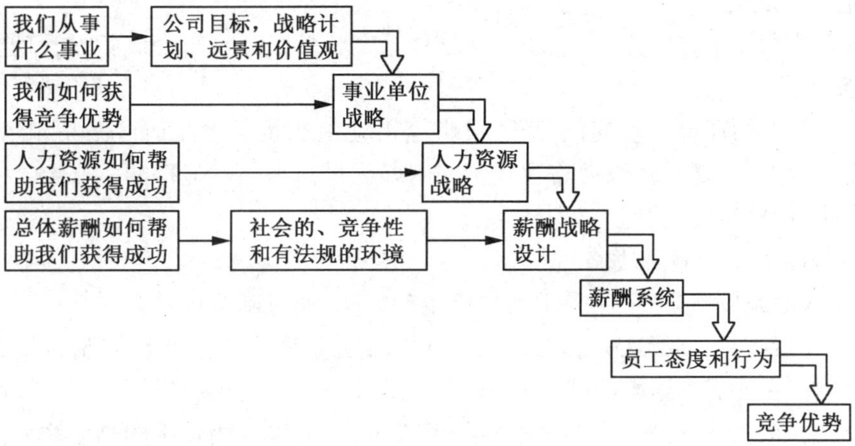

图 7—3　获得竞争优势的薪酬战略的设计过程

(二)企业薪酬战略制定的步骤

一般来说,设计和制定企业薪酬战略的步骤如图 7—4 所示。

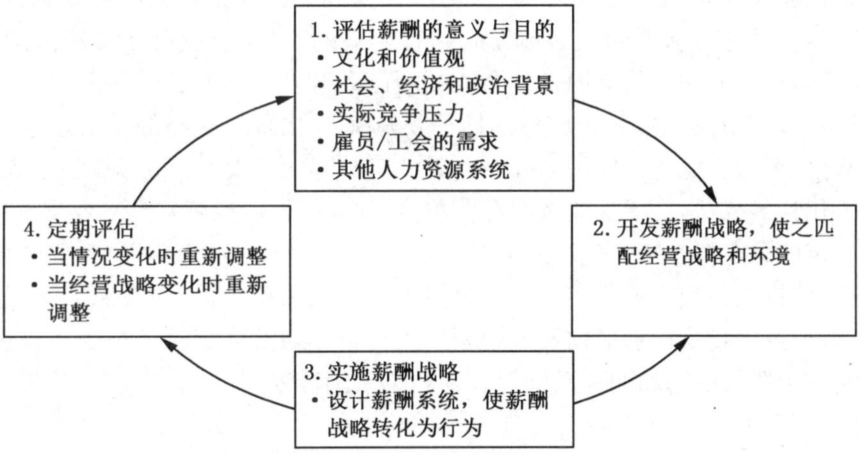

图 7—4　设计和制定企业薪酬战略的步骤

1. 评估薪酬的意义与目的

要求了解企业所在的行业情况，以及企业计划怎样在此行业中竞争，企业对待员工的价值观也反映在企业的薪酬战略中。此外，社会、经济和政治环境同样影响薪酬战略的选择。

员工的薪酬需要是多种多样的。通常年纪较大的员工对现金的需求较弱，较看重劳保和福利条件，而年纪轻的员工有较强的现金需要，他们要买房子或要支持家庭，较看重高工资收入。企业应考虑员工不同的薪酬需求，制定灵活的薪酬战略。

2. 开发薪酬战略，使之匹配经营战略和环境

通过对企业所处的经营战略和内外环境的分析，开发支持企业经营战略、提升企业竞争优势的薪酬战略。

3. 实施薪酬战略

通过设计薪酬体系来实施薪酬战略，薪酬体系是将薪酬战略转变成薪酬管理实践。

4. 定期评估

随着企业所处的环境不断变化，经营战略也相应在不断变化，因而薪酬战略就必须随之变化。为确保这点，定期对薪酬战略和经营战略匹配进行评估就显得非常必要。

(三)企业薪酬战略的类型

1. 经营战略类型与薪酬战略

(1)低成本薪酬战略，是企业采用大规模生产方式，通过降低产品的平均生产成本来获得来自经验曲线的利润。推行这一战略必须实现管理费用最低化并严格控制研发、试验、服务和广告等活动。在低成本薪酬战略背景下，企业的薪酬制度应突出以下特点：①较低的薪酬、雇员规模替代。在总体薪酬支出水平一定的条件下，企业可雇用较少的高效率雇员或雇用较多的效率较低的雇员来完成既定的生产经营任务。②建立基于成本的薪酬决定制度。这一制度既可以是在确保产品数量和质量前提下的总成本包干制，也可以是在核定基本成本基础上的成本降低奖励制。③有限的奖金，即除了成本降低奖励外，其他以雇员技能、顾客满意度等因素为基础的奖励制度较少。

(2)差异化薪酬战略，是企业采用特定的技术和方法，使本企业的产品或服务在质量、设计、服务及其他方面都与众不同。通过提高独特产品的价格，企业可获得较高的单位利润。差异化薪酬战略取得成功的关键因素是企业的新产品开发能力和技术创新能力。培育成熟的项目开发团队、产品设计团队和服务团队是实施差异化薪酬战略的重要途径。在此背景下，采用团队薪酬制度，完善工作用品补贴和额外津贴制度就成了企业薪酬制度设计的重点。

(3)专一化薪酬战略，是指企业生产经营单一产品或服务，或者将产品或服务指向特定的地理区域、特定的顾客群。专一化薪酬战略的实施以专业化技术为前提，它要求企业在特定的技术领域保持持久的领先地位。为了突出技术力量的重要性，吸引技术人才，企业通常给技术人员支付超过市场平均水平的效率薪酬。该类企业通常采用基于技术等级的薪酬决定制度，并广泛采用股权激励和期权激励等长期薪酬激励计划。

2. 企业发展阶段与薪酬战略

(1)快速发展阶段薪酬战略，是指企业通过实现多样化经营或开辟新的生产经营渠道而使其在产品销售量、市场占有率及资本总量等方面获得快速和全面的成长。除了依靠企业内部资源外，它往往通过兼并、合并和重组等外部扩张方式来实现。为了满足企业经营领域多样化和经营地域多样化的需要，企业的薪酬制度设计应坚持多样化和针对性原则，允许不同

性质的企业设计不同的薪酬方案，同时突出绩效薪酬制度和可变薪酬制度的应用。

(2)稳定发展阶段薪酬战略，是指企业保持现有的产品和市场，在防御外来环境威胁的同时保持均匀的、小幅度的增长速度。当企业缺乏成长资源或处于稳定的市场环境时，稳定发展战略常被采用。此外，当一个企业经历了一段高速成长或收缩后，稳定战略也是很重要的。在这一背景下，企业的薪酬结构应保持相对稳定，企业的薪酬水平也应保持大体相同的增长比率。

(3)收缩阶段薪酬战略，是指企业面临衰退的市场或失去竞争优势时，自动放弃某些产品或市场以维持其生存能力的战略。在这一阶段，企业的薪酬制度应回归到维护企业核心资源和核心竞争力上来，强调薪酬制度的统一性。在收缩期，企业要考虑的一个重要因素是反敌意收购，设计有利于接管防御的薪酬策略，如“金降落伞”(gold parachute)与“锡降落伞”(tin parachute)”计划就尤为重要。“金降落伞”的主要对象是董事会及高级职员，而“锡降落伞”的范围更广一些，它向下几级的工薪阶层提供稍为逊色的同类保证。无论是“金降落伞”还是“锡降落伞”，它们都规定收购者在完成收购后，若在人事安排上有所变动，须对变动者一次性支付巨额补偿金。这部分补偿金支出通常视获得者的地位、资历和以往业绩而有高低之分。

企业不同发展阶段的薪酬体系如表7—1所示。

表7—1　企业不同发展阶段的薪酬体系

企业发展阶段		初创期	快速成长期	成熟稳定期	衰退期	再造期
薪酬竞争性		强	较强	一般	较强	较强
薪酬刚性		小	较大	大	较大	小
薪酬构成	基本工资	低	较高	高	较高	较低绩效
	奖金	较高	高	较高	低	较高
	福利	低	较高	高	高	低
	长期薪酬	高	较高	高	低	较高

任务二　薪酬体系的设计

一、薪酬体系设计的原则及影响因素

(一)薪酬体系设计的原则

1. 战略导向原则

战略导向原则强调企业设计薪酬时必须从企业战略的角度进行分析，制定的薪酬政策和制度必须体现企业发展战略的要求。企业的薪酬是一种制度，更是一种机制，合理的薪酬制度驱动和鞭策有利于企业发展战略的因素得到成长和提高，同时使不利于企业发展战略的因素得到有效的遏制、消退和淘汰。

2. 经济性原则

薪酬设计的经济性原则强调企业设计薪酬时必须充分考虑企业自身发展的特点和支付能力。它包括两个方面的概念：从短期来看，企业的销售收入扣除各项非人工(人力资源)费

用和成本后，要能够支付起企业所有员工的薪酬；从长期来看，企业在支付所有员工的薪酬，以及补偿所用非人工费用和成本后，要有盈余，这样才能支撑企业追加和扩大投资，获得企业的可持续发展。

3. 体现员工价值原则

现代的人力资源管理必须解决企业的三大基本矛盾，即人力资源管理与企业发展战略之间的矛盾、企业发展与员工发展之间的矛盾、员工创造与员工待遇之间的矛盾。因此，企业在设计薪酬时，必须要能充分体现员工的价值，要使员工的发展与企业的发展充分协调起来，保持员工创造与员工待遇（价值创造与价值分配）之间短期和长期的平衡。

4. 激励作用原则

在企业设计薪酬时，同样是10万元，不同的部门、不同的市场、不同的企业发展阶段支付给不同的员工，一种方式是发4万元的工资和6万元的奖金，另一种方式是发6万元的工资和4万元的奖金，激励效果完全不一样。激励作用原则就是强调企业在设计薪酬时必须充分考虑薪酬的激励作用，即薪酬的激励效果。这里涉及企业薪酬（人力资源投入）与激励效果（产出）之间的比例关系，企业在设计薪酬策略时要充分考虑各种因素，使薪酬的支付获得最大的激励效果。

5. 公平性原则

公平性原则体现在三个方面：一是对外公平，本企业中的各岗位的收入及总体收入与其他企业相比是否公平，是否体现了岗位工作在同行企业中应有的价位。外部公平性，很大程度上称作外部竞争性，其实，严格意义上是指某些岗位特别是对于企业比较核心和关键的岗位的收入在市场上有竞争性优势，其他的岗位在市场上则处于中等或跟随状态即可。二是企业内不同岗位间的公平，解决的是各个岗位对组织的贡献得到了相对其他岗位贡献的相对公平的认可。三是员工自我的公平，反映的是企业中员工个人对过去工作和将来工作的比较，如果认为自己相对于过去干得多，收入也多了，那么公平感就强；反之，则公平感降低。

6. 竞争性原则

竞争性原则强调企业在设计薪酬时必须考虑到同行业薪酬市场的薪酬水平和竞争对手的薪酬水平，保证企业的薪酬水平在市场上具有一定的竞争力，能充分地吸引和留住企业发展所需的战略、关键性人才。

（二）薪酬体系设计的影响因素

1. 战略与发展阶段因素

企业在薪酬设计时必须充分考虑企业的发展战略，这与战略导向原则是一致的。企业设计薪酬必须结合企业自身的发展阶段，不同的阶段对薪酬策略要求是不一样的。比如在创立期，企业的薪酬政策关注易操作性和激励性，表现出非常个人化的随机性报酬，在薪酬评价上以主观为主，总裁拥有90%以上的决策权；处于高速成长期的企业，在制定薪酬政策时，必须考虑到薪酬的激励作用。这个时候设计的薪酬工资较高、奖金相对较高，长期报酬也比较高，福利水平也会比较高。但如果企业处于平稳发展期或衰退期时，制定薪酬策略又是另一种情况了。因此，企业设计薪酬政策必须充分与企业发展的阶段相结合。

2. 文化因素

（1）功能型工作文化的企业强调严密的自上而下的行政管理体系、清晰的责任制度、专业化分工等，这种工作文化的企业在设计薪酬时一般以职务工资制为主。

(2)流程型工作文化的企业的特点是以客户满意度为导向来确定价值链;基于团队和相互学习的工作关系,共同承担责任;围绕流程和供应链来设计部门等。现在很多企业的工作文化开始向流程型工作文化进行转变。这种工作文化的企业在设计薪酬时主要以客户、市场导向为主,一般以职能工资制为主。

(3)时效型工作文化的企业往往能集中资源抓住机会,迅速把产品和服务推向市场,强调高增长和新市场进入。这种工作文化的企业在设计薪酬时主要考虑时效和速度因素,同时考虑工作质量因素,一般以绩效工资制为主。

(4)网络型工作文化的企业没有严密的层级关系,承认个人的特殊贡献,强调战略合作伙伴;以合伙人方式分配权力,强调对公司总体目标的贡献;以"合同"方式形成工作网络。典型的公司有律师事务所、会计师事务所、某些咨询公司等。这种工作文化的企业在设计薪酬时主要强调利益共享、风险共担。

3. 市场竞争因素

这些因素包括市场薪酬水平、市场人才供给与需求情况、竞争对手的薪酬政策与薪酬水平、企业所在市场的特点与竞争态势等。在充分调查和考虑以上因素后,企业制定出薪酬设计的市场薪酬线。

4. 价值因素

价值因素是指企业必须支付薪酬的因素。现代企业中,一般的付酬因素分为三大类,即岗位因素、知识能力因素和绩效因素。岗位因素主要评价每个岗位所承担责任的大小、在公司中价值的大小,它是确定岗位工资的基础;知识能力因素主要是评价企业中每个员工身上承载的知识和能力的大小,以及这些能力对企业发展战略的重要性,它是确定能力工资的基础;绩效因素主要是评价员工为企业做出了多少业绩,以及这些业绩对企业发展的重要性,它是确定绩效工资的基础。

二、基本薪酬体系

(一)基于职位的薪酬体系

基于职位的薪酬体系,就是以职位的价值作为支付薪酬的基础和依据,在职位价值基础上构建的支付薪酬的方法和制度。基于职位的薪酬体系主要考虑的是职位价值,其次考虑个人能力、工作绩效。这样,确定的某职位的薪酬就是一个薪酬区间,而不是一个薪酬点。

1. 优点

(1)分配相对公平。基于职位的薪酬体系主要建立在岗位价值评价的基础上,反映了岗位之间的相对价值,基本做到了内部公平;同时,在确定企业薪酬水平时,一般情况下会参考同行业、同区域的社会薪酬水平,基本能够做到外部公平。

(2)比较直观、易懂。基于职位的薪酬体系比较直观,容易向广大员工进行说明和解释。因此,无论是设计薪酬体系还是推行薪酬体系都比较方便,同时管理的成本也比较低。

(3)薪酬和工作目标结合比较紧密。基于职位的薪酬体系主要的考虑因素是职位内容和职位价值,而职位内容和工作内容与工作目标又紧密相连。因此,这样的薪酬体系与工作目标结合是比较紧密的。

(4)与职位体系结合紧密。薪酬体系与职位体系紧密结合,便于企业内人力资源的一体化管理。

2. 缺点

(1)对于能力强却无法晋升的员工的激励性不够。企业内往往存在这样一小部分员工,他们的能力很强,但由于他们职位的原因,薪酬待遇的相对水平不高,激励性不够。

(2)稳定性强,而变化不足。由于职位一般是相对稳定的,基于职位的薪酬也是相对稳定的,这样的薪酬不会由于环境的变化而出现较大的增加或减少,这样也就没有薪酬较大的增加或减少带来的对员工的正激励或负激励。

3. 前提条件

(1)岗位描述是否清晰、规范。职位薪酬体系是在岗位价值评价的基础上建立的。因此,企业必须做到岗位描述清晰、规范。

(2)职位的工作内容是否稳定。每个职位的工作内容必须是相对稳定的,不能是经常变化的。如果工作内容经常发生变化。工作的难度也会经常发生变化,对员工的知识、能力和经验的要求也会经常发生变化,岗位相对价值也就发生了变化。这样就会影响基于职位的薪酬体系的公平性和合理性。

(3)职位和员工的能力是否匹配。基于职位的薪酬体系要求职位所需的能力和员工的能力应当基本匹配,否则就会发生不公平的现象,给企业带来很多问题。

基于职位的薪酬体系的常见模式有职位薪酬制、职务薪酬制和职位年薪制。

(二)基于能力的薪酬体系

1. 优点

(1)有利于提升员工的能力。该薪酬类型鼓励员工提升自己的知识、技能或能力,有利于培养员工的核心专长和技能。

(2)淡化了官本位思想,为员工提供了更多样化、更为宽广的职业生涯发展途径,使得员工不再需要依靠晋升的方式获得加薪,通过提高自己的能力也能获得薪酬的增长,排除了因客观上职位无空缺而使员工失去发展动力的情况。

(3)有利于吸引和留住优秀人才。优秀人才并不仅仅考虑职位升迁所带来的薪酬的增加,还会考虑如何使自己的知识、能力和经验等方面有所提高,满足自我实现的需要。

2. 缺点

(1)增加成本。基于技能的薪酬体系要求企业在培训方面付出更多的投资,因此企业的成本可能会增加。

(2)加大管理难度。基于技能的薪酬体系要求能对每一位员工的能力进行合理评判,对于能力提高的员工要能重新进行确定。因此,通常会要求企业有一个复杂的管理结构,从而加大了管理的难度。

(3)技能与绩效不能良好匹配。技能并不等于现实的绩效,因此,该模式有时候会陷入员工能力提高了、企业的成本加大了,但企业却没有达到相应的绩效水平的怪圈。

(4)会出现同工(岗)不同酬,导致员工认为内部不公平的现象。

3. 前提条件

(1)能够科学、合理地界定组织所需要的能力。

(2)能够科学、合理地评价员工的能力。

在现阶段的中国企业,界定这两种能力是一件比较复杂的事情,大多数采用能力薪酬体系的企业还处在摸索阶段。因此,基于能力的薪酬体系在我国的应用相对较少。采用能力薪酬体系的企业对于能力的评价和界定多数还处于主观、简单和概括阶段，对能力评价和界定的精度还不够高。

基于能力的薪酬体系的常见模式有技术等级工资制、职能等级工资制、职能工资制、能力资格制和年薪制。

(三)基于绩效的薪酬体系

基于绩效的薪酬体系，就是以绩效价值作为支付薪酬的基础和依据，在绩效价值基础上构建的支付薪酬的方法和制度。基于绩效的薪酬体系注重对员工绩效差异的评定，强调以达到目标为主要评价依据，注重结果。另外，因为存在一定的收入风险，所以基于绩效的员工的工资水平一般比其他人员高一些。这一点在确定销售人员的工资上体现得比较明显。

1. 优点

(1)通过将员工薪资与其业绩挂钩的方式，企业能够更好地将企业目标与个人业绩结合起来，有利于企业人力资源使用效率的提高。

(2)减轻组织固定成本方面的开支，有助于企业根据自身经营情况灵活调整自己的支付情况。

(3)能够更好地激励优秀员工。通常，奖金的授予对象是那些对企业贡献最大、绩效最优的员工。

2. 缺点

(1)对员工进行正确的绩效评估较为困难。在绩效考核体系指标设置不合理的情况下，使绩效薪酬流于形式，可能导致更大的不公平。

(2)容易导致员工之间或员工群体之间的竞争，而这种竞争可能会忽视公司的整体利益。因此，容易造成员工关注结果而不注重过程的现象。

(3)绩效薪酬制度多以个人绩效为基础，这种奖励以个人为中心来获得奖励薪酬的制度不利于团队合作，而与团队绩效挂钩的薪酬制度也只适用于人数较少、强调合作的组织。

3. 前提条件

(1)岗位的工作业绩、工作产出比较容易量化。实行基于绩效的薪酬体系的岗位业绩必须可以量化或者易于考核。如果员工的工作业绩难以量化，则很难确定工作绩效与薪酬之间的关系，也就难以计算和发放工资。

(2)企业具有一整套有效的绩效管理体系。为了保证绩效结果的效度和信度，企业就需要有一整套科学、合理的绩效管理体系。通过有效的绩效管理体系客观、真实地反映员工的业绩，才能够确定考核结果，并进行工资的计算和发放。例如，对于销售人员，要考虑销售的总额、毛利润或净利润、花费的费用、新产品的推广、新客户的拓展等因素。只有制订出一套科学的绩效管理方案以及合理的绩效标准，才能在此基础上确定佣金提成的比例。

基于绩效的薪酬体系的常见模式有计件工资制和佣金提成制。

三、薪酬设计的程序

如何设定组织的薪酬，如何给不同岗位、不同的工作个体确定薪酬标准，这些是薪酬设计所要解决的问题。薪酬设计的一般程序如图 7－5 所示。

(一)制定本组织的付酬原则与策略

这是由组织最高管理层的管理哲学及组织文化所决定的，包括对员工及职位的认识、对

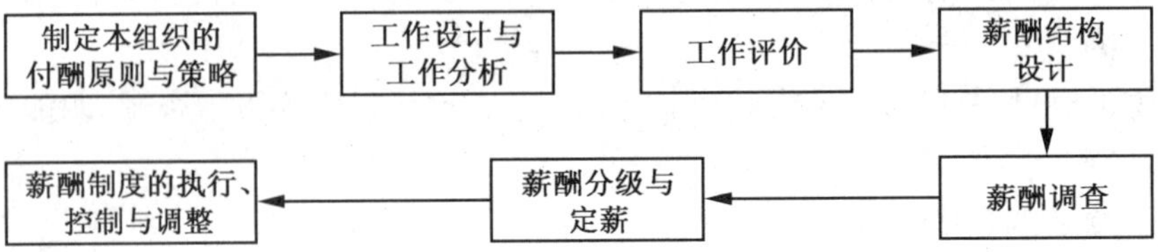

图 7—5 薪酬设计的一般程序

员工总体价值的评价、对管理骨干及高级专业人才所起作用的估计等核心价值观；组织基本工资制度及分配原则；有关薪酬分配的政策和策略，如薪酬拉开差距的分寸，差距标准，薪酬、奖励、福利费用的分配比例等。

(二)工作设计与工作分析

工作设计是对工作进行周密的、有目的的计划安排，包括工作本身的结构设计、与工作有关的社会各方面因素的考虑以及对员工的影响。工作分析是全面收集工作信息的管理过程。工作设计与工作分析为明确工作分类、定岗定编进而比较不同工作的相对价值大小奠定了基础。

(三)工作评价

这一阶段主要解决的是把组织内的不同岗位进行相对价值的排序，即内部公平性的解决，这也是薪酬设计的关键一环，有关工作评价的具体内容将在下文中详细说明。

(四)薪酬结构设计

薪酬结构是指一个组织机构中各项岗位的相对价值及其对应的实付薪酬间保持着什么样的关系。这种关系和规律通常多以“薪酬结构线”来表示，如图 7—6 所示。

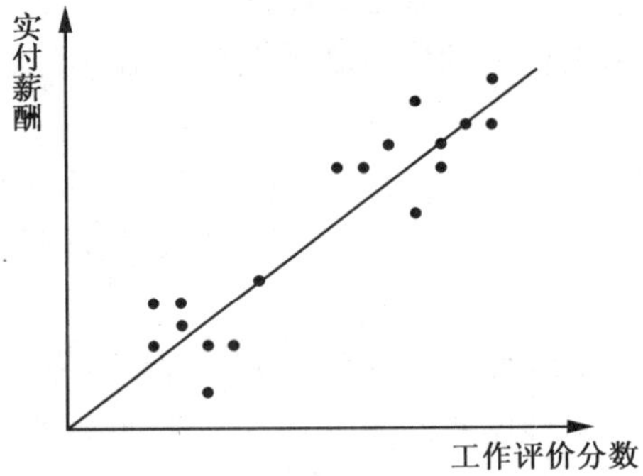

图 7—6 薪酬结构线

薪酬结构线显示的是组织内部各个岗位相对价值和与其对应的实付薪酬之间的关系。薪酬结构线的横坐标是以工作评价获得的表示其相对价值的分数，纵坐标是实付薪酬值。

薪酬结构线可以用在两个方面：一是保证内部公平性。组织内各项岗位的薪酬是按市场经济中通行的等价交换原则确定的，也就是说谁的贡献越大、对组织的价值相对越高，谁所获薪酬就应越多，薪酬与贡献之间的正比关系决定了与其对应的关系是直线形式。二是调整现有薪酬水平。即利用定性或定量分析的方法将工作评价分数与实付薪酬间的散点图转化为一条直线，然后根据需要调整那些偏离此线的薪酬点。一般多采用保留结构线以上点的薪酬水平而调整结构线以下点的薪酬水平的做法。

(五)薪酬调查

薪酬调查主要研究两个问题:要调查什么、怎样去调查及做数据收集。调查的内容首先是本地区、本行业,尤其是主要竞争对手的薪酬状况。资料来源首先应当是公开的资料,如国家及地区统计部门、劳动人事机构、工会等公开发布的资料;其次,是通过散发问卷或抽样采访进行收集;最后,也能从应聘人员与其他组织的招聘信息中获取相关资料。

(六)薪酬分级与定薪

组织根据工作评价确定的薪酬结构线将众多类型的岗位薪酬归并合成若干等级,形成一个薪酬等级系列,从而确定组织内每一岗位具体的薪酬范围,保证员工个体的公平性。同时,应结合个人情况进一步确定薪酬幅度,即同一等级内不同人员薪酬水平的差异,最终将薪酬明确到个人。

(七)薪酬制度的执行、控制与调整

组织薪酬制度一经建立,如何投入正常运作并对之实行适当的控制与管理,使其发挥应有的功能,是一项长期而复杂的工作。

四、薪酬设定的主要制约因素

(一)内部因素

1. 本单位的业务性质与内容

如果组织是传统型、劳动力密集型的,其劳动力成本可能占总成本的比重很大;但如果是高技术的资本密集型的组织,其劳动力成本在总成本中的比重却不大。显然,这些组织的薪酬政策会有所不同。

2. 组织的经营状况与财政实力

一般来说,资本雄厚的大公司和盈利丰厚并且正处于发展上升的企业,对员工付酬也较慷慨;反之,规模较小或不景气的企业,则不得不量入为出。

3. 组织的管理哲学和企业文化

企业文化是组织分配思想、价值观、目标追求、价值取向和制度的土壤。企业文化不同,必然会带来观念和制度的不同,这些不同决定了组织的薪酬体系、分配机制的不同,这些因素间接地影响着组织的薪酬水平。

(二)外部因素

1. 劳动力市场的供需关系与竞争状况

劳动力价格(薪酬)受供求关系影响,劳动力的供求关系失衡时,劳动力价格也会偏离其本身的价值。一般而言,供大于求时,劳动力价格会下降;供小于求时,劳动力价格会上升。

2. 地区及行业的特点与惯例

这里的特点与惯例包括基本观点、道德观与价值观,如受传统的“平均”“稳定”等观点的影响,则拉开收入差距的措施不易被接受。

3. 当地生活水平

这个因素从两层意义上影响组织的薪酬政策:一方面,生活水平高了,员工对个人生活期望也高了,无形中对组织造成一种偏高的薪酬标准的压力;另一方面,生活水平高也可能意味着物价指数要持续上涨,为了保持员工生活水平不致恶化及购买力不致降低,组织也不得不定期向上适当调整薪酬水平。

4. 国家的有关法令和法规

薪酬管理与法律、法规和政策有着密切联系。法律、法规和政策是薪酬管理的依据，对组织的薪酬管理行为起着标准和准绳的作用，如最低工资制度、个人所得税制度等。

五、薪酬结构设计

(一)薪酬结构的内涵

一个完整的薪资结构如图 7—7 所示。可以看出，一个完整的薪资结构包括三项内容：一是薪资的等级数量；二是同一薪资等级内部的薪资变动范围(最高值、中值及最低值)；三是相邻两个薪资等级之间的交叉与重叠关系。

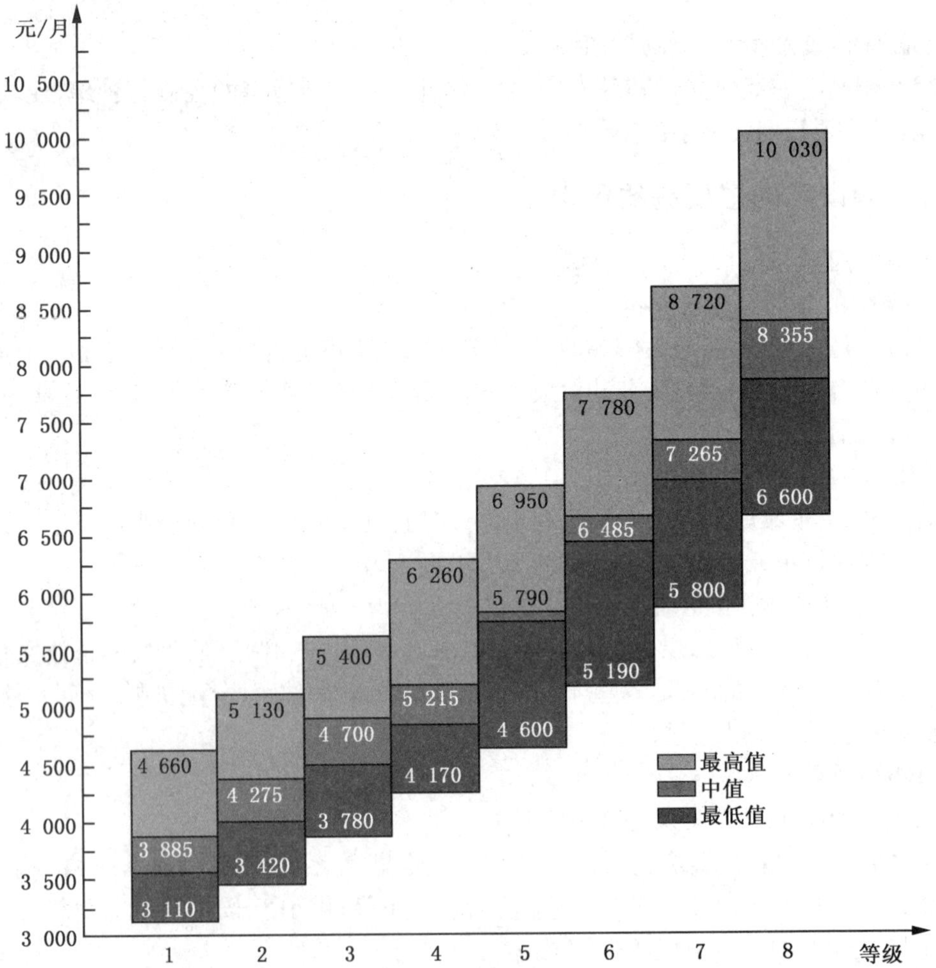

图 7—7 薪酬结构

薪酬变动比率是指同一薪酬等级内的最高值和最低值之差与最低值的比率。其大小取决于特定职位所需的技能水平等综合因素。有时，为了使用方便，也可以中值为基础来计算薪酬变动比率。

常见的计算公式分别如下：

薪酬变动比率＝(最高值－最低值)/最低值

中值＝(最高值＋最低值)/2

上半部分薪酬变动比率＝(最高值－中值)/中值

下半部分薪酬变动比率＝(中值－最低值)/中值

最高值＝最低值×(1＋薪酬变动比率)

最低值＝最高值/(1＋薪酬变动比率)

(二)薪酬结构设计的步骤

薪酬价值观和薪酬思想反映了企业的分配哲学，即依据什么原则确定员工的薪酬。不同的企业有不同的薪酬价值观，不同的价值观决定了不同的薪酬结构。企业在设计薪酬结构时，往往要综合考虑五个方面的因素：职位等级、个人的技能和资历、工作时间、个人绩效及福利待遇。我们以采用计点法进行职位评价的情况为例来说明薪资结构的建立过程。

步骤一：观察被评价职位的点值情况，根据职位评价点数对职位进行排序。

步骤二：按照职位点数对职位进行初步分组。

步骤三：根据职位的评价点数确定职位等级的数量及其点数变动范围。

步骤四：将职位等级划分、职位评价点数与市场薪资调查数据结合起来。

步骤五：考察薪资区间中值与薪酬区间的渗透度，对问题职位的区间中值进行调整。

步骤六：根据确定的各职位等级或薪资等级的区间中值建立薪资结构。

(三)薪酬等级的划分

划分工资等级之后，还要确定不同等级之间工资相差的幅度，即确定企业内最高等级与最低等级的工资比例关系，以及其他各等级与最低等级的工资比例关系。前者反映了企业内员工薪酬拉开差距的状况，差距太小会影响员工的积极性，而差距太大可能会造成员工的不团结；后者则充分考虑劳动强度、复杂程度、责任大小等方面的差别，以达到工资激励的目的。企业员工薪酬构成如表7－2所示。

表7－2　　企业员工薪酬构成

<table>
<tr><th colspan="2">薪酬构成项目</th><th>职　能</th><th>支付因素</th><th>性　质</th></tr>
<tr><td rowspan="4">基础工资</td><td>基本工资</td><td>补偿</td><td>基本生活费用，物价指数</td><td rowspan="4">差异大，刚性大</td></tr>
<tr><td>能力工资</td><td>补偿、调节</td><td>技术和培训水平</td></tr>
<tr><td>职务工资</td><td>补偿、调节</td><td>职务劳动强度，条件
责任，技能要求</td></tr>
<tr><td>绩效工资</td><td>激励</td><td>绩效(生产量、销售量等)</td></tr>
<tr><td rowspan="4">辅助工资</td><td>工龄工资</td><td>补偿</td><td>工龄</td><td rowspan="2">差异大，刚性小</td></tr>
<tr><td>奖金</td><td>激励</td><td>突出行为和贡献</td></tr>
<tr><td>津贴</td><td>补偿</td><td>特殊劳动因素和补偿因素</td><td rowspan="2">不同项目的差异性和刚性不同</td></tr>
<tr><td>补贴</td><td>补偿</td><td>物价指数</td></tr>
</table>

注：刚性是指工资能上不能下。

任务三 薪酬的控制与沟通

一、薪酬预算

薪酬预算是薪酬控制的重要环节，准确的预算可以保证企业在未来一段时间内的薪酬支付受到一定程度的协调和控制。薪酬预算要求管理者在进行薪酬决策时，综合考虑企业的财务状况、薪酬结构及企业所处的市场环境因素的影响，确保企业的薪酬成本不超出企业的承受能力。薪酬预算的目标在于合理控制员工流动率、有效影响员工的行为。薪酬预算需要考虑的因素有内部环境和外部环境。

(一)内部环境

公司内部环境分析是指对公司薪酬支付能力、薪酬策略、薪酬结构、人力资源流动情况、招聘计划、晋升计划、薪酬满意度等人力资源政策各方面的了解。具体包括以下内容：

(1)薪酬支付能力：包括劳动分配率、薪酬费用率和薪酬利润率三项指标，一般选用同行业平均水平或标杆企业的指标进行比较。

(2)薪酬策略：一方面是薪酬水平策略，即领先型、跟随型还是滞后型；另一方面是薪酬激励策略，即重点激励哪些人群，采用什么样的激励方式。

(3)薪酬结构：薪酬分几个层级，层级之间的差距是多少，以及薪酬由几部分构成，分别占多少比例。

(4)人力资源流动情况：预计有多少员工会离开公司。

(5)招聘计划：公司准备吸收多少新员工，是应届毕业生还是有经验者。

(6)晋升计划：公司准备提拔多少员工，提拔到什么等级，给予他们什么样的薪酬待遇。

(7)薪酬满意度：员工对薪酬的满意程度，对薪酬的哪些方面最不满意。

(二)外部环境

外部环境分析主要是针对市场情况、市场薪酬水平、市场薪酬变化趋势、标杆企业或竞争对手的薪酬支付水平等方面的了解。具体包括以下内容：

(1)市场情况：企业在未来一年中会快速增长、稳定增长还是萎缩，这决定了企业的战略和对人力资源的需求。

(2)市场薪酬水平：包括基准职位的市场薪酬水平和分布(主要是25分位、50分位、75分位、90分位等关键点)，该职位的薪酬平均水平、最高水平和最低水平，该职位薪酬水平分布最集中的区域，该职位薪酬的一般构成比例等。

(3)市场薪酬变化趋势：薪酬是匀速增长、迅速增长还是下降。

(4)标杆企业或竞争对手的薪酬支付水平：该企业目前薪酬支付水平、薪酬总额、关键岗位的薪酬水平等。

二、薪酬衡量

薪酬衡量的一个重要比率是薪酬平均率，其计算公式为：

$$\text{薪酬平均率}=\frac{\text{薪酬幅度的中间数}}{\text{实际平均薪酬}}\times 100\%$$

薪酬平均率的数值越接近1，即实际平均薪酬越接近薪酬幅度的中间数，薪酬水平越理想。当薪酬平均率大于1时,说明公司所支付的薪酬总额过高,因为实际的平均薪酬超过了薪酬幅度的中间数。当薪酬平均率小于1,表示公司实际支付的薪酬数目较薪酬幅度的中间数要小,大部分职位的薪酬水平是在薪酬幅度中间数以下。

三、成本控制

(一)薪酬冻结

当人工成本过高时,最好不要直接降低薪酬,而应使员工的薪酬水平保持不变。

(二)延期提薪

对于应该提薪的员工,暂时推迟1～2个月,等到公司摆脱了困境、经济效益好转之时再予以提薪。

(三)延长工作时间

如果在调整薪酬方面确实存在困难,那么不妨走另外一条途径——适当延长工作时间、增加工作量、提高工作效率。这样做,不仅有利于控制公司的人工成本,而且可以使员工增加紧迫感,如果不努力工作将有可能失去工作的机会。

(四)控制其他费用支出

除了冻结薪酬、延缓提薪、延长工作时间三项措施之外,还可以适当地压缩公司在一些福利、津贴方面的开支,从而达到控制成本的目的。

四、薪酬沟通

(一)薪酬沟通的概念

所谓薪酬沟通,是指为了实现企业的战略目标,管理者与员工在互动过程中通过某种途径或方式将薪酬信息、思想情感相互传达交流,并获取理解的过程。也就是说,薪酬沟通主要是指企业在薪酬战略体系的设计、决策中就各种薪酬信息(主要是指企业薪酬战略、薪酬制度、薪酬水平、薪酬结构、薪酬价值取向等内容以及员工满意度调查和员工合理化建议),跟员工全面沟通,让员工充分参与,并对薪酬体系执行情况予以反馈,再进一步完善体系;同时,员工的情感、思想与企业对员工的期望形成交流互动,相互理解,达成共识,共同努力推动企业战略目标的实现。

(二)薪酬沟通的特征

1. 强激励性

企业在设计、决策及实施薪酬体系的过程中,与员工进行有效的沟通,收集、征求员工意见和建议,让员工全面参与,从而形成人性化的薪酬制度。这充分体现了企业人文关怀、人文理念,使员工的人格尊严得到尊重、较多需求得到满足,使其满意度大大提高,从而产生一种主人翁责任感,能极大地调动其积极性。因此,薪酬沟通具有较强的激励性。

2. 互动性

薪酬沟通是一种双向沟通而非单向沟通,是一类有反馈的信息沟通。企业管理者不仅把有关薪酬信息传递给员工,而且员工对薪酬管理的满意或不满意以及不满意到底是在哪些方面、对薪酬管理的建议传递给管理者,进而为制定新的或改善现有的薪酬体系打下基础,从而形成一种良性互动。

3. 公开性

薪酬沟通使企业薪酬不再是个“暗箱”，而是公开、透明的。每个人可以知道他们想知道的关于薪酬的一切，如自己薪酬的构成、为何拿这么多、其他人的详细情况。这样不仅薪酬制度透明化，而且绩效管理制度、绩效考核指标也透明化、公平化、标准化，使员工知道薪酬高的人自有其高的理由，薪酬低的人也自有其不足之处。

4. 动态性和灵活性

现在企业面临竞争环境的不确定性在增加，其薪酬方案的调整频率已变得越来越高，所以薪酬沟通不能静止不动，必须时刻保持自身的动态性和灵活性，紧随企业战略变化和组织变革，成为维系企业和员工间心理契约的纽带。例如，当新的奖金方案是以质量和客户满意度为基础时，企业就必须能够持续不断地向员工提供有关企业质量改进措施和客户服务方面的信息，而员工也有权进行询问，得到答案并要求组织提供反馈。

(三)薪酬沟通的意义

首先，薪酬沟通能够为员工创造良好的工作“软”环境，使员工生活和工作在一种人际关系和谐、心情舒畅的工作氛围中，激发员工的工作热情，吸收并留住人才。

其次，薪酬沟通可以把企业价值理念、企业目标有效地传导给员工，把企业目标分解成员工个人成长目标，使企业和员工融合为一体，引导员工行为与企业发展目标一致，从而极大调动员工的积极性与热情，使企业效益得到提高。

再次，薪酬沟通具有预防性。在企业与员工或外界沟通过程中，可以发现企业中存在的矛盾，便于及时调整各种关系，消除员工的不满情绪，解决企业内部存在的矛盾，促进企业平稳、快速发展。

最后，薪酬沟通是一种激励中隐含约束的机制。薪酬沟通不仅具有激励员工的作用，同时通过沟通这座“桥梁”让员工清楚地知道哪些是企业期望的、哪些是企业禁止的，指明了员工努力的方向。

(四)薪酬沟通中应注意的要点

1. 通过薪酬沟通要明确公司的价值标准

薪酬标准的背后隐含着企业的价值标准和激励导向，因此，薪酬沟通可以围绕如下问题进行：企业的薪酬战略是什么，是领先、落后还是跟随战略？目标是什么，是吸引、保留还是激励？侧重于内部公平还是外部公平？企业的付薪要素是什么，是岗位、资历、能力还是业绩？薪酬标准是如何制定的？如何将付薪要素设计到薪酬体系中？

2. 薪酬沟通要从外部和发展的角度阐释

(1)站在组织发展的角度，要引导员工认识行业的大环境和发展方向，了解外部市场人才情况和薪酬管理状况，理性地看待薪酬变化。

(2)站在个人发展的角度，要引导员工看到个人的发展是如何与组织的发展结合起来的。需要强调的是，薪酬不是一成不变的，如果个人能力、个人绩效提升了，薪酬也有机会得到提升。

3. 薪酬沟通要采用多种形式结合的方式

(1)书面沟通：将薪酬设计的理念导向(如薪酬体系的价值导向、薪酬设计原则、薪酬框架、薪酬整改方案等)以书面形式公布，或者以内部通知的形式“昭示天下”。

(2)面谈交流：各级管理者在书面通知的基础上，可以通过与下属员工个别谈话的方式进行薪酬交流。交流可以包括与员工个人密切相关的薪酬调整以及职业发展等内容。针对薪酬发生变化的不同类型员工进行个性化的沟通，以了解员工的思想动态，对有情绪的员工要做到耐心解释，做好思想安抚工作；对涨薪的员工，可以从组织认可和发展期望的角度来进行沟通，以达到激励目的。

任务四　绩效薪酬与激励薪酬

一、绩效薪酬

(一)绩效加薪

在绩效加薪方案中，年工资的增长通常是与绩效评价等级联系在一起的。各种不同类型的业绩薪酬方案存在于几乎所有企业中。在加薪幅度的安排上，一般要求不同的绩效评价等级对应不同的工资涨幅。表7—3是一个简单的例子。

表7—3　绩效评价等级与绩效加薪幅度对应表

	杰出	非常好	好	值得改进	不令人满意
绩效评价等级	1	2	3	4	5
绩效加薪幅度(%)	6	5	4	2	0

(二)一次性奖金

一次性奖金是一种没有累加性的绩效加薪方式，是对传统绩效加薪的一种改进。由于原来的每一次绩效加薪都是要增加工资基数的，因此，工作资历长(经历了多次加薪)的员工工资基数会比较大，新进入者就难以较快地获得相当的工资水平。此外，那些已获得很高工资积累的员工可能目前的绩效并不是令人满意的。

一次性奖金与绩效加薪对工资成本增加影响的比较如表7—4所示。

表7—4　一次性奖金与绩效加薪对工资成本增加影响的比较　金额单位：元

加薪幅度(%)	一次性奖金	绩效加薪
2016年某员工A的基本工资额：3 000		
2016年底加薪 加薪幅度：4%	获得加薪量：3 000×4%=120 支付总额：3 000+120=3 120	获得加薪量：3 000×4%=120 支付总额：3 000+120=3 120
2017年该员工的基本工资额	3 000	3 120
2017年底加薪 加薪幅度：5%	获得加薪量：3 000×5%=150 支付总额：3 000+150=3 150	获得加薪量：3 120×5%=156 支付总额：3 120+156=3 276
2018年该员工的基本工资额	3 000	3 276
2018年底加薪 加薪幅度：6%	获得加薪量：3 000×6%=180 支付总额：3 000+180=3 180	获得加薪量：3 276×6%=197 支付总额：3 276+197=3 473
2019年该员工的基本工资	3 000	3 473
经过三次加薪之后基本工资增量(%)	(3 000－3 000)÷3 000×100%=0	(3 473－3 000)÷3 000×100%=12.4%

(三)个人特别绩效奖

个人特别绩效奖是一种针对个人特别突出的优质业绩进行奖励的方式，也就类似于我们通常所说的“个人突出贡献奖”等奖项。其最突出的特点在于这样的奖励具有极强的针对性和灵活性，往往可以通过这种奖项来突破一些基本奖励制度在支付额度、支付周期及支付对象上的局限。这种专指的奖励对激励获奖者本人将会产生很大的作用，不仅如此，试想当其他员工实实在在地看见获奖者的喜悦时会有怎样的感受。他们自己通常也会为了获得这份惊喜而暗自付出加倍的努力。所以，个人特别奖励往往具有较好的以点带面的激励效果。

二、激励薪酬

(一)激励薪酬与绩效薪酬的区别

绩效加薪、一次性奖金及个人特别绩效奖是对已经(超标)完成的绩效进行奖励的基本方式，这样的支付方式也可以统称为绩效薪酬计划或者绩效奖金计划。此外，为了激励员工更好地实现预先设定好的绩效目标，一些激励薪酬计划或可变薪酬计划被广泛地运用。激励计划的操作原则就是通过将员工的实际绩效与确定好的绩效目标进行比较而确定其奖金额度，达到绩效目标则给予一定额度的加薪，超标完成则加薪幅度更大，没有达到绩效标准则没有加薪甚至减薪。激励计划与以上介绍的绩效薪酬计划的相同之处在于两者都是与绩效直接挂钩的，不同之处在于：

(1)绩效薪酬一般针对员工过去的、已经完成的绩效水平进行奖励；激励计划则针对预定的绩效目标进行激励以对员工的未来行为产生导向作用。

(2)绩效薪酬中的绩效加薪是基于基本工资的，具有累加性；激励计划一般都是一次性付给，不会持续地增加基本工资成本。

(3)绩效薪酬在一般情况下关注员工个人的绩效；激励薪酬计划除了针对个人，也可以通过将奖金支付与团队、组织的整体绩效相挂钩来体现更为充分的可变性和灵活性，当团队或组织的整体业绩下降时，员工个人的奖金也会减少，从而避免一贯的奖金累加。

(4)绩效薪酬一般都是在绩效完成后按其评价等级确定加薪额度；激励薪酬计划则往往是在订立绩效目标的同时就预先设定好相关支付额度，所以它的支付额员工事先是可以知道的。

(二)激励薪酬的类型

1. 班组或小团队奖励计划

班组或小团队奖励是团队奖励计划中最简单也最接近个人奖励计划的一种。它与个人奖励计划的不同在于每个成员只有在班组或团队的目标实现后才能获得个人的奖励。如果仅仅是个人的目标实现而群体目标并没有达成，个人仍然是不能获得奖励的。比如需要一个团队去完成一份调查报告，其中就有人去做调查设计，有人去实施调查、收集数据，有人去分析调查结果并撰写调查报告，直到最后报告完成了，大家才能获得相应的奖金；只是完成其中的某个步骤而非整体完成目标，则任何人都不会得到奖金。

同时，奖金的发放方式是一个必须要考虑的问题。在组员间分配奖金时一般有如下三种方式：

①组员平均分配(这样在一定程度上有利于加强个人之间的合作，但也可能因为缺乏奖励层次而形成吃“大锅饭”的不良结果)。

②组员根据其对班组绩效的贡献大小得到不同的奖金(相对来说，奖金与个人贡献挂钩更具有激励性，但是对个人的贡献评价提出了很高的要求，否则会产生个人之间在利益分配

上的矛盾)。

③根据每个组员的基本工资占班组所有成员基本工资总数的比例确定其奖金比例(这种方式基于一种基本的付酬理念,即拿高工资的人比拿低工资的人对组织贡献大。此外这种方式容易计量和实施)。

2. 利润分享计划

利润分享计划是根据利润或回报的某种衡量标准来确定工资的计划,这种衡量标准包括完全会计利润、经营利润、资产回报、投资回报、资本收益、销售收入、附加价值率或工资成本产出率及其他可能的回报。这是激励薪酬计划最常见的几种形式之一,是建立在整个公司经营的盈利能力基础上的。

利润分享可以采取多种实现形式,在西方国家中常见的有以下方面:

①现金现付制,即现金利润分享。现金利润分享是利润分享最简单的一种形式。通常将所实现利润按预定部分分给员工,将奖金与工作表现直接挂钩,即时支付、即时奖励,这在美国是一种传统形式,所分享的红利与公司的盈利能力联系起来,一般一年支付一次或两次,每年支付的金额大约相当于6个星期的工资。要注意的是,要将奖金与基本工资区分开,防止员工形成奖金制度化的认识。

②递延式滚存制。递延式滚存制是指将利润中发给员工应得的部分转入该员工的账户,使利润分享与员工储蓄存款联系在一起,分享的利润通过"利润分享特殊基金"保存起来,员工在特定的保留期限之内不能提取出来(除非经特殊准许),只有待保留期限过后才可使用。这种形式在法国、美国、新加坡都曾实行过,并延续至今。它对跳槽形成一定约束。

③现付与递延结合制,即以现金及时支付一部分应得的奖金,余下部分转入员工账户,留待将来支付。它既保证了对员工现时的激励,又为员工退休以后的生活提供了一定的保障。

④与利润挂钩的工资计划,即将员工的一部分基本工资与利润相挂钩。这种计划与前面所提的几种形式不同,它是出于取代基本工资的目的,而前面几种是对基本工资进行补充。为了克服员工对这种计划的抵触,西方国家的做法是对这部分收入实行高额税收优惠。

利润分享旨在鼓励员工帮助企业赚取利润,加强员工对企业的投入感和提高他们继续留在企业工作的可能性。

3. 收益分享计划

收益分享计划是企业与员工分享由于企业或团队的改善(可以是生产销售方面的改进,也可以是顾客满意度的提高或者是成本的降低以及更良好的安全记录)而带来的财务收益。它与利润分享计划的区别在于,它使用的衡量标准是营业或业绩标准,而不是衡量盈利能力的标准。具体来讲,这些业绩标准包括成本、生产率、原料和库存利用、质量、时效性或反应灵敏性、安全性、环境的协调性、出勤率和客户满意程度。制订收益分享计划的目的是使所有员工都能从建议体系所带来的生产效率的提高中得到货币性奖励,同时它还反映了强调员工参与的管理理念。收益分享计划主要有三种方式,即斯坎伦计划、拉克计划和提高分享计划。

4. 员工持股计划

员工持股计划是目前被广泛采用的全员股权激励计划。它的运作方式一般是:公司把一部分股票(或者是可以购买等量股票的现金)交给一个信托委员会(其作用就是为员工购买一定数额的企业股票),这个数额通常依据员工个人年报酬总量的一定比例来确定,一般不超过15%。信托委员会把股票存入员工的个人账户,在员工退休或不再工作时再发给他们。

5. 股票期权计划

(1)股票期权计划的概念。

所谓股票期权计划，就是企业给予高级经理人员在一定期限内按照某个限定的价格购买一定数量的企业股票的一种权利。企业给予高级经理人员的，并不是现实的股票，也不是现金，而是一种权利。凭借这种权利，企业的高级经理人员可以某种优惠条件来购买企业的股票。

(2)股票期权计划的特征。

企业的股票期权计划具有三个方面的基本特征：一是自愿性。股票期权只是一种权利，并不是义务。获得这种权利的企业高级经理人员，完全可以根据自己对多种情况的判断和分析，自愿地选择购买或不购买企业的股票。二是无偿性。股票期权作为一种权利是无偿地由企业赠予其核心人才的，不需要权利获得者任何财务支付。只是以后，与股票期权相联系，这些权利获得者可以现实地购买企业股票的时候，才需要相应的财务支付。三是后续性。股票期权计划作为长期薪酬管理的激励作用，不仅仅体现在一次性的计划实施过程中，其形式、内容、起讫时间都可根据企业的人才激励与人才吸引的需要而做出变动。一次股票期权计划接近结束时，另一次又会适时地开始，连续不断的股票期权计划产生了“金手铐”的效应，将企业核心人才留在企业中，并尽力发挥他们的作用。

【同步案例 7－2】 薪资制度应激励员工

A公司是一家知名的家电生产企业，该公司为了打破论资排辈现象，进一步体现对内公平的原则，自2012年起推行薪资制度改革，开始实施岗位工资制。其内容是：以市场、行业差别确定公司各类岗位的工资差别和标准，通过工作岗位评价，确定各岗位的薪点数。同时，每个月按照经济效益，折算出各个岗位的绩效薪点值。该公司所推行的这种岗位加绩效的弹性等级薪点薪资制度，克服了公司原来实行的薪资制度的种种不足。

案例精析 7－2

改革初期，成效是巨大的，然而，随着时间的推移，尤其是当公司规模迅速扩大，管理机构和管理人员急剧增加时，该工资制度的弊端便暴露出来。员工工资连续一年甚至更长时间没有调整，奖金没有发放，这对任何一个有上进心的员工来说都是一件十分沮丧的事情，因为员工不清楚公司对自己工作情况的评价如何。渐渐地，越来越多的优秀人才相继离开公司，而继续留在公司的员工也议论纷纷。面对人才流失、士气低落，以及公司竞争力的削弱，公司高层专门召开了一次薪资问题专题会。虽然大家一致认为，公司的薪资制度改革势在必行，但对“应该如何对薪资制度进行改革”“改革从何处下手”“最终应该建立怎样的薪资管理体系”等问题争议很大，没有形成一致的意见。

请根据本案例，回答以下问题：

(1)该公司的薪资制度主要存在哪些问题？

(2)一项科学合理的薪资制度应体现哪些基本要求才能发挥激励员工的作用？

任务五　员工奖金与福利管理

一、奖金

(一)奖金的作用

一般来说,奖金可以起到以下三个方面的作用:

1. 激励作用

奖金能增加员工收入,体现组织对员工工作结果的认可,因此对员工有激励作用,使员工能够更好地发挥积极性、主动性和创造性。

2. 提高效率

由于奖金计划主要用来考查员工的工作结果及其对组织的贡献,因此,有效的奖励机制能促使员工提高工作效率,改善绩效水平。

3. 稳定人才

合理的奖励机制有助于组织留住优秀人才。当员工的付出与其收入相一致时,员工就会有成就感,就会增加对组织的忠诚度。

(二)奖金的表现形式

对于不同类型的组织人员,有不同的奖金激励方式,大致可以分为三种类型。

1. 针对不同个人的奖励

个人奖励计划是用来奖励达到与工作相关的绩效标准的员工,常见的有管理激励计划、行为鼓励计划、推荐计划。针对不同类型的组织成员,这里重点阐述三种类型:

(1)针对管理人员的激励计划,主要分为短期激励和长期激励两种。短期激励是对管理人员完成短期(通常是年度)目标的奖励;长期激励是奖励为组织长期绩效作出贡献的管理人员。长期激励计划可以弥补短期激励计划带来的短期利益行为,使管理工作人员更注重组织的长期发展。

(2)针对销售人员的激励计划,常见的主要有佣金制、基本工资加佣金制、基本工资加奖金制、基本工资加津贴制、基本工资加红利制。

(3)针对专业技术人员的激励计划。一般来说,专业技术人员的报酬比较高,而且其成就需要较为强烈,因此,对专业技术人员除了用奖金支付、利润分享及企业股票认购等计划进行激励外,还应该为其创造良好的工作条件以及提供多种学习和培训机会。

2. 针对集体的奖励

当组织中部分工作的性质相互依赖性很强,并且员工个人的贡献很难考核时,适合使用针对集体的奖励计划,这种集体可以是项目组、生产班组、管理团队、部门等。在集体奖励计划中,组织在集体达成事先设定的绩效标准之后,才给集体内的每个员工发放奖金。集体内员工不再只是服从主管的命令,他们必须为实现集体的目标而制订计划。通常的分配方式有三种:集体成员平均分配奖金、根据个人绩效来分配奖金、按薪酬比例区别奖励。

3. 公司整体计划

全公司奖励计划是在公司超过最低绩效标准时,给员工发放奖金。在组织中,公司整体计划可以将组织的生产率、成本节约或利润率作为基础。公司的整体计划有多种形式,下面我们仅以分红制、员工股权计划和斯坎伦计划为例来介绍。

(1)分红制。分红制是将公司利润按事先规定的百分比分配给员工的一种报酬计划。分红计划有多种衍生形式,当前计划、延期计划和联合计划是其三种基本形式:①当前计划是利润一经确定即以现金或股票方式向员工支付;②延期计划是将公司的待分配资金存入一家不可撤销的信托公司,记在员工个人账户上;③联合计划是允许员工现期得到根据公司利润应得的一部分报酬,而另一部分报酬延期支付。

(2)员工股权计划。员工股权计划是指公司给予员工购买股票的权利。公司股票代表公司的所有财产价值。公司股份是把股本划分为价值相等的等份。股权是员工购买公司股票的权利。员工只有在行使其股权之后才真正拥有股票。员工行使股权是在公司确定的一个时间期限之后,按指定价格购买股票。员工股权作为一种促进生产力的激励手段,是希望员工集体生产力的提高能最终增加公司股票的价值。

(3)斯坎伦计划。斯坎伦计划是一种把员工和公司业绩紧密联系在一起的利益分享计划。一般是指许多或所有员工共同努力以达到公司生产率目标的奖励计划。它是一种成功的集体奖励方法,在小企业中尤为有效。员工因为他们所提建议节省了劳动成本而受到经济奖励。这种计划与其他利益分享计划的不同之处在于强调员工的权利。

二、员工福利

(一)职工福利的重要性

1. 吸引优秀员工

优秀员工是组织发展的"顶梁柱"。以前有人认为,组织主要靠高工资来吸引优秀员工,现在许多企业家认识到,良好的福利有时比高工资更能吸引优秀员工。

2. 提高员工的士气

良好的福利使员工无后顾之忧,使员工有与组织共荣辱之感,士气必然会高涨。

3. 降低员工辞职率

员工过高的辞职率必然会使组织的工作受到一定损失,而良好的福利会使很多可能流动的员工打消辞职的念头。

4. 激励员工

良好的福利会使员工产生由衷的工作满意感,进而激发员工自觉为组织目标而奋斗的动力。

5. 凝聚员工

组织的凝聚力由许多的因素组成,但良好的福利无疑是一个重要因素,因为良好的福利体现了组织的高层管理者以人为本的经营思想。

6. 提高企业经济效益

良好的福利一方面可以使员工得到更多的实惠,另一方面用在员工身上的投资会产生更多的回报。

(二)员工福利的概念及范围

1. 广义福利与狭义福利

广义的福利泛指在支付工资、奖金之外的所有待遇,包括社会保险在内。狭义的福利是指企业根据劳动者的劳动在工资、奖金,以及社会保险之外的其他待遇。

2. 法定福利与补充福利

法定福利也称基本福利，是指按照国家法律法规和政策规定必须要有的福利项目。其特点是只要企业建立并存在，就有义务、有责任且必须按照国家统一规定的福利项目和支付标准支付，不受企业所有制性质、经济效益和支付能力的影响。

(1)法定福利。包括以下方面：

①社会保险。包括生育保险、养老保险、医疗保险、工伤保险、失业保险，以及疾病、伤残、遗属三种津贴。

②法定节假日。现行《全国年节及纪念日放假办法》规定，全年法定节假日为11天。

③特殊情况下的工资支付。即除属于社会保险，如病假工资或疾病救济费(疾病津贴)、产假工资(生育津贴)之外的特殊情况下的工资支付，如婚丧假工资、探亲假工资。

④工资性津贴。包括上下班交通费补贴、书报费等。

⑤工资总额外补贴项目。独生子女补贴、冬季取暖补贴。

(2)补充福利。补充福利是指在国家法定的基本福利之外，由企业自定的福利项目。企业补充福利项目的多少、标准的高低，在很大程度上要受到企业经济效益和支付能力的影响以及企业出于自身某种目的的考虑。

补充福利的项目五花八门，可以见到的有房租补助、免费住房、工作午餐等。

3. 集体福利与个人福利

(1)集体福利主要是指全部职工可以享受的公共福利设施。例如，职工集体生活设施，如职工食堂、托儿所、幼儿园等；集体文化体育设施，如图书馆、阅览室、健身室、浴池、体育场(馆)；医疗设施，如医院、医疗室等。

(2)个人福利是指在个人具备国家及所在企业规定的条件时可以享受的福利，如探亲假、冬季取暖补贴、子女医疗补助、生活困难补助、房租补贴等。

4. 经济性福利与非经济性福利

(1)经济性福利。这类福利形式包括以下方面：

①住房性福利：以成本价向员工出售住房、房租补贴等。

②交通性福利：为员工免费购买公交卡，用班车接送员工上下班。

③饮食性福利：免费供应午餐、慰问性水果等。

④教育培训性福利：员工的脱产进修、短期培训等。

⑤医疗保健性福利：免费为员工进行例行体检等。

⑥带薪节假：节日、假日、事假、探亲假、带薪休假等。

⑦文化旅游性福利：为员工过生日而举办的活动、集体的旅游、体育设施的购置。

⑧金融性福利：为员工购买住房提供的低息贷款。

⑨其他生活性福利：直接提供的工作服。

企业补充保险：补充养老保险、补充医疗保险等。

商业保险包括：安全与健康保险(人寿保险、意外死亡与肢体残伤保险、医疗保险、病假职业病疗养、特殊工作津贴)、养老保险金计划、家庭财产保险等。

(2)非经济性福利。企业提供的非经济性福利，基本目的在于全面改善员工的工作生活质量。这类福利形式包括以下方面：

①咨询性服务，如免费提供法律咨询和员工心理健康咨询等。

②保护性服务，如平等就业权利保护（性别歧视、年龄歧视等）、隐私权保护等。

③工作环境保护，如实行弹性工作时间、缩短工作时间、员工参与民主化管理等。

应知考核

一、单项选择题

1. (　　)不是影响企业薪酬的主要外部因素。

A. 劳动力市场　　B. 企业规模

C. 相关的劳动法规　　D. 社会保障水平

2. 以成本价向员工出售住房、房租补贴属于(　　)。

A. 住房性福利　　B. 交通性福利

C. 教育培训性福利　　D. 带薪节假

3. 不属于股票期权计划特征的是(　　)。

A. 自愿性　　B. 无偿性　　C. 后续性　　D. 强制性

4. 薪酬变动比率的计算公式是(　　)。

A. (最高值＋最低值)÷2　　B. (最高值－最低值)÷中值

C. (最高值－最低值)÷最高值　　D. (最高值－最低值)÷最低值

5. 福利是一种固定的劳动成本，又称为(　　)。

A. 直接薪酬　　B. 间接薪酬　　C. 货币薪酬　　D. 精神薪酬

二、多项选择题

1. 间接的经济性报酬主要有(　　)。

A. 公共福利　　B. 保险计划　　C. 退休计划　　D. 培训

2. 非经济性报酬主要有(　　)。

A. 奖金　　B. 工作成就感　　C. 个人成长　　D. 社会地位

3. 薪酬结构设计的步骤包括(　　)。

A. 确定薪酬等级数量及级差

B. 确定薪酬水平变化范围

C. 确定薪酬变动范围与薪酬变动比率

D. 确定薪酬区间中值与薪酬区间的渗透度

4. 非经济性福利的形式包括(　　)。

A. 企业补充保险　　B. 咨询性服务

C. 保护性服务　　D. 工作环境保护

5. 企业薪酬战略的类型有(　　)。

A. 低成本薪酬战略　　B. 差异化薪酬战略

C. 稳定发展阶段薪酬战略　　D. 收缩阶段薪酬战略

三、判断题

1. 绩效工资与奖金无差别。　　(　　)

2. 主要适用于从事业务或市场销售等可以直接以量化指标考核工作绩效的员工采用的

是结构工资制。（　　）

3. 当员工工作结果比较容易衡量时，支付奖金的做法能够有效弥补监督不足的问题。（　　）

4. 薪酬预算的目标在于合理控制员工流动率、有效影响员工的行为。（　　）

5. 有竞争力的薪酬能够吸引大量、优秀的人才，为组织选拔提供丰富的人才资源，所以企业应该提供尽可能高的薪酬。（　　）

四、简述题

1. 简述经济性报酬包含的内容。
2. 简述薪酬管理的基本流程。
3. 简述常见的薪酬形式。
4. 简述薪酬设计的程序。
5. 简述薪酬结构设计的步骤。

应会考核

■观念应用

【背景资料】

帮助企业进行薪资管理

制样师杨军在深圳市某运动鞋企业工作五年了，月工资固定3 500元。他技术水平高，工作努力，深得领导重用。考虑到领导对自己不错，几次5 000元月薪的跳槽机会他都放弃了。最近得知，一个新来同事的工资竟然有5 800元，杨军待不下去了，马上找公司领导递交了辞职报告书。杨军很快在另外一家运动鞋企业找到了工作，月薪6 000元，还有月奖、年终奖。杨军走后，又有一批骨干员工辞职，其中几个人到了杨军所在的企业。

【考核要求】

请根据背景资料，回答下列问题：

1. 试分析该企业在薪酬管理上存在的问题。
2. 试述薪酬管理的作用。

■技能应用

我国某零售公司的营业员的工资收入90%是效益工资和技能工资。其中，技能工资是效益工资一部分，即年终考核达标，拿全额效益工资，反之则扣除一定数额的效益工资。效益工资按当年公司下达给商品柜组的销售任务和经营利润指标进行考核，同时把服务规范、商品质量、安全保卫等也作为指标考核。采取2级分配方法，即实行公司对商品柜组、商品柜组对营业员的层层清算考核。具体做法如下：

公司对商品柜组：柜组工资＝柜组销售额工资＋柜组利润工资－公司对柜组其他指标考核扣罚额。其中，柜组销售额工资＝柜组实际完成销售额×提取比例；经营大件商品柜组销售额工资占全部销售额工资的70%，经营一般商品的柜组的销售额工资占全部销售额工资的50%。柜组利润工资＝柜组实际完成经营利润额×提取比例；经营大件商品柜组利润工资占全部利润工资的30%，经营一般商品的柜组的利润工资占全部利润工资的50%。柜组完成经营利润指标的，可提取全部利润工资；完不成的，每差1%减人均工资的1%；超额完成的，超10%以下的每超1%增加1%的人均工资。

商品柜组对营业员：营业员工资=营业员销售额工资+营业员利润工资-柜组对营业员其他指标考核扣罚额。其中，营业员销售额工资=个人实际完成销售额×提取比例；营业员必须完成当月销售指标的70%，如连续两次完不成，则下岗一次，拿该公司所在市规定的最低工资，下岗两次，则解除合同。

根据上述资料，回答下列问题：

1. 该公司营业员的工资收入依据是（　　）。

A. 营业员劳动的流动形态

B. 营业员劳动的物化形态

C. 营业员劳动的潜在形态

D. 以营业员的物化劳动为主，适当考虑营业员劳动的流动形态和潜在形态

2. 该公司90%的工资形式是（　　）。

A. 绩效工资　　B. 岗位工资　　C. 技能工资　　D. 结构工资

3. 该公司的工资制度具有的优点包括（　　）。

A. 不能调动员工特别是优良员工的劳动积极性

B. 能防止工资成本过分提高

C. 员工收入有保证且较稳定

D. 员工会注重售后服务等非销售任务

4. 该公司实行的工资制度类型是（　　）。

A. 结构工资制　　B. 岗位工资制　　C. 技能等级制　　D. 绩效工资制

■案例分析

泰斗网络公司的三种岗位薪酬体系

泰斗网络公司是一家网络服务商，成立于1998年，现有员工200多人，其中许多人是某一领域的专家，80%的技术人员具有博士学位，公司新产品年更新率达到30%。是什么使大批优秀人才对泰斗网络公司有如此大的热情呢？答案就是泰斗网络公司的薪酬水平和薪酬构成。

泰斗网络公司有项目管理、研究开发和系统工程三种重要的岗位。这三种岗位总体薪酬水平都比较高，年度平均总薪酬都超过10万元。公司的高利益回报在这三种从业人员的薪酬水平上得以充分体现，如表7—5所示。

表7—5　　各岗位年薪总额　　单位：万元

岗位名称	薪酬范围
研究开发人员	23～29
系统工程人员	15～20
项目管理人员	11～14

从表7—5可以看出，在薪酬总体水平比较高的基础上，不同岗位的薪酬水平也存在一些差距。项目管理人员平均薪酬水平最低，系统工程人员收入相对较高，研发人员的薪酬水平最高。这也从侧面反映了泰斗网络公司对不同岗位人员的重视程度。这种薪酬差异是由该公司所在行业的特点决定的。

泰斗网络公司主要靠技术服务和提供解决方案获利，因此，对岗位技术水平要求的高低对薪酬有直接影响。对于研究开发人员，他们的贡献在于通过技术研究和技术实践为公司积累技术资本，是保持公司长期、稳定发展的基础，是增强公司市场竞争力的前提。对于系统工程人员，他们主要通过具体的工程实施和技术支持保证工程项目的顺利执行，但往往使用成熟的技术工具，在技术上没有太多突破。至于项目管理人员，他们的工作中包含部分行政管理的成分，技术含量低，因此，薪酬水平低于研究开发和系统工程人员。表7—6揭示了上述三种岗位薪酬的构成及其比重。

表7—6　　各岗位薪酬构成及其比重　　单位：%

岗位名称	基本现金总额	补贴总额	变动收入总额	奖励总额
研究开发人员	81	2	6	11
系统工程人员	71	2	18	9
项目管理人员	80	2	10	8

从薪酬构成比例来讲，不同性质的岗位差异明显。最突出的特点是，系统工程人员的固定现金收入比例明显低于项目管理和研究开发人员的固定现金收入比例，而变动收入比例却最高。这是由各个岗位所承担工作任务的不同性质所决定的。

系统工程人员的工作任务是整个工程的实施，工程周期可能是几周、几个月甚至跨年度。在实施的过程中可能会出现各种问题，从而导致企业遭受损失。企业的通用做法是减少系统工程人员的固定收入比例，加大具有奖励作用的变动收入比例，用来激励员工通过努力保证工程项目的顺利实施，有效降低项目执行的风险性。相反，对于研究开发和项目管理人员，由于工作失败风险性比较小，因此，通过增加固定收入的办法可起到留住员工的作用。

思考题：

(1)泰斗网络公司的差异化薪酬有什么特别之处？

(2)泰斗网络公司的薪酬体系和薪酬结构为企业带来了什么？

(3)如何在企业经营管理过程中，实施这种差异化的薪酬体系和薪酬结构？

管理实训

【实训项目】

编制员工薪酬满意度调查。

【实训目标】

通过薪酬满意度调查表的设计，为今后从事人力资源工作奠定基础。

【实训情境】

A公司近年来产销两旺，公司高速发展，但公司员工仍有不少人辞职。公司人力资源部认为导致员工离职的主要原因可能是薪酬不合理。为此，人力资源部拟在员工中进行一次薪酬满意度调查。

【实训任务】

1. 请你为A公司人力资源部设计一份员工薪酬满意度调查表。

2. 撰写《员工薪酬满意度调查》实训报告。

《员工薪酬满意度调查》实训报告		
项目实训班级：	项目小组：	项目组成员：
实训时间： 年 月 日	实训地点：	实训成绩：
实训目的：		
实训步骤：		
实训结果：		
实训感言：		
不足与今后改进：		

项目组长评定签字：　　　　　　　　项目指导教师评定签字：

项目八

职业生涯管理

○ **知识目标：**

理解：职业的概念、职业生涯发展及其阶段理论和职业锚理论、影响职业选择的因素。

熟知：实现职业与家庭平衡的意义和措施；员工帮助计划的概念和基本内容。

掌握：职业选择理论；职业生涯、职业规划、职业生涯管理内涵；个人职业计划的制订方法、组织职业计划的构成因素以及不同职业生涯阶段企业职业管理的特点及内容。

○ **技能目标：**

能够利用所学的内容制定自己未来的职业生涯规划。

○ **素质目标：**

能够应用职业生涯规划的方法对不同类型的员工的职业生涯规划进行设计。

○ **管理故事：**

沙砾与黄金

一队商人骑着骆驼在沙漠里行走，突然空中传来一个神秘的声音："抓一把沙砾放在口袋里吧，它会成为金子。"有人听了不屑一顾，根本不信；有人将信将疑，抓了一把放在口袋里；有人深信不疑，尽可能地抓了一把又一把沙砾放在大口袋里。他们继续上路，没带沙砾的走得很轻松，而带了的走得很沉重。

很多天过去了，他们走出了沙漠，抓了沙砾的人打开口袋欣喜地发现那些粗糙沉重的沙砾都变成了黄灿灿的金子。

故事感悟：

在漫长的人生中，时间、责任就像是地上的沙砾，唯有紧紧抓住机遇、勇于承担责任的人，才能将这些普通粗糙的沙砾变成可贵的金子。不紧紧抓住机遇的人、不愿承担责任的人固然轻松潇洒，但他们生命长河会黯淡粗糙，他们始终发不出金子般灿烂光辉。

问问自己，今天我们抓了多少沙砾？

其实，人生最怕一个"混"字！抱着混的心态，看似偷巧、轻松、没压力，然而就是在不知不觉的混中，混没了青春，混尽了精力，混掉了激情，混失了口碑，到头来混得黄粱美梦一场空！在任何一个企业工作，你不是在为老板打工，你是在为自己的将来打工，给自己累积经验和财富，老板提供平台让你去展现你的人生价值，所以要学会尊重这个平台，尊重你的老板，尊重你的同事。

○ **知识精讲：**

任务一 职业及职业选择

一、职业的概念

所谓职业，一般是指人们在社会生活中所从事的以获取报酬为目的的工作。人类社会的发展与文明的进步为人们提供了越来越多的职业，而人们通过职业活动又推动了包括企业组织在内的社会发展。从微观角度来看，职业不仅是谋生的手段，也是个人在社会的存在意义和价值的证明。对个人而言，选择一个合适的职业、拥有一个成功的职业生涯，是每个人一生的理想和追求；而对企业组织来说，组织的目标也要靠员工个人的职业活动来实现。因此，职业的选择和职业体系的设计作为一种人力资源的配置方案，既关乎员工，又关乎企业，也是社会经济制度的重要组成部分之一。

二、职业选择理论

职业选择就是劳动者依照自己的职业期望和兴趣，凭借自身能力挑选职业，使自身能力素质与职业需求特征相符合的过程。职业选择是一项非常复杂的工作，会受到多种因素的影响。人们一般会从自己的职业期望和理想出发，根据个人的兴趣、能力、特点等自身素质，从社会现有的职业中选择适合自己的职业。鉴于职业选择对个人事业及生活的重要影响，许多心理学家和职业指导专家对职业选择问题进行了专门的研究，提出了自己的理论。

(一)帕森斯的人与职业相匹配理论

人与职业相匹配的职业选择理论由美国波士顿大学的帕森斯(F. Parsons)教授提出，是用于职业选择与职业指导的最经典理论之一。他认为，有三大因素影响职业选择：第一，要了解个人的能力倾向、兴趣爱好、气质性格特点和身体状况等个人特征。第二，分析各种职业对人的要求，以获得有关的职业信息。这包括职业的性质、工资待遇、工作条件以及晋升的可能性、求职的最低条件(如学历要求、身体要求、所需的专业训练等)以及其他各种能力、就业的机会等。第三，以上两个因素的平衡，即在了解个人特征和职业要求的基础上，选择确定一种适合个人特点又可获得的职业。

帕森斯理论的内涵是在清楚认识、了解个人的主观条件和社会职业需求条件的基础上，将主客观条件与社会职业岗位(对自己有一定可能性的)相对照、相匹配，最后选择一种职业需求与个人特长匹配的职业。该理论在职业指导和职业选择实践中有着深刻的指导意义。

(二)霍兰德的职业性向理论

美国约翰·霍普金斯大学心理学教授约翰·霍兰德(John Holland)是著名的职业指导专家。他于 1971 年提出了具有广泛社会影响的职业性向(Career Orientation)理论。他认为，职业选择是个人人格的反映和延伸，职业选择取决于人格与职业的相互作用。

这一理论首先将职业归属为六种典型的“工作环境”中的一种，分别是：

(1)现实性的：建筑、驾驶卡车、农业耕作。

(2)调研性的：科学和学术研究。

(3)艺术性的：雕刻、表演和书法。

(4)社会性的:教育、宗教服务和社会性工作。

(5)企业性(开拓性)的:销售、政治和金融。

(6)常规性的:会计、计算机技术、药理学。

根据自己对职业性向测试(Vocational Preference Test,VPT)的研究,霍兰德认为职业性向(包括价值观、动机和需要等)是决定一个人选择何种职业的重要因素,进而提出了决定个人选择何种职业的六种基本的“人格性向”:现实型、调研型、艺术型、社会型、企业型、常规型。由于不同类型的人的人格特点、职业兴趣各不相同,从而所选择和匹配的职业类型也不相同。因此,所能选择和对应的职业也相应分为六种基本类型,如表8-1所示。

表8-1　　霍兰德人格性向与职业类型对应表

人格性向	人格特点	职业兴趣	代表性职业
现实型	真诚坦率,重视现实,讲求实际,有坚持性、实践性、稳定性	各类工程技术工作、农业工作,通常需要一定的体力,需要运用工具或操作机器	体力员工、机器操作者、农民、矿工、园艺工人、工程技术人员等
调研型	分析性、批判性、好奇心、理想的、内向的、有推理能力的	各项科学研究与科学实验工作	物理学家、化学家、生物学家、医学技术人员等自然科学与社会科学方面的研究与开发人员
艺术型	感情丰富的、理想主义的、富有想象力的、易冲动的、有主见的、直觉的、情绪性的	各类艺术创作工作	诗人、艺术家、文学家、音乐家、演员、画家、编辑、设计师等
社会型	富有合作精神的、友好的、肯帮助人的、和善的、爱社交和易了解的	各种直接为他人服务的工作,如医疗服务、教育服务、生活服务等	教师、行政人员、医护人员、社会工作人员、咨询师、精神健康工作者等
企业型	喜欢冒险的、有雄心壮志的、精神饱满的、乐观的、自信的、健谈的	那些组织与影响他人共同完成组织目标的工作	企业经理人、推销员、政府官员、律师、政治家等
常规型	谨慎的、有效的、无灵活性的、服从的、守秩序的、能自我控制的	各类与文件档案、图书资料、统计数据及报表等相关的行政工作	会计、出纳、银行职员、统计员、图书及档案管理员、邮递员、文秘等

霍兰德职业性向理论的实质在于寻求人的人格类型所对应的职业性向与职业类型的对应。按照这一理论,最为理想的职业选择应是个人能够找到与其人格类型相重合的职业环境。在这样的环境中工作,个人就容易感到内在的满足和舒适,最有可能发挥其才能,即职业性向与职业类型的相关系数越大,二者适应程度越高;二者相关系数越小,相互适应程度就越低。为了直观地说明自己的观点,霍兰德设计了一个平面六角形图,而六种职业性向和职业类型分别位于六角形的六个角上(见图8-1)。某个人的职业性向类型与其所选择的职业类型的连线越短,其相关系数就越大,适应程度就越高。

霍兰德模型中的六种职业性向并非完全独立,在一些性向之间存在着重要的相关性。一般来说,相关程度较高的职业性向是在六角形中相邻的两方面,那些极不相关的方面则位于六角形中较远的位置。模型的六角形状暗指,当人们无法在个人所偏好的部门找到合适的工作时,往往在六角形相邻近的部门找到的工作比在与之位置相距较远的部门更能成为令人满意的选择。另外,大多数人实际上并非只有一种职业性向,具有多种职业性向的人,其性向之

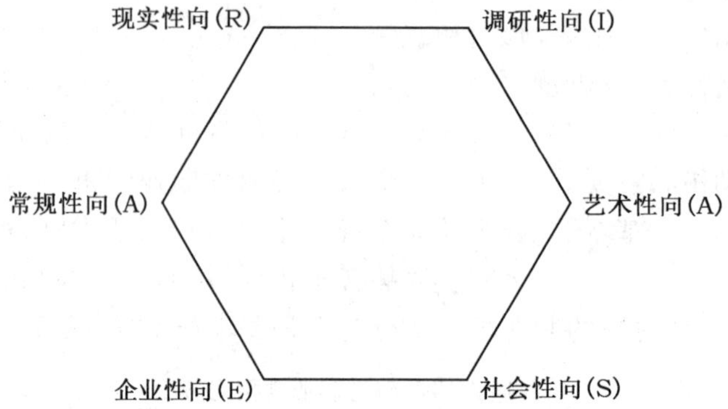

图8—1 霍兰德职业性向选择

间越相似,则在选择职业时所面临的内在冲突和犹豫就会越少;否则就会面临更多犹豫不决的情况。

任务二 职业生涯及发展理论

一、职业生涯、职业规划与管理、职业生涯管理的概念

(一)职业生涯

职业生涯是指一个人一生在职业岗位上度过的、与工作活动相关的连续经历。职业生涯是一个动态过程,它既反映人们参加工作时间的长短,也涵盖了人们职业的发展、变更的历程和过程。

(二)职业规划与管理

职业规划是指对人们职业生涯的规划和安排,包括个人计划与组织计划两个层次。从个人层次看,每个人都有从现在和将来的工作中得到成长、发展和获得满意的强烈愿望和要求。为了实现这种愿望和要求,他们不断地追求理想的职业,并希望在自己的职业生涯中得到顺利成长和发展,从而制订了自己成长、发展和不断追求满意的计划。从组织的层次看,职业计划是指组织为了不断地增强员工的满意感并使其能与组织的发展和需要统一起来而制订的,协调员工个人成长、发展与组织需求和发展相结合的计划。

(三)职业生涯管理

职业生涯管理,又称职业管理,是对职业生涯的设计与开发的过程。它同样需要从个人和组织两个不同的角度进行。从个人角度讲,职业生涯管理就是一个人对自己所要从事的职业、要加入的工作组织、在职业发展上要达到的高度等做出规划和设计,并为实现自己的职业目标而积累知识、开发技能的过程。它一般通过选择职业、选择组织、选择工作岗位,通过在工作中技能得以提高、职位得到晋升、才干得到发挥等来实现。从组织角度讲,则是指对员工所从事的职业所进行的一系列计划、组织、领导和控制的管理活动,以实现组织目标和个人发展的有机结合。

现代企业人力资源管理要求企业组织具有“职业发展观”。职业发展观的主要内容是:企业要为其成员构建职业发展通道,使之与组织的需求相匹配、相协调、相融合,以达到满足组

织及其成员各自需要，同时实现组织目标与员工个人目标的目的。职业发展观的核心是要使员工个人职业生涯与组织需求在相互作用中实现协调与融合。要实现该目标，组织对员工的职业管理就必不可少。职业生涯管理是组织与员工双方的责任，它贯穿于员工职业生涯发展的全过程和组织发展的全过程，是一种持续的、动态的管理。

根据职业生涯管理的内涵与特点，其管理流程如图 8－2 所示。

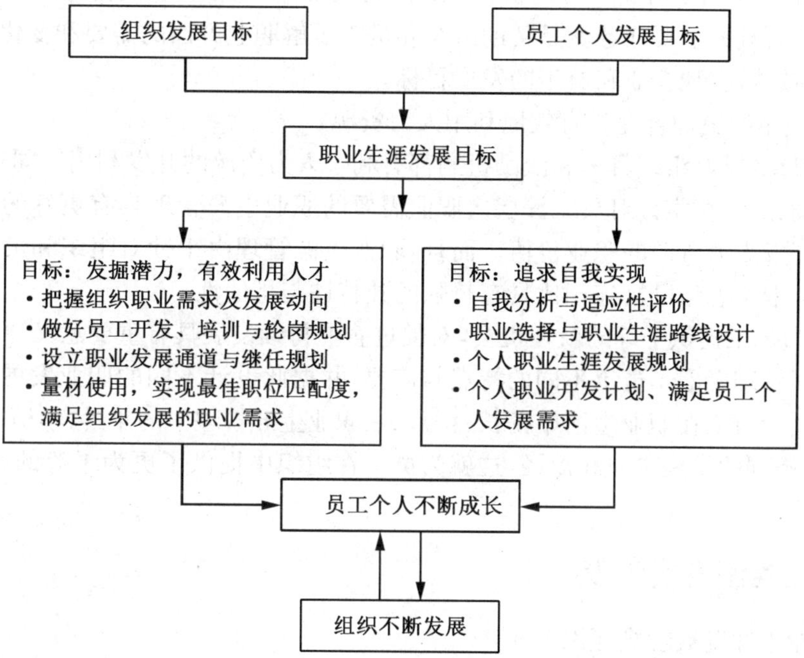

图 8－2　职业生涯管理流程

二、职业生涯管理的意义

(一)职业生涯管理对员工个人的意义

职业生涯管理对员工个人而言，其意义与重要性主要体现在以下三个方面：

1. 可以增强员工对职业环境的把握能力和对职业困境的控制能力

职业生涯开发与管理及其所开展的职业生涯规划等方面的工作，不仅可以使员工个人了解到自身的长处和不足，养成对环境和工作目标进行分析的习惯，又可以使员工合理计划、安排时间和精力开展学习与培训，以完成工作任务、提高职业技能。这些活动的开展都有利于强化员工的环境把握能力和困难控制能力。

2. 可以帮助员工协调好职业生活与家庭生活的关系，更好地实现人生目标

良好的职业规划和职业生涯开发与管理工作可以帮助员工从更高的角度看待职业生活中的各种问题和选择，将各个分离的事件结合在一起，相互联系起来，共同服务于职业目标，使职业生活更加充实和富有成效。同时，职业生涯管理帮助员工综合地考虑职业生活同个人追求、家庭目标等其他生活目标的平衡，避免顾此失彼、左右为难的困境。

3. 可以使员工实现自我价值的不断提升和超越

员工寻求职业的最初目的可能仅仅是找一份可以养家糊口的差事，进而追求的可能是财

富、地位和名望。职业规划和职业生涯管理对职业目标的多层次提炼可以逐步使员工的工作目的超越财富和地位之上,追求更高层次自我价值实现的成就感和满足感。因此,职业生涯管理可以发掘出促使人们努力工作的最本质的动力,升华成功的意义。

(二)职业生涯管理对组织的意义

职业生涯管理对组织而言也同样具有深远的意义,主要体现在:

1. 可以帮助组织了解员工的现状、需求、能力及目标,调和职业机会与挑战间的矛盾

职业生涯管理的主要任务就是帮助组织和员工了解职业方面的需要和变化,帮助员工克服困难、提高技能,实现企业和员工的发展目标。

2. 可以使组织更加合理与有效地利用人力资源

合理的组织结构、组织目标和激励机制都有利于人力资源的开发利用。同薪酬、地位、荣誉的单纯激励相比,切实针对员工深层次职业需要的职业生涯管理具有更好的激励作用,同时能进一步开发人力资源的职业价值。而且,职业生涯管理由于针对组织和员工的特点“量身定做”,与一般奖惩激励措施相比具有较强的独特性与排他性。

3. 可以为员工提供平等的就业机会,对促进企业持续发展具有重要意义

职业生涯管理考虑了员工不同的特点与需要,并据此设计不同的职业发展途径和道路,以利于不同类型员工在职业生活中扬长避短。在职业生涯管理中的年龄、学历、性别差异,不是歧视,而是不同的发展方向和途径,这就为员工在组织中提供了更为平等的就业和发展机会。

三、职业生涯发展阶段

(一)职业生涯发展阶段理论

美国著名的职业管理学家萨柏(D. Super)将人的职业生涯分为五个主要阶段:

1. 成长阶段(Growth Stage)

成长阶段大体上可以界定为0~14岁这一年龄段上。在这一阶段,个人通过对家庭成员、朋友、老师的认同以及与他们之间的相互作用,逐渐建立起了自我的概念。在这一时期,儿童将尝试各种不同的行为方式,使得他们形成了人们如何对不同行为做出反应的印象,并帮助他们建立起一个独特的自我概念和个性。到这一阶段结束的时候,进入青春期的青少年经历了对职业的好奇、幻想到兴趣,就开始对各种可选择的职业进行带有现实性的思考了。

成长阶段又由三个子阶段构成:①幻想期(10岁之前):儿童从外界感知到许多职业,对于自己觉得好玩和喜爱的职业充满幻想,并进行模仿。②兴趣期(11~12岁):以兴趣为中心理解、评价职业,开始做职业选择。③能力期(13~14岁):开始考虑自身条件与喜爱的职业是否符合,有意识地进行能力培养。

2. 探索阶段(Exploration Stage)

探索阶段大体上发生在15~24岁这一年龄段上。在这一时期,人们将认真地探索各种可能的职业选择。人们试图将自己的职业选择与他们对职业的了解以及通过学校教育、休闲活动和业余工作等途径所获得的个人兴趣和能力匹配起来。在这一阶段的初期,人们往往做出一些带有试验性质的较为宽泛的职业选择,但随着个人对所选择职业以及自我的进一步了解,他们的这种最初选择往往又会被重新界定。待这一阶段结束的时候,一个看上去比较恰当的职业就已经被选定,他们也已经做好了开始工作的准备。人们在这一阶段及以后阶段需

要完成的最重要任务就是对自己的能力和天资形成一种现实性的评价，并根据各种职业信息做出相应的教育决策。

探索阶段又可分为以下三个子阶段：①试验期（15～17 岁）：综合认识和考虑自己的兴趣、能力与职业社会价值、就业机会，开始对未来职业进行尝试性选择；②转变期（18～21 岁）：正式进入劳动力市场，或者进行专门的职业培训，由一般性的职业选择转变为特定目标职业的选择；③尝试期（22～24 岁）：选定工作领域，开始从事某种职业，对职业发展目标的可行性进行实验。

3. 确立阶段（Establishment Stage）

确立阶段一般为 25～44 岁这一年龄段。这是大多数人职业生涯中的核心部分。人们一般希望在这一阶段尤其是在早期能够找到合适的职业，并随之全力以赴地投入到有助于自己在此职业中取得永久发展的各种活动中。然而，在大多数情况下，在这一阶段人们仍然在不断地尝试与自己最初的职业选择所不同的各种能力和理想。

确立阶段由三个子阶段构成：①尝试期（25～30 岁）。在这一阶段，个人确立当前所选择的职业是否适合自己，如果不适合，就会重新做出选择。②稳定期（31～44 岁）。在这一阶段，人们往往已经定下了较为坚定的职业目标，并制订较为明确的职业计划来确定自己晋升的潜力、工作调换的必要性以及为实现这些目标需要开展哪些教育活动等。③职业中期危机阶段（30～40 岁的某个时段）。在这一阶段，人们往往会根据自己最初的理想和目标对自己的职业进步情况做一次重要的重新评价。人们有可能会发现，自己并没有朝着自己所梦想的目标靠近，或者已经完成了他们自己所预定的任务后才发现，自己过去的梦想并不是自己所想要的全部东西。在这一时期，人们还有可能会思考，工作和职业在自己的全部生活中到底有多重要。在通常情况下，在这一阶段的人们第一次不得不面对一个艰难的抉择，即判定自己到底需要什么，什么目标是可以达到的以及为了达到这一目标自己需要做出多大的牺牲。

4. 维持阶段（Maintenance Stage）

此阶段约在 45～55 岁，是职业的后期阶段。这一阶段的人们长时间在某一职业上工作，在该领域已具有一席之地，一般达到常言所说的“功成名就”，已不再考虑变换职业，力求保住这一位置，维持已取得的成就和社会地位。重点是维持家庭与工作间的和谐关系，传承工作经验，寻求接替人选。

5. 衰退阶段（Decline Stage）

人达到 55 岁以上，其健康状况和工作能力逐步衰退，即将退出工作，结束职业生涯。因此，这一阶段要学会接受权力和责任的减少，学习接受一种新角色，适应退休后的生活，以减轻身心的衰退，维持生命力。

在不同的人生阶段，人的生理特征、心理素质、智能水平、社会负担、主要任务等都不尽相同，这就决定了在不同阶段其职业发展的重点和内容也是不同的。但职业生涯是个持续的过程，各阶段的时间并没有明确的界限，其经历的时间长短常因个人条件的差异以及外在环境的不同而有所不同，有长有短，有快有慢，有时还有可能出现阶段性反复。

【同步案例 8－1】 张刚的职业路径

张刚是公司技术部的副经理，今年 40 岁，在公司工作了整整 12 年，从普通的技术员做到目前的职位。他工作勤奋，技术过硬，也有一定的管理能力。今年，张刚参加了公司内部竞聘的选拔，申请了技术部经理的职位，由于有其他竞争者技术能力和管理能力都比其更胜一筹，张刚未能成功。根据公司规定，参加内部竞聘上岗的年龄不得超过 40 岁，张刚未来在公司晋升的可能性已经不大。?

请问：张刚目前处于职业生涯哪个阶段？人力资源部应当采取哪些措施为其拓宽职业路径？拓宽职业路径时需要注意哪些问题？

案例精析 8—1

(二)职业锚理论

职业锚是由美国著名的职业指导专家埃德加·施恩(Edgar Schein)教授提出的。

所谓职业锚(Career Anchor)，是指当一个人不得不做出选择的时候，他无论如何都不会放弃职业中的那种至关重要的东西。正如其中“锚”字的概念一样，职业锚实际上就是人们选择和发展自己的职业时所围绕的中心。一个人对自己的天资和能力、动机和需要以及态度和价值观有清楚的了解之后，就会意识到自己的职业锚到底是什么。具体而言，是个人进入职业生涯早期的工作情境后，由习得的实际工作经验所决定，并在经验中与自省的才干、动机、需要和价值观相符合，逐渐发展出更加清晰、全面的职业自我观，以及达到自我满足和补偿的一种长期稳定的职业定位。

施恩教授通过研究提出了以下五种职业锚：

(1)技术或功能型职业锚，即职业发展围绕着自己所擅长的特别技术或特定功能能力而进行。具有这种职业锚的人总是倾向于选择那些能够保障自己在既定技术或功能领域中不断发展的职业。

(2)管理型职业锚。具有这种职业锚的人，会表现出成为管理人员的强烈动机，他们的职业发展路径是沿着组织的权力阶梯逐步攀升，承担较高责任的管理职位是他们的最终目标。

(3)创造型职业锚。这种人的职业发展是围绕着创业性努力而组织的。这种创业性努力会使他们能创造出新的产品或服务，或是搞出创造发明，或是创办自己的企业。

(4)自主与独立型职业锚。具有这种职业锚的人总是愿意自己决定自己的命运，而不依赖于别人，愿意选择一些自己安排时间、自己决定生活方式和工作方式的职业，如咨询、写作、经营小型企业等。

(5)安全型职业锚。具有这种职业锚的人极为重视长期的职业稳定和工作的保障性，他们愿意在一个熟悉的环境中维持一种稳定的、有保障的职业，倾向于让雇主来决定他们去从事何种职业，如政府公务员。

四、职业生涯评价

职业生涯评价是指人们获得和利用与职业生涯相关的信息对职业生涯目标的实现程度进行反馈与调整的过程，如图 8—3 所示。建设性的信息反馈能使人判断其目标和战略是否仍有意义。而职业生涯评价就发挥着职业生涯管理的适应性反馈功能，使人们能够监控自己的职业生涯进程。

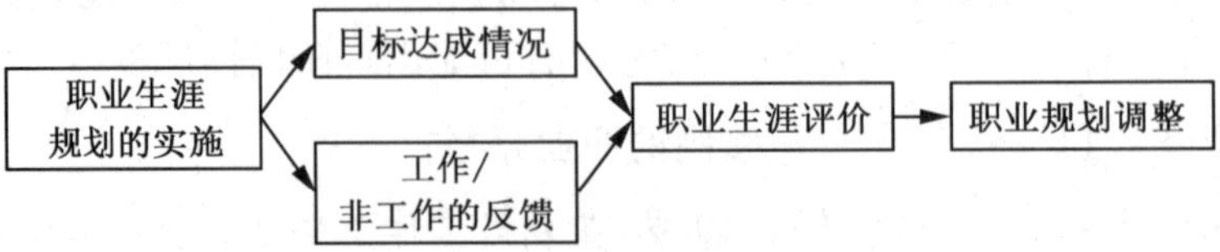

图 8—3　职业生涯评价过程

职业生涯评价过程能够让人反思自己的职业生涯目标，从工作中或是非工作中得到的反馈信息能使人进一步强化或修订自己的目标。如上级对于一项提案的响应或是对自己在新项目中表现的赞赏，都能使该员工确认自己希望在管理层级上更进一步的目标是切实可行并极有可能的；反之，他就可能要考虑改变目标了。当然，这中间也包括对实现目标的策略或步骤的调整。职业生涯管理本身是一个动态的、持续的过程，职业生涯评价作为一种反馈机制和自我矫正机制，使得职业考察和整个职业生涯管理的循环得以反复论证和不断持续。

任务三　个人职业生涯管理

一、个人职业生涯的影响因素

(一)影响职业生涯的个人因素

1. 职业性向

霍兰德教授提出的职业性向模型，将人的性格与职业类型划分为现实型、调研型、艺术型、社会型、企业型、常规型六种基本类型。通过对自我职业性向的判断，选择与其相对应或相关性较大的职业，将会感觉到舒适和愉悦，获取职业成功的可能性也会增加。

2. 能力

对企业组织的员工来讲，其能力是指劳动的能力，也就是运用各种资源从事生产、研究、经营活动的能力。它是员工职业发展的基础，与员工个体发展水平成正比，具体包括一个人的体能、心理素质、智能在内的全面综合能力。

个人能力对个体职业发展有着重要的影响。第一，能力越强者，对自我价值实现、声望和尊重的要求越高，发展的欲望越强烈，对个体发展的促进也越大；同时，能力强者接受新事物、新知识快，能力与发展呈良性循环，不断上升。第二，在其他条件一定的情况下，能力越强，贡献越大，收入相对越高。高收入一方面为个人发展提供了物质保证；另一方面能替代更多自我发展的时间。所以，能力既对员工个人发展提出了强烈需求，又为个体职业发展的实现提供了可能条件，是个人职业发展的重要基础和影响因素。

3. 职业锚

正如前文所述，职业锚是人们选择和发展自己的职业时所围绕的中心。职业锚作为一个人自省的才干、动机和价值观的模式，在个人的职业生涯中以及组织的事业发展过程中都发挥着重要的作用。职业锚能准确地反映个人职业需要及其所追求的职业工作环境，反映个人的价值观与抱负。了解自己的职业锚类型，有助于增强个人的职业技能，提高工作效率，进而取得职业成功。

4. 职业发展阶段

每个人的职业生涯都要经历许多阶段，只有了解不同阶段的特征、知识水平要求和各种职业偏好，才能更好地促进个人的职业生涯发展。萨柏教授的职业生涯阶段划分为个人判断自己所处的职业生涯阶段及分析所处阶段的特点和要求提供了很好的参照。

(二)影响职业生涯的环境因素

1. 社会环境因素

(1)经济发展水平。一个地区的经济发展水平不同、企业规模和数量不同，个人职业选择的机会也不一样。一般来说，经济发展水平高的地区，优秀企业比较多，个人择业和发展的机会相对较多，就会有利于个人的职业发展。

(2)社会文化环境。这具体包括教育水平、教育条件、社会文化设施等。一般来讲，在良好的社会文化氛围中，个人能受到良好的教育和熏陶，从而有利于个人职业的发展。

(3)政治制度和氛围。政治和经济是相互影响的，它不仅影响到一国的经济体制，而且影响着企业的组织体制，从而直接影响到个人的职业发展。政治制度和氛围还会潜移默化地影响个人的追求，从而对职业生涯产生影响。

(4)价值观念。一个人生活在社会环境中，必然会受到社会价值观念的影响。大多数人的价值取向是被社会主体价值取向所左右的。一个人的思想发展、成熟的过程，其实就是认可、接受社会主体价值观念的过程。社会价值观念正是通过影响个人价值观而影响了个人的职业选择和发展。

2. 企业环境因素

(1)企业文化。企业文化决定了一个企业如何看待它的员工，即它对待员工的态度。所以，员工的职业生涯是受其企业文化所左右的。一个主张员工参与的企业显然比一个“独裁”的企业能为员工提供更多的发展机会；而渴望发展、追求挑战的员工也很难在论资排辈的企业中受到重用。

(2)管理制度。员工的职业发展，归根到底要靠管理制度来保障，包括合理的培训制度、晋升制度、考核制度、奖惩制度等。企业的价值观、企业经营哲学也只有渗透到制度中，才能得到切实的贯彻执行。没有制度或制度定得不合理、不到位，员工的职业发展就难以实现。

(3)领导者素质和价值观。一个企业的员工职业发展是否能够顺利实施，在很大程度上取决于领导者的重视程度，而其重视与否又取决于领导者的素质和价值观。所有这些都会影响到员工的职业发展。

二、个人职业计划

(一)制订个人职业计划的原则

1. 要实事求是

这要求员工应准确地认识自己并能客观地自我评价。这是制订个人职业计划的前提。

2. 要切实可行

首先，个人的职业目标一定要同自己的知识、能力、个人特质及工作适应性相符合。其次，个人职业目标和职业道路的确定，要考虑到客观环境和条件。

3. 个人职业计划要与组织目标协调一致

离开组织目标，就不可能有个人的职业发展，甚至难以在组织中立足。员工个人要借助于组织来实现自己的职业目标，其职业计划必须在为组织奋斗的过程中去实现。员工应积极主动地与组织沟通，获得组织的帮助和指导，以此来制订适合自己个人的职业计划。

4. 在动态变化中制订和修正个人职业计划

随着时间的推移，员工本人的知识、技能、经验、态度等情况及外部环境条件都会发生变化，这就要求员工及时调整自己的个人职业计划，修正和调整计划中一些不断变化的内容，如职业发展的具体活动、短期职业目标等。

(二)职业计划设计

职业计划设计是指员工对自己一生职业发展的总体计划和总轮廓的勾画。它为个人一生的职业发展指明了路径和方向。在设计职业计划中，一般应考虑以下因素：

1. 个人自我评价

个人自我评价是对自己的各方面进行分析评价。员工只有充分认识自己之后，才能建立可实现的目标。自我评价要对包括人生观、价值观、受教育水平、职业锚、兴趣、特长、性格、技能、智商、情商、思维方式和方法等进行分析评价，达到全面认识自己、了解自己的目的。

橱窗分析法是自我评价的重要方法之一。心理学家把个人的了解比作为一个橱窗。为了便于理解，可以把橱窗放在一个直角坐标系中加以分析。坐标的横轴正向表示别人知道，负向表示别人不知道；纵轴正向表示自己知道，负向表示自己不知道。坐标橱窗分析法可用图 8—4 表示。

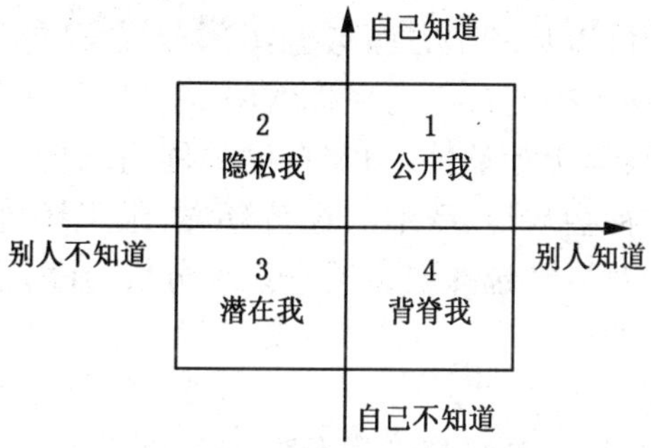

图 8—4　坐标橱窗分析法

坐标橱窗图明显地把自我分成了四部分，即四个橱窗。

橱窗 1 为“公开我”，是自己知道、别人也知道的部分，属于个人展现在外、无所隐藏的部分。

橱窗 2 为“隐私我”，是自己知道、别人不知道的部分，属于个人内在的隐私和秘密的部分。

橱窗 3 为“潜在我”，是自己不知道、别人也不知道的部分，是有待进一步开发的部分。

橱窗 4 为“背脊我”，是自己不知道、别人知道的部分，就像自己的背部一样，自己看不到，别人却看得清楚。

在进行自己剖析和评价时，重点是了解橱窗 3——“潜在我”和橱窗 4——“背脊我”。“潜在我”是影响一个人未来发展的重要因素，了解和认识“潜在我”有助于发掘个人的潜能。“背脊我”是准确对自己进行评价的重要方面，如果能够诚恳地对待他人的意见和看法，就不难了解“背脊我”。当然，这需要开阔的胸怀和正确的态度，否则就很难听到别人的真实评价。

2. 职业发展机会评估

职业发展机会评估，主要是评估各种环境因素对自己职业发展的影响。如前所述，环境因素包括经济发展、社会文化和政治制度等社会环境因素与企业环境等因素。在设计个人职业计划时，应分析环境发展的变化情况、环境条件的特点、个人与环境的关系（包括自己在此环境中的地位、环境对自己提出的要求以及环境对自己有利的条件与不利的条件）等。

3. 选择职业

职业选择的正确与否，直接关系到人生事业的成败，这是职业发展计划中很关键的一步。在选择职业时，要慎重考虑自己的职业性向、能力、职业锚、人生阶段等重要因素与职业的匹配。

4. 设定职业生涯目标

设定职业生涯目标是指预先设定职业的发展目标，这是设计职业计划的核心步骤。职业生涯目标的设定，是在继职业选择后对人生目标做出的又一次抉择。它是依据个人的最佳才能、最优性格、最大兴趣和最有利环境等信息所做出的。职业生涯目标通常分为短期目标、中期目标、长期目标和人生目标。短期目标一般为1～2年，中期目标为3～5年，长期目标为5～10年。

5. 职业生涯路线的选择

在确定职业和发展目标后，就面临着职业生涯路线的选择。例如，是向管理管理路线发展，还是走专业技术路线，是先走技术路线再转向管理路线等。

在进行生涯路线选择时可以从三个方面考虑：①个人希望向哪一条路线发展？主要考虑自己的价值观、理想、成就动机，确定自己的目标取向。②个人适合向哪一条路线发展？主要考虑自己的性格、特长、经历、学历等条件，确定自己的能力取向。③个人能够向哪一条路线发展？主要考虑自身所处的社会环境、政治与经济环境、组织环境等，确定自己的机会取向。职业生涯路线选择的重点是对生涯选择要素进行系统分析，在对上述三方面的要素综合分析的基础上确定自己的生涯路线。

6. 制订行动计划与措施

无论多么美好的理想与想法，最终都必须落实到行动上才有意义，否则只能是空谈。在确定了职业计划目标与职业生涯路线后，行动便成为关键的环节。这就是贯彻落实目标的具体措施，包括工作、训练、教育、轮岗等方面的措施。

7. 评估与调整

如前所述，影响职业计划设计的因素很多，其中环境变化是最为重要的因素。在现实社会生活中，要使职业计划设计行之有效，就必须不断地对职业计划进行评估与调整。比如职业的重新选择、职业生涯路线的选择、人生目标的修正以及实施措施与计划的变更等都是调整的主要内容。

三、职业保持与平衡

（一）职业保持

对大多数人来说，工作是人生的一个重要方面。实际上，工作为满足人们全方位的需要提供了前提条件。因此，对个人而言，其重要性是不言而喻的。可见，正确保持一个人的职业是十分重要的，这就要求个人在职业生涯中努力做到自我管理。第一，不断地学习，尤其是坚持自学。员工除参加企业组织的培训外，还应结合自己的职业性向、现有能力等有计划地利用学校、社会培训机构等各种条件来丰富知识、提高能力，以适应企业发展的需要。第二，发现并争取机会。员工有权了解企业内部的职业机会以及如何才能获得这些机会。每个员工都应珍惜并且利用好自己的这一权利，通过个人的努力工作、出色的业绩来保持现有的工作，并且能争取到进一步发展的机会。第三，要重视与上级和同事的沟通。上级和同事往往是在工作方面最了解自己的人，员工个人的职业发展离不开他们的支持和帮助。所以，应该虚心听取他们的意见和建议，发现自己的不足，不断完善自己。

（二）职业与家庭的平衡

职业生涯与家庭生活之间有着非常密切的关系。个人与家庭遵循着并行发展的逻辑关系，职业生涯的每一阶段都与家庭因素息息相关，或协调或冲突。职业生涯与家庭责任之间的平衡，对员工特别是女性员工非常重要。

人的全面发展包括自我事务(生理、心理发展、生活知识和技能、社会交际、休闲娱乐等)、职业生涯、家庭生活的发展和协调。既然职业生涯开发与管理的目的包括人的全面发展和社会的进步，职业生涯成功至少应对家庭生活的成功起积极作用。同时，家庭生活对职业发展也有着重要影响。组织中的员工除了过职业生活之外，还在经历家庭生活。工作与家庭间的潜在冲突对职业生活的影响甚至超过个人发展目标对职业的影响。因此，弄清工作与家庭间的关系，构建职业与家庭平衡计划，对组织发展和个人发展都具有重要意义。

任务四 组织职业生涯管理

一、组织职业计划设计

(一)确定组织和个人职业的需要

1. 组织的需要

同其他人力资源规划一样，组织的需要是一项职业计划的开始和基础。它所关注的是在未来一段时期内企业组织的主要战略问题。它包括：①在未来一段时期内企业组织将面临的最关键的需求和挑战是什么。②为了满足这些挑战所需要的关键技能、知识和经历是什么。③企业组织将需要什么水平的人员配置。④企业组织是否有必要为满足这些关键性的挑战而提供工作舞台。

2. 个人职业的需要

从个人职业需求看，要确定个人在企业组织内是如何发现机会的，具体包括：是发挥个人的力量？是提出个人的发展需要？是提供挑战？是满足我的兴趣？是符合我的价值观？是与个人的风格相匹配？

对需要的评价可以采用多种方法，如测试、非正式组织的讨论、面试等，并且应该通过不同团体的人员来进行。对从这些方面所确定的要求和问题，为企业组织的职业计划奠定了基础。职业计划的管理就是将组织的需要与个人的职业要求有机地联系在一起。

(二)创造有利的条件

1. 管理层的支持

职业计划要得以成功，就必须得到企业组织高层管理者的全力支持。高层管理者是企业组织的决策者，他们的思想往往代表着企业组织的文化和政策。试想，一个没有人本观念的领导者，很难去重视员工的职业生涯，更谈不上制订有利于员工发展的职业计划。所以，企业组织应当从上到下共同设计和实施能够反映组织文化的目标的职业发展计划系统，以为员工指明有关其自身职业发展的方向。

2. 确定组织目标

对组织尤其是对员工个人，在开始其职业规划之前，他们不仅需要清楚地认识组织的文化，而且更重要、更直接的是要求明确地了解组织的近期目标，这样他们才能在知道其自身目标与组织目标相匹配的情况下，为个人的变化和成长做出规划。

3. 人力资源管理政策的变化情况

企业组织的人力资源管理政策对职业计划有很大影响。要确保其职业计划有效，企业组织可能需要改变或调整目前的人力资源管理政策。例如，调换职位就可能要求员工改变工作团体、工作场地或组织单位，也可能会要求员工做必要的迁移，到外地工作。对组织来讲，调换职位可以使员工到那些最需要其服务的地方及他们可以学到新知识和技能的地方去；而对员工而言，则不仅要适应新的环境，而且要更新其技能、知识和能力。

4. 公布计划

职业计划应该在企业组织内进行广泛的宣传，以使每一个管理者和员工都能清楚地了解和认识组织的目标与工作机会。例如，可将其公布在企业微信公众号或宣传刊物上，也可编制在员工手册里等。

(三)列示工作机会

1. 工作能力的要求

从企业组织角度上讲，需要了解一项工作对于个人所要求掌握的知识和技能水平。这就要进行工作分析。有研究显示，一项工作需要有三个基本能力：技术诀窍、解决问题的能力和责任心。其中，技术诀窍又可分为三种类型的工作知识：技术型、管理型和人际关系。要对每一项工作中的三个主要能力进行评分，而且对每一项工作都要计算其总价值。

2. 工作提升

工作提升是一个新员工可能会经历的等级，包括起始工作一直到需要更多知识和技能的工作。企业组织可以根据工作的重要性对其所需的技能进行确认，在此基础上进行工作提升的规划。一般企业组织采用管理型、专家型和技术型的工作提升，也就是说从人力资源管理的角度为员工提供一个清晰、明确的职业晋升路线，以此作为个人发展的基础和阶梯。

3. 安排双重职业成长道路

职业计划的制订，应该为员工提供多条职业成长途径。比如，一个员工最终可能变成一个管理者，这不仅使员工得到了企业组织的认可，也是一条补偿技术专业人员的职业途径。尤其是对于一些特殊领域，如财会、市场营销和工程，可以用向其提供相当于不同层次管理者所获取的薪金作为给予员工的一种晋升。

4. 培训的需要

在一个人的职业成长道路中，在工作之外接受培训是必需的。只有通过适当的培训，才能适应全新工作方式的要求和保持高效的工作业绩。当然，不同的员工因职位的不同，其所需的培训也不一样。

(四)测定员工的潜能

要保证员工能够在职业成长道路中获得成功，就要在职业计划中提供测量员工潜能的工具和技术。这是职业计划的一个最重要的目标。这个目标可以不同的方式得以实现，但都要有员工自身能力的积极参与。常见的方法有以下方面：

1. 职业计划工作手册

职业计划工作手册是通过涉及价值观、兴趣、能力、目标和个人发展计划的自我评价系统来分别引导其员工。

2. 职业咨询

职业咨询是指作为企业组织与员工讨论其当前的工作情况和表现、他们的个人岗位和职业目标、个人技能以及适合的职业发展目标的过程。职业咨询在企业中一般是自愿进行的。一些企业组织将咨询作为年度绩效评估的一部分。职业咨询由人力资源部的职员、监督者、专门的人事咨询员或外部的咨询专家来组织进行。企业的职业咨询一般可以随时找到。

二、职业生涯阶段管理

组织职业生涯管理做法的常见类型与项目如表8—2所示。

表8—2　组织职业生涯管理做法的常见类型与项目

招聘及职业生涯早期	职业生涯中期	职业生涯后期
1. 客观的招聘 2. 实习/试用期的初始社会化 3. 学徒/职业导师制度	1. 技能培训与发展 2. 工作挑战与职位轮换 3. 绩效反馈与指导 4. 多重职业发展路径 5. 员工帮助项目 6. 应对职业“高原”	1. 职业生涯后期准备 2. 重新安置和解雇计划 3. 退休计划

在职业发展计划的不同阶段，企业组织进行职业管理的重点也不尽相同。

(一)招聘时期的职业管理

员工的职业生涯管理是一个长期的动态过程，所以从招聘新员工时就应该开始。招聘的过程实际上是应聘者和组织相互了解的过程。企业组织在招聘时，应向应聘者提供较为现实的企业与未来工作的展望，向其传达企业组织的基本理念和文化观念，以使他们尽可能真实地了解企业组织。同时，企业组织还要尽可能全面地了解候选人，了解他们的能力倾向、个性特征、身体素质、受教育水平和工作经历等，以为空缺职位配备合适的人选，并为新员工未来的职业发展奠定一个好的开端。

(二)职业生涯早期的管理

职业生涯早期阶段是指一个人由学校进入组织，在组织内逐步“组织化”，并为组织所接纳的过程。这一阶段一般发生在20～30岁之间，是一个人由学校走向社会、由学生变为员工、由单身生活变成家庭生活的过程，一系列角色和身份的变化，必然要求经历一个适应过程。在这一阶段，个人的组织化以及个人与组织的相互接纳是个人和组织共同面临的、重要的职业生涯管理任务。所以对企业组织来讲，其职业管理的主要任务包括以下方面：

1. 协调企业目标与个人目标

(1)树立人力资源开发思想。人力资源管理应坚持以人为本，强调企业不仅要用人，更要培养人。职业管理正是培养人的重要途径，牢固树立人力资源开发思想是真正实施职业管理的前提。

(2)了解员工的需要。员工的需要包括员工的职业兴趣、职业技能等。企业只有准确地把握员工的主导需求，才能把他们放到最合适的职业位置上，做到有针对性地满足其需求。

(3)使员工与企业结为利益共同体。企业在制定目标时，要使企业目标包含员工个人目标，并通过有效的沟通使员工了解企业目标，让他们看到实现企业目标给自己带来的利益。

2. 帮助员工制订职业计划

(1)对员工进行岗前培训,引导新员工。这主要是向新员工介绍组织的基本情况,即历史和现状,宗旨、任务和目标,有关的制度、政策和规定,工作职责、劳动纪律和组织文化等,目的是引导员工熟悉环境,减少焦虑感,增加归属感和认同感。

(2)设计职业计划表。职业计划表是一张工作类别结构表,即通过将企业中的各项工作进行分门别类的排列,形成一个较系统反映企业人力资源配给状况的图表。借助该图表,企业组织的普通员工、中低层管理人员以及专业技术人员就可以瞄准自己的目标,在经验人士、主管经理的指导下,正确选择自己的职业道路。

(3)为员工提供职业指导。企业为员工提供职业指导有三种途径:一是通过管理人员进行。管理人员对员工提供职业指导是其应尽的职责和义务。管理人员与其下属共事,对下属的能力和专长有较深的了解,所以有可能在下属适合从事的工作方面给其提供有价值的建议,同时也可以帮助下属分析未来晋升及调动的可能性。二是通过外请专家进行。企业可以外请专家为员工进行职业发展咨询。三是向员工提供有关的自测工具。有很多职业测试工具可以帮助员工进行能力及个人特质方面的测试,具体可以通过发测试手册或将这些测试工具放在内部网络上,供员工自行测试使用。

(4)分配给员工一项工作进行测试。这样做,对员工工作表现和潜能进行考察和实际测试,并及时给予初期绩效反馈,使其了解自己做得如何,以消除不确定因素带来的紧张和不安,帮助其学会并能适应该工作。

(5)协助员工制订自己的职业计划。企业可以经常举办一些咨询会议,在会上员工和他们的主管人员将根据每一位员工的职业目标来评价他们的职业进步情况,同时确认他们应在哪些方面开展职业开发活动。企业应开展职业计划方面的培训,使员工意识到对自己的职业加以规划且改善职业决策的必要性,通过培训,学到职业计划的基本知识和方法。

(三)职业生涯中期的管理

职业生涯中期的开始,有两种表现形式:一是获得晋升,进入更高一层的领导或技术职位;二是薪资福利增加,在选定的职业岗位上成为稳定的贡献者。职业生涯中期阶段是一个时间周期长(年龄跨度一般是从 25～50 岁)、富于变化,既有可能获得职业生涯成功,又有可能出现职业生涯危机的很宽阔的职业生涯阶段。在这一时期的职业管理中,组织要保证员工合理的职位轮换和晋升,为员工设置合理畅通的职业发展道路。

1. 帮助员工自我实现

(1)对员工工作进行多样化、多层次的培训。培训与员工职业发展的关系最为直接,职业发展的基本条件是员工素质的提高,而且这种素质不一定要与目前的工作相关,这就有赖于持续不断的培训。企业应建立完善的培训体系,使员工在每次职业变化时都能得到相应的培训,同时也应鼓励和支持员工自行参加企业内外提供的各种培训,不仅在时间上还应在资金上给予支持和帮助。

(2)提供阶段性的工作轮换。工作轮换对员工的职业发展具有重要意义:一方面可以使员工在一次次的新尝试中了解自己的职业性向和职业锚,更准确地评价自己的长处和短处;另一方面可以使员工经受多方面的锻炼,拓宽视野,培养多方面的技能,满足各个方面和各个层次的需求,从而为将来承担更重要的工作任务打下基础。

(3)以职业发展为导向的考核。考核目的不仅是评价员工的绩效、态度和能力或为分配、晋升提供依据，而且应保证组织目标的实现、激励员工进取以及促进人力资源的开发。考核不仅是总结过去，还应面对未来。以职业发展为导向的考核就是要着眼于帮助员工发现问题和不足，使之明确努力方向和改进方法，促进员工的成长和进步。为此，组织和管理者应该把考核和员工职业发展联系起来，定期与员工沟通，及时指出员工的问题及其解决办法，为员工的职业发展指明方向。

(4)改善工作环境，预防职业生涯中期危机。工作环境和条件对员工的发展有重要影响，组织的硬环境和条件，如机器设备、厂房、各种设施、照明等，会对员工的身心健康产生直接的影响；组织软环境和条件，如组织文化、目标、价值观、具体规章制度、劳动关系、组织风气等，会对员工的进取心、归属感和工作积极性产生重要影响。组织进行职业生涯管理的一个重要职责和措施，就是要不断改造上述工作环境和条件，促进员工的职业生涯发展。

2. 进行晋升和调动管理

晋升与调动是员工职业发展的直接表现和主要途径。企业有必要建立合理的晋升和调动管理制度，保证员工能够得到公平竞争的机会。组织中的职业发展通道不应是单一的，而应是多重的，以便不同类型的员工都能寻找到适合自己的职业发展途径。

3. 实施职业生涯阶梯设计

职业生涯发展阶梯是组织为员工设计的自我认知、成长和晋升的管理方案。组织为员工建立科学合理的职业生涯发展阶梯，对调动其积极性与创造性，增加对组织的忠诚感，从而促进组织的持续发展，具有重要意义。目前的职业生涯阶梯模式主要有三种：单阶梯模式、双阶梯模式和多阶梯模式。传统的组织或企业的职业阶梯只有一种，即行政管理职位的路径。在这种情况下，做出突出业绩的技术人员只能通过管理职位的提升而获得职业方面的发展，发展路径狭窄，效果并不理想。目前，组织中实行最多的是双阶梯的职业生涯阶梯模式。在该模式下，组织为员工提供管理生涯阶梯与技术生涯阶梯两条职业路径，员工可以自由选择在其中任何一个阶梯上得到发展，从而大大弥补了单阶梯模式的缺陷。也有一些组织根据自身情况设计了多阶梯模式，以满足员工的发展需要。

(四)职业生涯后期的管理

从年龄上看，职业生涯后期阶段的员工一般处在50岁至退休年龄之间。由于职业性质及个体特征的不同，个人职业生涯后期阶段的开始与结束的时间也有明显的差别。到这一时期，员工的退休问题必然提上议事日程。

1. 退休计划的概念

退休计划是组织向处于职业生涯晚期的员工提供的，用于帮助他们准备结束职业工作，适应退休生活的计划和活动。良好的退休计划可以使员工尽快适应退休生活，维持正常的退休秩序，最终达到稳定组织在职人员的心理、保持组织员工年龄结构的正常新陈代谢、提供更多的工作和晋升机会的目的。

2. 退休计划的管理

即将退休的员工会面临财务、住房、家庭等方面的实际问题，同时又要应付结束工作开始休闲生活的角色转换和心理转换。因此，退休者需要同时面对社会和心理方面的调节，通过适当的退休计划和管理措施满足退休人员情绪和发展方面的需要，是组织应当承担的一项重要工作。其具体做法和措施有：

(1)开展退休咨询，着手退休行动。退休咨询就是向即将和已经退休的人提供财务、住房、家庭和法律、再就业等方面的咨询和帮助。同时，组织开展的递减工作量、试退休等适应退休生活的退休行动，对员工适应退休生活也具有重要帮助。

(2)做好退休员工的职业工作衔接。员工退休而组织的工作却要正常运转，因此，企业组织要有计划地分期分批安排应当退休的人员，切不可因为退休影响工作正常进行。在退休计划中应选好退休人员工作的接替人，及早进行接替人的培养工作，以保证工作顺利进行。

(3)采取多种措施，做好员工退休后的生活安排。因人而异地为每一个即将退休的员工制订具体的退休计划，尽可能把退休后的生活安排得丰富多彩又有意义；可以通过组织座谈会的形式，增进退休员工与企业的互动；如果退休员工个人身体和家庭情况允许，组织可采取兼职、顾问或其他方式聘用他们，使其发挥余热。

【同步案例 8－2】 员工流失与职业生涯

案例精析 8－2

APP 公司是一家生产电感芯片的美国公司，自 2012 年成立以来，该公司发展迅速，销售及盈利业绩骄人，股票价格翻了几番。但是，该公司人力资源管理体系却远远落后于公司业务的发展，而且未受到应有的重视。最近，曾任一家知名大型企业人事总监的史威尼先生受聘于该公司担任人力资源总监一职，他决心对该公司的人力资源管理体制加以改进。

经过 4 个月的对公司现状的考察，史威尼发现了一个十分突出的问题：研发部技术人员的离职率居高不下。研发部是从事研究的核心部门，最近 3 年，该部门的平均离职率高达 30%。为了找出造成这一局面的原因，史威尼首先进行了薪酬调查，并发现该公司支付给技术人员的工资比市场平均水平高出 5%～8%。但由于该公司从不进行离职面谈，史威尼无法了解已离职者的想法。通过与大量员工包括技术人员的非正式交谈，史威尼了解到，很多人感到在公司里没有发展前途。尤其令人担忧的是，研发部的一些被公司认为很有前途的年轻技术人员被竞争对手挖走。

海伦是一位给史威尼留下深刻印象的研发部员工。29 岁的海伦毕业于一家名校，目前正在反馈在职问题。海伦加入该公司已达 7 年之久，前 3 年任普通技术人员，而后 4 年出任部门主管。她的绩效评估一直十分出色。在研发部，该职位仅在研发部总监之下。在海伦看来，公司根本不关心优秀员工。她认为，现任研发部总监布朗先生不愿意本部门的优秀员工在公司内部得到晋升，而宁可把他们留在本部门，这样他也可以完成本部门的研发任务又不必费力培训新人。海伦说，她的上司和前任人事总监都告诉她，她在公司前途无量，然而，时至今日，她仍然是一位部门主管。

此外，海伦对公司的人力资源管理制度也颇有微词。她认为，绩效评估没有考虑员工的人力和达成目标，对于帮助发展的主管也没有任何奖励，人力资源规划没有确定未来的职位空缺，公司内部没有职位体系，没有为员工设计职业阶梯，对女性加入管理层有歧视。因此，她建议公司应针对这些问题采取相应措施。

从史威尼了解的情况来看，海伦说的都是事实。不久，他从其他渠道听说一家对手公司正在与海伦接洽，打算让她担任一个高级职位。

很显然，史威尼所面临的挑战比他预计的大。他很清楚，目前的当务之急是解决关键人员的流失问题。此外，一系列与员工职业生涯发展相关的问题也需要解决。

三、员工帮助计划

员工帮助计划(Employee Assistance Program,EAP)是由企业为其员工设置的一项系统的、长期的援助和福利计划。其基本做法是通过企业内部或外部的专业人员对组织的诊断、建议和对企业员工及其家属的专业指导、培训和咨询,帮助解决企业员工及其家属的各种心理和行为问题,使员工从纷繁复杂的个人问题中解脱出来,维护其心理健康,调整情绪,消除障碍,提高员工在企业中的工作绩效。

(一)员工心理问题疏导

作为员工帮助计划的重要组成部分,员工心理问题疏导是指通过专业人员对组织的诊断、建议和对员工及其直属亲人提供的专业指导、培训和咨询,旨在帮助解决员工及其家庭成员的各种心理和行为问题。日本企业在应用EAP时创造了一种被称为“爱抚管理”的模式。一些企业设置了放松室、发泄室、茶室等来缓解员工的紧张情绪;或者制订员工健康修改计划和增进健康的方案,帮助员工克服身心疾病,提高健康程度;或者设置一系列课程进行例行健康检查,进行心理卫生的自律训练、性格分析和心理检查等。

(二)家庭支持计划

家庭支持计划是企业为了减少工作与家庭冲突而采取的旨在帮助员工克服困难、顺利完成生活和家庭职责的措施,如针对孩子和老人的托管福利计划等。花旗银行的“儿童看护计划”和“毕生事业计划”就是其中的典型代表。花旗集团有着多种专门看护计划,惠利于美国的花旗员工。花旗集团的“毕生事业计划”则以帮助每一名花旗员工及其亲人来更好地管理每一天的生活为目的。该计划在美国、加拿大等国家向员工及其伙伴、亲人开放,计划通过免费电话或网络提供服务。它提供了解信息、调查与资源的通路。

(三)“家庭日”活动

“家庭日”活动通过安排参观或联谊等活动促进家庭对员工工作的认识和理解。目前,各大公司纷纷定期或不定期地组织类似的活动,以加强企业与员工家庭成员之间的沟通,体现企业关爱员工、关爱家庭的宗旨。

应知考核

一、单项选择题

1. 认为职业性向(包括价值观、动机和需要等)是决定一个人选择何种职业的重要因素的是(　　)。

A. 帕森斯　　B. 霍兰德　　C. 格林豪斯　　D. 施恩

2. 一个人一生在职业岗位上度过的、与工作活动相关的连续经历称为(　　)。

A. 职业生涯　　B. 劳动过程　　C. 个人经历　　D. 职业发展

3. 进入青春期的青少年经历了对职业的好奇、幻想到兴趣,就开始对各种可选择的职业进行带有现实性的思考了,这一阶段是(　　)。

A. 成长阶段　　B. 探索阶段　　C. 衰退阶段　　D. 确立阶段

4. 职业锚由美国著名的职业指导专家(　　)提出。

A. 帕森斯　　B. 霍兰德　　C. 格林豪斯　　D. 施恩

5. 美国学者帕森斯提出的职业生涯理论是(　　)。

A. 职业性向理论　　B. 人与职业匹配理论
C. 职业锚理论　　D. 职业发展阶段理论

二、多项选择题

1. 帕森斯的人与职业相匹配理论说法正确的是(　　)。
A. 要了解个人的能力倾向、兴趣爱好、气质性格特点和身体状况等个人特征
B. 分析各种职业对人的要求,以获得有关的职业信息
C. 在了解个人特征和职业要求的基础上,选择确定一种适合个人特点又可获得的职业
D. 以个人的主观条件和社会职业需求条件为基础
2. 美国著名的职业管理学家萨柏的职业生涯分为(　　)阶段。
A. 成长阶段　　B. 探索阶段　　C. 确立阶段　　D. 维持阶段
3. 影响职业生涯的个人因素有(　　)。
A. 职业性向　　B. 个性　　C. 职业锚　　D. 职业发展阶段
4. 影响职业生涯的社会环境因素包括(　　)。
A. 经济发展水平　　B. 社会文化环境
C. 企业文化　　D. 管理制度
5. 在设计职业计划中一般应考虑的因素有(　　)。
A. 个人自我评价　　B. 职业发展机会评估
C. 选择职业　　D. 设定职业生涯目标

三、判断题

1. 帕森斯的人与职业相匹配理论的实质在于寻求人的人格类型所对应的职业性向与职业类型的对应。(　　)
2. 现代企业人力资源管理要求企业组织具有"职业发展观"。(　　)
3. 职业锚是人们选择和发展自己的职业时所围绕的中心。(　　)
4. 橱窗分析法是选择职业的重要方法之一。(　　)
5. 员工帮助计划是由企业为其员工设置的一项系统的、长期的援助和福利计划。(　　)

四、简述题

1. 简述帕森斯、霍兰德的职业选择理论。
2. 员工如何实现职业与家庭的平衡?
3. 影响职业选择及发展的因素有哪些?
4. 职业发展计划的组成要素有哪些?
5. 员工如何制订个人职业计划?

应会考核

■观念应用

【背景资料】

公司如何帮助员工做好职业生涯规划

某省级电信企业分公司网络运维部的小张工作积极肯干、勤于思考，深得省公司企业发展部赵总的赏识。一年前，赵总将小张从其所在市公司借调到省公司工作，以支撑省公司新职能战略管理的力度。小张工作十分努力用心，仅在一年中，就深入参与省公司年度战略规划的制定工作，并向省公司提交了多篇电信企业竞争环境的分析报告，工作获得了不小的成绩。

小张的直接主管刘经理是一位精通业务的技术骨干，但常对下级工作挑剔，经常不分场合地批评员工，对于本是借调并且内向寡言的小张更是多次指责。刘经理苛刻的工作作风虽受到小张等多名下属的抱怨，但是大家对这位顶头上司也只能沉默屈从，小张本人更是兢兢业业、如履薄冰。

小张借调时值一年，省公司进行中层领导的竞聘上岗。在省公司职能部门任职多年的赵总要到分公司去竞聘老总，刘经理也要重新参加部门主管的公开竞聘。小张则处于职业发展何去何从的选择中，自己原定两年的借调期目前时已过半，虽然工作业绩与个人能力受到赵总的赏识，但是赵总如果到地市分公司竞聘成功，小张将直接面对苛刻严厉的直接领导——刘经理，小张很难预料自己留在省公司的发展前途。如果此时小张以两地分居为由，向赵总申请缩短借调期，回到原单位继续本职工作，工作轻车熟路，既受老领导器重，又可以与家人团圆。然而如此一来，小张在省公司企业发展部的工作成绩和掌握的关于企业发展战略方面的知识与技能便失去了意义。他觉得通过参与公司战略规划项目，能够站在企业前沿关注公司环境的变化，了解最新的技术动向、市场动向，这些是自己在网络部技术岗位所接触不到的。

小张现在很矛盾，究竟是回市公司网络部发展还是坚持留在省公司呢？

【考核要求】

请根据背景资料，回答下列问题：

1. 试分析该企业在职业生涯管理上存在的问题。

2. 试述职业生涯管理的作用。

■技能应用

麦克、汉斯与白文奇共同毕业于美国哈佛商学院职业经理人专业，麦克来自美国，汉斯来自德国，白文奇来自中国。毕业后，他们同在可口可乐大中华区中国公司工作，工作地点在天津。麦克直觉好、有想象力和创造力，喜欢在自由的环境中工作；汉斯则有良好的运动或机械操作能力，喜欢加工机械与改进工具，偏好户外活动；而白文奇善于与人相处，喜欢教导、帮助和启发别人。工作半年后发现，麦克体现出很强的职业承诺，追求能够施展个人能力的工作环境；汉斯拒绝一般性管理工作，愿意在其技术领域有所长进；白文奇则追求一般性管理工作，愿意承担更多的责任和义务。

根据上述资料，回答下列问题：

1. 根据霍兰德的职业兴趣理论分析麦克、汉斯与白文奇三人的职业兴趣类型特点，正确的是（　　）。

A. 麦克属于艺术型,汉斯属于研究型,白文奇属于社会型

B. 麦克属于研究型,汉斯属于现实型,白文奇属于企业型

C. 麦克属于艺术型,汉斯属于现实型,白文奇属于社会型

D. 麦克属于研究型,汉斯属于研究型,白文奇属于企业型

2. 根据施恩的职业生涯锚类型分析麦克、汉斯与白文奇三人的职业生涯锚类型,以下正确的是(　　)。

A. 麦克属于自主独立型,汉斯属于技术/职能型,白文奇属于管理能力型

B. 麦克属于技术/职能型,汉斯属于创造型,白文奇属于管理能力型

C. 麦克属于自主独立型,汉斯属于技术/职能型,白文奇属于安全稳定型

D. 麦克属于技术/职能型,汉斯属于创造型,白文奇属于安全稳定型

3. 通过分析推断,最有可能具备分析能力、人际沟通能力和情绪控制能力三种能力强强组合特点的潜在晋升人选是(　　)。

A. 麦克　　B. 汉斯　　C. 白文奇　　D. 上述三人都不是

4. 下列有关职业生涯锚的陈述中,阐述正确的是(　　)。

A. 强调个人能力、动机和价值观三方面的相互作用与整合

B. 能够促进员工预期心理契约的发展,有利于个体与组织稳固地相互接纳

C. 以自我、组织和工作环境的准则及价值观之间的实际遭遇为基础

D. 可以根据各种测试提前进行预测

■案例分析

当中年危机遭遇职业危机

"我们可以接管团队,但不可能接管一个老大。"新部门的负责人开门见山地对方勇说。

方勇是高德地图一个业务部门的负责人。1 年前,空降到高德的高管把他叫到了会议室,告诉他由于公司组织架构调整,他所负责的团队将要合并到另一个部门,并委婉地告诉他,他可以跟着一块过去,但新部门的负责人并不欢迎他。他被架空了。他的下属依然围绕在他四周,只是再也不向他汇报了。他也不敢再主动亲近他们。作为一个成熟的职场人士,他认为这个时候有必要与他们保持距离。方勇认为,新的老板可能会对团队的忠诚度有所怀疑,自己不能给人挖坑。方勇成了孤家寡人。"混"了一个月后,他主动辞职。39 岁那年,他成为职场中失意的中年人。

方勇原本以为凭他的资历,离开高德找下一份工作应该毫不费力,但这段失业的时间整整持续了 8 个月。其间有一些总监级的人物找到他,但方勇不愿意接受降职减薪。这加大了他找工作的难度。一方面,他已经超过了职场的黄金年龄;另一方面,越是高端的职位越不好找。

在职场的跑道转换中,这是中年人的尴尬。

戴尔亚太区前销售总监张思宏认为:"这种人(中年人)是最容易被清洗出去的。你的性价比是下降的。"在他离开戴尔前 1 年,IT 行业在互联网的冲击下整体不景气,本土电脑品牌崛起,分割了老牌外企的蛋糕。双重夹击下,戴尔公司在中国开始走下坡路。为了控制成本,进行了一次裁员,被裁掉的大部分是中年人。他们的精力、学习能力已经不如年轻人。一个 40 出头、在戴尔工作了 8 年的中层管理者,在被通知裁员后面无表情地询问赔偿金一事。为了体面,他刻意保持镇定。最后,这名员工还是没忍住,质问张思宏:"你今天做的这些事,就

没想到有一天也会发生在你身上吗?”

“我能懂,但我也觉得很遗憾,他还没有参透这个游戏。”张思宏说。他被委派5%的裁员任务,而这位员工所在的部门中,他年龄最大,拿着除了经理以外最高的薪酬。“我也挣扎了半天,实在没办法。我不干掉他,我就会被干掉。”张思宏说。在张思宏看来,大部分人到了中年,处于企业中层一个普通的管理岗,处境就会比较尴尬。他们往往无法适应公司的快速发展,在行业下沉、公司业务收缩或是发生重大变动的时候,很容易被“甩”出去。

与10年前戴尔那个时代相比,如今职场里中年人的尴尬如出一辙。但不同的是,这个时代的行业更迭、风口变换要快得多。

方勇感到后悔,几年前滴滴曾经找过他,给他不错的职位和薪水,被他拒绝了。“(当时)我没有任何离开的理由,我们做得蒸蒸日上,我怎么可能跑。这让我非常被动。”方勇说。

方勇觉得,是命运跟自己开了个玩笑。他离开高德之后,曾经跟乐视汽车、万达商业地产都谈到了比较深入的层面。结果乐视轰然倒塌,而万达卖掉了价值600多亿的商业地产。

这个时代,职场的沉浮超乎想象,不一定什么时候寒冬来了、公司合并了、业务转型了。即使目前一切顺利,但隐隐地,你不感到焦虑吗?

思考题:

(1)从职业生涯管理的角度分析,中年员工可能会遭遇哪些职业问题。

(2)结合中年员工的群体特点,分析其职业规划与管理有哪些特殊困难。

(3)如何处理中年阶段的职业危机?

管理实训

【实训项目】

职业生涯规划实施方案。

【实训目标】

培养学生的综合能力。

【实训内容】

制订自己的职业生涯规划实施方案。

【实训要求】

1. 学生信息收集,指导学生收集、分析信息。
2. 学生制订职业生涯规划实施方案。
3. 资料整理、学生自我总结并陈述。
4. 撰写《职业生涯规划实施方案》实训报告。

<table>
<tr><td colspan="3">《职业生涯规划实施方案》实训报告</td></tr>
<tr><td>项目实训班级：</td><td>项目小组：</td><td>项目组成员：</td></tr>
<tr><td>实训时间：　　年　月　日</td><td>实训地点：</td><td>实训成绩：</td></tr>
<tr><td colspan="3">实训目的：</td></tr>
<tr><td colspan="3">实训步骤：</td></tr>
<tr><td colspan="3">实训结果：</td></tr>
<tr><td colspan="3">实训感言：</td></tr>
<tr><td colspan="3">不足与今后改进：</td></tr>
</table>

项目组长评定签字：　　　　　　　　　　　　项目指导教师评定签字：

项目九

员工流动管理

○ **知识目标:**

理解:员工流动形式和条件;退休计划、退休咨询和退休条件。

熟知:员工流动管理的相关理论、员工流入管理工作的思想、员工流失的各种因素。

掌握:员工流动管理工作的目标;内部流动的方式及其作用;解雇的程序和如何进行解雇面谈;员工流动模式对企业战略的影响。

○ **技能目标:**

能够利用所学的内容对员工流动率进行分析。

○ **素质目标:**

能够运用员工流动模式分析对企业战略的影响。

○ **管理故事:**

用人之道

去过寺庙的人应该知道,一进庙门,首先是弥勒佛,笑脸迎客,而在他的北面,则是黑口黑脸的韦陀。但相传在很久以前,他们并不在同一个庙里,而是分别掌管不同的庙。

弥勒佛热情快乐,所以来的人非常多,但他什么都不在乎,丢三落四,没有好好地管理账务,所以入不敷出。而韦陀虽然管账是一把好手,但成天阴着个脸,太过严肃,搞得人越来越少,最后香火断绝。

佛祖在查香火的时候发现了这个问题,就将他们放在同一个庙里,由弥勒佛负责公关,笑迎八方客,于是香火大旺。而韦陀铁面无私,则让他负责财务,严格把关。在两人的分工合作中,庙里呈现一派欣欣向荣的景象。

故事感悟:

其实,在用人大师的眼里,没有庸人,正如武林高手,不需名贵宝剑,摘花飞叶即可伤人,关键看如何运用。

○ **知识精讲：**

任务一　员工流动管理概述

一、员工流动管理的概念和目标

（一）员工流动管理的概念

员工流动管理是指从社会资本的角度出发，对人力资源的流入、内部流动和流出进行计划、组织、协调和控制，以确保组织人力资源的可获得性，满足组织现在和未来的人力需要与员工的职业生涯需要。员工流动可以分为流入、内部流动和流出三种形式，如图 9—1 所示。

- 员工流动
  - 流入（外部招聘、临时雇用等）
  - 内部流动（平级调动、晋升、降级、岗位轮换等）
  - 流出
    - 自愿流出（辞职、第二职业、主动型在职失业等）
    - 非自愿流出（解雇、提前退休、被动型在职失业等）
    - 自然流出（退休、伤残、死亡等）

图 9—1　员工流动分类

（二）员工流动管理的目标

知识型员工的增多，技术的飞速发展，市场对多面手的需求增加，复杂的组织、文化问题与政府的介入，使员工流动管理成为人力资源管理中一个更重要和更复杂的问题。它同时关系着员工的职业生涯发展、组织的竞争力和社会的稳定三个方面。为此，组织就需要像获得其他资源一样获得恰当的员工以满足组织运营的需要。具体来说，就是要保证员工流动管理实现下列组织目标：

(1)在短期和长期中，具备所需才能的适当数量员工的可获得性。

(2)发展符合未来组织需要的办事人员。

(3)员工可以感觉到的进步和发展机会与其自身需要的进步和发展机会相一致。

(4)员工可以感觉到不会因为自身的不可控因素而被解雇。

(5)员工认为，选人、安置、晋升和解雇都是公平的。

(6)最低可能的工资和可能的人力处理成本都为上述目标服务。

二、员工流动的前提条件

（一）劳动力具有个人所有权

劳动者对自身的劳动力有自由支配的权利，可以在使用与不使用或转让的时间、地点等方面进行选择，而不受非经济因素的制约。在我国，户籍制度、计划式的劳动人事制度等都对劳动力的个人所有权构成了限制。

（二）劳动力存在就业压力

当社会不向劳动者提供就业保障时，运用劳动力市场上竞争机制，劳动力就会存在就业的压力，劳动力市场借用这种压力达成人力资源的合理配置，促成人员流动。

(三)职业之间存在各种各样的差异

在职业之间存在着就业机会、工作条件、经济收入、职业声望和社会地位等方面的差异,这些差异会使劳动者根据自身的条件去选择对其来说个人效用最大化的工作岗位。

(四)劳动能力专业化和劳动力市场需求专业化

劳动者自身所具备的技能和专业知识对劳动者流动决策起着重要的作用。也就是说,不是劳动者想从事什么样的工作就能从事什么样的工作,社会对劳动者的专业知识和技能的要求是劳动者实现有序流动的条件。

上述四个条件是员工流动的社会条件,如果缺少其中的一个或者几个条件,流动的程度就会相应地降低。但是在四个条件存在的情况下,员工对流动的个人偏好、具备的专业特长、从事的专业和工作技能的实用性以及对该专业的需求状况等也间接地影响着员工流动。另外,政府的管制、劳动力市场信息系统的不完善和信息的不对称性更使现实中不存在一个完善的劳动力市场。员工流动管理理论就是基于这样的条件形成的。

三、员工流动管理的视角

(一)员工角度

今天,知识型员工越来越受到欢迎,从他们身上可以看到对控制自身职业生涯的欲望的不断增加,这些员工在他们整个工作生活过程中,如成为有名望的人、被提升、职位的变化、达到升级点、被解雇以及面对最终的退休等问题上期望被赋予更多的控制,因而在制定员工流动政策和实施管理时就必须对个人职业生涯需求与组织要求之间进行持续匹配。

从中可以看到,员工在流动中做出的选择可以分为两种情况:一种情况是由潜在选择进入现实选择形成的流动。这也是组织员工流入阶段。劳动者在正式进入劳动力市场之前,已经做出了部分职业选择,并为此进行了必要的人力资本投资,但这是潜在的选择。在进入劳动力市场后,由于市场上职业需求的限制,以及职业准备与现实需求之间的脱节,劳动者的现实选择与原来就会有不一致。部分的劳动者通过流动实现原来的选择,而另一部分则根据组织为劳动者提供的可利用和发展个人能力的机会的程度再调整原来的想法,以适应现实的选择。另一种情况是再选择引起的流动。某一个更高的报酬、更好的发展前途、更优越的社会地位和声望的工作会使那些具有一定工作经历和良好自身条件的劳动者重新选择,当劳动者的选择愿望同外界条件吻合时,流动可能成为现实。

(二)社会角度

1. 员工价值观的转变

当教育水平提高时,员工对在其职业生涯中持续不断的同样的日常工作,可能变得不再满意,给予这些员工以职业进步机会的流动政策将变得更为重要。因而,越是在经济发达的地区,由于高水平的生活和安全需求的被满足,就会越发使这种管理模式显得突出。

2. 外部机构影响力度加大

由于组织对知识型员工需求的增加,使得组织更加依赖教育机构。实质上,这些机构不仅控制着组织获得人才的数量和结构,也常常创造和设计着人才的职业生涯道路。它们提供给学生期望和价值观,而这些期望和价值观有时与现实的组织是相符的,有时却是不相符的。例如,教育机构提出的“面向市场化的教育”,就是由于教育机构看到了培养的学生与市场需要的人才之间的不匹配,为适应需要而改变的计划。反过来,组织应使员工流动政策能够与教育现实相匹配,并且也应该大力支持教育机构的计划,促使教育机构将来能够培养出组织需要的人才。

3. 政府以立法和行政手段对组织施加影响

越来越多的研究成果证明,组织把劳动力当作可变成本对待会产生更多的失业,同时造成精神上的压力和社会资源配置的不当。而失去职业可能会增加家庭的困难,危害情绪上的健康,以及增加酗酒、吸毒、精神失常、心血管病甚至自杀的可能。因此,政府正在采取各种措施限制对员工的解雇,如我国的《劳动法》规定,患病或者负伤在规定的医疗期内的,用人单位不得解除劳动合同。在西方的许多国家,这种限制更加严格。

任务二　员工流动管理的理论基础

一、员工流动必要性的理论分析

关于员工流动的必要性,国外学者做了不少研究工作,其主要学说有以下四种:

(一)勒温的场论

美国著名的心理学家勒温(Lewin)认为,个人能力和个人条件与他所处的环境直接影响个人的工作绩效,个人绩效与个人能力、条件、环境之间存在着一种类似物理学中的场强函数关系。由此,他提出了如下的个人与环境关系的公式:

$$B=f(p,e)$$

式中:B 表示个人的绩效;p 表示个人的能力和条件;e 表示所处的环境。

该函数式表示,一个人所能创造的绩效不仅与他的能力和素质有关,而且与其所处的环境(也就是他的"场")有密切关系。如果一个人处于一个不利的环境之中(如专业不对口、人际关系恶劣、心情不舒畅、工资待遇不公平、领导作风专断、不尊重知识和人才等),则很难发挥其聪明才智,也很难取得应有的成绩。一般而言,个人对环境往往无能为力,改变的方法是离开这个环境,转到一个更适宜的环境去工作,这就是员工流动。

(二)卡兹的组织寿命学说

美国学者卡兹(Katz)从保持企业活力的角度提出了企业组织寿命学说。他在对科研组织寿命的研究中,发现组织寿命的长短与组织内信息沟通情况有关,也与获得成果的情况有关。他通过大量调查统计出了一条组织寿命曲线,即卡兹曲线,如图 9—2 所示。

该曲线表明,在一起工作的科研人员,在 1.5～5 年里,信息沟通水平最高,获得成果也最多。而在不到 1 年半或超过 5 年的时间段,成员信息沟通水平不高,获得的成果也不多。这是因为相处不到 1 年半,组织的成员之间不熟悉,尚难敞开心扉;而相处超过 5 年,大家已经成为老相识,相互间失去了新鲜感,可供交流的信息减少。由于大家过于了解和熟悉,在思维上已经形成定势,会导致反应迟钝和认识趋同化,这时组织会呈现出老化和丧失活力,这也就是其成员应该流动的时候了。

卡兹曲线告诉我们:一个科研组织与人一样也有成长、成熟、衰退的过程,组织的最佳年龄区为 1.5～5 年,超过 5 年,就会出现沟通减少、反应迟钝的现象,即组织老化。解决的方法是通过员工流动对组织进行改组。卡兹的组织寿命学说从组织活力的角度证明了员工流动的必要性,同时也指出员工流动不宜过快,流动间隔应大于 2 年,这是适应组织环境和完成一

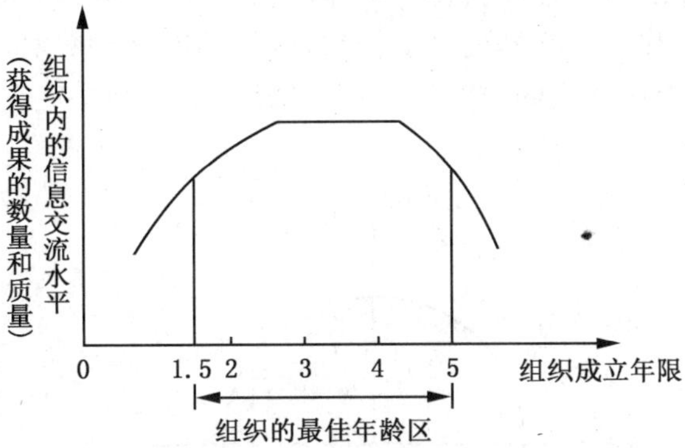

图 9—2　组织寿命曲线

个项目所需的下限时间。一般而言，人的一生流动 7～8 次是可以的，流动次数过多反而会降低效益。值得指出的是，这一理论是针对科研组织提出来的，对企业不能生搬硬套。

(三)库克曲线

美国学者库克提出了另外一条曲线，从如何更好地发挥人的创造力的角度论证了员工流动的必要性，如图 9—3 所示。

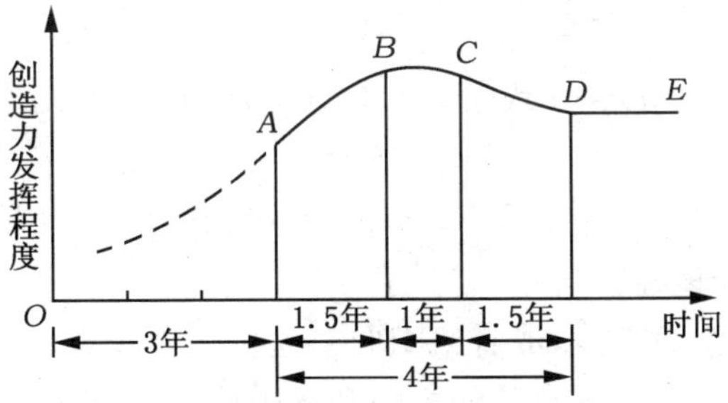

图 9—3　库克曲线

库克曲线是根据对研究生参加工作后创造力发挥情况所做的统计绘出的。图中 *OA* 表示研究生在 3 年的学习期间创造力增长情况；*AB* 表示研究生毕业后参加工作初期(1.5 年)，第一次承担任务的挑战性、新鲜感以及新环境的激励，促使其创造力加速增长；*BC* 为创造力发挥峰值区，这一峰值水平大约可以保持 1 年左右，是出成果的黄金时期，随后进入 *CD* 即初衰期，创造力开始下降，持续时间约为 0.5～1.5 年；最后进入衰减稳定期即 *DE* 期，创造力继续下降并稳定在一个固定值，如不改变环境和工作内容，创造力将在低水平上徘徊不前。为激发研究人员的创造力，应该及时变换工作部门和研究课题，即进行研究人员的流动。创造力较强的时期大约有 4 年(*AD*)。人的一生就是在不断开辟新的工作领域的实践中来激发和保持自己的创造力的，即走完一个 *S* 形曲线，再走下一个 *S* 形曲线。

(四)中松义郎的目标一致理论

日本学者中松义郎在《人际关系方程式》一书中提出，处于群体中的个人，只有在个体方向与群体方向相一致的时候，个体的才能才会得到充分的发挥，群体的整体功能水平也才会最大化。如果个体在缺乏外界条件或者心情抑郁的压制状态下，就很难在工作中充分展现才华，发挥潜能。个体的发展途径也不会得到群体的认可和激励，特别是在个人方向与群体方向不一致的时候，整体工作效率必然要蒙受损失，群体功能水平势必下降。在个人潜能的发挥与个人和群体方向是否一致之间，存在着一种可以量化的函数关系，据此他提出了"目标一致理论"，如图 9—4 所示。

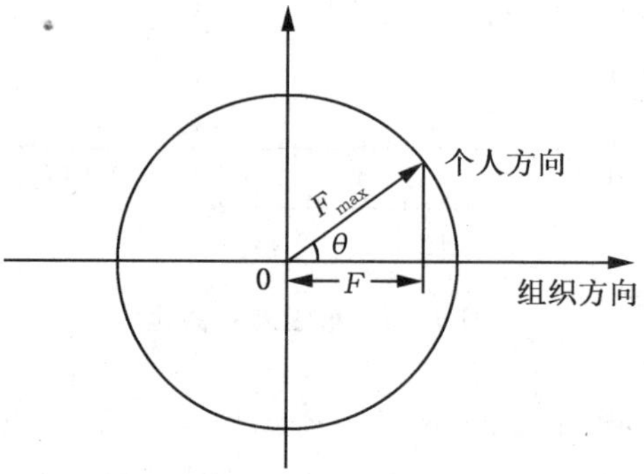

图 9—4 个人潜能的发挥与个人和群体方向夹角的关系

图中 F 表示一个人实际发挥出的能力，F_{max}表示一个人潜在的最大能力，θ 表示个人目标与组织目标之间的夹角。可用公式表示三者之间的关系：

$$F=F_{max}*\cos\theta \quad (0°\leqslant\theta\leqslant 90°)$$

当个人目标与组织目标完全一致时，$\theta=0°$，$\cos\theta=1$，$F=F_{max}$，则个人潜能得到充分发挥。

当两者不一致时，$\theta\geqslant 0°$，$\cos\theta<1$，$F<F_{max}$，则个人的潜能受到抑制。

解决这一问题有两个途径：

(1)个人目标主动向组织靠拢，或者组织向个人目标方向靠近。个人要从实际出发，自觉限制或改变自己的行为方向，引导自己的志向和兴趣向组织和群体方向转移，并努力趋于一致。而企业则积极对个人进行生活和心理方面的关心，进行业务方面的指导，使个体向群体方向转化。不过，这样做往往是相当困难的，如价值观上的差异(对知识的尊重、对金钱的追求、对事业的忠诚)难以弥合，人际关系上的矛盾(任人唯亲、排除异己、忌才妒能)难以克服，业务努力方向上难以一致(如专业不对口，改专业就有可能丧失业务上的优势)等。总之，个人目标与组织目标之间的差距难以在短期内解决，因此这条路的可取性不高。

(2)进行员工流动，员工流动到与个人目标比较一致的新单位去。如果不流动，员工会感觉到企业不容人，这时员工就应该尽快实现流动；否则，对员工和对企业都没有好处。当个人能够流动到一个个人的努力方向与组织的期望比较一致的企业的时候，员工就会如鱼得水，个人的积极性、创造性得到充分发挥，个人的行为容易受到组织的认同和肯定，从而形成良性循环。

二、员工流动率的确定

(一)员工流动率的计算方法

1. 总流动率

最为常见的员工流动率的指数为总流动率(TTR)，计算公式为：

$$TTR=\frac{S}{N}\times 100\%$$

式中：TTR 表示总流动率；S 表示某一时期内（如一年或一个月）员工流动总数；N 表示被研究的企业某一时期在工资册上的员工平均数（可以是一日或一周内工资册上员工的平均数，也可以是某一时期起始时工资册上员工的总数），与这时期末工资册上员工总数之和，再除以2。

这一计算公式主要的缺点在于，它不能反映员工流动的具体原因。因此按原因将员工流动分为不同的类型是有实际意义的，如将员工流动分为自愿流动、非自愿流动（由于某些原因而被解雇、辞退、死亡等）。计算员工流动率可将分母保持不变，分子则根据流动原因的不同有所改变。

VQR（Voluntary Quit Rate）表示自愿辞职率，计算公式如下：

$$VQR=\frac{Q}{N}\times 100\%$$

式中：Q 表示某一时期内自愿辞职者的数量；N 表示在所研究的某一时期内工资册上的员工平均数。

DR（Discharge for Cause Rate）表示由于某种原因（如玩忽职守等）导致的解雇率，计算公式如下：

$$DR=\frac{D}{N}\times 100\%$$

式中：D 表示被解雇者的数量；N 表示在所研究的某一时期内工资册上的员工平均数。

表9—1所示的是企业员工流动主要原因分类。我们可以将分属于一类的员工流动率进行合并相加，这样就可以得知各种类别（如辞职、解雇、辞退等）的员工流动率。

表9—1　　企业员工流动主要原因分类

工作不满意：	其他选择：
1.工资的总数	1.回到学校深造
2.工资的公平性	2.军队服役
3.津贴	3.为政府部门服务
4.工作时数及换班制	4.开始自己的事业
5.工作条件	5.相似的工作：相同行业内
6.直接上司的管理技能	其他行业内
7.直接上司的人格因素	6.不同的工作：其他行业内
8.合作伙伴	7.自愿的提前退休
9.工作的安全性	8.自愿到附属部门工作（丧失原有资历）
10.工作的意义	9.新的职位：新企业
11.运用技术和能力的情况	新职位
12.职业生涯的发展机会	地区
13.政策与规定	薪金
14.其他	

续表

生活条件:	由企业造成的流动:
1.住房	1.在被解雇之前提出辞呈
2.交通	2.违反政策规章
3.照顾孩子	3.试用期内不符合要求
4.健康设施	4.出勤情况
5.闲暇活动	5.工作完成情况
6.物质环境	6.辞退:拒绝降级使用
7.社会环境	拒绝调任
8.受教育机会	7.终止临时雇用
9.其他	**其他:**
个人因素:	1.流动去向
1.配偶调动	2.从哪个部门离开的
2.即将结婚	3.退休
3.家庭成员生病或死亡	4.死亡
4.自己生病	
5.自己受伤	

2. 员工留存率及损耗率

为了克服员工流动率计算的一些缺陷,企业应该用员工留存率及损耗率对各类流动做跟踪研究,作为对流动率的补充。

CWR(Cohort Wastage Rate)表示同批员工损失率,计算公式如下:

$$CWR=\frac{L_i}{N}\times 100\%$$

式中:L_i 表示在 i 服务期内,某批员工的流动数量;N 表示初始时该批员工数量。

SR(Survival Rate)表示员工留存率,计算公式如下:

$$SR=\frac{S_i}{N}\times 100\%$$

式中:S_i 表示在 i 服务期内某批员工的留下数量;N 表示初始时该批员工数量。

员工留存率=1-累计员工损失率

(二)对员工流动率的分析

队列分析方法是对某一队列的员工进行跟踪调查,定期地对选定队列的流动者和仍在企业内工作的员工进行分析比较。这些队列可以是在确定的某一年内雇用的工程师、女性员工、管理人员等。通过对所选队列员工的定期访谈和调查,以及对流动者及仍留在原企业内的同批人员的比较分析,能够明确一些变量(如对工资的认识,对工作内容、职业生涯的预期),以与员工流动相关的变量的变化情况相适应。队列分析可以在员工感性认识、态度及期望等方面,提供一个动态的描述。

在比较之后,有必要根据引起流动的各种个体及企业变量对流动进行详细的分类。表 9-2给出了一系列对从内部分析员工流动较为有用的变量,它们不是全部而是部分的关于员工流动的分析变量,但这些变量是人力资源管理者及研究者经常需要考虑的因素。为了客观地分析员工流动，对任一类型的流动做进一步的较为细致的分类都是有益的。

表9—2　　企业分析员工流动率经常用到的变量

工作职位	工龄	工作成就
工作部门	就业机会是否公平(城乡、民族、性别)	工作潜力
直接上司	受教育水平	价值观与期望
轮班制	受教育类型	态度
地理位置	薪资史	职业生涯期望
工作职责	缺勤	行为目标动机
应聘渠道	工作史	流动原因

我们可以就某一时期的某一变量进行分析，更可以将多种影响员工流动的隐含变量结合起来考虑，这对正确分析和诊断流动现象更具有实际意义。随着人力资源信息的计算机管理越来越普及，人力资源管理部门现在已经能适时地报告和分析员工流动信息，并且也可以利用多变量交叉表来进行分析了。

(三)确定合理的员工流动率应把握的准则

(1)合理的员工流动率应有利于员工满意程度的提高和增加员工投入感。如果组织内部向上的提升变得更快速的话，员工对其职业生涯发展的满意程度会增加。平级的调动似乎也能产生相似的效果。这些又反过来增加员工对组织的贡献，因为员工从个人回报方面看到了光明的前景。

(2)合理的员工流动率应有利于提高员工的能力。在流动率与员工能力发展之间可能存在着一条曲线。缓慢的员工内部流动(平级或垂直流动)可能产生的结果是，员工获得发展技能和能力的机会太少，他们成为通才的机会也太少。另外，快速增长的组织会带来非常迅速的员工内部流动，这样可能产生的结果是，员工个人获得了比较快的晋升，但是他们的技能和能力并没有获得相应的增长，这样就可能是个人的失败和由此产生的组织投资的损失。

(3)合理的员工流动率应成为促进员工成长的动力。在相同的职位上工作一些年，就会使一个人对精通了的这项工作逐步丧失动力，因为工作对他已不具备挑战性。另外，如果对某项工作还不够熟悉，不但会使员工的发展缺乏必要的基础技能和能力，而且会妨碍个人产生继续发展的持续愿望。

(4)合理的员工流动率应在把握组织效率的基础上兼顾公平性和一致性。缓慢地上升会使员工对组织中决策过程的公平性产生怀疑。而过高的流动率可能会导致家庭生活质量受损，尤其是家庭中的关系恶化。在高速成长的高科技企业，员工个人的压力和较高的离婚率并非罕见。

实际上，确定员工流动率还应该在遵循上述四项原则的基础上充分考虑成本的因素。一名员工在职时间不长的话，他的效率比较低，而员工的培训和调动成本比较高；而老员工又存在动力不足的问题。因此，在制定流动政策时应该有成本观念。总之，不论是过高的流动率还是过低的流动率都不利于企业效率的提高。

任务三 员工流入与内部流动

一、员工的流入管理

企业要想搞好员工招聘工作，就必须学会站在高于传统招聘的角度来看待员工的流入问题，形成正确指导员工流入管理的思想和理念。从这个角度上看，企业在做员工流动管理工作时就应该充分认识到以下几点：

（一）将企业文化作为招聘的标准

与企业文化不能够融合的员工，即使是有能力和技能的人，也是会对企业的发展不利的。因此，企业就应该通过对企业内部文化的理解，确定在企业特定的文化中要获得成功需要具备的特征。列举出这些特征，在招聘时将它们作为招聘的标准。

（二）建立流畅的招聘工作流程

如果招聘不是按照一个很有条理的程序进行，招聘流程本身有不协调的地方，招聘就会丢失好的应聘者，招聘完成后还会形成较高的员工流失率。一个安排得有条理并且前后一致的招聘过程，不仅使招聘本身有效率，而且还会给应聘者留下良好的印象，从而使他们在进入企业后有积极工作的愿望。

（三）考核招聘人员，使之具备相应的知识

在筛选候选人和对招聘进行决策时，相关人员必须了解职务分析、筛选过程以及对招聘过程的管理和时间安排等知识。实际情况常常是很多高层管理人员对招聘过程是比较陌生的，而他们又必须在招聘过程中扮演重要的角色，因此，花费时间让每一个涉及招聘过程的人对这一重要过程有所了解是必要的。

（四）关注招聘成本

在计算过招聘和员工流失成本之后，可以使人们意识到进行招聘必须要仔细。招聘成本一方面反映在招聘本身的直接和间接成本上，另一方面反映在替补流失员工的成本上。

（五）持续关心征召渠道

企业应该不断地寻找新的征召渠道，跳出传统的渠道，用敏锐、快速的反应适应市场和企业发展的需要。例如，一些企业在教育机构附近选择办公地点，与大学建立长期的、持续的联系，招聘学生假期工作，甚至像微软公司一样发展自己的教育机构等措施来获得人才。

（六）适当考虑应聘者的多面性

如果企业处于快速的变化、发展中，企业内部结构不是很稳定，不具备这种能力的员工就很难适应工作的变化，这些就要求企业在最初招聘的时候就将多面性作为一个小的考核点。

（七）研究竞争对手的招聘技术和招聘战略

企业应该时刻关注核心竞争对手的招聘技术和招聘战略。通过与曾经在竞争对手的企业中工作过的企业员工交谈，研究竞争对手在专业和行业年会上的发言等方式来学习对手的优点，为己所用。

（八）确立招聘者与应聘者共同的利益关系

就业合同的目的是使应聘者和企业双方的需求及愿望有机地融合为一个整体。企业要求员工能圆满完成任务；员工要求能充分发挥自己的才能，获得相应的报酬。这就要求人力资源管理部门在招聘过程和其后的人力资源管理活动中，积极消除那些不利于建立良好就业合同的障碍，把企业的要求与员工的要求结合起来，使双方都感到满意。

(九)树立企业在劳动力市场的良好形象

企业在本地是否建立起很好地对待员工的名声，企业员工在社会中是不是一种成功人士的形象，对于能否吸引到更多的潜在求职者有很大的影响。立体式、全方位、多角度地宣传企业，努力使自己的员工感到在本企业工作是一件值得骄傲的事情，会使流入渠道更加畅通。

二、员工的内部流动

(一)平级调动

它是员工在组织中的横向流动。一般来说，这样的流动并不意味员工的晋升和降职，但却与员工的职业生涯发展密切相关。如平调可能是为了使员工获得进一步晋升所需的经验而做的特别安排，但也可能是对员工的一种变相的降职处理。

(二)岗位轮换

岗位轮换是德国克虏伯工厂的一名工人首先提出来的。他认为，如果让在流水线上工作的工人定期轮换岗位，可以使他们对工作保持新鲜感，这样就会使生产效率提高。但是，这一建议在刚刚实施时并没有取得预想的效果。之后一名技术工人发现应该让所有工人的轮换错开，不能让他们在同一时期一起轮换。在采用了他的建议后，岗位轮换真正提高了生产效率。岗位轮换后来成为一个可以在组织各个部门之间、在不同类型员工之间实施的员工流动方法。

(三)晋升

晋升是指企业员工由于工作业绩出色和组织工作的需要，沿着组织等级由较低职位等级上升至较高职位等级。对员工来说，晋升是一种成就，使他们具有更高的职业工作地位并承担更重的责任，同时也为他们带来了更高的薪资福利。所以，一般来说，企业管理层利用晋升来激励企业的员工，使他们富有成效地努力增长其知识和技能。合理的晋升有利于避免员工的流失，尤其是有利于避免企业有价值人才的流失，从而维持企业人力资源的稳定。因为如果晋升渠道不畅通，人才就会外流到其他有畅通渠道的企业。同时，晋升还有利于保持企业工作的连续性和稳定性，因为企业在较长的时间内必然会发生员工的退休、退职、调动和升降所引起的职位空缺。稳定可靠的晋升制度能够保证这些空缺得到及时的填补。

(四)降职

降职是员工在组织中向更低职位的移动。这里的更低是指由于这样的调动使员工承担的工作责任降低了，收入也相应地降低了。它与晋升正好相反，晋升是在组织的社会阶梯上的向上流动，而降职是在组织的社会阶梯上的向下流动。

降职通常使一个人情绪激动，感到失去了同事的尊敬而处于尴尬、愤怒、失望的状态，生产效率可能会进一步降低。因而在采取降职措施时应该征求本人的意见，努力维护当事人的自尊心，强调当事人对组织的价值，使其保持一种积极的心态。

任务四 员工流出

一、员工的自然流出

这里只介绍自然流出的一种主要形式——退休。退休是指员工在达到一定的年龄并为组织服务了一定年限的基础上，根据企业以及当地政府的一些规定享有退休金的一种自然流出方式。

退休对于员工来说是工作生活经历的一件重要的事情：一方面，退休意味着他们已经达到了其职业生涯的顶点，退休后，他们可以从长期的工作压力中解放出来，享受自己劳动的果实，再也不用为工作上的问题而操心，这是一件让人高兴的事情；另一方面，退休又常常会变成一种痛苦，尤其是对那些对工作有需要的人，无所事事似乎是更难接受的生活状态。退休者面对“没有生产率”的生活会感觉失去了组织的归属感，丧失自我价值。因而，如何从心理上、生理上和生活上克服这种消极状态已经成为退休者面临的最重要的任务。当今的组织越来越认识到应该积极地帮助员工来面对这样的变化，制订良好的退休计划，这可以使退休员工顺利地完成从工作状态到赋闲在家的转型。

二、非自愿流出

(一)解雇

所谓解雇，就是依照法律规定的条件，解除与组织员工劳动合同关系的行为。实质上，解雇是对企业员工的一种惩罚，是员工的非自愿流出，因而是一件非常困难的事情。企业在进行解雇时要格外小心，遵循原则和规定，以尽量避免不良后果的发生。

(二)提前退休

提前退休是指员工在没有达到国家或企业规定的年龄或服务期限之前就退休。提前退休常常是由企业提出来的，以提高企业的运营效率。一般情况下，提前退休者的退休金根据提前时间的长短而逐年减少。这是当今许多企业在面临市场激烈的竞争时，使自身重现活力而采取的用于管理员工流出的一种选择。

任务五 员工流失

一、员工流失的概念、种类以及流失员工的特点

(一)员工流失的概念和种类

本书只讨论企业不希望出现的员工流出，这样的流出往往给企业带来特殊的损失，因而又称之为员工流失。

按照员工与企业之间的隶属关系来划分：一种流失是员工与企业彻底脱离工资关系或者说员工与企业脱离任何法律承认的契约关系的过程，如辞职、自动离职；另一种流失是指员工虽然未与企业解除契约关系，但客观上已经构成离开企业的事实的行为过程，如主动型在职失业。主动型在职失业是指员工个人在保持在职的条件下对失业不太在意的一种情况。主

动型在职失业这种做法在国有企业员工中采用得较多，这些员工一般在积极从事着第二职业，并不在意失去这份工作带来的收入减少。

(二)流失员工的特点

(1)流失的员工多是一些已经或将来能够为企业形成竞争优势的企业人才。从总体上看，他们往往能够创造、发展企业的核心技术，推动企业的技术和管理升级，扩大企业的市场占有率和提高企业的经济效益，并且他们是一群务实、积极和具有献身精神的员工。

(2)流失的员工是市场争夺的对象。随着国外企业的涌入，对人才的争夺更加激烈，这些掌握一定资源的员工为了能够充分利用自身的优势而加快了流动的步伐。一旦发现当前的环境不再适合自己的发展或待遇不公就会另谋高就。

(3)流失的员工的工作更多的是依赖知识而不是外在条件或工具，应对各种复杂多变和不完全确定的环境下可能发生的情况，进行创造性的工作。

(4)流失的员工会使企业面临巨大的损失。这样员工的流失可能意味着大量行业信息和科技成果的流失，或者一个产品、许多用户，甚至一片市场被带走，抑或使原来的生产和研发计划不能实施、商业秘密泄露、其他员工积极性挫败等。每项的发生都会给企业带来无法估量和难以追回的损失。

二、员工流失的因素分析

(一)企业因素

1. 工资水平

可以说工资水平是决定员工流失的所有因素中最重要的影响因素。大多数的自愿流出者是为了谋求比原来薪水更高的新工作，当存在较高的通货膨胀和工资增长压力较大的时候，员工对高收入的追求将更显著。对工资水平的研究不能仅停留在总量上，这不能揭示企业中可能存在的工资分配上的不公平性。因而要看到工资和员工投入之间的关系，以确定工资水平是否公平。

2. 职位的工作内容

职位设计已经不容忽视，较好的职位设计可以给员工更大的工作满足感。这包括工作任务的多样性、挑战性，工作时间的灵活性，职位的自主权和责任等。

3. 企业管理模式

普莱斯(Price)研究发现，如果员工愿意参与企业的决策活动，并且愿意参加到企业的群体中去获得信息，那么企业集权化越高越会导致较高的员工流失水平；企业内员工之间的相互融合程度及信息交流的畅通程度越高，则可能存在较低的员工流失水平。在下一个任务还会涉及企业管理模式对员工流动的影响，可以看到员工的流动是与企业的战略相关联的。

4. 企业对员工流失的态度

一个企业可以把自己的员工划分为两种：一种是可以被储备起来的员工，或者说应该被储备起来的员工；另一种是可以流动的员工。那种充分利用被储备的员工进行经营活动的企业则可以被称为“储备型经营企业”；而那些利用员工流动进行经营的企业则可以被称为“流动型经营企业”。在后一种企业中，企业所需要的员工大多数是由短期劳动力市场提供的，以对员工采用“租赁经营”的形式来雇用，流动率是相当高的。在我国，目前有相当多的外商投资企业就是采取这种雇用策略。

(二)与工作相关的个人因素

1. 职位满足程度

满足是由个人期望与实际提供之间的差距程度决定的,包括个人在价值观上的差异和个人对企业因素的感觉。在职位满足程度与员工流动之间存在着负相关关系,员工的不满足将会构成退出的动机。此外,仅仅考虑与职位相关的满足是不够的,还应该看到员工感觉到的企业外的职位机会。

2. 职业生涯抱负和预期

员工对某一职位能否实现自己的职业生涯抱负也影响着他的退出决策或行为。例如,一个软件设计者现在对其职位的工资、上司、同事和晋升机会都很满意,但是现在的职位却不能实现他的梦想——开设自己的软件设计公司,因此他也许会流出企业。相反,一个接受了管理培训的人,也许对这一职位所能够提供的工作安排、工作内容等都不满意,但是,由于他看到了更长远的改善机会和将来职业生涯机会,而没有选择流出。

3. 对企业的效忠

对企业的效忠是指员工对一个特殊的企业的参与和认同的程度。员工对企业的效忠至少有三个特征:①很坚定地相信并接受企业的价值和目标;②自觉地为了企业的利益而付出努力;③具有很强烈地保持员工身份的愿望。它与员工流失之间存在着正相关关系。

4. 对寻找其他职位的预期

不同的员工对于企业外面的机会的感觉是不同的,有的员工能够比较充分地获得各种各样的信息,有的员工则缺乏这方面的能力。员工对寻找其他职位机会的预期会直接影响他寻找这些职位的愿望,企业可以从这方面来控制和管理员工,有意识地对他们施加影响。

5. 压力

工作压力可以产生积极的影响,也可以导致消极的后果。也就是说,压力可能会带来员工的流失,企业可通过这方面来把握员工的行为。

6. 员工所属的劳动力市场

如果一个人的工作属于全国性的劳动力市场,那么他有可能在比较远的地方寻找工作机会。通过全国性的报纸职业广告、各地招聘会、就业机构等都可能使员工离开工作岗位。如果一个人属于地方性劳动力市场,他就很难在其他地区寻找到更好的工作。

三、对员工流失的管理和控制

(一)管理和控制员工流失的方式

1. 对员工流动的立法管理

立法管理就是利用政府制定的相关法律法规对员工流动进行有效的调控。市场经济是法制的经济,劳动法、合同法、经济法等一系列法律法规的建立以及进一步完善,使得企业可以借助法律来保护和规范自己,使不合理的流动受到强制性约束。

2. 对员工流失的规章管理

制定的规章可以包括:企业要与员工签订劳动合同,在合同期内企业不能无故辞退员工,员工也不能擅自离开企业,一方违约必须向另一方交纳违约赔偿金;员工离开企业,有时需向企业交纳教育培训费。企业对员工的教育培训进行投入—产出分析,据此计算出由此给企业带来的损失;员工离开企业不再享受企业为员工提供的福利和待遇等。

3. 建立完善的人力资源管理体系

如果说法律和规章制度是员工流失管理的硬环境，那么良好的人力资源管理体系就是员工流失管理的软环境。良好的人力资源管理体系是企业在人本主义思想的指导下，通过对招聘、筛选、职位内容、薪酬福利支付、职业生涯管理，还有企业文化建设等诸多方面的努力和探索，逐步形成的。想要控制员工的流失，首先需要对企业的人力资源管理的各个环节进行仔细的诊断，然后找出自己管理中存在的相关问题，从而判断员工流失的原因和后果，以采取相应的措施。

(二)管理和控制员工流失的原则

1. 差别性控制原则

在企业对于不断高涨的员工流失率感到有控制必要的时候，常常可能实行无差别政策。如企业为了减少员工的流失而采取对全体员工加薪，采取“隔离”管理人员之间关系的密切程度或盲目规定一定比例的员工更替率等不切实际的“一刀切”政策。这些无差别政策，一方面会严重抑制高效劳动者的积极性，使他们感到企业对他们的不公平而可能决定流出；另一方面还会使企业各项工作缺乏灵活性，造成为了保持一定比例的流失率而对本该解雇的员工采取迁就的态度，或者为了实现一定的流出率，把本来工作很有成效的员工解雇的现象。差别性控制原则就是，从根本上找出问题的缘由，对症下药，这样才能避免上述现象的发生并建立正常的秩序。

2. 效率原则

效率一方面取决于边际生产率(每增加一个单位资源的投入所带来的产出的增量)。当企业的劳动生产率降低时，企业人员应该流出去；当企业的劳动生产率增大时，企业人员应该流入。另一方面的效率是指员工流动过程中的效率。员工应该尽量减少在流动环节中的停留，不要被阻滞或积压在流动过程中，也就是说流动应该高速，争取在最短的时间内流动到位，这样对员工个人、对企业、对社会来说都有好处。

3. 适度原则

适度的员工流动是保持企业员工系统新陈代谢、提高系统功能的重要方式。过高的员工流失率不仅会增加企业的培训与开发费用，而且干扰生产的进度和秩序，严重时影响员工的士气和情绪。不同的企业对什么是适度的员工流失率会有不同的答案。因此，各个企业应根据自己的具体情况确定适度的流失率的阈值。企业应该以此水平为警戒线，设置预警系统，一旦企业的员工流动率超过了该阈值水平，企业就应该及时采取措施进行诊断和处理。

4. 保密原则

企业的高层人员、关键岗位的员工往往掌握着许多相关的机密，这些员工的流失，常常意味着企业机密有泄露的危险。这对处于市场竞争中的企业来说是一种巨大的损失。尤其是有的时候，企业的竞争对手出于恶意而利用“猎头公司”挖走企业的技术人才或管理人才，通过让对手的技术骨干流失来使对手不能继续进行技术开发，严重的时候，甚至会危害到企业的生存。因此，企业必须加强这方面的保密意识，并采取切实的措施。一方面，企业对于能够接触到企业机密的人员应该视机密效益期的长短在当事人流失前设置必要的隔离期，即在这些员工流出企业的一定时间内禁止从事与可能泄露企业机密相关的各种活动。另一方面，企业应该加强员工的内部流动，以减少员工接触机密的机会。企业还必须防止员工借企业的名义进行个人活动。

【同步案例 9－1】 Z 公司的员工流失引发的思考

案例精析 9—1

Z 公司是一家高新科技企业，以生物产品研发为主，2016 年获得了风险投资公司的大笔投资，公司希望通过 2～3 年，能让企业具备上市的能力。公司也清醒认识到，想要做到这一切，人才是非常关键的因素，为此制定了一系列的人才培养和发展计划。人力资源部按照公司发展目标制订人才和发展计划，从各大高校和社会招募了大量高学历和具备专业经验的人才，充实企业的员工队伍。到 2019 年上半年，员工从原来 70 多名，增加至 120 名，企业员工中 95%以上是名牌大学本科以上学历，其中硕士、博士学历的占员工人数的 23%，有海外留学就业背景的占总人数的 58%。人力资源部在广纳人才的同时，也按照企业的人才发展规划，为员工制定个人的职业规划。但到 2019 年下半年开始，在企业经营未出现异常的情况下，企业出现员工离职现象；到 10 月份，约有 25%的员工已经离职或处于离职交接状态；到年底，企业人员流失率已达 50%，企业陷入一种人才管理和培养的迷茫中。

请问：究竟哪里出了问题？如果你是管理者会怎么去改变？

任务六 员工流动的战略性管理

组织中员工流入、内部流动和流出的模式影响着每一个员工的就业稳定性和他们的职业发展，也影响着员工的能力水平和综合才能，影响着社会福利。因而在决定组织的流动模式时，应该将员工、组织和社会三者都考虑进去，从这种意义上说，人力资源流动是一个战略性管理的领域。

一、可供选择的流动模式

(一)终身雇用模式

在这种流动模式中，员工从组织的底层进入组织，之后他将不再流出组织，整个职业生涯都将和该组织维系在一起。对不同的员工群体，底层的定义是不同的。蓝领员工进入组织中最底层的职位，而 MBA 毕业生被雇用则是直接进入空缺职位。没有人会因为经济周期的原因而被解雇，但是可能会因为其绩效不佳而被要求离开，这会因组织的不同而不同，也会因国家的不同而不同。日本的一些大公司在使用这种制度时，一般不会因为员工绩效不佳而将其解雇，而是将其安置到相对不重要的职位上去。在惠普、IBM 和其他一些高科技公司也有终生雇用制，但是其绩效不佳的员工会在分别处理的基础上被解雇。在欧洲，由于在法律规定下的解雇成本已经高到公司无法接受，尤其是解雇年老的员工，使得公司被迫在这种模式下运营。

(二)或上或出模式

在这种模式中，员工从公司的底层进入公司，按预定的轨道在组织中晋升，直到他们达到上层，此时他们会被给予组织的完全合伙人的地位，通常有一定的时效。如果在此上升道路的任何级别上不能被提升，或者不能到达最高级别，通常意味着此人必须离开。该体系在其底层有较高的离职率，在上层则相对稳定。发达国家许多大的会计师事务所、律师事务所、管理咨询公司以及大学企业是该类型的例子。

（三）不稳定的进出模式

在这种模式中，员工可能会在组织中的任何一个层次进入，这依赖于组织的需要。并且在其职业生涯中，由于经济周期、绩效不佳或是与新的管理层不配合等原因，可能会在任何层次和时间被要求离开。有时，雇用合同在一定期限内有效，以保证员工在这段时间内有一定的稳定性。虽然这种类型的体系不限制在某一产业中，但它还是多见于业绩被认为是个人的函数（而非群体的）以及高度可变（通常由个人不能控制的外部原因引起）的产业中，如娱乐业和零售组织。在这种流动模式中，组织经济效益的不好容易引发解雇，而较好的经济效益又会带来雇用。

（四）综合模式

只有很少的组织是完全依照上述模式之一的，大多数组织是将它们结合起来运用。如日本的大公司一般只对重要的员工实施终身雇用模式，而对临时工和妇女采用进出模式。有的公司仅对最高管理层采用终身雇用制，对中层和低层的管理人员则采用进出模式。

二、流动模式选择的战略内涵

（一）对员工忠诚的影响

那些知道自己在经济衰退时会被随时解雇，对自己与组织的关系的看法和那些知道自己直到退休都会有工作的员工，是很不相同的。每一次组织对员工的解雇都塑造着在职工作员工对组织忠诚程度的改变。具有不安全感的员工可能对自己与组织的关系斤斤计较，只有当其职业生涯的需求被迅速地满足时才决定留下来。而相信自己直到退休都和组织在一起的员工则可能在与组织的关系上有一种更长远的目光。在其职业抱负中，他们可能愿意接受较慢的提升或是临时的降级，而不降低其忠诚程度。人员流动采用或上或出模式的企业在从较年轻的、正寻求提升的员工那里获得高水平的激励上很成功，但是，在其高级员工中可能会出现激励不足。这样，有关雇用安全、晋升和降级的不同的流动模式及政策就塑造了其自身，使员工产生不同的观点来解释他们为什么工作，以及他们为什么要为特定的企业工作。他们工作是为了积攒报酬和丰富履历，如金钱和晋升，以便他们可以带到另一个企业，或者他们工作是为了给一个他们要在其中退休的组织做贡献。在个人与组织之间，不同的流动模式创造出了非常不同的“心理契约”。

当然，并不是流动模式本身就可以创造出员工对组织的高度忠诚。一些流动模式（尤其是不稳定的进出模式和或上或出模式）使员工难以对组织长期忠诚，即使员工对工作、工资和工作条件都感到满意，如果他们感觉不到在企业就业的稳定性，他们也不会轻易表现出对组织的忠诚。终身雇用制为创造忠诚提供了一个基础，当然除此之外，管理层还必须能在报酬、工作条件和绩效评估等多方面开发出有效的政策以提高员工的忠诚度。

（二）对员工能力的影响

组织流动模式影响着经理如何考虑管理的一般任务。不稳定的进出模式使管理者强调对员工的选择而非强调对员工的开发。如果在雇用和解雇上并没有限制和值得注意的成本，那么，为什么要在发展员工上付出努力呢？另外，如果解雇员工费力又费钱，管理者就会在选择上更仔细，并且在开发上投资更大。这种开发不但能增加员工的能力，还能改变员工与组织之间的关系。想使自己有发展机会的员工通常会对组织有更强的忠诚感。

（三）对组织适应性的影响

流动模式也会影响组织的适应能力。定期的劳动力削减迫使组织“伐除那些朽木”，使新员工有机会重塑组织，这是管理变化的一种方法。在采用不稳定的进出流动模式的组织中员工可能会更富有多样性，而多样性一般来说是有利于创新的。由于新来的人还未被组织同化，他们能够用新的方式来看待老问题，并提出不同的解决方案。这使许多人认为，日本企业之所以没有美国企业那么有创新性，就是因为他们采用的是终身雇用制。但是我们应该看到，如果这些企业系统地招聘具备不同背景和特质的人才的话，多样性也是可以在终身雇用制的企业中建立起来的。另外，进出模式和或上或出模式也能受到适应性的影响，因为从低层快速晋升上来的人往往没有权力或关系网来发动一个大的变革，或者是冒不起这么大的风险。

（四）对文化的影响

每一个组织都有自己的文化，即一系列指导员工行为的共享信念和价值观。然而，不同组织的文化影响力是有差异的。文化在有的组织中具有很强的影响力，以至于能够成为塑造行为的强大的力量，而在另一些组织中，价值观并不是如此广泛地被共享，对员工行为的影响也较小。

文化的力量要受到流动模式的影响。因为流动模式决定着员工和组织在一起的时间，从而决定着学习和传播一系列企业信念的可能性。如在不稳定的进出模式中，人员流出率很高，以致员工未被充分地同化就已经离开组织，而且在这样的组织中也没有足够多的长期员工来传播文化。因此，在采用这种模式的组织中要发展文化就像在一个有裂缝的瓶子里灌满水一样难。而在终身雇用制的组织中，发展强有力的文化相对就会容易一些。因为员工更有可能认同组织，并且希望被同化。稳定的高级员工群体也能够帮助新成员被同化。或上或出模式也是有可能发展出强有力文化的，只是保持文化的重担要落在相对数量较少的高级员工肩上。

（五）对组织在社会中的角色的影响

不同的流动模式对组织在社会中的角色的认识是不同的。不稳定的进出模式认为员工存在的目的是帮助组织来盈利，而终身雇用制认为组织存在的目的是提供稳定的就业和保障员工的生活。不同的管理人员对组织在社会中存在的意义都有不同的理解。在松下电器的创始人松下幸之助的信念中，利润只是一个衡量的方法，组织在社会中有更高的目的——为顾客提供有用的产品或服务，以及为劳动力提供有意义的工作，终身雇用制适应这样的观念。而美国的经理通常把利润看作是组织的主要目标，采用的流动模式也正体现了这样的信念。

应知考核

一、单项选择题

1. 提出个人能力和个人条件与其所处的环境直接影响个人的工作绩效的理论是（　　）。

A. 勒温的场论　　B. 卡兹的组织寿命学说
C. 库克曲线　　D. 中松义郎的目标一致理论

2. 不属于员工的内部流动的是（　　）。

A. 平级调动　　B. 岗位轮换　　C. 晋升　　D. 解雇

3. 属于非自愿流出的是（　　）。

A. 解雇　　B. 提前退休

C. 被动型在职失业　　D. 主动型在职失业

4. 员工流失的因素分析中不属于企业因素的是(　　)。

A. 工资水平　　B. 职位的工作内容

C. 企业对员工流失的态度　　D. 职位满足程度

5. 员工从公司的底层进入公司,按预定的轨道在组织中晋升,直到他们达到上层,这属于可供选择的流动模式中的(　　)。

A. 终身雇用模式　　B. 或上或出模式

C. 不稳定的进出模式　　D. 综合模式

二、多项选择题

1. 员工流动属于流入的有(　　)。

A. 外部招聘　　B. 临时雇用　　C. 租赁　　D. 晋升

2. 员工流动属于内部流动的有(　　)。

A. 第二职业　　B. 降级　　C. 平级调动　　D. 岗位轮换

3. 员工流动属于流出的有(　　)。

A. 解雇　　B. 第二职业　　C. 伤残　　D. 提前退休

4. 在一个组织中,可能存在的基本的人力资源流动模式有(　　)。

A. 终身雇用模式　　B. 或上或出模式

C. 不稳定的进出模式　　D. 综合模式

5. 管理和控制员工流失的原则包括(　　)。

A. 差别性控制原则　　B. 效率原则

C. 适度原则　　D. 保密原则

三、判断题

1. 员工流动可以分为流入、内部流动和流出三种形式。(　　)

2. 美国学者库克从如何更好地发挥人的创造力的角度论证了员工流动的必要性。(　　)

3. 最常见的员工流动率的指数是员工留存率。(　　)

4. 员工的自然流出可能是由于员工伤残、死亡和年老等原因造成的。(　　)

5. 企业管理模式是决定员工流失的所有因素中最重要的影响因素。(　　)

四、简述题

1. 简述员工流动的形式。

2. 简述成功的员工流动管理工作需要实现的目标。

3. 简述可以说明员工流动的必然性的理论。

4. 如何对员工流动率进行分析?合理的员工流动率应坚守的准则是什么?

5. 影响员工流失的因素是什么?企业应该如何看待这些因素?

应会考核

■观念应用

【背景资料】

“回聘”使他忠心耿耿

A旅行社员工李明，2009年大学毕业后就在一家知名的旅行社做总经理助理。有不少公司想挖他，而且薪水开得很高，但是，都遭到了他的拒绝。这么好的机会，他为什么放弃呢？原来，该旅行社针对主动辞职员工设立“回聘”制度。2018年，李明曾向旅行社主动提出辞职，当他临走前，总经理对他说：“你是名优秀的员工，只要你想回来，我们永远欢迎你，以后若有什么困难，尽管来找我。”这些话，使李明备感温暖，铭记于心。第二年，他又回到了A旅行社，并且比以前更加努力地投入工作。他常常对同事说，他喜欢这里的工作环境。总经理待人和气，对于下属的工作从不多加指责，如果有不同意见和建议，总经理总是非常委婉地提出来，然后一同商量解决，给员工的承诺也能一一兑现；公司的同事非常热情，如果在工作中遇到困难，他们都尽心尽力地提供帮助。在这种良好的环境下工作，谁又愿意离开呢！

【考核要求】

请根据背景资料，回答下列问题：

请指出该公司为了挽救员工流失采取了哪些措施？

■技能应用

员工流失，企业200%的损失

许多企业为了长远发展，保持持续竞争力，花费了大量人力和财力去培养人才，结果却因用人机制呆滞、留人政策不配套，造成人才流失，企业成了竞争对手和别的企业的培训基地，为他人作嫁衣裳。当前成长中的中国企业，有谁能真正像日本松下或者美国GE那样成为人才的“西点军校”，不害怕核心人才流失？过高的流动率往往带来招聘成本提高，并影响企业可持续发展。据国内某人力资源网站调查，因为员工流失导致企选人、用人成本支出将是原支出的200%。企业HR和管理人员常常重复工作，工作量增大。过高的员工流失率导致企业项目、生产、工程或服务受影响，失去了扩张的机会。

员工流失率高除了企业层面的原因外，还与公司所在行业、员工个人行为等密切相关，如行业间不正当竞争、行业和企业盈利能力差及员工思想、心态、家庭、身体状况因素等。而公司层面的原因是可控的，行业和个人因素却不可控。

那么，作为企业，应该如何最大限度避免人才流失，不影响企业大局呢？

请谈谈你的看法，展开小组讨论，教师点评。

■案例分析

用友软件倡导员工流动

1. 理想的员工流动率

软件行业的员工流动率在15%～20%，用友软件股份有限公司（以下简称“用友”）的员工流动率一般在15%左右。IT行业本身发展很快，流动率一向比较高，用友也希望通过这种流动带来新鲜血液，带来新的东西，同时，让留在公司的人能得以提高。然而，如果没有骨干员工的稳定性，公司业务将很难维持，企业更谈不上发展。

但是，对于用友来说，几乎没有这种担心，因为处于用友最高层的管理者是公司最稳定的中坚力量，核心力量保持稳定是用友持续发展的重要保障。中层管理人员包括部门经理和业务主管，他们的流失率低于15%。每个项目的技术骨干往往经受了很多锻炼，已经坐到一定的位置，还有较大的上升空间，也是一个比较稳定的群体。而一般员工的离职，不会给用友的业务造成太大影响，每年都会有一些不合格的员工被淘汰，有一些承受不了压力的人离开，也有不少新的员工进入。

在用友看来，15%～20%的员工流动率是理想的。

2. 辞人规矩：两次警示，4条原则

在用友，员工工作态度不佳或者缺乏工作积极性、主动性，技术、能力水平适应不了工作和新环境的要求，严重违反公司纪律，都有可能被辞退。

辞人的主要依据是业绩考核，如果连续两个季度考核不合格或者处于末尾的话，用友会考虑是否要辞退该员工。一般员工在第一个季度考核不合格或处于末尾时，直线经理就要和他谈话，寻找原因，希望他改进、提高，并提出预警。下个季度如果业绩仍不理想，经理须在季度中间与其沟通，如果第二个季度考核还不理想，就有可能被辞退。除了考核指标，还要考虑该员工平时的表现，视具体情况而定。在这个过程中，人力资源部门会进行把关，敦促直线经理进行必要的面谈。

在员工面谈方面，用友明确规定了几条原则：①对员工明确指出问题所在，不可过于顾及员工的面子，以免传递错误信息，造成员工误会；②就事论事，谈的是工作，不可涉及人本身；③提供事实依据，否则员工很难接受给出的结论；④一定要目的明确，面谈的真正目的不在于辞退员工，而是提醒他，希望他能够反省，并不断提高。

3. 留人关键：机会、薪酬和文化

用友员工的职业发展可以分为两种序列：一是管理序列，主要是部门经理、总经理等，从事行政和业务管理。二是纯粹的技术序列，即沿着“工程师→高级工程师→专家”方向发展。用友员工的发展空间很大，每年都有10～20名员工被提升为项目经理。对这些骨干员工而言，提升后的任务和压力都大于提升前，接受的挑战更多，只要他们胜任了新职位，对他们而言，本身就是一种提高。

用友相对丰厚的薪酬待遇也很有吸引力，尽管薪酬在保留核心员工方面起到的作用已经不大，但用友仍然十分重视这个方法。用友的薪资在业内处于中上水平，比如，部门经理的年薪平均在25万元以上。

用友的企业文化也是保留员工的重要因素，通过内部宣传，让员工了解企业的远景规划、战略目标，让员工能够展望到未来。用友的企业文化重视发挥员工的主动性，只要不违反公司重要的规定，在原则范围内，公司鼓励员工充分发挥个人能动性，而不会有人指责你。这与软件行业本身的特点也是相关的。

4. 积极培养接班人

平时招聘新人的时候，用友注重考察新人各方面的能力，以寻找适合的人选。新员工进入公司后还要接受各种各样的培训，给他们适当的锻炼机会，以适应岗位。对用友而言，最可贵的就是，这项培养新人的工作已经实现流程化。

思考题：

(1)为什么用友公司倡导员工流动？

(2)你认为现代企业应树立怎样的员工流动管理观念。

管理实训

【实训项目】

员工流动管理。

【实训目标】

通过调查企业员工流动的现状，根据虚拟企业的情况做出问卷调查，在小组中进行讨论，并总结企业如何面对员工流动，分析其对企业战略的影响。

【实训情境】

1. 虚拟一家企业。

2. 了解企业的基本信息情况，包括组织结构框架、人员数量、薪资待遇等。

3. 根据虚拟企业做出每年员工流入、流出情况的调查。

4. 编制员工流动的调查问卷。

【实训任务】

1. 小组交换点评对方的调查问卷，教师进行点评，各组最终汇报自己的活动心得。

2. 撰写《员工流动管理》实训报告。

实例：　　　　　　　　　　公司员工流失调查问卷

非常感谢您参加我们的问卷调查，此次调查的目的是深入了解企业员工的需求特点，并以此为基础和参考制定有效的、有针对性的改善和激励措施，改善公司人才流失严重的状况。

第一部分　基本情况调查	
1. 性别	A. 男　　B. 女
2. 年龄	A. 21～23 B. 24～26 C. 27～29 D. 30～33 E. 34～36 F. 37及以上
3. 工龄	A. 未满3年 B. 3～5年 C. 5～8年 D. 8～10年 E. 10年以上
4. 学历	A. 大专以下 B. 大专 C. 本科 D. 硕士 E. 博士
5. 月薪	A. 1 800～2 500 B. 2 500～4 000 C. 4 000～8 000 D. 8 000以上

续表

6. 您在此企业工作时间	A. 不到一年 B. 1～3 年 C. 3～5 年 D. 5～8 年
7. 您的岗位职级是?	A. 高层:董事长、总经理、副总经理 B. 中层:总监、部门经理 C. 部门骨干员工:资深设计师、资深策划、销售经理等 D. 基层员工
第二部分　人才流失原因调查	
8. 您当初加入原公司的主要原因:	A. 就业压力 B. 工资的薪酬福利待遇 C. 个人的发展和提高 D. 喜欢该工作 E. 能胜任此岗位 F. 公司规模大,在社会上享有盛誉 G. 公司发展前景好 H. 专业对口 I. 其他(请注明)
9. 您选择离职的原因是?(多选)	A. 薪资待遇低 B. 晋升空间不大 C. 没有明确的职业生涯规划 D. 自我优势得不到发挥 E. 居住地与工作地交通不便 F. 工作量大,经常加班,压力大 G. 工资低,福利差,待遇不好 H. 行业地位不高,得不到尊重 I. 对公司制度等问题不满 J. 对公司领导不满 K. 宏观环境影响 L. 个人原因 M. 其他,请注明
10. 您选择在现在单位工作,单位的性质是?	A. 创业 B. 国企 C. 事业单位 D. 公务员 E. 外企 F. 知名私营企业
11. 您选择在现在单位工作,单位的优势是什么呢?(多选)	A. 创业,实现自我价值 B. 公司内部相处融洽 C. 公司发展前景良好 D. 工作环境好 E. 公司自身发展有优势 F. 薪酬福利好 G. 其他,请注明

续表

12. 您认为公司其他员工流失的主要原因是?	A. 薪资待遇低 B. 晋升空间不大 C. 没有明确的职业生涯规划 D. 自我优势得不到发挥 E. 工作环境不好 F. 工作量大,经常加班,压力大 G. 工资低,福利差,待遇不好 H. 行业地位不高,得不到尊重 I. 对公司制度等问题不满 J. 对公司领导不满 K. 其他,请注明
第三部分 企业内部管理调查	
13. 您认为公司的薪酬状况是否合理?	A. 很不合理 B. 较不合理 C. 一般 D. 较合理 E. 很合理
14. 您认为在公司能否得到自我提升?	A. 完全不符合 B. 比较不符合 C. 一般 D. 比较符合 E. 完全符合
15. 公司的人才培养机制是否合理?	A. 很不合理 B. 较不合理 C. 一般 D. 较合理 E. 很合理
16. 您对自己直属上司的管理方式是否满意?	A. 很不满意 B. 较不满意 C. 一般 D. 较满意 E. 很满意
17. 您对公司高层对员工的重视程度是否满意?	A. 很不满意 B. 较不满意 C. 一般 D. 较满意 E. 很满意
18. 所在公司福利包括哪些?	A. 业绩奖金 B. 年底奖金 C. 表彰 D. 其他
19. 您认为公司在人事管理体系上存在的最大问题是什么?	
第四部分 人才流失给企业带来的影响调查	
20. 如果该企业人才流失频繁,您是否会有质疑,并影响您对该公司的看法?	A. 完全不符合 B. 比较不符合 C. 基本符合 D. 比较符合 E. 完全符合
21. 当与你关系不错的同事或同部门人员跳槽时,您也会开始留心其他工作机会?	A. 完全不符合 B. 比较不符合 C. 基本符合 D. 比较符合 E. 完全符合
22. 假设您已经做好准备离开现在的公司,在公司的这段时间,您对待工作不如以前用心?	A. 完全不符合 B. 比较不符合 C. 基本符合 D. 比较符合 E. 完全符合
23. 当您的上级更换之后,您觉得需要一段时间适应才能配合好?	A. 完全不符合 B. 比较不符合 C. 基本符合 D. 比较符合 E. 完全符合
24. 员工离职后,您觉得是否会对客户的服务质量有所下降?	A. 完全不符合 B. 比较不符合 C. 基本符合 D. 比较符合 E. 完全符合
25. 员工离职后,您觉得是否会导致客户的流失?	A. 完全不符合 B. 比较不符合 C. 基本符合 D. 比较符合 E. 完全符合

续表

第五部分　员工对公司改善措施内容的调查	
26. 针对员工人才流失严重，公司将要出台相关的改善措施，您认为应该从哪些方面入手？	A. 激励机制 B. 绩效考核 C. 企业文化 D. 培训 E. 职业生涯规划 F. 管理者素质和管理能力提高 G. 其他

本问卷采取匿名形式，希望您根据自身的实际情况填写，感谢您的配合！

《员工流动管理》实训报告		
项目实训班级：	项目小组：	项目组成员：
实训时间：　　年　月　日	实训地点：	实训成绩：
实训目的：		
实训步骤：		
实训结果：		
实训感言：		
不足与今后改进：		

项目组长评定签字：　　　　　　　　　　项目指导教师评定签字：

项目十

劳动关系管理

○ **知识目标：**

理解：劳动关系概念；劳动者的地位和权利；集体协议的意义、订立与履行的程序。

熟知：劳动关系的性质和类型；政府、工会、职代会的作用；集体谈判的意义、原则和内容。

掌握：劳动关系的性质和类型；员工参与的意义、方式和内容；劳动合同的意义、特征和种类；劳动合同的订立原则和主要内容；劳动争议及其处理程序。

○ **技能目标：**

能够利用所学的内容解决与劳动合同相关的问题；能够在法律限度内制定适合公司和员工共同成长的规章制度。

○ **素质目标：**

能够运用国家相关劳动法律法规知识解决劳资冲突以及处理劳动争议的能力。

○ **管理故事：**

鸬鹚的退休金哪去了？

一群鸬鹚辛辛苦苦跟着一位渔民十几年，立下了汗马功劳。不过随着年龄的增长，腿脚不灵便，眼睛也不好使了，捕鱼的数量越来越少。不得已，渔民又买了几只小鸬鹚，经过简单训练，便让新老鸬鹚一起捕鱼。很快，新买的鸬鹚学会了捕鱼的本领，渔民很高兴。新来的鸬鹚很知足：只干了一点工作，主人就对自己这么好，于是一个个拼命地为主人工作。而那几只老鸬鹚就惨了，吃的住的都比新来的鸬鹚差远了。不久，几只老鸬鹚瘦得皮包骨头，奄奄一息，都被主人杀掉炖了汤。一日，几只鸬鹚突然集体罢工，一个个蜷缩在船头，任凭主人如何驱赶，也不肯下海捕鱼。主人抱怨说："我待你们不薄呀，每天让你们吃着鲜嫩的小鱼，住着舒适的窝棚，时不时还让你们休息一天半天。你们不思回报，怎么这么没良心呀！"一只鸬鹚发话了："主人呀，现在我们身强力壮，有吃有喝，但老了，还不落个像这群老鸬鹚一样的下场？"

故事感悟：

员工的需求层次在逐步提高。工作不再是必需的谋生手段，人们越来越注重将来的保障机制以及精神上的享受和"自我实现"。如果人力资源管理忽视了这些需求，最终只能导致"鸬鹚罢工"的结局。

○ **知识精讲：**

任务一　劳动关系概述

一、劳动关系的概念

(一)劳动关系

劳动关系是指劳动者与组织之间的社会经济利益关系的统称。具体地说，劳动关系是指在实现劳动的过程中，由劳动者与组织双方利益引起的，表现为合作、力量和权力关系的总和。它受制于一定社会中经济、技术、政治和社会文化背景的影响。

在实践中，我国现行的劳动法是调整劳动关系以及与劳动关系密切联系的其他关系的法律规范。其作用是从法律角度确定和规范劳动关系。劳动关系又被称为劳资关系、雇用关系、雇员关系等。

(二)劳动关系主体

劳动关系主体是构成劳动关系的核心要素，而劳动关系体系是由心态、期望、人际关系和行为不同的个人组成的不同群体构成的，而这些群体彼此发生着联系。从一个就业组织来说，劳动关系是由管理方(资方)和员工(劳方)两个系列群体构成的。

管理方，是在就业组织中具有重要的经营决策权力的人或团体。作为劳动力的需求主体，用工主体构成了企业劳动关系的一方，在劳动过程中处于支配者的地位。

员工，是在就业组织中，本身不具有基本经营决策权力并从属于这种决策权力的工作者。他们在劳动过程中，处于被支配者的地位。

此外，劳动关系主体还涉及员工团体和政府等。

员工团体是指因共同利益、兴趣或目标而组成的员工组织，如工会和行业协会等。其目标是代表并为其成员争取利益和价值。

政府在劳动关系中，代表国家运用法规和政策手段对企业劳动关系的运行进行宏观调控、协调和监督。

(三)劳动关系的表现形式

劳动关系的本质是劳动双方合作、冲突、力量和权力的相互交织，所以，劳动关系就具体表现为合作、冲突、力量和权力。

合作，是指在就业组织中，劳动双方共同生产产品或提供服务，并在很大程度上遵守一套既定制度和规则的行为。劳动双方的权利和义务在双方协商签订的集体协议或劳动合同中确定下来。合作是维系劳动关系的基础和前提。

冲突，是指劳动双方的利益、目标和期望不一致，甚至会出现分歧，矛盾激化，并且各自采取各种不同的经济斗争手段。在市场经济条件下，劳动关系双方的冲突会越来越明显地显露出来。

力量，是影响劳动关系结果的能力，是相互冲突的利益、目标和期望以何种形式表现出来的决定因素。它又具体表现为劳动力市场的力量和双方对比关系的力量。劳动关系双方力量的对比程度决定了双方是选择合作还是冲突。当然，双方的力量也不是一成不变的，会随着其他因素的影响消长变化。

权力，是指代表他人做决策的权利。在劳动关系中，权力往往集中在管理方。拥有权力，使管理方在劳动关系中处于主导优势地位。但这种优势地位也不是绝对的，在某些时间和场合会发生逆转。

二、劳动关系的性质与类型

（一）劳动关系的性质

劳动关系的性质是指劳动关系双方主体之间相互关系的实质或核心内容。它主要包括三方面内容：

1. 劳动关系具有经济利益或财产关系的性质

一方面，劳动者（或雇员）向企业管理者（或雇主）让渡自己的劳动；另一方面，企业管理者（或雇主）向劳动者（或雇员）支付劳动报酬和福利，双方所体现出的经济利益关系或财产关系性质是劳动关系的基本性质。

2. 劳动关系具有平等关系的性质

这种平等性质突出体现在双方权利、义务的表面上的对等。一方面表现在劳动关系是在平等协商的基础上建立起来的；另一方面劳动关系的建立一般是以劳动合同的签订为保证，而且双方是在相对平等、没有外在干扰的前提下签订劳动合同的。

3. 劳动关系也具有不平等的性质

劳动关系兼有人身让渡关系的特征。劳动者虽有权利获得劳动报酬，但又必须履行自己的义务、贡献自己的劳动，并在劳动中听从管理者的调度和支配。双方所建立的这种以支配和服从为特征的双方关系，就可被看作是一种人身让渡关系。

（二）劳动关系的类型

1. 利益冲突型

它是以劳资双方矛盾和劳动阵营对峙为基础建立起来的劳动关系。在这种类型的劳动关系中，双方主体存在明显的矛盾和分歧，双方均有自己的利益，彼此的立场也不同，发生劳资矛盾和劳资冲突是不可避免的。工会在其中往往代表着工人的利益。这种关系的维系和发展要通过不断地相互斗争与妥协来进行。它在很大程度上是属于一种传统型的劳动关系。

2. 利益协调型

它是以劳资双方权利对等和地位平等为基础建立起来的劳动关系。在这种劳动关系中，双方主体在人格和法律上是平等的，双方相互享有权利和义务，在处理双方利益关系时，遵循对等协商的原则，以实现双方的共同目标。从法律上看，这种劳动关系是以近代劳动立法中的契约精神为依据构建的，它不仅表现出劳资双方的关系比较和谐、稳定，而且使得社会和经济也能够稳定发展，可称之为当代西方型的劳动关系。

3. 利益一致型

它是以管理者（或雇主）为中心建立起来的劳动关系。这种劳动关系的特点在于强调劳动关系双方利益的一致性。在这种类型关系中，劳动者的利益往往是由国家和企业来代表的，而人力资源开发与管理机制则相对重要并要求完善和健全，它实际上是利益协调型的典型形式。劳资合作或利益一体的理论是这种劳动关系的理论依据。

以上对于劳动关系类型的划分只是一种在理论上的概括，在现实中这几种类型也互有交叉和联系。一个国家（或地区）的劳动关系一般是以一种类型为主，但其他类型在不同的企业中也会有不同程度的表现或影响。

三、劳动关系的外部环境

(一)经济环境

涉及经济环境的因素很多,既有宏观经济状况,也有微观经济状况,如市场、技术、就业结构和就业方式,以及影响财富分配的社会经济政策等。这些因素的变化,都会通过失业率、工资水平及结构影响劳动关系。经济环境能够改变劳动关系主体双方力量的对比。一方面,它会对员工的报酬水平、就业工作转换以及工人运动和工会的发展产生影响;另一方面,也会影响到产品的生产工作、岗位的设计、工作程序等。一般来讲,经济发展水平高、稳定性好,经济结构合理,相应提供的就业机会就多,劳动收入就高,劳动关系相对就会协调一些;反之,企业劳动关系就很难协调发展,企业劳动关系管理的难度也会加大。

(二)社会文化环境

包括在社会文化环境中的因素较为复杂,像财富的分配和再分配、社会价值观念的改变、人与人之间的等级关系的变化等,都是对劳动关系有明显影响作用的因素。

社会文化的影响是潜在的、不易察觉的,它通过社会舆论和媒介来产生影响。一方面,一定的劳动关系是在一定的人们对人与人之间相互固有的态度和相对价值判断等思想文化背景基础上形成的;另一方面,社会文化环境对劳动关系的管理还会产生一些具体而深入的影响,像受东方文化思想、价值观影响较深的企业中,雇主是权威,决策是家长式的,管理是集权的,其劳动关系表现为裙带关系。

(三)政治环境

它一般是指机构和个人在决策中的天赋权力、态度和行动,是由参与决策的各派政治力量的主张和其鼓动手段所构成的。它具体体现为一个国家的体制、法制环境及相关政策环境。

一个国家的体制不同,劳动关系管理的性质和特点在一定程度上就会有所不同。像劳动关系管理的机构和模式、工会、劳动合同、集体谈判、集体合同、劳动争议及其处理原则和方法都会有所差异。

法制环境对劳动关系管理也有深刻的影响。它包括法制尤其是与劳动相关的法制的健全与否、法律的普及程度以及法律的执行情况等。与劳动相关的法律是规范雇用关系双方行为的法律,是政府调整劳动关系的最基本形式。例如,我国《劳动法》规定了集体谈判中双方的权利和义务,雇员的最低工资、健康和安全保护等条款。

任务二 劳动者的地位与权利

一、劳动者的地位

所谓劳动者的地位,是指在一定的社会经济条件下,处于一定的劳动关系之中并受其制约和决定的,以劳动者权益保障为主要内容的,劳动者自身利益的实现程度。从宏观的角度看,劳动者的地位包括以下方面。

(一)劳动者的经济地位

劳动者的经济地位是指劳动者在劳动关系中的作用、影响以及所获得的经济利益。劳动者的劳动就业权、劳动报酬权和社会保障权这三项权益的实现程度直接关系劳动者经济地位的实现程度。

1. 劳动就业权

从宏观上讲，劳动者是企业生产经营活动的主体，是企业财富和社会财富的创造者。任何一个企业单位，没有劳动者的劳动和参与，是不可能实现其组织目标的。

但从微观上讲，随着我国社会主义市场经济的不断深入和发展，劳动就业权对劳动者经济地位的影响也越来越多地反映在企业用人制度的改革与劳动者就业及择业自主权益的矛盾上。劳动者的就业权益的实现与否，直接关系到劳动者最基本的经济利益。

2. 劳动报酬权

劳动报酬权对劳动者经济地位的影响，主要是通过劳动工资、奖金及其实物的支付形式实现的。劳动者经济地位的最主要和最直接的表现形式就是劳动报酬权的实现程度。在市场经济条件下，由于劳动者作为生产要素进入劳动力市场，功能分配和市场决定将是决定劳动报酬的基本原则。以按劳分配为主体、多种分配方式并存的分配制度，构成了各个利益群体之间的利益差别与矛盾。确定劳动、资本、技术和管理等生产要素按贡献参与分配的原则，形成了资产所有者、经营者和劳动者的不同的经济利益关系。

3. 社会保障权

社会保障权是劳动者所享有的、维持其基本生存条件的被帮助权益。这一权益的实现程度对于劳动者的经济地位同样有着重大的影响。现行法律规定，当劳动者因失业、疾病、工伤、生育等原因无法正常工作及生活困难时，就应以经济保险的形式进行救济。

(二)劳动者的政治地位

它是劳动者的政治利益关系的深刻反映。劳动者政治地位的实现主要是通过参加对国家和社会事务的管理，充分行使当家做主的民主权利得以体现的。一般判断劳动者政治地位的标准有两项：一是看劳动者实际拥有的政治权利及其行使的结果；二是看劳动者对实现自身政治利益的基本态度。

我国是工人阶级领导的以工农联盟为基础的人民民主专政的社会主义国家，人民当家做主体现着国家的性质和方向。劳动者具有参与国家及社会事务管理的民主权利，通过人民代表大会及政治协商会议充分行使自己的政治权利。

(三)劳动者的社会地位

劳动者社会地位的状况是同其职业声望密切相关的，并受自身的经济地位的制约和决定，通过劳动者的社会声望得以体现。一般来讲，劳动者的经济地位决定其职业声望。

二、劳动者的权利

所谓劳动者的权利，是指处于社会劳动关系中的劳动者在履行劳动义务的同时所享有的与劳动有关的权利。现代国家都以经济立法和劳动立法的形式对这些权利予以认可和保障。

我国《劳动法》关于我国劳动者在劳动关系中的权利，作了如下规定。

(一)劳动者享有平等就业和选择职业的权利

劳动者首先具有劳动就业权，就是具有劳动能力的公民享有获得职业的权利。不论劳动者的性别、种族、宗教信仰、年龄、民族和肤色，企业单位都应用一种公正的、没有偏见的态度来雇用劳动者。

同样，劳动者也有选择职业的权利，即劳动者可以根据自己意愿选择适合自己才能和爱好的职业。任何单位和个人不得强迫劳动者的职业选择。劳动者从事自己愿意和喜欢的职业，有利于调动劳动者的工作积极性，提高劳动效率。在市场经济条件下，劳动者更应该有充分的选择自主权，自主择业，自主流动。劳动力供求主体之间通过公平竞争，双方选择确定劳动关系。

（二）劳动者有取得劳动报酬的权利

劳动报酬是构成劳动关系的物质基础，劳动者就业的直接目的是要获得劳动报酬。企业单位（雇主）使用劳动力的交换条件是付给劳动者劳动报酬，所以，劳动报酬是处理劳动关系的核心问题。

作为一项重要条款，劳动报酬必须在劳动者与企业单位（雇主）所签订的劳动合同中明确列出。获取劳动报酬是劳动者持续地行使劳动权必不可少的物质保证。《劳动法》第五章规定，工资分配应当遵循按劳分配原则，实行同工同酬，工资水平在经济发展的基础上逐步提高；国家实行最低工资保障制度，用人单位支付劳动者的工资不得低于当地最低工资标准；工资应当以货币形式按月支付给劳动者本人，不得克扣或无故拖欠劳动者的工资。

（三）劳动者享有休息休假的权利

劳动者的休息休假权是指劳动者依法享有的在法定工作时间以外充分休息的权利。休息休假问题也是一个很重要的劳动关系问题。我国宪法规定，劳动者有休息的权利，规定劳动者的工作时间和休假制度。我国《劳动法》具体规定了劳动者享有的休息时间，国家实行劳动者每日工作时间不得超过 8 小时、平均每周工作 40 小时的工时制度。用人单位应当保证劳动者每周至少休息 1 天。这些制度为提高劳动生产率和劳动者生活质量提供了可能，为劳动者享有休息休假权提供了法律保障。

我国《劳动法》也规定劳动者享有公休假、法定节假日、年休假以及探亲假、婚丧假、事假、生育假和病假等制度。

（四）劳动者有获得劳动安全卫生保护的权利

劳动安全卫生保护权是维护劳动者最基本的合法权益，即劳动者的生命和健康保障的问题，它是劳动者实现劳动权的保证，如果这一点得不到保障，其他一切权益将化为乌有。《劳动法》第六章规定，用人单位必须建立健全劳动安全卫生制度，严格执行国家劳动安全卫生规章和标准，对劳动者进行安全卫生教育，必须为劳动者提供符合国家规定的劳动安全卫生条件和必要的劳动保护用品，对从事有职业危害作业的劳动者应当定期进行健康检查。劳动者对用人单位管理人员违章指挥、强令冒险作业，有权拒绝执行；对危害生命安全和身体健康的行为，有权提出批评、检举和控告。

（五）劳动者有接受职业技能培训的权利

提高劳动者素质是实现劳动者权益、提高劳动者地位的基本保证。劳动者素质的高低直接关系到劳动者权益实现的程度及劳动者的地位。劳动者有权要求参加培训活动，它同样是实现劳动权的重要相关条件。所以，劳动者要实现自己的劳动权，就必须拥有一定的职业技能，提高自己的素质。《劳动法》第八章规定，国家通过各种途经，采取各种措施，发展职业培训事业，开发劳动者的职业技能，提高劳动者素质，增强劳动者的就业能力和工作能力。用人单位应当建立职业培训制度，按照国家规定提取和使用职业培训经费，有计划地对劳动者进行培训。

(六)劳动者有享受社会保险和福利的权利

社会保险和福利是现代社会的社会保障制度的核心内容。在劳动者暂时或永久丧失劳动能力,或虽有劳动能力而丧失生活来源的情况下,国家通过立法手段,运用社会力量,给这些劳动者以一定程度的收入损失补偿,使之能继续享有基本生活水平。企业必须按照国家有关规定参加养老、失业、医疗、工伤、生育等社会保险,向社会保险机构按时、足额缴纳社会保险费,以保证劳动者应享有的社会保险待遇。国家和企业单位要兴办各种福利事业,为劳动者提供充足的休息和娱乐条件,以改善劳动者的物质文化生活水平。

(七)劳动者有提请劳动争议处理的权利

劳动争议是指劳动关系当事人双方因劳动权利和义务发生分歧而产生的纠纷。发生劳动争议后,劳动者有权向有关部门提出处理的要求。这项权利是劳动者享有的保障自身合法权益的一种程序性权利。当劳动者与用人单位发生劳动争议时,当事人可以向企业劳动争议调解委员会申请调解,也可以向劳动争议仲裁委员会申请仲裁,对仲裁不服的,可以向人民法院起诉。

(八)法律规定的其他劳动权利

除上述各项劳动权利外,劳动者还享有法律规定的其他权利,如参与企业民主管理的权利、妇女和未成年的要求特殊保护的权利等。

任务三 政府、工会和职工代表大会

一、政府

(一)政府的概念

国家是管理和控制一个有组织的社会的政治机构和统治机构。而政府则是整个国家最活跃和最重要的一个因素。它决定着一个国家的方针、政策和行为。在劳动关系上,政府担当着重要角色。而不同的国家机关追求不同的策略,这些都清楚地表现在其劳动关系中。

(二)政府的目标

政府的目标首先是经济目标,就是追求充分就业、价格稳定、收支平衡以及保持一定的汇率水平等方面的目标,以维持和提高本国经济的稳定性和生产能力。因此,为实现这些经济目标,政府就要对劳动关系进行管理和规范,实施相应的劳动关系策略。

(三)政府是国家利益的代表

政府在制定和实施有关政策法律时,可以把政府看作是国家利益的代表,即在以雇主和管理方为一方,以雇员和工会为另一方的劳动关系中,如果双方发生利益冲突,政府处于中立的位置。为了保护个人在就业中的利益,或者当国家的“整体利益”受到侵害时,政府就要对劳动关系进行干预,以维护“国家利益”。

(四)政府是一个政党或者社会某一阶层利益的代表

在这里,法规政策与法律制定者的利益和观点是密不可分的,社会某阶层的观点或政党的思想基础便构成了一个政府立法和其他政策的基础。

(五)政府的角色

(1)作为雇主的政府,即公共部门的雇用者,雇用了相当大比例的劳动者,包括各级政府部门公务人员以及国有企业的雇员,政府在这些部门劳动关系的干预和影响能力方面发挥着较大作用。在市场经济条件下,政府应积极提倡民主化,使公共部门管理企业化、合法化。

(2)作为劳动者基本权利的保护者,政府通过政令和政策来规范和保护劳动者的基本法律权利,具体包括劳动合同、劳动标准、劳动保险、员工福利、劳动教育及安全卫生等事务。同时,政府还应加强劳动标准和劳动安全卫生监察,保证员工最低劳动收入。

(3)作为员工参与集体谈判的促进者,政府应积极支持员工参与企业经营管理活动,并积极促进劳动关系双方自行谈判与对话,使他们能在政府法律政策基础上维护和改善劳动者的工资和劳动条件,而政府应保持中立,不进行过多干预。

(4)作为劳动争议的调解者,对劳动关系双方主体在实现劳动权利和履行劳动义务等方面所产生的争议或纠纷,政府应当建立一套有效的劳动争议处理机制,协调和稳定企业劳动关系,保护双方主体的权益。

(5)作为就业保障与人力资源的规划者,政府责无旁贷,应当在职业培训、就业服务、失业保险等方面为全社会劳动者建立一套完整的就业保障体系。同时,政府还应在人力资源规划方面进行整体设计,出台相应政策,促进人才合理、有序流动,以适应人才竞争的变化要求。

二、工会

工会是在劳动关系的矛盾发展过程中产生和存在的劳动者组织。工会作为劳动关系中劳动者的代表,其基本活动是围绕着争取和维护劳动者的权益,如提高工资、减少工时、改善劳动条件等而开展的。在市场经济中,工会是作为市场经济的有机构成部分而存在的。脱离劳动关系,工会便失去了存在的基础。而没有工会,便构不成一个完整的劳动关系。

(一)工会的地位

在我国,工会是职工自愿结合的工人阶级的群众组织。《劳动法》明确提出了工会在社会经济文化生活中的法律地位。其第一章第七条规定:“劳动者有权依法参加和组织工会。工会代表和维护劳动者的合法利益,依法独立自主地开展活动。”《中华人民共和国工会法》(以下简称《工会法》)第二条规定:“中华全国总工会及其各工会组织代表职工的利益,依法维护职工的合法权益。”在社会主义条件下,工会是国家政治体制中不可缺少的重要团体,是劳动者合法利益的维护者和代言人。同时,工会又是党联系广大人民群众最重要的“桥梁”。工会不论是其产生的历史传统、性质特征、组织状况,还是其工作内容和工作方法等,都决定了工会具有其他任何组织不可比拟的最能够联系广大人民群众的优越性。在我国,工会要自觉地接受中国共产党的领导,但工会又不同于党组织,也不同于国家政权组织,工会要按照自身的性质和特点依法独立自主地开展工作。在社会主义条件下,工会具有相对独立自主的地位。

(二)工会的权利和义务

我国工会是职工自愿结合的工人阶级的群众组织,工会的性质决定了工会权利和义务的广泛性。

1. 工会代表和组织职工参与国家社会事务管理和参加用人单位的民主管理

《工会法》第五条规定,工会组织和教育职工依照宪法和法律的规定行使民主权利,发挥国家主人翁的作用,通过各种途径和形式,参与管理国家事务,管理经济和文化事业,管理社会事务。《工会法》第三十三条规定:“国家机关在组织起草或修改直接涉及职工切身利益的法律、法规、规章时,应当听取工会意见。”工会代表和组织职工参与管理国家和社会事务,参与企事业单位的民主管理,这是发挥社会主义民主的一条重要途径。

2. 维护职工的合法权益

职工的合法权益范围是相当广泛的。工会在维护职工合法权益方面发挥着重要的作用。《工会法》第六条规定:"维护职工合法权益是工会的基本职责。工会在维护全国人民总体利益的同时,代表和维护职工的合法权益……工会依照法律规定通过职工代表大会或其他形式,组织职工参与本单位的民主决策、民主管理和民主监督。工会必须密切联系职工,听取和反映职工的意见和要求,关心职工的生活,帮助职工解决困难,全心全意为职工服务。"《工会法》还具体地规定了工会在维护职工合法权益方面所享有的权利。如企业、事业单位违反劳动法律、法规规定,侵犯职工合法劳动权益,工会有权要求企、事业单位等有关方面认真处理。

3. 代表和组织职工实施民主监督

工会依照法律规定通过职工代表大会或者其他形式,组织职工参与本单位的民主决策、民主管理和民主监督。根据《工会法》的规定,工会有权监督企、事业单位贯彻劳动法规的情况;监督企、事业单位落实职工代表大会决议情况。《工会法》第二十三条规定:"工会依照国家规定对新建、扩建企业和技术改造工程中的劳动条件和安全卫生设施与主体工程同时设计、同时施工、同时投产使用进行监督。"《工会法》第二十六条规定:"职工因工伤事故和其他严重危害职工健康问题的调查处理,必须有工会参加。"《工会法》第三十四条规定:"……各级人民政府劳动行政部门应当会同同级工会和企业方面代表,建立劳动关系三方协商机制,共同研究解决劳动关系方面的重要问题。"总之,工会在民主监督方面的权利,体现了现代生产力发展的客观要求。

同时,工会要会同企、事业单位教育职工以国家主人翁的态度对待劳动;进行业余文化技术学习和职工培训,组织职工开展文娱体育活动。工会应协助企、事业单位办好职工集体福利事业,做好工资、劳动安全卫生和社会保险工作。

三、职工代表大会

实行职工代表大会制度是中国国有企业的另一特点。《工会法》第三十五条规定:"国有企业职工代表大会是企业实行民主管理的基本形式,是职工行使民主管理权力的机构,依照法律规定行使职权。"国有企业的职工代表大会是职工行使民主管理权力的机构,它既不是企业的最高权力机构,也不属于企业的咨询机构。职工代表大会的性质是由企业的所有制形式和职工在企业中的地位所决定的。

职工代表大会的性质,决定了职工代表大会的职权,按照《全民所有制工业企业法》有关规定,职工代表大会的职权包括以下方面:

1. 定期听取和审议企业负责人的工作报告

对企业的经营方针、长远规划、年度计划、基本建设方案、重大技术改造和技术引进方案、职工培训计划、财务预决算、资金分配和使用方案提出意见和建议,并就上述方案的实施做出决议,是职工代表大会的基本职权。职工代表大会对企业重大生产经营决策的审议权,体现了职工在企业中的主人翁地位,有利于发挥职工的积极性和创造性,增强企业活力,同时,也能集中集体的智慧,使企业重大决策更加民主和科学、更加完善、更加切实可行。

2. 审议企业重要规章制度

职工代表大会有权审查同意或否决企业的经济责任制方案、工资调整计划、奖金分配方案、劳动保护措施方案、奖惩办法以及其他重要的规章制度。这是企业民主管理的一项重要内容，是职工代表大会的一项重要职权。重要的规章制度经过职工代表大会审查同意，有利于保护职工的合法权益，也有利于广大职工自觉地遵守各项规章制度，并能使之在执行中得到广大职工的支持。

3. 审议决定企业职工生活福利问题

有关职工生活福利的重大问题，如职工福利基金使用方案、职工住宅补贴分配方案等，职工代表大会拥有审议决定权，然后由企业行政贯彻实施。职工生活福利问题涉及职工内部利益的分配。由职工代表大会决定职工福利问题，有利于处理好职工内部矛盾，协调好劳动者之间的利益关系。

4. 评议、监督企业各级领导干部

通过职工代表大会对企业领导干部进行评议，监督并提出奖惩和任免的建议，以此来督促企业领导干部正确执行党和国家的政策、法律，全心全意为人民服务，同时也有助于密切干群关系，加强廉政建设。

5. 民主推荐或选举企业负责人

主管机关任命或者免除企业行政负责人的职务时，必须考虑职工代表大会的意见。民主推荐或选举企业负责人，有利于提高企业领导者的群众观念，促进领导作风的转变。同时，以民主方式选举的领导具有广泛的群众基础，其工作更能够得到广大职工群众支持。

任务四　员工参与和集体谈判

一、员工参与

（一）员工参与的意义

员工参与是企业劳动合作的主要表现形式，具体是指在经营管理民主化思想和理念的基础上，员工与管理方相互交流，参与企业的生产经营管理活动。在这一交流过程中，员工与管理者之间相互理解，共同制定反映企业策略或战略的规章制度，共同对有关生产经营管理问题进行决策。

无论是员工还是企业，都需要员工参与企业民主管理。按照马斯洛的需要层次理论，员工参与民主管理是个人自我实现的需要。从员工角度来讲，通过亲自参与企业的生产经营管理，来提高自己的社会地位和经济地位，增强主人翁的自豪感和荣誉感。而从管理者角度来讲，通过与员工共同管理、共同经营，可以减少许多不必要的摩擦和纠纷，与员工的关系会更加融洽、更加稳定，以使企业蓬勃发展。

另外，员工参与管理还可增强员工对企业的忠诚度，提高工作热情，他们的工作绩效会在很大程度上得以提高。而员工对企业的忠诚，也意味着他们对企业目标和发展方向的认同、对企业成员的热爱以及对其他外在诱惑的拒绝。他们会将个人目标与企业发展紧密联系在一起，大大降低流动率；会以工作为导向，努力提高工作绩效，实现工作目标，以实现自我价值。

（二）员工参与的途径和形式

1. 员工参与的途径

综合员工参与的程度、参与的层次及参与的目标三方面因素，员工参与的途径可分为以下两种：

(1)直接加盟。它是管理方将有限范围内决策的权力和责任从管理人员转移到员工手中的一种参与模式。企业将正式员工与其直接管理人员组成信息小组。这种参与方式是管理方出于某种目的而发展起来的，参与是由管理方提供的，成为组织变革的一部分。在这种方式下，员工参与的程度有限，一般只限于由管理方制定的决策的执行过程。这种方式希望的是直接激发员工个人的工作积极性，提高满意度，加强员工对组织目标决策的认同，而这些目标和决策都是由管理方早已确定的。

(2)间接参与。它是通过把集体谈判的范围扩大到一个更广泛的决策中，即扩大到组织的更高层次的一种员工参与模式。它通过创建工作委员会、任命工人董事等方式，来平衡在组织决策过程中劳资之间的权力，可以维护员工的利益。这里员工参与并不是管理方提供的，而是在员工和工会的要求下发展起来的。它强调的是通过集体谈判和共同协商，把员工的影响扩大到企业政策和重大计划中去。

2. 员工参与的形式

从具体操作上，员工参与管理可以通过各种形式体现出来：

(1)目标管理。它是在科学管理和行为科学理论的基础上建立起来的员工参与管理的制度。目标管理强调自我控制、自我指导，明确的目标可以使员工有明确的方向感，能使员工发现工作的兴趣和价值，并从内部让员工参与目标的制定，把组织目标与个人目标联系起来，能把个人的强烈的工作欲望转化为工作积极性，更有助于组织目标的实现。

(2)质量圈计划。它是由通过共同生产某一特定部件或提供某一特定服务的员工自愿组成的工作小组。他们定期、全面探讨有关问题，提出解决建议，实施纠正措施，共同承担解决问题的责任。通过参加质量圈计划，员工能够在提供建议与解决问题的过程中获得心理满足，有助于增进劳资双方的沟通，是员工参与管理，提高企业生产效率的一个重要手段。

(3)员工持股计划。它一般是由企业建立一个员工持股计划的信托基金。在该计划下，一般企业每年会给予该计划一定的股权或现金，用于购买应购买的股票。该计划将根据员工工资水平和资历等因素进行股权的分配。当员工离开企业或退休时，可将股票出售给企业或在公开市场上出售这些股票。实行员工持股，可使员工与企业的利益融为一体，有利于调动员工工作积极性，降低人员流动率，从而提高企业的经济效益。

(4)职工代表大会。它是我国国有企业实行企业民主的最基本的形式，是员工行使民主管理权力的机构，由民主选举的员工代表组成。职工代表大会的工作机构是企业工会，具有审议权、同意或否决权、决定权、监督权、选举权等职权。建立现代企业制度，必须坚持和完善以职工代表大会为基本形式的员工民主管理制度，突出工会职能，加快民主化建设的进程，保护和调动员工的积极性，增强企业凝聚力，提高企业经济效益。

(5)工人董事、工人监事制度。工人董事、工人监事制度是市场经济条件下公司发展的产物，是指由员工民主选举一定数量的员工代表进入公司董事会、监事会，代表员工参与决策和监督的制度。在我国，工人董事和工人监事制度实际上是职工代表大会制度的延伸，是完善公司法人治理结构的重要内容，是公司实行民主管理的重要形式。

(三)员工参与的内容和员工参与度

1. 员工参与的内容

(1)工作层面的问题和工作条件。包括任务分配、工作方法、工作程序设计、工作目标、工作效率、工作时间、休息时间、设备安置和工作总结安全等。

(2)决策层面的有关问题。包括雇用与解雇、培训与激励、工作纪律与工作评估、工资发放与意外事故补偿及其标准等。

(3)企业层面或企业战略问题。包括管理者的雇用、利润分配与财务计划、产品开发与市场营销、产品选择、工厂选址和投资等。

当然,在大多数情况下,员工参与管理的内容主要涉及前两个层面的问题,只有极小比例的员工能够涉及并参与企业层面尤其是企业的主要战略问题。

2. 员工的参与度

企业的一项决策要经过几个阶段,员工在各阶段的参与状况不同,反映着其参与程度的差异性。一般来说,员工参与主要经过以下阶段:

(1)发现问题,即通过各种途径发现问题的存在。这些问题往往是需要加强管理的企业的重要问题。

(2)收集信息,即了解所发现问题的症结所在。

(3)寻找解决办法,即针对发现的问题,根据收集的信息,寻找解决的各种方法。

(4)评估解决办法,即针对不同的解决办法,鉴别其优、缺点,评估其代价和效果。

(5)选择解决办法,即在上述评估基础上,选出最佳的方法。

(6)实施解决办法,即将选定的解决办法在企业管理实践中贯彻执行。

二、集体谈判

(一)集体谈判的意义

集体谈判是劳动者代表(通常为工会及其代表)为了维持和改善劳动条件、劳动待遇等而与管理者(或雇主)为明确双方之间的权利、义务关系而进行的协商和交涉活动。在一般情况下,企业集体谈判主要涉及两方:一方是工会,另一方是企业管理者或其组织。工会组织代表劳动者作为一方当事人,也就是说,工会组织和企业管理者(或管理组织)有企业集体谈判的主体资格。

集体谈判不同于单个员工为自己的利益而与管理者(或雇主)的谈判,它是工会代表员工,并为了维护全体员工利益而进行的谈判。它是市场经济条件下劳动关系双方的力量对比和平衡的结果,是稳定和协调劳动关系的客观要求。

1. 集体谈判是规范企业劳动关系的基本形式和手段

在我国,建立现代企业制度,是经济体制改革的直接目标。在现代企业制度下实行集体谈判制度,是由现代企业制度的作用所决定的。现代企业制度要能适应现代经济发展的要求并能产生较大的经济效益,不仅要有明确的产权制度和企业法人制度,而且要解决现代企业制度中的劳动关系问题。一个基本的选择,就是实行集体谈判制度。

2. 集体谈判制度是保障劳动者权益的重要手段

集体谈判是在市场经济条件下劳动关系的矛盾协调过程中产生的,集体谈判首先是劳动者在维护自己劳动权益斗争中的一种手段,是劳动者以工会作为自己的代表,就工资、工时、劳动条件等有关劳动标准问题,运用谈判手段与雇主(或管理方)达成契约,以此方式来保护自己的劳动权益。劳动者以有组织的集体的面目出现,使得劳资之间的力量对比相对处于比较平衡的状态,从而也使劳动关系相对比较稳定和平衡。

3. 集体谈判是市场经济条件下普遍实行的劳动法律制度

集体谈判制度是市场经济条件下劳动关系双方的力量对比和平衡的结果，是稳定和协调劳动关系的客观要求。这一制度是伴随着现代企业制度而产生和发展起来的。在西方市场经济国家，它已成为调整劳动关系的最基本的法律制度。我国的《劳动法》和《工会法》都明确了集体谈判的具体要求和规定。

（二）集体谈判的原则

1. 主体独立原则

主体独立是指集体谈判的双方，在身份上和地位上都是独立的。在集体谈判中，承认劳动者的权利主体独立，是进行集体谈判的前提条件。

2. 权利对等原则

权利对等是主体独立的必然结果，是指在谈判中双方就有关劳动权益及有关问题通过协商共同做出的决定。双方权利对等，互为权利和义务的主体，任何一方都无权指使、命令另一方。这一原则对保障劳动者在谈判中的权利和地位，使谈判能正常进行有着重要意义。

3. 工会代表原则

在谈判中，劳动者一方的权利是由工会代表行使的。作为集体劳动权益问题的交涉，只能由劳动者的代表——工会来进行，它所行使的是集体劳动权益。集体谈判所要解决的是雇主与整个企业员工的关系，所以，必须要由员工自愿结合而成并切实得到工人信任的工会组织来代表和行使集体劳动权益。

4. 双方合作原则

这是集体谈判的一个方法原则和目的原则。在集体谈判时，双方都是从各自的立场出发，但在实际的交涉中，必须要考虑到对方的意见和共同的利益。所以，集体谈判应以双方合作为原则，以促进企业和员工共同发展为目的，这样就必须相互理解和相互妥协。在现实劳动关系中，劳动者处于劣势，所以如何更好地保障劳动者的权益，是集体谈判中主要解决的问题。

5. 合法性原则

这一原则要求企业集体谈判的范围、劳动标准、谈判程序等都必须符合国家法律和法规的有关规定。如我国《劳动法》和《工会法》等都在这方面作了明确的规定。

（三）集体谈判的内容

1. 实质性规则

谈判中实质性规则是指就业待遇，包括工资、工时、休假等可以转化为货币性的待遇。有关就业待遇的谈判，常常被看成是工会和集体谈判的主要目的。其中最重要的内容是规范包括加班工资率在内的工资率以及在什么时候这些工资率被使用的问题。此外，有对按成果付酬计划下的最低收入水平的规定；对在特殊工作条件下工作，如轮班或在非正常条件下工作的津贴规定。一般来说，这些条件每年都要根据生活费用的变化，在同其他职业和组织的工资水平以及组织或行业的生产率和盈利能力进行对比的基础上重新议定。

2. 程序性规则

程序性规则是从管理权和决策权的运用方面进行谈判的内容。这一规则通过界定各类事项应如何处理以及资方、员工和工会各自的预期角色，为组织中劳资双方之间的关系提供某种确定性。对资方（管理方）来讲，能够决定承认工会，从而愿意参加实质性规则的谈判，是在接受工会在组织中的权力方面最重要的一步，这样就有可能就管理决策方向的问题建立一种共同决定的程序，共同协商解决工作不满、处分、裁员、工作评价、工作研究等方面问题。程序性规则所关注的是关于决策、员工参与以及员工代表参与组织事务的规范问题，可以说它比实质性规则方面的经济规则更为重要，员工分享的不仅是金钱，更重要的是权利。

3. 工作安排

集体谈判中对工作安排的详细规定主要同组织层次的谈判联系在一起。有关工作安排规范对于哪些是员工分内的工作，哪些不是其分内的工作，从而可以被员工作为正当的理由拒不执行资方(管理方)要求他们所做的工作作出认可性的规定。在那些寻求把工资同生产率联系在一起的集体谈判中，就有必要对工作作出界定，因为一旦出现工作变化，工资就要相应变化，所以在谈判中就要包括像员工的定员水平、工作之间的弹性、时间弹性和承包等方面的内容。

任务五　劳动合同与集体协议

一、劳动合同

(一)劳动合同的概念和特征

1. 劳动合同的概念

所谓劳动合同，是指劳动者与用人单位(管理者、雇主)之间为了确定劳动关系，明确双方权利和义务而达成的协议。劳动合同是劳动者与用人单位在一定条件下建立的劳动关系的法律形式。我国《劳动法》第十六条规定："建立劳动关系应当订立劳动合同。"劳动合同是企业劳动关系双方主体之间的劳动协议。企业劳动合同签订的主要目的就是以这两方为主体建立劳动关系。

2. 劳动合同

(1)劳动合同的当事人是劳动者与用人单位

作为劳动关系的法律形式，劳动合同必须由劳动者与用人单位以当事人的身份订立，这样订立的劳动合同对当事人双方就具有法律约束力。劳动合同当事人一方的劳动者一般是个人，而不是劳动者团体，这是劳动合同和集体合同(协议)的区别之一。

(2)劳动合同的内容是指《劳动法》中规定的权利和义务

订立劳动合同的目的，是将劳动关系用法律形式加以明确，以保护双方当事人，特别是劳动者一方的合法权利。劳动者享有的就业权、报酬权、休息休假权等绝大部分应在劳动合同中得到体现。

(3)劳动合同是双方有偿合同

劳动者的基本义务是完成合同约定或用人单位指定的劳动；用人单位的基本义务是向劳动者支付劳动报酬。劳动者在用人单位根据劳动合同完成的劳动是有偿的，有偿性是劳动合同的本质特征。

(二)劳动合同的种类

1. 按照劳动合同的期限划分

(1)固定期限的劳动合同，是指劳动者与管理者之间签订的有一定期限的企业劳动协议。

其期限是确定的、具体的。在有效期限内，劳动者和管理者之间存在劳动关系，合同期满，则企业劳动关系终止。定期劳动合同有利于劳动者择业和管理者用人的自主权，双方可以经常进行相互选择。

（2）无固定期限的劳动合同，是指劳动者与管理者之间签订的没有规定终止日期的劳动协议。劳动者与管理者之间的劳动关系只要在劳动者一方有劳动能力和人身自由的情况下，以及在企业一方继续存在的情况下都会存在。只有在符合法定或约定解除合同的情况下，通过解除合同，劳动者与管理者之间的劳动关系才会终止。

（3）以完成一定工作为期限的劳动合同，是指以劳动者所承担的工作任务来确定合同的期限，只要工作任务一完成，合同即终止。这实际上是一种特殊形式的定期企业劳动合同，主要适用于完成某项科研任务以及季节性和临时性的工作岗位。

2. 按照劳动合同产生的方式划分

（1）企业录用合同，是指企业管理者以招收、录用劳动者为目的而与劳动者依法签订的劳动合同。录用合同是企业劳动合同的基本形式，普遍适用于企业正式工和临时工的招收和录用。

（2）企业聘用合同，是指聘用方与被聘用的劳动者之间签订的明确双方责、权、利的劳动协议。企业管理者在聘用劳动者时，一般要向劳动者发聘书，以确定彼此之间的劳动关系。与此同时，也可以与劳动者签订劳动合同，以进一步明确彼此之间的权利和义务关系。

（3）企业借调合同，是指企业管理者以借用劳动者为目的而与劳动者以及被借用单位签订的三方劳动合同。该合同要明确规定三方的权利、义务和责任。借调合同到期后，劳动者一般需回原单位工作。它适用于借调单位为调剂余缺、互相协作的劳动合同。

（三）订立劳动合同的原则和程序

1. 订立劳动合同的原则

（1）平等自愿的原则。它是指在订立劳动合同时，管理者与劳动者双方的法律地位是平等的，双方在表达对劳动权利和义务的意见时，所起法律效力是一样的。同时，合同的订立应完全是出于双方自己的意愿，不存在任何一方的意志强加于另一方的情况。这两者是共同构成劳动合同订立的首要原则。

（2）协商一致的原则。它是指劳动合同订立的内容在合法的前提下由双方当事人以协商的方式达成协议。协商一致是平等自愿的唯一表达形式。

（3）符合法律、法规的原则。劳动合同的订立，首先应当遵守《劳动法》，此外，还应遵守其他劳动行政法规。无论是合同的主体、合同的内容还是合同的订立程序都要符合法律的规定。

（4）互利互惠的原则。企业劳动合同的订立实质上反映的是一种经济利益关系，双方当事人最终协商一致，必须在经济利益上保证双方当事人的互利互惠。互利互惠是协商一致的前提条件。

2. 订立劳动合同的程序

（1）企业管理者发布有关用人信息。通过各种媒介公布招聘简章，让社会劳动者充分了解招聘的准确信息。

（2）应聘者与用人单位接洽。劳动者了解到用工需求信息后可与用人单位接洽，也可以向用人单位投递个人资料，待用人单位初选后面谈或直接面谈。

（3）劳动者与用人单位就建立劳动关系订立劳动合同。这一阶段中，双方当事人必须将具体的工作任务、工资报酬、福利待遇、劳动保护等方面内容确定下来，这是劳动合同订立程序中实质性的一步，以此正式确定彼此之间的劳动关系以及双方的劳动权利和义务关系。

(四)劳动合同的主要内容

1. 劳动合同的法定条款

根据我国《劳动法》第十九条规定，劳动合同应当具备的条款(即法定必备条款)包括：

(1)劳动合同期限。劳动合同的期限根据合同分类有固定期限、无固定期限和以完成一定工作为期限三种。

(2)工作内容。一般包括工种和岗位，以及应当完成的生产工作任务等。

(3)劳动保护和劳动条件。劳动保护包括用人单位采取的劳动安全卫生、女工和未成年工特殊保护措施。劳动条件包括工作环境、工作时间等内容。

(4)劳动报酬。它包括劳动者的工资、奖金和津贴以及工资、奖金的计算支付方式等。

(5)劳动纪律。它包括劳动者必须遵守的用人单位规章制度。

(6)劳动合同终止的条件。劳动合同中规定，在哪些条件下，劳动合同可以或应当终止。

(7)违反劳动合同的责任。在当事人违反劳动合同后发生效力的条款，即应承担的违约责任。

2. 劳动合同的任意约定条款

劳动合同除上述的法定必备条款外，当事人还可以协商约定其他内容。

(1)劳动合同的试用期条款。试用期是指劳动者与用人单位在订立劳动合同时，双方协商一致约定的考察期。《劳动法》第二十一条规定："劳动合同可以约定试用期，试用期最长不得超过6个月。"

(2)劳动合同的保守商业秘密条款。我国《劳动法》第二十二条规定："劳动合同当事人可以在劳动合同中约定保守用人单位商业秘密的有关事项。"保守商业秘密，是现代企业竞争越来越激烈的必然要求，它一般包括需要保守商业秘密的对策、保密的范围和期限及相应的补偿。

(3)培训条款。这是用人单位就为劳动者支付的培训费用、培训后的服务期以及劳动违约解除劳动合同时赔偿培训费事项所约定的条款。为保护用人单位的合法利益，用人单位可在劳动合同中约定培训条款或签订培训协议。

此外，双方在签订合同中还可根据情况约定其他条款，如补充保险、福利待遇和第二职业的限制等。

【同步案例10－1】　　加强劳动合同管理

2018年张某于一所旅游职业高中毕业，同年8月1日被K宾馆录用为客房服务员，双方签订了三年期的劳动合同。张某在两个月的工作期间，迟到5次，3次与顾客争吵，并且不服从领班和值班经理的批评教育。10月8日，K宾馆书面通知调动张某到洗衣房工作，若对方不同意，限其三个月内另谋出路，在此期间，工资只按当地最低工资标准发放。张某接到通知后不同意工作调动，也表示找不到其他工作；同时，张某仍存在迟到和与顾客吵架的现象。三个月后，即2019年1月9日，K宾馆以"试用期严重违反劳动纪律，不服从工作安排"为由，解除了与张某的劳动合同。张某随即申诉到劳动争议仲裁机构，要求维持原劳动关系。

案例精析10－1

请根据本案例作出全面评析，并对该企业应如何加强劳动合同管理提出建议。

二、集体协议

(一)集体协议的概念、特征以及与劳动合同的区别

1. 集体协议的概念

集体协议是指集体协商代表根据法律、法规的规定,就劳动条件、劳动标准及其劳动关系问题与雇主(管理方)之间所签订的书面协议。正如前面所述,企业集体谈判制度是企业劳动合作的一种重要形式,而与企业集体谈判制度密不可分的企业集体协议制度则是实现这种合作形式的基本载体或依托。

2. 集体协议的特征

(1)企业集体协议制度承认企业劳动者和管理者是两个具有不同利益需求的法律主体,坚持双方在合同中的权利和地位的平等性。通过企业集体协议制度的运行,劳动者一方完全可以集体的形式与管理者进行对话和抗衡,这就保证了劳动者不仅在法律地位上,而且在劳动利益的实际处理上与管理者之间地位的平等性。

(2)企业集体协议制度反映市场机制的作用,并以正式书面合同的形式来规范企业劳动关系双方主体的权利和义务。企业集体协议的内容及其现行的制度必须反映现实劳动力市场的供求状况,即在集体协议中所规定的双方权利和义务必然受到劳动力供求状况的影响。

(3)企业集体协议制度以保障劳动者劳动权益为中心和出发点,其最终目的在于协调企业劳动关系,促进企业和劳动者共同发展。劳动者在享有权利的同时也要承担义务,管理者在承担义务的同时也要享有自己的权利。企业集体协议制度是在兼顾双方主体利益的情况下完成自己的历史使命的。

2. 集体协议与劳动合同的区别

(1)主体范围不同。集体协议的主体是企业与全体员工,它的效力范围也就及于企业与全体员工。

(2)效力层次不同。集体协议的效力高于劳动合同。

(3)目的不同。签订集体协议的目的是确定劳动标准、规范劳动关系,而签订劳动合同的目的是建立劳动关系。

(4)内容不同。集体协议以集体劳动关系中所有劳动者的共同权利和义务为内容,涉及劳动关系的各个方面,而劳动合同的内容是关于劳动者个人劳动条件的规定。

(二)集体协议的订立原则和程序、内容与履行

1. 集体协议的订立原则和程序

同订立劳动合同一样,订立集体协议也必须遵循平等自愿、协商一致和遵守法律、行政法规的原则。这表明只要签订集体协议的双方当事人以平等的身份进行协商,充分表达各自的意见,在此基础上就合同条款达成一致意见,并且其内容和程序符合国家法律和行政法规的规定,集体协议才具有法律效力,受国家法律的保护。

集体协议的订立程序包括以下四个步骤:①集体协商。这是指企业工会或者员工代表与相应的企业代表,为签订集体协议进行商谈的行为。集体协议也是由集体协商代表订立的,所以集体协商对集体合同的订立具有基础性的作用。②双方签字。集体协商双方就集体协议草案经协商一致,并由本单位职工大会或职工代表大会讨论通过后,由双方首席代表在协议文本上签字。③报送审查。集体协议必须经过有关部门审查方能生效。一般劳动行政部

门要审查协议双方的资格问题，协商的原则和程序以及协议中的各项劳动标准等是否符合法律、法规的规定。④公布。劳动行政部门自收到集体协议文本之日起15日内未提出异议的，集体协议即可生效。

2. 集体协议的内容与履行

集体协议的内容，主要是指集体协议当事人双方的权利和义务。其主要内容有：①劳动报酬；②工作时间；③休息休假；④保险福利；⑤劳动安全与卫生；⑥合同期限；⑦变更解除，终止集体协议的协商程序；⑧双方履行集体协议的权利和义务；⑨履行集体协议发生争议时协商处理的约定；⑩违反集体协议的责任；⑪双方认为应当协商约定的其他内容。

集体协议的履行，是指集体协议当事人双方按照集体协议规定履行各自应当承担的义务。集体协议生效后，当事人双方应切实履行各自的义务。其履行原则与劳动合同的履行原则相同。应注意的是，由于集体协议的一方是全体员工，因此工会应当组织、督促全体劳动者履行自己在集体协议中承担的义务。

任务六　劳动争议处理

一、劳动争议与劳动争议的处理原则

（一）劳动争议的概念

劳动争议，也称劳动纠纷，是指劳动关系双方当事人在执行劳动法律、法规或履行劳动合同、集体合同过程中因劳动的权利、义务发生分歧而引起的争议。劳动争议是劳动关系不协调的产物。由于劳动关系主体对劳动各方面的认识不同，以及劳动领域中存在的利益差别和各种因素的影响，特别是在市场经济条件下，劳动关系发生了很大变化，从而引发劳动争议。

（二）劳动争议的处理原则

根据《劳动法》第七十八条规定："解决劳动争议，应当根据合法、公正、及时处理的原则，依法维护劳动争议当事人的合法权益。"具体来说，劳动争议处理的原则主要有以下方面：

1. 调解和及时处理的原则

由于劳动争议发生后，直接损害一方当事人合法权益，这不仅影响生产经营活动的正常进行，而且容易激化矛盾，因此解决劳动争议必须做到及时调解，及时处理，保证效率。其中，调解作为解决劳动争议的有效手段应贯穿于劳动争议处理的全过程，其目的是在尊重当事人自愿的前提下，争取双方达成和解，结束争议。

2. 依法处理原则

依法处理原则，即合法原则，是指劳动争议处理机构在处理劳动争议时所从事的活动，无论内容和程序都必须符合法律规定。依据法律、法规以及劳动合同，分清是非，明确责任，合理解决劳动争议。

3. 公正处理原则

公正处理原则，是指当事人在适用法律上一律平等的原则。这一原则要求劳动争议调解人员、仲裁人员和审判人员在处理劳动争议时必须以事实为依据，以法律为准绳，公正执法，不偏袒任何一方。同时，要求双方当事人在处理劳动争议过程中法律地位一律平等，任何一方都没有超越另一方的特权，这样才能保证劳动争议获得公正解决。

二、劳动争议的处理程序

依照《劳动法》的有关规定，劳动争议处理的基本形式是：当事人自行协商解决；依法向劳动争议调解委员会申请调解；向仲裁委员会申请仲裁；对仲裁裁决不服的在规定期限内可以向人民法院提起诉讼。下面介绍后面三种方式。

(一)通过劳动争议调解委员会进行调解

劳动争议的调解是指通过劳动争议调解委员会对双方当事人疏导说服，促使双方相互谅解，自愿就争议事项依法达成协议，从而使劳动纠纷得到解决。

1. 劳动争议调解委员会的设立和组成

《劳动法》规定，在用人单位内可以设立在企业内部专门负责调解本企业发生的劳动争议的基层组织，由职工代表、用人单位代表和用人单位工会代表三方组成。其中，职工代表由职工代表大会或职工代表推荐产生，用人单位代表由管理者（经理）指定，其人数不得超过该委员会总数的1/3。调解委员会主任由工会代表担任。其办事机构设在企业工会委员会。

2. 调解委员会的职责

劳动争议调解委员会在职工代表大会领导下独立行使调解职责。其职责有：调解本单位内发生的劳动争议条件，检查督促争议双方当事人履行调解协议，对职工进行劳动法律、法规的宣传教育，做好劳动争议的预防工作。

3. 调解委员会调解劳动争议条件的程序

包括：①申请，指劳动争议当事人以口头或书面方式向本单位劳动争议调解委员会提出调解的请求。②受理，指劳动争议调解委员会接到当事人的调解申请后，经过审查决定接受申请的过程，具体包括审查、询问和决定受理三个阶段。③调查，即经过深入调查研究，了解情况，掌握证据材料，弄清争议的原委，以及调解争议的法律政策依据等。④调解。调解委员会召开准备会，统一认识，提出调解意见，找双方当事人谈话，召开调解会议。⑤制作调解协议书。经过调解双方达成协议，即由调解委员会制作调解协议书。

(二)通过劳动争议仲裁委员会进行裁决

劳动争议仲裁是指劳动争议仲裁委员会对劳动争议当事人双方争议的事项，依法做出裁决的活动。

1. 劳动争议仲裁委员会的组成及其职责

劳动争议仲裁委员会是依法成立的，通过仲裁方式处理劳动争议的专门机构。它独立行使劳动争议仲裁权。它以县、市、市辖区为单位，负责处理本地区发生的劳动争议。

劳动争议仲裁委员会由劳动行政部门、同级工会和用人单位三方代表组成。仲裁委员会主任由劳动行政部门的劳动争议处理机构的人员担任。劳动争议仲裁委员会是一个带有司法性质的行政执法机关，其生效的仲裁决定书和调解书具有法律强制力。

仲裁委员会的职责：①负责处理本委员会管辖范围内的劳动争议案件；②聘任专职和兼职仲裁员，并对仲裁员进行管理；③领导和监督仲裁委员会办事机构和仲裁庭开展工作；④总结并组织交流办案经验，并负责向上级人民政府和上级业务部门报告工作。

劳动争议仲裁委员会处理劳动争议，实行仲裁庭、仲裁员办案制度。

2. 劳动争议仲裁的程序

劳动争议仲裁程序一般包括：①仲裁申请和受理。发生劳动争议的当事人应当自劳动争议发生之日起60日内向仲裁委员会申请仲裁，并提交书面申诉书。仲裁委员会应当自收到申请书之日起7日内做出受理或不予受理的决定。②调查取证。此阶段工作分为三个步骤：第一，拟定调查提纲；第二，有针对性地进行调查取证工作；第三，审查证据，去伪求真。③审理。此阶段工作一般要经过以下程序：第一，组成仲裁庭；第二，进行审理准备；第三，开庭审理；第四，调解；第五，裁决。④执行。劳动争议当事人在收到仲裁书之日起15日内不向法院提起诉讼，仲裁书即发生法律效力；仲裁调解书一经送达当事人，即产生法律约束力。

（三）通过人民法院处理

劳动争议当事人不服劳动争议仲裁委员会的裁决，在法定的期限内，持劳动争议仲裁裁决书可向人民法院起诉，由人民法院依民事诉讼程序进行审理。

1. 劳动争议案件的受理范围

人民法院作为受理劳动争议诉讼的机关并不处理所有的劳动争议。只有法律规定由人民法院处理的劳动争议，人民法院才予受理。劳动争议案件的受理范围包括：①劳动者与用人单位在履行劳动合同过程中发生的纠纷；②劳动者与用人单位之间没有订立书面劳动合同，但已形成劳动关系后发生的纠纷；③因未执行国家有关工资、保险、福利、培训和劳动保护的规定发生的争议等。

2. 劳动争议案件的受理条件

人民法院受理劳动争议案件的条件是：①劳动关系当事人之间的劳动争议，必须先经过劳动争议仲裁委员会仲裁。当事人一方或者双方向人民法院提出诉讼时，必须持有劳动争议仲裁委员会仲裁裁决书。②必须是在接到仲裁裁决书之日起15日内向人民法院起诉的，超过15日人民法院不予受理。③属于受诉人民法院管辖。

向人民法院提起诉讼的劳动争议必须同时具备上述三个条件，否则人民法院不予立案受理。劳动争议诉讼是劳动争议处理的最后程序，是人民法院对劳动争议行使的最终裁判权。

应知考核

一、单项选择题

1. 就一个组织来说，劳动关系主体是指劳动关系中的（　　）。

A. 管理方（资方）和雇员（劳方）　　B. 劳动力的使用者和监察者

C. 劳动力和劳动关系调节部门　　D. 企业和劳动仲裁委员会

2. 劳动合同可以约定试用期，试用期最长不得超过（　　）。

A. 2个月　　B. 3个月　　C. 6个月　　D. 20天

3. 劳动关系是指在实现（　　）中，由劳动者与其使用者双方利益引起的，表现为合作、力量和权力关系的总和。

A. 劳动过程　　B. 生产过程　　C. 合作过程　　D. 雇用过程

4.（　　）主要适用于完成某项科研任务以及季节性和临时性的工作岗位。

A. 固定期限的劳动合同　　B. 无固定期限的劳动合同

C. 以完成一定工作为期限的劳动合同　　D. 企业借调合同

5. 发生劳动争议的当事人应当自劳动争议发生之日起（　　）日内向仲裁委员会申请仲裁，并提交书面申诉书。

A. 20　　B. 30　　C. 60　　D. 90

二、多项选择题

1. 劳动关系的本质是劳动双方(　　)。

A. 合作　　B. 冲突　　C. 力量　　D. 权力

2. 劳动关系的性质包括(　　)。

A. 劳动关系具有经济利益或财产关系的性质

B. 劳动关系具有平等关系的性质

C. 劳动关系也具有不平等的性质

D. 劳动关系兼有人身让渡关系的特征

3. 工会的权利和义务有(　　)。

A. 劳动者享有平等就业和选择职业的权利

B. 工会代表和组织职工参与国家社会事务管理和参加用人单位的民主管理

C. 维护职工的合法权益

D. 代表和组织职工实施民主监督

4. 在集体谈判实践中,应遵守(　　)基本原则。

A. 主体独立原则　　B. 权利对等原则

C. 工会代表原则　　D. 双方合作原则

5. 劳动合同的法定条款包括(　　)。

A. 劳动合同期限　　B. 工作内容　　C. 劳动纪律　　D. 培训条款

三、判断题

1. 劳动关系主体是构成劳动关系的核心要素。(　　)

2. 劳动关系的性质是指劳动关系双方主体之间相互关系的实质或核心内容。(　　)

3. 利益协调型是以管理者或雇主为中心建立起来的劳动关系。(　　)

4. 劳动者权利是以劳动义务为基础和中心的社会权利。(　　)

5. 工会是劳动关系中劳动者的代表。(　　)

四、简述题

1. 简述劳动关系的表现形式。

2. 简述集体谈判应遵守的原则。

3. 简述集体谈判的主要内容。

4. 何谓劳动合同?它有哪些特征?

5. 简述对劳动争议的处理方式。

应会考核

■观念应用

【背景资料】

如何加强成本控制　防止人才流失

黄某新到A公司担任人力资源部经理。不久,他发现该公司为了节约人员工资成本,规定所有新招聘的员工到公司均要试用6个月,试用期工资为2 000元(低于当地最低工资

2 600元的标准)；试用期满了，如果考核合格，则与其签订2年期劳动合同，然后再连续工作6个月后给办理社保手续。这项规定确实给公司节省了不少的成本费用，但也造成一部分优秀员工在试用期间流失，也有员工虽然签订了劳动合同，但工作一段时间后，就向人力资源部递交了辞职报告，办理完相关手续，离开公司。这造成公司人力资源流失严重，再加上没有给优秀员工发放高工资，导致专业员工留不住，对企业组织的生产经营造成很大的冲击。

【考核要求】

请根据背景资料，回答下列问题：

1. 指出该公司目前存在的问题。

2. 给公司管理层提出一份关于降低人才流失的建议性方案。

■技能应用

张某于2017年4月1日经招聘进入A公司担任部门经理，双方签订了2017年4月1日至2020年3月31日的3年期劳动合同。2018年5月，该公司发现张某在与其有竞争性的企业中做兼职，根据公司规定应与张某解除劳动合同。因此，该公司6月底交给张某一式两份《人事通知书》，写明解除与张某的劳动合同，并要求张某签字，一份给张某，另一份留存公司。张某在《人事通知书》上签字确认，并办理了移交手续后离开公司。之后，张某一直未找到合适的工作，所以其提出希望回A公司继续工作，但遭到拒绝。2019年8月张某向区劳动争议仲裁委员会申请仲裁，以A公司无故辞退为由，要求其支付解除劳动合同的经济补偿金等请求。

根据上述资料，对下列问题作出选择：

1. 案例中所说的"劳动争议仲裁委员会"的组成包括(　　)。

A. 职工代表　　B. 工会代表

C. 企业方面代表　　D. 劳动行政部门代表

2. 按照《劳动争议仲裁法》的规定，劳动争议申请仲裁的时效期为(　　)。

A. 3个月　　B. 6个月　　C. 1年　　D. 2年

3. 对于案例中的劳动争议案件，劳动争议仲裁委员会的做法是(　　)。

A. 应当受理　　B. 向申请人出具受理通知书

C. 不予受理　　D. 出具不予受理通知书

■案例分析

事实劳动关系的法律责任及风险预防

郑某于2018年3月到A公司应聘，A公司将郑某派遣至B公司，B公司又将郑某安排到C公司，郑某月工资为3 000元，一直由A公司支付，且A公司并未与郑某订立书面劳动合同。郑某每月休息两天，无任何加班费。2019年1月，郑某的领导口头解除了与郑某的劳动关系，且不肯出具书面通知，也没有给予郑某任何补偿。郑某寻求法律帮助，请求：①支付双倍工资30 000元；②支付违法解除劳动关系赔偿金6 000元；③支付加班工资10 000元。

思考题：

(1)郑某与三家公司是否存在劳动关系？

(2)郑某到底和哪家公司存在劳动关系？

(3)在实务操作中需要劳动者提供哪些证据？

(4)用人单位在控制事实劳动关系方面应采取什么策略？

(5)所适用的法律依据是什么？

管理实训

【实训项目】

劳动合同的订立。

【实训目标】

通过调查劳动合同的订立状况和形式，根据虚拟企业的情况编制劳动合同，在小组中进行交换审查，对照法律的相关规定，找出合同的漏洞。

【实训情境】

1. 自行建立虚拟公司，确定公司名称、业务范围。
2. 进行《劳动法》学习。
3. 根据虚拟企业编制劳动合同。
4. 进行交换，找出对方小组所订立合同的漏洞。
5. 汇报关于劳动合同中应注意的问题。

【实训任务】

1. 小组交换点评对方的合同，教师进行点评，各组最终汇报自己的活动心得。
2. 撰写《劳动合同的订立》实训报告。

《劳动合同的订立》实训报告		
项目实训班级：	项目小组：	项目组成员：
实训时间：　　年　月　日	实训地点：	实训成绩：
实训目的：		
实训步骤：		
实训结果：		
实训感言：		
不足与今后改进：		

项目组长评定签字：　　　　　　　　　　　　　　项目指导教师评定签字：

参考文献

1. 董克用:《人力资源管理概论》,中国人民大学出版社 2015 年版。

2. 常志军:《人力资源管理》,经济管理出版社 2017 年版。

3. 陆克斌、王娅莉:《人力资源管理》,中国建材工业出版社 2016 年版。

4. 陈维政:《人力资源管理》,高等教育出版社 2016 年版。

5. 林忠、金延平:《人力资源管理》,东北财经大学出版社 2018 年版。

6. 刘昕:《人力资源管理》,中国人民大学出版社 2018 年版。

7. 中国就业培训技术指导中心:《人力资源管理师(二级、三级)》,中国劳动社会保障出版社 2014 年版。

8. 赵凤敏:《人力资源管理》,高等教育出版社 2013 年版。

9. 侯光明:《人力资源战略与规划》,高等教育出版社 2018 年版。

10. 李燕萍、李锡元:《人力资源管理》,武汉大学出版社 2012 年版。

11. 蔡东宏、梁宇飞:《人力资源管理》,中国财政经济出版社 2018 年版。

12. 贺清君:《企业人力资源管理全程实务操作》,中国法制出版社 2018 年版。

13. 张德:《人力资源开发与管理》,清华大学出版社 2016 年版。

14. 姚月娟、王克勤:《人力资源管理》,东北财经大学出版社 2014 年版。

15. 李作为:《人力资源管理业务流程与制度》,人民邮电出版社 2018 年版。

16. 杨河清:《人力资源管理》,东北财经大学出版社 2017 年版。

17. 赵曙明:《人力资源战略与规划》,中国人民大学出版社 2017 年版。

18. 刘昕:《薪酬管理》,中国人民大学出版社 2017 年版。

19. 方振邦:《战略性绩效管理》,中国人民大学出版社 2018 年版。

20. 程延园:《劳动关系》,科学出版社 2018 年版。

21. 周晓飞:《人力资源管理》,清华大学出版社 2018 年版。

22. 卢海萍、王俊峰、李贺:《企业人力资源管理》,上海财经大学出版社 2015 年版。